“中国文化产业十家论集”编委会

中国文化产业十家论集

王永章集

云南大学出版社
Yunnan University Press

图书在版编目（CIP）数据

王永章集 / 王永章著. 一昆明：云南大学出版社，2015
（中国文化产业十家论集）
ISBN 978-7-5482-2311-5

Ⅰ. ①王… Ⅱ. ①王… Ⅲ. ①文化产业－中国－文集 Ⅳ. ①G124-53

中国版本图书馆CIP数据核字(2015)第093367号

策划编辑：陈　曦
责任编辑：陈　曦
装帧设计：郑明娟

王永章集

中国文化产业十家论集

王永章 著

出版发行：云南大学出版社
印　　装：昆明市五华区教育委员会印刷厂
开　　本：787mm × 1092mm　1/16
印　　张：31.375
字　　数：446千
版　　次：2015年7月第1版
印　　次：2015年7月第1次印刷
书　　号：ISBN 978-7-5482-2311-5
定　　价：78.00元

社　　址：昆明市翠湖北路2号云南大学英华园内
邮　　编：650091
电　　话：（0871）65031071　65033244
网　　址：http://www. ynup. com
E-mail：market@ynup. com

作者简介

王永章，2001 年 9 月起，任文化部第一任文化产业司司长，先后被聘为上海交通大学特聘研究员，国家行政学院、华中师范大学、中国传媒大学、深圳大学兼职教授。

长期在地方和国家文化部门工作，十分注重理论思考和政策研究，积累了比较丰富的文化行政管理和产业运作经验。在文化产业司任职期间，先后在《人民日报》《光明日报》《中国文化报》《半月谈》《新华文摘》等国家级刊物上发表了数十篇有关文化产业的论文和文章，主持完成了文化部出台的一系列有关发展文化产业的文件，编辑出版了《中国文化产业典型案例选编（一、二卷)》《文化产业政策汇编》《文化产业政策汇编（增订本)》和《中国文化产品和项目投融资手册》《国家文化产业示范基地巡礼画册》《国家文化产业理论研究报告》《探索启程扬帆远航——文化部文化产业工作十年回顾》等书籍，并应邀在中央机关、地方政府、部队和高等院校就我国文化产业发展状况及方针政策做报告、讲学 100 多场，为新时期中国文化产业的探索与发展做出了重要贡献。

2009 年 3 月转岗到文化部恭王府管理中心任党委书记。2012 年 9 月被中华文化促进会聘为副主席并兼任文化产业（中国）协作体执行主席，应邀在各地讲学 20 余场，并主持参与了许多地方和企业的文化产业规划与重点项目的论证工作。

出版前言

我国的文化产业萌芽于20世纪80年代改革开放初期。那时人们刚刚从“十年浩劫”的文化沙漠中走出来，被长期压抑的文化需求在宽松的环境中得到初步释放。随着经济的发展和市场的繁荣，文化市场也逐渐成长起来。与此同时，复制与传播技术在世界范围内突飞猛进地发展起来，为文化产品的大规模生产与消费提供了不可缺少的条件。正是在这样的环境下，文化产业破土而出。而到21世纪初，由于我国加入WTO后对开放国内文化市场的承诺，使文化产业的发展更有了新的挑战与机遇。2000年10月，中国共产党第十五届五中全会通过的《中共中央关于“十五”规划的建议》中，明确提出要“完善文化产业政策，加强文化市场建设与管理，推动文化产业发展”；2001年3月，发展文化产业正式被纳入全国“十五”规划纲要。从此，中国的文化产业走出萌芽期，进入起步期。2003年，随着文化体制改革的大幕开启，催动文化产业进入快速发展期。10多年来，文化产业业态逐步完备，新兴产业业态不断产生，法人单位与从业人员快速增长，文化产业增加值均高于同期GDP年均增长速度。即使曾遭遇2008年全球金融危机的影响，文化产业依然保持快速增长态势。2004年，我国文化产业增加值为3340亿元，至2013年，我国文化产业增加值已经达到21351亿元。今天的文化产业，更随着国家的战略谋划，逐渐广泛、迅速地融入互联网，向着特色化、纵深化和国际化转型升级，不断创新发展。

毋庸置疑，我国文化产业发展的政策驱动作用是相当明显的。但是，在政策驱动的过程中，理论的探索与提升仍然发挥了十分积极的作用。十多年来，一批学者从文化学、文艺学、艺术学、美学、哲学、经济学、法学等不同的学科领域转入对文化产业的理论研究与探索，从文化产业、创意产业、文化创意产业等基本概念的内涵及其差异辨析，文化产业的范围和门类划分，文化产业的统计指标体系确立，到文化产业发展战略、发展规划、文化产业政策制定、文化体制改革，到文化消费、文化市场、文化产业的区域性发展等，结合理论与实践展开了全方位的研究，逐渐形成不同的学术思想、学术观点。还有一些高层管理者，出于工作的需要，站在全局的角度，对一些涉及文化产业发展的全局性问题进行深层次的理论研究，以指导实践。这些理论研究与探讨，有的是对文化产业实践的总结与提升，有的是对文化产业发展的设计与期许，有的切实反映了文化产业的现实状态，也有的与现实还有一段距离。而正是在不断的理论探讨与实践中，我国的文化产业政策逐步地丰富和完善起来，并推动文化产业发展。这些成果无疑都从一个侧面记录下了我国文化产业曾经走过的历程，从中我们可以看到整个国家的文化产业十多年来风风雨雨的发展轨迹。

本丛书收取了十位全国有影响的文化产业理论研究者及学者型的高层管理者十多年来对文化产业的研究成果，虽然不一定全面，但具有代表性。而正如不能说我国的文化产业已经成熟，已经成为支柱性产业，我们的理论研究也同样不能说已经成熟完善，有成熟的研究方法与学科规范，形成自身的学术体系。本丛书希望通过此前一阶段理论成果的集中回顾，使广大读者和相关从业人员能从理论与实践两个角度梳理历史，更好地把握与理解现实，从而更自觉地创造中国文化产业发展的未来。

“中国文化产业十家论集”编委会

2015 年 5 月

目录

坚持“三个结合”强化“六种意识”

——在文化产业司全体会议上的讲话要点

坚持务虚与务实相结合。目前学术界对文化产业的理论研讨比较关心，但是由于角度不同，对文化产业的内涵和外延，专家们的意见也不尽一致。因此，我们在工作中既要加强理论研讨，又要注意实际运作，要把理论与实践有机地结合起来，使各方面的理论研究成果能够尽快地转化为现实的文化生产力，而不搞过多的理论论争。

坚持全面与重点相结合。既要抓全面规划，又要研究具体的实施意见；既要抓好面上的工作，又要注意突出工作重点。要善于找出工作的切入点和突破口，争取在某一方面取得阶段性的成果，避免泛泛一般的工作方法，把“重点淹没在一般当中”。

坚持抓上与导下相结合。正确处理抓“天下”与抓“脚下”的关系，充分发挥文化产业司管理指导的政府职能，既抓好对部属单位文化产业发展的指导，又要注意加强对基层和社会的工作指导，避免顾此失彼，推动工作全面发展。

强化政治意识。尽管发展文化产业的目的之一是追求利润和经济效益，但是，由于文化产品和文化服务属于意识形态的范畴，在我国，文化产业属于特殊行业，对它的管理要比一般产业更严格一些。因此，在推进文化产业发展时，必须坚持讲政治，把是否符合“三个代表”的要求，特别是符合先进文化前进方向的要求，作为检验工作成效的重要标准。

强化大局意识。作为政府职能部门，不能孤立地就文化产业谈文化产业，要有大局意识，站在整个文化工作乃至国民经济发展的高度来认识问题、思考问题，正确处理文化事业与文化产业的关系，以事业带产业，以产业促事业，为文化事业的发展提供坚实的物质基础，为国民经济结构调整和经济发展做出应有的贡献。

强化经济意识。文化产业既属于政治范畴，又属于经济范畴。因此，在发展文化产业的过程中，既要遵循精神文明建设的规律，又要借鉴经济发展和市场运作的经验，坚持按经济规律办事。从目前我系统文化产业的现状和文化队伍的整体素质来看，缺乏的是懂经营、会管理的人才以及从事经济工作的经验。同时，从中观文化产业的四个部门（广电、出版、报业、文化）来看，其他三个部门的文化产品、结构以及服务方式比较单一，基础条件较好，相比较而言文化系统的文化产品和服务处于“小、弱、散、差”的状况。对此，我们要有一个客观的分析，要不断地研究探索文化产业发展的规律和特点，坚持从实际出发，循序渐进地推进文化产业的发展。

强化创新意识。文化产业是一件新事物，没有前人的经验可以借鉴。在这种情况下，良好的精神状态十分重要。面对各种问题和困难，要克服消极畏难情绪，摆脱旧的思维方式、管理模式、工作方法的束缚，提倡大胆探索，敢于实践，用积极的工作态度和善于创新的工作精神去做好工作，努力摸索走出一条既符合先进文化前进方向的要求、适应经济发展的规律，又切合文化工作实际的发展文化产业的路子。

强化服务意识。文化产业司的工作涉及面较宽，与部内其他司局的业务工作交叉较多。根据中央十五届六中全会的精神和部党组的要求，要切实转变工作作风，强化服务意识，做到既为领导、为基层、为工作管理对象搞好服务，同时为机关其他司局搞好服务。

强化效率意识。随着形势的发展，今后文化产业司的工作任务会越来越重。司内全体工作人员要增强效率意识，提倡雷厉风行、说办就办的工作作风，避免工作拖拖拉拉，敷衍应付。不断提高工作质量和工作效率。

（2001 年 12 月 25 日）

文化产业已成为世界诸多国家重要支柱产业之一

——在中国国际文化产业研讨会上的讲话

各位代表，女士们，先生们：

由中华文化联谊会和香港国叶控股有限公司联合主办的中国国际文化产业研讨会，今天，在风光旖旎、素有“东方夏威夷”之美称的三亚市开幕了。来自内地及港澳台文化界、企业界的知名人士、专家学者济济一堂，共同探讨交流文化产业发展模式及成功经验，为促进我国文化产业献计献策，这是文化产业史上的一件大事。值此，我谨代表文化部文化产业司对研讨会的召开表示热烈的祝贺！对主办单位的精心筹备和周密安排致以诚挚的敬意！同时，衷心祝愿各位与会代表在三亚期间工作顺利，身体健康，精神愉快！

目前，随着全球经济一体化进程的不断加快和各国经济结构的重新调整，文化产业已逐步成为世界诸多国家重要的支柱产业之一，其巨大的经济潜力正日益得到凸显。应该讲，近几年来，我国对文化产业的认识，经历了由“不认识”到“认识”，“不自觉”到“自觉”的初始阶段，现正步入健康有序发展的快车道。特别是去年以来，社会各界、各部门，各方面的专家学者，以极大的热忱对我国文化产业的发展给予了充分的关注和有力的支持，使文化产业无论是在理论上还是在实践上都取得了突破性的进展。

大家知道，2001 年 3 月，第九届全国人民代表大会第四次会议批准通过的《国民经济和社会发展第十个五年计划纲要》，第一次将“文化产业”纳入国家规划。朱镕基总理在政府工作报告中进一步强调要“深化文化体制改革，完善文化经济政策，推动有关文化产业发展”。2001 年 12 月，我国加入世界贸易组织之后，为适应对外开放的新形势，加快经济结构调整，国务院办公厅在转发国家计委关于“十五”期间加快发展服务业若干政策措施意见的通知中，又把“文化产业”列入服务业的范畴，并作为新的经济增长点提出来。这标志着我国文化产业进入一个新的重要的历史时期。根据上述精神，文化部在充分研讨的基础上，于去年10月制定下发了《文化产业发展第十个五年计划纲要》，明确提出了“十五”期间我国文化产业发展的目标、方针和任务。最近，正在结合文化系统的实际，研究制定落实国务院文件的具体措施。其主要内容有：如何在加强基本公共服务的基础上，推动文化产业的发展；如何鼓励和支持非基本公共服务的文化单位走产业化的发展道路；如何加强对文化企事业单位的分类指导，将营利性单位和非营利性单位加以区分，并推动营利性单位的改制改革步伐；如何进一步放宽市场准入，有步骤地扩大对外开放，更多地吸引外资和利用内资加快文化建设；如何实施“引进来”和“走出去”同时并举、相互促进的开放战略，更好地利用国内外两个市场、两种资源；如何充分利用国家现行的金融政策，用于国家鼓励发展的文化产业建设项目，等等。这个意见出台后，对指导和推动全国文化产业发展必将会起到积极的作用。

这次文化产业研讨会主题集中，内容丰富，涉及面广，研究层次高。作为政府文化部门主管文化产业的负责人，有机会参加这次会议，我感到非常高兴。这次是本着虚心讨教、认真听取各位专家学者的意见而来的。我相信，研讨会上大家发表的观点、意见和建议，对我们今后研究制定文化产业发展的方针和政策一定会有深刻的启发和直接的帮助。我们将借助各位与会代表的智慧和力量，使我们的工作指导更加符合我国的国情和文化实际，更加符合文化产业发展的内在规律和客观要求。我们愿同大家一起携起手来，为推动我国文化产业走向新的发展阶段、不断培养提升我国文化的创新能力和国际竞争力，向世界大力弘扬中华优秀民族文化，做出自己不懈的努力。

最后，祝会议圆满成功，并取得丰硕的研讨成果！

（2002年3月21日于三亚）

认清形势　理清思路　积极稳妥地推进文化产业发展

——2002 年 6 月 30 日在文化部党组务虚会上的发言

根据江泽民总书记"5·31"重要讲话的精神，结合我国文化产业发展的现状以及我司最近一段时间学习讨论的情况和本人的一些思考，我想就文化产业的发展问题谈几点不成熟的看法。

江总书记指出，纵观全局，二十一世纪头一二十年，对我国来说，是必须紧紧抓住并且可以大有作为的重要战略机遇期。我认为，总书记所提出的重要战略机遇期，主要是从两个方面考虑的：一是经济全球化和国际经济结构调整重组的大趋势为我国经济、科技和文化的迅速发展提供了一个良好的发展机遇；二是经过改革开放二十年的不断发展，我国第一、第二步战略目标已经顺利完成，现在正在向第三步战略目标冲刺。这个时期的战略目标能否实现，直接关系到中华民族的伟大复兴。面临这样一个重要的战略机遇期，自觉"坚持先进文化的前进方向，全面建设和繁荣我国的文化事业"，为实现党和国家新时期的目标和任务而努力奋斗，是文化工作者义不容辞的责任。因此，我们必须认真学习、深刻领会江总书记讲话精神的实质，紧密联系工作实际，把各项任务真正落到实处。

文化产业作为近几年来刚刚兴起的一门产业，越来越凸现出其巨大的潜力。目前，对文化产业的发展，党和国家非常重视，文化部领导十分关心。文化产业司担负着重要的职能和任务。通过学习"5·31"讲话，我们认为，文化产业不仅仅是文化系统或某个部门的一项业务工作，而且是事关文化发展大局和社会经济可持续发展的一项根本性的战略任务。文化产业的发展与国家在新的历史阶段所确定的战略目标是相一致的，是文化事业改革、发展的迫切需要，也是大力培育和弘扬民族精神和中华优秀文化，提高中国文化产品和服务国际竞争力的客观要求。它的发展，必然使文化系统在思想观念、管理体制、经营机制和运作方式等方面产生一系列的改革与变化，而这种改革与变化将给文化工作带来无限的生机与活力，使文化事业得到全面的繁荣与发展。

我司认为，当前，要适应重要战略机遇期的要求，认清形势，理清思路，积极稳妥推进文化产业的发展，必须以贯彻落实《国务院办公厅转发国家计委关于“十五”期间加快发展服务业若干政策措施意见的通知》（以下简称《国办发〔2001〕98 号》）和《文化部关于加强基本公共文化服务，推进文化产业发展的若干意见》（待出台）为契机，切实做到“着眼大局，加强研究；摸清规律，完善政策；量力而行，突出重点；抓住机遇，稳步推进”。

一、着眼大局，加强研究

一是要把文化产业放在整个文化事业的全局上来研究。不能单纯地就文化产业谈文化产业。要充分认识文化事业与文化产业相互依存、相互促进的关系，以事业带产业，以产业促事业。通过积极的工作，逐步加大文化产业在整个文化事业中的比重。那种把文化产业与文化事业对立起来，或认为发展文化产业就必须给文化事业“断奶”的认识，都是十分片面的。2001 年，全国文化事业突破 70 亿元，增长幅度为 12.4%，但人均只有 5.7 元，与其他行业比差距还很大，如 2000 年教育是 120.9 元，卫生是 35.4 元，科技是 13.5 元，文化才 5.11 元。

二是要立足于全国文化工作的大局来研究。充分看到我国地区之间的经济不平衡性和差异性，坚持从实际出发，因地制宜，分类指导，避免一个药方吃药和盲目地照抄照搬。

三是要把文化产业置于整个国民经济结构调整和产业调整的大局来研究。

去年年底，《国务院办公厅转发国家计委关于“十五”期间加快发展服务业若干政策措施意见的通知》将文化产业列入服务业的范畴，并作为新的经济增长点提出来；加入WTO也把文化产业作为服务贸易的一项重要内容来谈判。这就需要我们从经济发展和促进贸易的角度来认真研究我国文化服务和文化产品的功能及管理，有针对性地提出应对措施。

二、摸清规律，完善政策

现在关于文化产业的研讨会、论坛很多，总的看来，大而话之、虚的东西较多，而深入分析、可操作性的东西较少。作为政府职能部门，不能跟着舆论去跑。要保持清醒的头脑，对我国文化产业的基本状况及其规律和特点，去做深入细致的分析和研究。目前，我国文化产业还处于探索起步阶段，特别是文化系统的文化产业更是处于初级水平，规模小、基础差、种类多、情况复杂、资本投入不足、经营人才缺乏，再加上旧的思想观念的束缚，还没有真正形成一个产业群体，并取得规模效益。因此，在研究制定政策时，必须充分考虑这些因素。

为增强政策的科学性，我们还要认真分析我国文化产业与外国文化产业的不同规律和特点；文化产业与服务业中的其他产业的不同规律和特点，文化系统的文化产业与其他系统的文化产业的不同规律和特点以及演出、娱乐、影视、音像、文化旅游、艺术培训和艺术品业各自不同的规律和特点。从而从我国的实际和各行业，特别是文化系统的实际出发，确立发展重点，研究制定产业政策。今年上半年，我司专门就中央民族乐团与美国波士顿交响乐团各自的经营运作情况作了比较性的分析研究，从中看到了我们的许多差距。

从政策层面上看，实际上近几年来，我国已经初步建立了由一系列行政法规和规章构筑起来的文化产业政策系统以及由这个系统建立起来的文化管理机制，包括《文化娱乐场所管理条例》《演出市场管理条例》《电影管理条例》《出版管理条例》《广播电视管理条例》《音像制品管理条例》等，基本上涵盖了现行文化产业领域。当然，随着形势的发展，这些政策还需要不断地发展完善。今年，产业司主要是根据部领导的批示，研究制定了《文化部关于加强基本公共文化服务，推进文化产业发展的若干意见》（讨论稿）（以下简称《若干意见》）。这个意见共分五大部分由三十四条组成。《若干意见》就发展文化产业的指导思想和总体要求以及以政府为主导，切实保障基本公共文化服务；面向市场、面向社会，大力推进文化产业发展；加快开放步伐，逐步放宽市场准入条件；加强组织领导和政策指导等若干问题提出了具体的要求。现在这个文件已下发到23个省、市、自治区征求意见。我们认为，若干意见经过修改出台后，一定会对指导全国文化系统文化产业的发展起到积极作用。

三、量力而行，突出重点

因为管理职能和人员现状等原因，文化产业司牌子很大，实际作用十分有限。从目前产业司的状况看，人员编制10个人，除三个正副司长外，一个干部在外挂职，还有一个怀孕，真正在第一线干活的没有几个人。因此，工作中要注意从实际出发，量力而行，突出重点，力求取得局部的阶段性的工作成果。

在管理体制方面，以改制为重点，积极推进适合企业化经营的文化单位改革。据了解，全国各级党政机构改革结束后，今年下半年事业单位的机构改革也将启动。要推进有条件的事业单位加快市场化改革，减轻国家财政负担，增强活力，提高效益。要根据事业单位的不同功能进行分类改革，主要履行行政职能的事业单位，尽可能改为行政机构或参照行政机构的管理办法实施管理；已经具备市场化条件的营利性事业单位改为企业；其余的事业单位分为社会公益类、开发经营类和其他类等不同类别，实施不同的机构编制、财政和人事等管理办法。同时，《国办发〔2001〕98号》也要求各级文化主管部门要按照政事分开、政企分开、营利性机构与非营利性机构分开的原则，积极推进非基本公共文化服务单位的产业化进程。凡是营利性事业单位要逐步改制为企业或实行企业化管理，实行自主经营、自负盈亏、依法纳税。根据上述精神，我们要借事业单位改革的时机，抓住“改制”这个突破口，采取跟踪调查的办法，加强分类指导，促使各类国有文化企业，逐步建立产权清晰、权责明确、政企分开、管理科学的现代企业制度，建立科学合理、灵活高效的管理体制和文化产品生产经营机制，为文化产业的发展奠定基础。

在信息资源整合方面，以建立文化产业信息共享平台为重点。目前，我司正在积极筹建文化产业资源网，有效地开发整合文化产业资源，为全国提供一个资源共享、信息交流、政策咨询、项目交易的网络平台，使更多的人能够及时了解文化产业政策，吸引更多的投资者走近并进入文化产业。

在产业资本运作方面，以扩大吸纳社会资本投资为重点。目前，国家财力不可能拿出更多的资金来发展文化产业，而民间资本据报界披露有十多万亿的人民币没有合适投向。今后应尽快出台文化开放领域的市场准入标准、准入程序及管理监督办法。在引进外资的同时，鼓励非国有经济参与文化建设，鼓励民间投资兴办国家认可的各种文化企业和博物馆、艺术馆、艺术团体等。要逐步完善政府投入与社会投入相结合、内资与外资相结合、多渠道多元化的投融资机制。这方面的关键环节是要通过比较成功和有说服力的文化产业投资案例来吸引、争取社会投资，使投资者在投入与产出之间找到最佳盈利点，增强投资文化产业的信心。今年五月下旬，我司协助四川省文化厅成功地举办了全国首次西部文化产业博洽会，博洽会四天共签意向合同5.12亿元，在吸引社会资本办文化方面取得了初步的经验。另外，今年上半年，我们协调中演公司利用美国公司的资金和技术，开通了“票务通”网络售票系统，在北京市共设立了31个售票点，“相约北京”活动期间，发挥了很好的作用，也取得了较好的社会效益和经济效益。外方代表对此十分满意，专门到我司表示感谢，并准备继续在深圳、青岛等大城市投资建网。

在行业管理方面，要以建立行业协会为重点。目前文化产业形不成规模和缺乏自律，还不能应对加入WTO以后外国文化企业的挑战一个重要的原因是缺少行业协会或已有的行业协会不能发挥应有的作用。今后要创造条件，积极筹建文化产业协会。充分发挥行业协会的作用，逐步将一些不适合由政府行使的职能交给行业协会，建立健全行业自律机制，帮助指导文化产业各个门类健康协调地向前发展。同时，要加快演出展览等文化服务中介机构的改革，推进集约化、系统化的营销服务。

在人力资源开发方面，要以人才培养为重点。加入WTO以后，人才资源的竞争将会越来越激烈。为建立一支适应文化产业发展的人才经营管理队伍，今年上半年，我司与中国文化报共同在北京大学举办了文化产业发展战略研修班，收到较好的效果。下半年，计划与北京大学文化产业研究所再办一期培训班。今后我们要充分发挥上海交通大学和北京大学两个国家文化产业创新与发展研究基地的作用，有计划地培养一批有文化、懂经营、会管理的文化产业专门人才，为文化产业的可持续发展积蓄人力资本。另外，在文化系统知识产权保护方面，我们正计划做一些工作。

在对外开放方面，要以打造“中华文化品牌”为重点。加入WTO以后，为我国文化产业的发展提供了机遇。在坚持“引进来”的同时，要积极实施“走出去”的战略，充分利用两种资源，占领两个市场。将代表国家水平的艺术院团和有影响有品位的艺术展览有计划分期、分批地推介到国际演出和展览市场，为我国文化企业开拓国际文化市场、扩大优秀民族文化产品在国外市场的份额创造必要的条件。

今后，我司要进一步转变职能，增强服务意识。要面向全社会搞好服务。不论是文化系统内的，还是系统外的，不论是国有的还是民营的，凡是有利于推进文化产业发展的，我们都要全方位地给予支持。提供咨询，搞好服务。下一步，我司准备选择几个不同类型的文化企业，作为产业司的文化产业发展联系点，以便及时了解情况，总结经验，指导面上工作的开展。

四、抓住机遇，稳步推进

面对新形势新任务，我们必须紧紧抓住重要的机遇期，不失时机地把文化产业推向新的发展阶段。但是，鉴于我国文化产业的现状及其特殊性，我们认为，对文化产业的发展，不能操之过急，要稳扎稳打，一步一个脚印地向前推进。具体要强调以下几点：

一要善于从经济的角度去认识和研究文化产业。什么是文化产业？它的内涵与外延是什么？现在理论界说法很多。比较流行的是引用联合国教科文组织的定义：文化产业就是按照工业标准，生产，再生产，储存以及分配文化产品和服务的一系列活动，它的主要目的不是为了促进文化更大的发展，而是为了追求经济效益。台湾一位学者也对产业文化与文化产业的区别做了个界定。他说，从所要达到的目的来看，产业文化的目的在于促进产品个性化与精致化，提高产品的品质与附加值，进而创造更多的利润；而文化产业的目的，则是创造文化的市场性与经济价值，促使更多的人无负担地从事维护与发扬该项文化。以上说法，虽然有不尽如人意之处，但有一点至少是可以肯定的，即都说明既然是文化产业就必须要追求经济效益，而文化产业的发展过程，更多的是一种经济运行过程。目前，由于长期受计划经济体制和政府办文化的影响，文化系统真正懂经济、会管理的人才不多。人们往往从政治上考虑问题较多，不太善于从经济角度上去分析问题和研究问题。我部原来创办的几个公司的经营情况，就可以充分说明这个问题（华文公司的欠债情况）。仅凭简单的热情和机关的作风，不可能搞好文化产业。正如家正部长所说的，文化人“一签合同就上当，一打官司就赔钱”。这个教训非常深刻。要大力发展文化产业，必须彻底扭转这种被动局面。这里，我把我部几个脱钩企业的情况简要汇报一下。企业脱钩是我司今年上半年的重要任务之一，现在总体上在向前推进，但问题也不少。祥宇公司脱钩算是基本完成了。华瀚公司因为欠合资方日本公司60万美元的债务问题一直没有找到合适的解决办法。2002年4月25日，家正部长等领导批准了他们的解决方案，办公厅于4月29日正式给外经贸部行文。根据程序，华瀚下属合资公司的评估工作已经完成，并报到我部计财司办理。关于华文公司的改制工作，4月29日部领导责成产业司接过来，5月8日我司给部领导写了书面请示。家正部长、震宙、维绥副部长分别于5月10日和15日做了批示。根据批示的要求，我司对华文公司的改制工作进行了协调，并提出了建议意见。华文公司的情况比较复杂，今后变数较多。要教育引导我们的干部认真学习掌握市场经济知识和经济运行规律。深入研究投入与产出的关系，营销与推介的手段，不同地区、不同层次人们的文化消费心理和习惯等，从事文化产业必备的知识。克服“重生产、轻流通”的观念，增强消费决定生产、市场取向意识。既要敢于又要善于到市场经济的海洋中“游泳”，增强规避风险的能力，保证自己首先不被“淹死”。要能够创作生产出既能满足人们精神文化需求，又能够产生良好经济效益的好的艺术产品。

二要保持清醒的政治头脑。发展文化产业必须以江泽民总书记“三个代表”的重要思想为指导，坚持先进文化的前进方向。尽管文化产业的主要目的是通过文化产品和文化服务来赚钱，追求的是最大的经济效益，但是，由于文化领域的特殊性，从事文化产业的同志必须讲政治，不能掉到“钱眼”里，一味地追求经济效益。要力求社会效益和经济效益两个效益的平衡和统一，或在保证社会效益的前提下，取得最佳的经济效益，否则就会与社会主义精神文明建设的要求相悖，背离先进文化的前进方向。特别是加入WTO以后，随着外国文化产品和服务的逐步进入，在引进一些优秀精神文化产品的同时，西方一些落后的价值观念和生活方式也必然要渗透进来，给人们的思想观念和工作生活带来一些潜移默化的消极影响。对此，我们必须保持高度的警惕。既不能认为“狼来了”而惊慌失措，也不能一看“狼还没真正来”就掉以轻心。要提高“与狼共舞”的本领，学习海尔集团“领狼起舞”的精神。

三是正确处理改革、发展与稳定的关系。近几年来，随着党和国家对文化产业的重视，各地发展文化产业的积极性很高，先后出台了一系列有关推动文化产业发展的政策措施。但是，我们认为，文化产业如同其他经济工作一样，有其自身的发展规律和特点，有一个按照市场经济的要求、循序渐进的过程，不能期望一夜之间文化产业就会成为我国经济的支柱产业。因此，既要有工作的热情，又要有科学的态度。基层冷的时候，我们要添一把火；基层热的时候，我们要保持清醒的头脑；看不准吃不透的事情，宁肯慢一拍，不去抢半拍。不打无准备、无把握之仗。如关于集团化的问题，我部没有赶时髦，搞形式上的整合。我们认为是正确的，因为真正的整合应该是市场促成的资本整合，而不是行政上的、人为的整合。像美国在线与时代华纳的合并就并不成功，事实说明不在于做大，关键是要做强；还有打造“航空母舰”和用高新技术占领制高点，等等，在文化系统只是一个方向性的要求，如果真正实施，可能就不切合实际了。在坚持文化产业发展是第一要务的同时，还要正确处理改革、发展与稳定的关系。特别是在改制的过程中，接受经济领域改革的一些经验教训，做好深入细致的思想政治工作；在上新的文化产品项目时，要组织专家进行反复论证；引导各地发挥比较优势，搞好特色文化经济；抓准发展文化产业的“切入点”，切忌一哄而起，大起大落，避免盲目上马，造成后患。通过扎实有效的工作，始终保持文化事业的持续发展和文化队伍的稳定。

四是要有一个良好的精神状态。文化产业是一项全新的事业，国外的做法不能完全照抄照搬，前人又无成功的经验可以借鉴。因此，要为我国文化产业打下一个良好的基础，并有一个长足的发展，使之逐步成为经济发展的重要支柱，成为文化事业的重要组成部分，必须依靠一代又一代人的不懈努力。要发扬知难而进、勇于创新的精神，全面推进理论创新、体制、机制创新和工作方式方法创新，不断研究新情况，解决新问题，积极探索和把握文化产业发展的内在规律，及时总结推广文化产业发展的成功经验，逐步走出一条符合中国国情的、具有中国特色的文化产业发展道路。

我国文化产业的基本状况及进一步发展壮大的初步设想

——2002 年 8 月向文化部领导的汇报提纲

一、我国文化产业的基本情况

我国的文化产业伴随着改革开放的不断深入逐步发展，并随着社会主义市场经济体制目标的确立和国家大力推进第三产业发展而迅速壮大起来。文化领域面向市场的改革步伐明显加快，文化产业开始进入快速发展时期。截至 2000 年底统计，文化部门主管的文化娱乐业、音像业、演出业、艺术品经营等门类的产业单位是 22. 3 万个，从业人员 91. 9 万人，年上交各项税金总共 20. 2 亿元，创增加值 118. 9 亿元。同时，社会所办的文化产业发展更加迅猛。1990 年社会所办的文化产业在总量上还远远小于文化系统，到 1998 年，社会所办的文化产业的机构总数已经是文化系统的 2. 7 倍，从业人员为 1. 5 倍，所创增加值为 1. 5 倍。包括文艺演出市场、电影电视市场、音像市场、文化娱乐市场、文化旅游市场、艺术培训市场、艺术品市场等在内的文化市场体系已初步建立。

目前我国已进入全面建设小康社会的时期，人民群众对文化生活的要求也呈现出一系列新的趋势。第一，文化需求总量将会有一个大的增加，文化消费在人们日常消费中所占的比重不断上升，据专家预测，到 2005 年，我国文化的潜在消费能力将达到 5500 亿元。第二，广大群众对文化产品和服务的质量要求越来越高。第三，消费更加多元化、多样性。第四，文化产品的制作、传播、消费渠道、方式和手段更加科技化、现代化和市场化。第五，国外对反映当代中国形象和现代化建设的文化艺术的需求越来越强烈。这些发展趋势，预示着我国的文化产业有着巨大的发展空间，同时也对加快推进文化产业发展提出了更高的要求。

从现阶段我国文化产业的现状看，发展还很不充分，总量规模偏小，社会化、产业化程度低，发展的速度、规模和效益都需要有较大幅度的提高。据1998年统计，全国文化产业的增加值仅占国内生产总值的0.75%，占第三产业增加值的2.33%。文化产业从业人员只占总就业人员的0.4%，城镇居民人均文化娱乐消费仅占其消费性支出的2.27%。不仅远远低于发达国家水平，也低于一般的发展中国家水平。阻碍我国文化产业发展的一系列矛盾和问题主要表现在：

（1）宏观管理上政出多门，没有形成全面系统的指导文化产业发展的统一部门和产业政策体系。政府文化管理部门机构分设，职能交叉，管办不分，行业指导和管理比较薄弱，部门、行业垄断和地区封锁现象严重，文化市场零散分割，流通渠道不畅，难以形成统一的市场网络。

（2）投资主体单一，行业限制过多，文化资源没有得到充分有效的利用。市场对人才、资金、技术、信息、项目等文化资源配置没有起到基础性作用，造成文化资源的闲置和浪费。

（3）产业结构不合理，传统文化产业的比重较大，现代新兴文化产业发展不够。文化产品的科技含量低，竞争能力差。特别是现代信息技术的应用比较落后，不能适应人们对文化产品高科技化的要求。

（4）产业组织形式还处于小规模分散化状态，文化产业单位普遍缺乏活力。没有成为自主经营、自负盈亏、自担风险、自主创新的市场主体，创新能力不足，创新激励机制没有形成，现代化的文化产品生产和组织方式没能得到充分应用。

（5）认识还不够统一，在发展文化产业的问题上，还存在一些片面认识。主要表现在：一是以发展文化产业为借口，避开甚至推卸政府建设文化事业的责任，主张文化建设全面彻底的市场化、产业化；二是担心一提发展文化产业，财政就会“断奶”，因此竭力维护计划经济体制下的文化发展模式，不愿意创新和改革。

今后要推进文化产业的发展，必须解决好以上问题。要使大家认识到，发展文化产业是文化事业改革与发展的迫切需求，是社会主义市场经济发展的客观要求，也是全面建设小康社会的重要内容。同时，发展文化产业必须善于借鉴国外的先进经验和手段，但是不能照抄照搬。要坚持我国文化的社会主义性质和先进文化的前进方向，把社会效益始终放在首位，努力实现两个效益的统一，使我们的文化产品成为面向群众、面向市场的有机结合的产物。要在遵循社会主义市场经济规律和文化艺术自身发展规律的前提下，加快发展文化产业，为繁荣文化艺术增添新的活力，为国民经济发展培育新的增长点。要推进文化艺术的生产、流通与高科技的结合，推进与市场经济体制的结合。

二、进一步发展壮大我国文化产业的初步设想

进入新世纪，我国进入了全面建设小康社会，加快推进社会主义现代化建设的新的历史发展阶段，这是我们必须紧紧抓住并且可以大有作为的重要战略机遇期。要本着立足当前，着眼长远，认真思考文化产业的战略性、前瞻性和全局性问题，坚持从中国的实际出发，走出一条具有中国特色的社会主义文化产业发展之路。

今后，文化产业总的发展方向是市场机制在文化资源合理调节与配置、文化产业结构调整上的基础性作用得到充分发挥。文化系统各个产业门类结构合理、技术先进，东西部发展平衡，生产经营进入良性循环，整体素质和经济效益全面提高。传统的文化企业经过改造充满活力，新兴的文化产业方兴未艾。在市场竞争中，经过重组、兼并、联合形成一大批实力雄厚、竞争力强的大型文化企业。各个门类分别推出一批过得硬、叫得响、立得住的“文化品牌”。文化市场管理规范、繁荣有序，为文化产业的发展创造良好的外部环境。各种品种的文化产品和服务丰富多彩，基本满足人们的精神文化

需求。“十五”期间，文化产业增长速度明显高于全国国内生产总值增长速度。城镇居民消费总量中的文化支出逐年增加，消费结构发生根本性变化，社会文化消费总量大幅度增长。中国文化产品和服务走出国门，并在国际市场上占有一定的份额。中华民族精神和优秀文化的影响越来越大。文化产业在第三产业和国民生产总值中的比重不断加大，并成为国民经济中一个新的经济增长点。到2010年，具有中国特色的社会主义文化产业宏观管理体制和微观运行机制基本建立，形成比较发达的文化产业体系和市场体系，初步实现文化产业的现代化目标。

要抓住机遇，乘势而上，努力实现以上奋斗目标，必须在体制上、政策上、管理方法和措施上等各个方面有创新性发展。

（一）加快体制创新步伐

1. 把加大文化管理体制改革力度作为推进文化产业发展的根本动力

按照“精简、统一、效能”的原则，适应社会主义市场经济的要求，进一步改革和调整文化行政管理体制，有效地实现政府对文化产业发展的宏观调控和依法管理。实现政令统一，消除政出多门、职能交叉的弊端，提高行政效率和服务水平。切实推进文化行政部门的职能转变，贯彻国务院关于行政审批制度改革的精神，按照“减少事前审批，加强事后监督”的要求，改革行政审批制度，减少审批项目，简化审批程序，清理文化行政审批项目，进一步取消和下放行政审批权。通过制定和完善法规进行宏观调控，加强公共管理和行业管理职能。通过深化改革，逐步建立党委领导、政府管理、行业自律、社会监督、文化企事业单位独立运营的文化管理体制。

2. 加强分类指导，加快文化事业单位的改革步伐

按照政企分开、政事分开、企业与事业分开、营利性机构与非营利性机构分开的原则，对现有文化单位进行科学分类。对图书馆、博物馆等属于基本公共服务领域的公益性文化单位，要加大投入，加强管理，不断提高服务质量和服务水平；对非基本公共服务领域内的营利性文化事业单位要逐步改

制为企业或实行企业化管理，实行自主经营、自负盈亏、依法纳税。

3. 通过深化改革，明确国有文化单位的市场主体地位，建立法人自主经营机制，使国有文化产业单位真正成为市场竞争的主体

文化产业单位的活力来源于其自主经营、自负盈亏、自主创新、自担风险的市场主体地位。各类国有文化企业要认真进行企业体制和运行机制的转换，建立产权清晰、权责明确、政企分开、管理科学的现代企业制度，建立科学合理、灵活高效的管理体制和文化产品生产经营机制。

（二）加大结构调整力度

1. 积极构建以国有文化企业为主导、非国有文化企业多元化发展的文化企业主体结构

大部分国有文化产业单位实现政企分开，理顺国有文化产业单位产权关系，优化国有文化资产配置。要想方设法把闲置的社会资本吸引到文化产业中来。逐步完善政府投入与社会投入相结合、内资与外资相结合、多渠道多元化的投融资机制。尽快出台文化开放领域的市场准入标准、准入程序及管理监督办法，降低文化产业准入的门槛。凡是允许外资进入的文化产业领域，都应首先对民间资本开放。在引进外资的同时，鼓励非国有经济参与文化建设，鼓励民间投资兴办国家认可的各种文化企业和博物馆、艺术馆、艺术团体等，支持促进民营文化企业做大做强。

2. 积极支持面向大众的文化产业发展

采取切实有效的措施，认真解决影响文化消费健康发展的突出问题和广大群众普遍关心的热点问题。综合运用税费、信贷、价格等经济手段优化文化产品结构，引导社会投资方向。鼓励和支持健康有益的大众文化消费项目的发展，不断满足基层广大群众的多层次多样化的文化消费需求。

3. 积极推动文化产业与信息产业等高新技术的结合

要善于运用现代市场经济信息传播和营销技术，特别是网络技术促进文化产品的流通。着力用高新技术手段改造传统文化，开发新兴文化产业，大

力扶持有民族特色的高技术文化产品，特别是国产高技术娱乐产品和电子软件产品的生产和推广。加强技术引进和自主开发，推动文化产品和文化服务数字化、网络化建设，努力实现我国文化产业的跨越式发展。

（三）建立和完善促进文化产业发展的政策体系

1. 以市场为导向，以不断满足人民群众的文化生活需要为目标，充分发挥市场对资源配置的基础性作用

文化产业单位要面向市场从事生产经营活动，政府要积极鼓励和引导群众通过市场自主选择进行文化消费。要采取措施，促进文化资源优势通过市场转化为产业优势和竞争优势。要在立足我国优秀民族文化产业资源的基础上，充分利用国外优秀文化产业资源，积极开拓国内外两个市场，努力打造一批具有自主知识产权和国际影响力、竞争力的优秀民族文化品牌。

2. 完善政府文化部门宏观管理文化产业的政策

政府文化部门要负责制定文化产业的战略规划、信息指导和政策协调工作，并通过制定和完善指导发展文化产业的产业政策，对文化产业实施宏观调控，指导和协调文化产品的生产及文化市场经营活动，保证文化产业快速、健康、协调发展。

3. 积极筹措国家文化产业发展基金，加速文化产业发展

要调整财政投入结构和投入方式，在逐步增加财政对文化投入的基础上，争取财政安排一定数量的预算资金、文化事业建设费以及政策性信贷资金等，建立国家文化产业发展基金。鼓励地方财政安排一定的资金，作为加快发展文化产业的引导资金。要通过国家文化产业发展基金的作用，吸引地方、企业、金融投资机构以及其他各种社会资金投入文化产业领域，逐步建立起符合社会主义市场经济规律的文化产业投资机制。

4. 调整文化产业的税收政策和投融资政策，广开发展文化产业的筹资渠道

对于新兴的文化产业项目应实行零税率，对于民族的、大众的文化产品

和服务应实行低税率，对于高档豪华的文化消费要加征高额消费税。要争取金融机构在独立审贷的基础上，安排一定的政策性贷款用于发展基础性的以及与科技、信息产业相结合的新兴文化产业。鼓励组建区域文化发展协调基金和各级各类文化产业基金组织、文化投资公司，允许社会和个人兴办文化艺术基金。逐步扩大文化产业直接融资比重，有条件的文化企业可以利用企业债券、股票等融资手段加速发展。推进引进外资工作，利用国外先进的管理、技术和资金，提高我国文化产业的水平和质量。

（四）推进文化产业发展的措施

1. 进一步完善文化产业法规，促进依法经营，公平竞争

要依法保护知识产权，制定公平竞争的文化市场规则，把文化生产经营活动纳入法制化发展轨道，要使依法经营者畅通无阻，使非法经营者举步维艰，无机可乘。要根据文化产业发展的实际，抓紧文化产业的法律法规和相关条例的制定工作，提高文化立法层次。积极争取国家给予文化产业与高新技术产业相同的优惠政策。

2. 要转变政府文化管理职能，加强行业管理，提高管理科学化水平

积极转变政府职能，推动管理创新，实现以微观管理为主向以宏观管理为主转变。鼓励建立文化行业协会，逐步将一些不适合由政府行使的职能交给行业协会，形成行业自律机制，推动各行业健康发展。

3. 鼓励规模经营和专业化协作，促进文化产业各行业形成适合自身特点的组织结构

按照现代企业制度的要求，规范文化生产单位的组织形式，形成科学合理的法人治理结构和经营管理制度，建立开放性的创新发展机制。要鼓励打破地区、部门分割，通过兼并、联合、重组等形式，形成一批跨地区、跨部门、跨所有制乃至跨国经营的大型文化企业集团。对专业化或个性化强的行业或产品，应形成中、小企业乃至个体私营企业合理分工协作、规模适当且企业数目较多的竞争性市场结构。充分调动各方面积极性，大力发展各类

“专、精、特、新”的中小型文化服务企业。同时要积极鼓励文化中介机构的发展，推进集约化、系统化、网络化的营销服务，鼓励他们向集团化、网络化、品牌化方向发展，培养打造一批具有一定影响、拥有著名文化品牌、有较强竞争力的大型文化经纪机构，为文化产业向规模化、专业化方向发展创造条件。要创造条件，将一些有条件的演出公司、展览公司、音像公司等进行重组改造，组建一批具备参与世界竞争实力的文化传播集团。

4. 国家通过实施若干重大的基础性文化资源开发项目，推动文化产业结构向高层次转换

通过建设中国数字图书馆工程等项目，推动文化资源的信息化建设，促进具有广阔市场前景和高新技术含量的文化产品尽快产业化。借助现代数字化网络通讯手段和技术改造传统文化流通渠道和营销体系，在全国范围内形成一体化的文化产品生产、服务和销售网络。

5. 积极培养人才，改进人才管理、使用制度

要抓紧培养一批熟悉市场经济规律，懂经营、会管理的专门人才，同时，特别注重培养造就和引进懂科技、会管理的创新人才、策划人才、外向型人才和网络科技人才。为文化产业的可持续发展积蓄人力资本，占领文化产业的人才高地。要深化全国文化事业单位人事制度改革，全面推行聘任制、签约制，积极推广文艺人才代理制，加快文艺人才社会化管理机制的建立，积极推进文艺从业人员社会保障制度的建立、完善和早日实施，探索部分艺术领域的自由职业化，促进管理的社会化和科学化。

6. 实施“走出去”战略，积极参与国际文化市场竞争

鼓励文化产业单位面向国际市场，充分利用国际国内两个市场、两种资源发展外向型文化产业，通过出口优秀的、具有民族特色的文化艺术产品，扩大我国文化的国际影响力和竞争力。同时，进一步简化出口审批手续、缩短审批时间，对于有条件的单位逐步给予文化艺术产品和服务的进出口权。积极扶持国内有实力的文化企业在国外独立经营商业演出、展览业务，推动对外商业性演出、展览向正规化、产业化方向发展，使我国的对外文化交流

由现在的以官方、民间交流为主转变为官方、民间、商业同时并举，积极打入国外的主流社会，树立当代中国的文化形象，展示朝气蓬勃的、充满青春活力的现代中国的无穷魅力。

艺术产业在文化产业中的地位及其发展前景和问题

——在中国艺术产业论坛上的发言

各位来宾、各位朋友：

中国艺术产业论坛今天下午就要结束了。两天来，各位专家、学者、企业家围绕我国艺术产业的现状及其今后的发展，畅所欲言，发表了许多很好的意见。借这个机会，我想着重就艺术产业在文化产业中的地位及其发展前景和推进艺术产业发展所应把握的问题，谈几点不成熟的意见，请在座的各位多多赐教。

一、艺术产业在我国文化产业中的地位及其发展前景

文化产业是指从事文化产品生产和提供文化服务的经营性行业，是一个与公共文化事业相对应的概念。文化事业单位主要靠政府扶持、社会赞助，为公众提供公共文化服务；文化产业单位则主要是面向市场，依法经营，自我积累，自我发展。目前，我国理论界一般把文化产业的范围界定在文化艺术业、广播电视业、新闻出版业、信息网络服务业等。今天，我所讲的文化产业主要是指文化系统的文化产业，即文艺演出业、影视业、音像业、文化娱乐业、文化旅游业、艺术培训业和艺术品业等。艺术产业作为文化系统文化产业门类之一，其地位是十分重要的。

20 世纪 90 年代以来，中国艺术市场逐步崛起，艺术品展览、展销、拍卖活动持续升温，各种收藏使艺术市场的热度不断提升。据统计，到 20 世纪末，我国国有艺术展览机构和其他形式的艺术品经营机构约几万个，其中包

括文化艺术经纪代理、画廊画店、美术公司、艺术品拍卖、图书批发等，从业人员约1346万人。但是，从总体上看，艺术产业与文化系统其他产业门类相比，还是比较薄弱的。主要表现在：艺术市场刚刚起步还很不规范，许多艺术品价格与价值相背离、假冒伪劣、鱼目混珠；有的艺术品经营者目光短浅，不懂艺术，投机意识强，经营意识差；艺术品拍卖机构增长过快，拍卖会举办过频，赝品泛滥，导致交易水平下降；部分经纪机构和经纪人的整体素质不高，缺乏信誉等。

尽管如此，从大的趋势看，艺术产业的发展前景还是非常好的。为什么这样讲呢？

一是目前我国的经济形势为艺术产业的发展创造了有利的条件。艺术产业的发展离不开经济的发展。如果一个国家连温饱问题都解决不了，人们还有什么心思去搞艺术品收藏。只有太平盛世，人们才有条件也有可能关心艺术产业的发展。到2000年，我国的国内生产总值达到人民币89404亿元，第一次突破1万亿美元。比20个世纪70年代末期增加了4倍。根据世界银行排名，2001年中国的经济总量仅次于美国、日本、德国、英国、法国，位居世界第六。20多年的改革开放，使中国告别了“短缺经济”，走上了富裕之路，也为文化事业的繁荣乃至艺术产业的发展奠定了基础。

二是文化消费比重的不断加大，为艺术产业提供了很大的发展空间。在过去的20多年里，我国人民的生活水平显著提高。中国的绝对贫困人数从2.5亿减少到3400万。城镇居民和农民的收入大幅度增长。人们在享受物质生活的同时，开始追求精神上的享受，文化消费在人们日常消费中的比重不断上升。据专家预测，到2005年，我国文化的潜在消费能力将达到5500亿元。目前，世界艺术市场每年艺术品的销售量约为300亿美元，而中国的销售量仅为10亿元人民币左右。这预示着我国艺术产业有着巨大的发展潜力。

三是人们生活条件的极大改善，特别是住房条件的逐步改善，有力地拉动了艺术产业的发展。艺术品作为一种特殊的精神产品，不仅可以陶冶人们的情操，促进人的全面发展，而且可以美化室内空间环境，提升家庭的文化品位。随着社会的不断发展，人们越来越注重生活质量的提高，在积极追求生活内容丰富多彩的同时，各种收藏的兴趣也越来越广泛。从书籍、绘画、邮票、钱币、瓷器、铜器、金银器、文房四宝，到火花、酒标、商标、广告画、宣传画，几乎是无所不收。

第四，社会投资多样化的趋势，极大地刺激了艺术产业的发展。目前，我国人民币储蓄存款已达 7 万多亿元，外币存款 800 多亿美元。在从温饱走向小康的同时，人们更加注意剩余资金的投资保值。从经济规律和发展行情看，股票的投资保险为 30% 左右，而艺术品的投资保险为 100%，年增值甚至可达 50% 至 100%。正由于艺术品具有价位高、增值快，易于交易的特点，又具有文化积淀和商业积淀的双重意义，从而成为人们投资保值的最佳选择。近几年来，艺术品收藏与期货、房地产、有价证券被人们称为中国投资项目的“四大热点”。艺术品作为“绩优股”和“潜力股”的优势日益显现出来。

二、推进艺术产业发展应把握的几个问题

把艺术产业作为促进国民经济发展的新的增长点来抓。在国际上，许多国家把发展艺术产业作为一种经济战略。美国为了创造就业机会，投入了大量资金进行艺术建设。欧洲为了引导企业进行艺术收藏，也制定了税收减免等优惠政策。还有许多国家在建筑的修建中都要求投入一定比例的资金用于艺术品的采购。去年年底，国务院办公厅转发的《国家计委关于“十五”期间加快发展服务业若干政策措施的意见》，把文化与旅游、社区服务、教育培训、体育等需求潜力大的行业列为新的经济增长点。艺术产业作为文化产业的重要组成部分，它的发展对于刺激内需，增加供给、扩大就业、优化结构，促进国民经济持续增长，有着十分积极的作用。因此，各级政府应该充分认识艺术产业的经济价值，为艺术产业的发展提供强有力的工作支持和政策支撑。今年 5 月，江苏省在省委、省政府的直接领导下，将南京博物院、爱涛艺术馆和全省 10 个市级博物馆的稀世珍品以及全省各地的文化艺术精品集中

起来，到北京中华世纪坛展出了13天，参观人数达40多万人。由于采取市场化运作、展销结合，销售额达到400多万元。

（一）鼓励扶持民间资本发展艺术产业

加入世贸组织之后，我国不仅放开了允许外资进入的部分文化领域，而且对国内民间资本投资文化也准备出台一系列的政策。最近，文化部正在制定关于推进文化产业发展的若干意见，就提出要鼓励非国有经济参与文化建设、支持民间投资兴办国家许可的各种文化企业和博物馆、艺术馆和艺术团体等。同时，要加强对民办文化产业的宏观管理和政策扶持，把民办的文化企业和产业项目纳入文化产业发展的统一规划，与国办文化企业一视同仁。对非国有经济投资的文化产业项目和建设的文化场馆，要在市场准入、土地使用、信贷、税收、上市融资等方面，享受与国有文化企业同等待遇。这些政策措施出台后，一定会有力地促进艺术产业的发展。为了说明民间资本发展艺术产业的重要性，这里我讲一个例子。前不久，杭州一位80多岁的老人，将其收藏的200多幅我国早期的油画，全权委托给《文化交流》杂志社。这位老人不为名，不为利，只希望能将这批油画完好地保存下去。这些油画涉及我国著名的画家就有60多位，如李铁夫、李叔同、林风眠、徐悲鸿、常玉、潘玉良等，其价值无法用金钱来衡量。去年4月佳士德拍卖行对常玉的一幅早年油画《含华吐瑞》进行了拍卖，拍得1668.75万元；去年在上海美术馆举办中国20世纪油画展，李铁夫的一幅《未完成的老人像》保险费就高达100万元。另外，据收藏界人士介绍，从海外拍回藏品的国内资金，绝大部分也是来自民间。如国画大师潘天寿20世纪50年代的精品之作《松鹰图》，1993年，在上海的一场拍卖中以32万元的价格被一香港人买去；1995年，这幅作品再拍又流传到了新加坡；直到今年北京荣宝斋的春季拍卖会，上海一位私营企业家才用117万元的高价将这幅传世名作留在了国内。这就是民间收藏对祖国文化的贡献。

（二）积极打造文化品牌，把中国艺术产品打入国际文化市场

中国艺术品种类繁多，具有独特的民族风格和浓厚的文化内涵，日益引起世界各国的关注，也吸引着海外5700多万华侨。根据海内外的需求，我们要努力打造自己的文化品牌，在国际文化市场上争得一定的市场份额。从某种意义上讲，文化品牌是文化企业的无形资产，也是安身立命之本。大家知道，2001年10月，上海APEC会议期间，一组以《世纪玫瑰图》和《大唐贵妃图》为代表的"国粹油画"，曾在出席会议的世界各国政要及国内外媒体中引起轰动。这件事缘于上海宽视有限公司独具慧眼，1999年与陕西一个名不见经传的画家刘令华签约。在短短三年的时间里，就推出了一个响当当的艺术品牌。刘的作品从1999年的单价30万元抬升到2000年的100万元，2001年又蹿升到500万元，成为"APEC名画"。当然，"文化品牌"不仅仅指艺术产品。像北京国际艺术博览会、上海艺术博览会以及昨天刚刚开幕的中国艺术博览会这样一些文化品牌活动，也应在总结经验的基础上，越办越好。

（三）注意保护开发民间艺术品

民间艺术品是我国一笔宝贵而又丰富的文化资源。民间艺术品作为土生土长的艺术，带有一定的原始性、传统性，其纯朴的乡土艺术风格，深受外国人的青睐。我们要做大做强民间艺术品，必须在继续传统风格的同时，大胆创新，在艺术价值、工艺技术、包装装饰等方面狠下功夫。以质量求发展，靠精品占市场。西安金泉钱币文化股份有限公司，是一个仅200人的民营公司，经营古钱币不过3年，年营业额就突破了8000万元，占据了国内市场70%的份额。他们先后收集了上至先秦下至清末民初上万个品种的钱币，总重量500余吨，有数亿枚之多。对这些古钱币进行系统的整理、筛选后，将有代表性和有重要历史意义的编辑成册，将实物镶嵌在当中，并配以文字说明，加工制作成珍贵的礼品，在市场上非常受欢迎。不过，在开发利用民间

艺术品的同时，要采取措施切实防止对民族民间文化遗产的侵害和破坏。

（四）加强艺术市场管理，规范艺术市场秩序

针对目前艺术产业存在的问题，一是要加强宏观调控，合理布局，有计划地发展艺术品市场，避免市场进入无序竞争状态。二是要建立健全法规，加强依法监督管理的力度。大力整顿市场秩序，坚决打击造假、贩假和非法投机的经济行为。三是要抓好艺术品中介环节，采取多种形式，提高经纪机构和经纪人的整体素质。四是通过立法、普法和宣传培训工作，提高生产者、经营者和收藏者的法制观念、审美能力和鉴别能力。

以上意见不当之处，请给予批评指正。

（2002 年 9 月 6 日于北京）

走中国特色文化产业发展之路

——学习党的十六大报告的几点体会

积极发展文化产业，是党的十六大提出的全面建设小康社会、推动文化建设的一项战略任务。前不久，文化部孙家正部长强调，要坚持以与时俱进、理论创新的态度，深入研究发展中国特色文化产业的问题。根据党的十六大精神，我想结合近几年来我国文化产业发展的实践，就如何从中国的实际出发，积极探索，大胆实践，努力走中国特色文化产业发展道路问题谈点粗浅的体会。

近几年来，文化产业在我国逐步兴起并引起社会各方面的广泛关注，决不是偶然的，是有着深刻的时代背景的。

从国际上看，文化产业伴随着全球范围内工业化和现代化产生和发展起来，是一个集中代表了现代经济、社会和文化发展的全球性的新兴产业。早在第二次世界大战前，西方发达国家已经出现了文化与经济密切结合、比较系统的文化产业体系，而在二战后的半个世纪里，文化产业得到较快的发展，并进入了巅峰状态。文化产业从过去一个附属的产业形态，逐渐发展成为人类社会不可缺少的产业门类，在许多国家成为国民经济的支柱产业。近几年来，随着迅猛发展的高新技术向文化领域的广泛渗透，文化产业作为新的经济增长点迅速崛起，占据经济总量的比重越来越大

从国内看，文化产业的发展有其必然性：一是改革开放20年来，中国经济持续健康发展，综合国力大幅度跃升，人们生活水平不断提高。特别是城乡居民的消费结构发生很大变化，恩格尔系数逐渐降低，用于文化教育的消费支出越来越多，引起产业结构的重大调整，有力地启动了文化产业的发展。二是广大群众对文化产品和服务的质量要求越来越高。文化消费更趋向多元

化、多样性和自主选择性。我国现有的公益性文化事业已远远满足不了人民群众多层次多方面的精神文化需求，迫切需要发展更多的非公益性的文化产业项目。三是随着社会主义市场经济体制的初步建立和不断完善，我国经济与社会发展进入一个重要的历史时期。文化产业作为当代人类社会创造财富的一种新的产业形态越来越引起社会各方面的普遍关注。发展文化产业成为转变经济增长方式，实现全面建设小康社会战略目标的一个重要选择。四是加入世界贸易组织，使中国经济融入全球经济一体化的进程不断加快。文化产业全球化的趋势给中国文化发展提出了新的挑战，刺激了我国文化产业的发展。五是当今世界综合国力的竞争，不仅包括经济实力、科技实力和国防实力等方面的竞争，而且包括文化实力和民族精神的竞争。只有通过积极发展文化产业，才能建立我们自己的文化优势，在激烈的国际竞争中，捍卫自己的战略利益，保障国家的文化安全。

正是在这样一种大的国际国内时代背景下，党和国家不失时机地提出积极发展文化产业的政策。以前，在计划经济条件下，我国对文化建设基本上采取政府财政全部包揽的政策。尽管从 20 世纪 80 年代初期，各级文化工作者就采取“以文补文”“多业助文”等形式，壮大文化经济实力，推动文化工作发展。但是，真正从政府的角度关心文化产业的发展，还是在 1998 年国务院机构改革正式批准文化部设立文化产业司之后。经过广大文化工作者的积极探索和实践以及理论工作者的参与和推动，文化产业逐步提到党和国家的议事日程。2000 年 10 月，中共中央第十五届五中全会通过的《中共中央关于制定国民经济和社会发展第十个五年计划的建议》把文化产业正式提出来。建议在“大力发展服务业”部分，提出“引导文化娱乐、教育培训、体育健身、卫生保健等产业发展，满足服务性消费需求”。在“加快国民经济和社会信息化”部分，提出“推动信息产业与有关文化产业结合”。在“加强社会主义精神文明建设”部分，提出“完善文化产业政策，加强文化市场建设和管理，推动有关文化产业发展”。党中央的这些建议，都写入了政府“十五”计划纲要。2001 年 3 月 5 日，朱镕基总理在政府报告中指出：“深化文化体制改革，完善文化经济政策，推动有关文化产业发展。”

江泽民同志十六大报告在强调文化建设和文化体制改革时指出，要“积极发展文化事业和文化产业。发展各类文化事业和文化产业都要贯彻发展先进文化的要求，始终把社会效益放在首位”“发展文化产业是市场经济条件下繁荣社会主义文化、满足人民群众精神文化需求的重要途径。完善文化产业政策，支持文化产业发展，增强我国文化产业的整体实力和竞争力。”十六大报告不仅全面阐述了积极发展文化产业的重要意义和目的，而且对发展文化产业所要坚持的原则以及政策措施都提出明确要求。积极发展文化产业正式写入党的代表大会报告，绝不仅仅是提出一个新名词、新概念，这是建立社会主义市场经济体制对文化发展的必然要求，是文化建设进入新的历史阶段的必然选择，是文化产业自身实践和理论研究的必然结果。

十六大报告第一次把文化事业和文化产业作为两个概念提出来，这在文化产业理论上是一个重大突破，是我们党在文化建设问题上、思想认识上的统一和飞跃，给文化事业和文化产业的更大发展提供了重要机遇。两个概念的表述，既符合我国文化工作的实际，又反映了广大文化工作者的要求，澄清了理论上的误区，体现了实事求是、与时俱进的精神。从理论上讲，今天的文化产业已经与文化事业相对地分离开来。换句话说，即公益性文化与非公益性文化或者说经营性文化与非经营性文化分离开来。文化事业和文化产业成为文化建设两个既相互联系又相对区别的重要组成部分。相互联系的是，文化事业单位与文化产业单位两者所提供的都是文化产品和文化服务。区别在于，两者投入的资金来源不同，管理机制不同，经营运作方式不同，考核的标准也不同。文化事业单位承担的是政府交给的为公众提供公共文化服务的重要任务，主要依靠政府扶持、社会赞助；文化产业单位则主要面向市场、依法经营、自我积累、自我发展、依靠政府政策的宏观调控。

我认为，根据十六大精神，各级文化部门首先应根据不同文化产品和文化服务的主要社会功能和市场关系，明确哪些是文化事业，哪些是文化产业。然后，根据文化事业单位和文化产业单位的不同特点，制定不同的政策，实行不同的管理体制和运行机制，分门别类地给予指导。对文化事业单位的基本要求是充分发挥政府文化的主导作用，不断改善服务质量，提高服务水平，讲求最大的社会效益，满足公众的精神文化需求。对文化系统内文化产业单位的基本要求是根据群众的文化消费需求，多生产一些市场对路的文化产品。在保证社会效益的前提下，力求最大的经济效益。对它的考核，应以实现经济利润的大小、国有资产是否保值增值为标准。随着形势的发展，今后文化产业管理部门还要面对社会资本兴办的文化企业。对社会资本兴办的文化企业也要强调把社会效益放在首位。同时，创造良好的投资环境，鼓励支持它们积极发展，使它们成为文化产业发展的重要力量。

这里特别需要补充的是，尽管文化事业与文化产业作为两个概念提出来，但由于目前我国文化工作的现状还不可能完全分得清。如现在文化系统的文化单位大体由三部分组成：一部分是公益性的事业单位，一部分是经营性的企业单位，还有一部分是事业性质、企业经营的单位。随着我国事业单位改革的不断深入，已经具备市场化条件的经营性事业单位一般逐步改制为企业或实行企业化管理，实行自主经营、自负盈亏、依法纳税。可是，这要有一个较长的过程。当前，不论是文化事业单位还是文化企业单位，都要增强产业意识，增强按照市场经济规律办文化的意识，增强与高新技术紧密结合的意识。即使是文化事业单位的某些项目和活动，也可以采取市场化运作，争取一定的经济效益，增强自身的发展活力。

文化产业理论上的创新与突破，将使文化系统在思想观念、管理体制、经营机制和运作方式等方面产生一系列的改革与变化。而这种改革与变化会给文化工作带来无限的生机与活力，使文化建设得到全面发展和繁荣，也使实现小康社会的经济、政治、文化三个战略目标得到全面协调发展。

推动文化产业的发展应注意以下问题：

一、把思想和行动统一到十六大精神上来

目前，文化系统的文化产业发展相对滞后，固然有客观原因，主要还在

于自身陈旧观念的束缚。由于长期受计划经济体制的影响，不少同志对发展文化产业的重要性还认识不足。要积极发展文化产业，必须首先认真学习、深刻领会十六大报告的精神实质，进一步解放思想，更新观念，把思想认识迅速统一到十六大精神上来。要看到积极发展文化产业是时代的潮流，是市场经济条件下繁荣社会主义文化、满足人民群众精神文化需求的重要途径。文化产业与文化事业好比是文化建设的鸟之双翼、车之两轮，相互依存，缺一不可。从长远看，文化产业的比重估计要超过文化事业，社会资本的投入估计要超过政府投入，这是一个大的趋势。结合十六大文件的学习，当前还要注意克服两种思想倾向：一种是墨守成规，不思进取。竭力维护现状，不愿意改革，害怕改革。一种是急于求成，脱离实际。忽视中国的国情和基层文化工作的实际。把发展文化产业看作是轻而易举的事情，恨不得一夜之间文化产业就成为我国经济的支柱产业，甚至盲目效仿西方发达国家发展文化产业的做法。这两种倾向都不利于文化产业的发展。如果思想观念仍停留在依赖政府办文化的基础上，发展文化产业就是一句空话；如果不顾实际，单纯依靠行政手段去推行文化产业发展，迟早要受到经济规律的惩罚；而对资本主义国家的做法盲目模仿、照抄照搬，就会丢掉我们自己的文化特色。

二、加强文化产业理论研究

近年来我国理论界关于文化产业的各种讨论十分活跃，对于推动和指导文化产业发展起到积极作用。我国文化产业特别是文化系统的文化产业与西方发达国家的文化产业比，现在还处于起步、探索、培育的初级阶段，规模小、基础差、种类多、情况复杂、资金投入不足、经营人才缺乏，还没有真正成为一个产业群体，并取得规模效益。面对这种状况，我们要不断加强理论研究，认真分析我国文化产业与外国文化产业的不同规律和特点，文化系统内演出、娱乐、影视、音像、网络、文化旅游、艺术培训和艺术品业各自不同的规律和特点。特别是要加强事关文化产业发展的战略性、前瞻性、全局性问题的理论分析与研究，把握文化产业发展的总体趋势，逐步总结和建立具有中国特色的文化产业的理论体系，同时，要坚持理论指导实践，提高理论应用水平，推出理论研究成果，尽快转化为现实的文化生产力。

三、努力完善文化产业政策

完善文化产业政策是十六大提出的一项重要任务，也是事关文化产业持续稳步发展的一个制约因素。如果没有好的政策的支持，文化产业的发展不可能持久。各有关部门应通力合作，密切配合，在深入实际、调查研究的基础上，尽快制定提出具体的文化产业政策，建立一套比较完善的政策支撑体系，运用财税、金融等多种手段支持文化产业发展，为文化产业发展提供良好的政策环境。另外，还要根据形势的发展和加入世界贸易组织的新要求，进一步修订完善原有的文化产业政策。

四、建立文化产业统计指标体系

由于我国文化产业发展刚刚起步，现在各地各部门文化产业的统计口径很不一致。各类相互之间差距很大的数字不时出现在各种媒介上，让人难以辨别哪一个数字是真的，哪一个数字是假的。要科学地规划、管理和指导文化产业的发展，全面把握文化产业的发展趋势和速度，必须要有权威部门提供的比较可靠准确的统计数据。去年，文化部文化产业司协同国家统计局有关部门专门搞了一个有关文化产业统计指标体系的课题研究。尽管最终的研究成果还有许多不完善的地方，但毕竟迈出了第一步。十六大的报告提出文化事业和文化产业两个概念，这对于搞好文化产业的统计指标体系是有力的帮助。各级文化产业管理部门，今后要把完善文化产业的统计指标体系作为一项基础性工作来抓。

五、积极稳妥地推进

文化产业如同其他经济工作一样，有一个按照市场经济的发展要求循序渐进的过程。在坚持发展是第一要务的同时，要正确处理改革、发展和稳定的关系，接受经济领域改革的经验教训，尽可能少走弯路或不走弯路。要把发展的速度和改革的力度与保持文化队伍的相对稳定有机地统一起来。特别是文化事业单位的改革，要积极争取党委、政府及有关部门的支持，事先要做好充分的准备，包括配套政策和改革成本的准备。同时，还要注意做好深入细致的思想政治工作，切实关心群众生活。上新的文化产品和服务项目时，要组织专家反复论证，尤其是对市场需求和消费前景要做出科学的预测和分析，避免盲目上马，造成后患。联合、重组、兼并文化单位，组建文化产业集团，要充分考虑各种因素，在条件成熟时再进行运作。切忌依靠行政命令和行政手段整合，避免一哄而起，大起大落。

六、进一步转变政府职能

面对加入世贸组织的新形势，我们必须进一步转变政府职能，强化服务意识，提高办事效率。要压缩行政性项目的审批，减少审批环节，简化审批手续，增强行政审批的透明度。要面向社会搞好服务。不论是文化系统内的还是系统外的，不论是国有的还是民营的，凡是有利于推进文化产业发展的，都应该全方位地给予支持。要加强对民办文化产业的宏观管理和政策扶持，把民办文化企业和产业项目纳入文化产业发展的统一规划，与国办文化产业一视同仁。要积极推动演出、展览等中介机构的发展，充分发挥文化经纪人和中介机构的作用。还要创造条件筹建文化产业行业协会，逐步将一些不适合由政府行使的职能交给行业协会，建立健全行业自律机制，发挥行业协会的作用，维护行业权益，帮助指导文化产业各个门类健康协调地向前发展。

总之，我们要在十六大精神的指引下，不断地研究新情况，解决新问题，积极探索和把握我国文化产业发展的内在规律，及时总结推广文化产业发展的成功经验，逐步走出一条符合中国国情的、具有中国特色的文化产业发展道路，为全面建设小康社会、加快推进社会主义现代化做出新的贡献。

（刊登于2002年12月14日《中国文化报》，2003年第3期《新华文摘》采用部分内容）

为什么抓演艺营销与演艺经纪

——在演艺营销与演艺经纪研修班上的讲话

很高兴有这么多来自全国各地的同志参加文化产业司和北京大学联合举办的这次研修班。这次研修班是全国演艺业界的一次盛会，是落实党的十六大报告有关规范演艺市场、发展文化事业的一次盛会，也是全国同行交流合作的一次盛会。下面，我想就演艺营销和演艺经纪谈一点个人的看法。

为什么先抓演艺营销和演艺经纪呢？文化部文化产业发展规划中提到，文化产业包括演出、影视、音像、文化旅游、艺术培训、艺术品等七大门类。最近，根据国务院的要求又加上网络，那实际上就是八大门类。这八大门类中，演出排在第一位，因为演出是文化系统工作的一个重点。任何一个文化系统的领导，他首先要抓的就是文艺院团的演出。

现在从全国来看演出状况不是太好。据去年年底统计，全国文化系统大大小小 2900 多个文艺院团，其中有 346 个常年没有演出，约占 12%，这个比例是不小的。1996 年时好像是 2746 个院团，其中有 140 多个院团的演员 5 年没有登过舞台。这些年经过改革结构调整，这 140 多个院团基本上自生自灭了。财政养着这么多院团，演员拿着国家的工资，常年没有演出，这是结构性的问题，所以，我们的文化结构必须需要调整。如果还是过去计划经济那一套，根本适应不了现在市场经济的发展变化，也跟不上时代发展的步伐。结构调整的问题解决不好，相当一部分是因为人们的思想观念，市场意识、运作手段落后。在座的各位来自文艺院团的占多数，大家对这个问题要加以重视。

再说说我们与国外的差距。举一个案例，美国魔术师大卫·科菲波尔今年在中国影响很大，说是会有 4000 万美元的演出收入，估计还不止这么点。

大卫·科菲波尔公司是个大演艺公司，有专门负责创作的，有专门负责策划的，有专门跑市场的，有专门后期制作的，还有负责音像发行这一块的。好多个专业公司来共同运作魔术师大卫·科菲波尔一个人，到中国来演出，带的工作人员就有100多人，这100多个工作人员，除了后台这一套，其他的都是搞宣传策划、市场营销、市场调查的。他们开始在广州演了一场，后来武汉也要求去演一场，可当天他们公司就派人去了武汉，把当地的人均收入状况、演出场地状况全部调查了一遍，最后结论是去了武汉演出要赔钱，所以没去。这就是现代走向市场经济的一个营销手段，值得我们很好地借鉴。

这些年，国内文化部门的领导和文艺院团的领导市场观念比过去强多了。过去是理论多、舆论多、研讨会多，而今年各地实践多了起来。如东北成立了北方演出集团，这个演出集团是分散型的，由沈阳市的演出单位挑头。再如东方歌舞团，今年投资几百万，编创了一台新节目，到2002年10月4日，已经演出101场，流水收入2070万。最近他们又推出一台新节目，刚一宣传，11场就预订出去了，而且每场要价25万。这些都说明，人们市场营销的观念越来越强。

前不久，我在湖北开了一个座谈会，湖北文化厅的同志介绍说，他们是文化部、人事部抓的文化事业改革试点地区。通过改革，文艺院团出现多种所有制形式，有国有的、国有民办的、还有股份制的。其中有一个叫洪湖艺术团，原来是公办的，后来改制为公办民营。这个团有演员50多人，管理人员只有两个人，一个团长，一个会计，而营销人员却有300多人，全是外聘的。我和这个团的团长交谈过，这个人脑子非常灵活，创作主题抓的全是主旋律，与解放军总政合作搞抗洪救灾主题晚会、洪湖情主题晚会。今年又和西藏地区合作，搞“走进西藏”晚会，还计划与延安地区合作，创作“延安颂”主题晚会。他抓的都是各级领导能够接受、群众喜爱的节目。另外，演员是从全国各地选拔的，在我的家乡青岛也招了不少，姑娘们个个都很漂亮，个头高，舞跳得好，工资每月一千五。市场营销方面，他采取滚动式的营销方式。如院团到了山东某地演出，这300多营销人员却在全国各地跑，落实下一个演出场次。这边演完了那边又接上，滚动着向前走，演出不断档。为了调动营销人员的积极性，他就掌握一条原则，不管你预订的这个演出场地有多少座位，一个座位我就要18块钱，剩余的就是你自己的。当然，这个营销队伍到各地去主要是软磨硬泡文化机关的主要领导，我在青岛文化局工作时也曾遇到过，这种做法不值得提倡，如果全国2000多个艺术院团都这样的跑的话，那不就乱套了。但是这种争取市场的精神、营销的意识还是值得肯定的，各级艺术院团都应向他们学习。

演出产业发展必须坚持两个结合，一个是和市场经济相结合，一个是和高新技术相结合，没有高新技术同样发展不起来。如东方歌舞团晚会的舞台就投了七百万，非常漂亮，五光十色，据说中央电视台搞节目还要租借他们的场地。一些西方国家文化产业发展得好，主要走的就是与高新技术相结合的道路。我再举个案例就是卡拉OK，八十年代初我随中国青年访日团到日本的时候，在民宿的农民家中第一次看到卡拉OK，觉得很惊讶，坐在榻榻米上伴着音就可以唱自己喜欢的歌曲，感觉确实不一样。后来回国一看《参考消息》报道，日本《朝日新闻》说，中国一旦普及了卡拉OK，十亿人会有八亿歌手。你看，真让人家说对了，现在我们男女老少都能拿着麦克唱上几句。关键是一个卡拉OK技术带动了多少新的产业啊！因此，推动文化产业发展，必须和市场结合，和高新技术结合。

这次研修班主要是集中研究演艺营销和演艺经纪，五天时间，安排九课，内容丰富，机会难得。最后我提一点要求，已经到年底了，各位能够在百忙之中抽出五天时间学习非常不易。希望大家能够集中时间，集中精力，认真充电，在演艺营销和演艺经纪方面能有切实的提高，回到原单位后，能把理论和实践有机结合起来，获得丰硕的成果。

祝各位学习顺利，精神愉快！

（2002年12月17日于北京大学）

为什么发展文化产业　怎样发展文化产业

——2002年9月14日给北京市文化直属单位负责人讲课提纲

目前，“文化产业”这个词非常时髦，在各种媒体出现的频率很高，因此，文化产业司也随着时髦起来。但是，我想提醒大家的是，时髦的东西并不一定可靠。一定要坚持独立思考，不要轻信哪一位学者、专家、权威或领导怎么说的。因为文化产业是一项全新的事业，在我国还处于起步、探索、培育的过程中。还没有一个人能够真正把这件事情说清楚。对我来说更是如此。我是去年9月才从青岛市宣传部副部长兼文化局书记、局长的位子上调到文化产业司任司长的。说“一窍不通”不至于，毕竟在基层摸爬滚打了六年，在文化产业的发展方面也做了一些探索与实践。但是，说自己懂得比在座的多，就有些夸张。因为实际工作水平与工作职务并不完全画等号，我现在还处在一个熟悉情况、学习、实践、提高的过程中。所以，今天我不是来讲课的，而是带着若干文化产业发展的问题和思考来与大家商讨的，说得不对的地方，请大家给予批评与指正。

要谈文化产业，首先要把什么是文化产业，我国目前文化产业的现状如何这样一些基本的问题搞清楚。

在我国提文化产业，只是近十几年的事情。现在学术界对文化产业的内涵及其外延说法很多。比较流行的是，大家习惯于引用联合国教科文组织的一句定义：文化产业就是按照“工业标准”，生产，再生产，储存以及分配文化产品和服务的一系列活动。为什么讲“按工业标准”？有的专家认为，文化产业具有复制性、批量化、标准化生产的特点。实际上，除了这一句外，后面还有一句话：它的主要目的不是为了促进文化更大的发展，而是为了追求经济效益。

现在，国内各种各样的提法也很多。如有的说“文化产业是指提供文化产品和服务以满足人民精神文化生活需要的产业”，还有的更简单明了：“说白了，就是用文化来赚钱，赚了钱再来发展文化。”不管怎么说，至少有一点是肯定的，即都说明既然是文化产业就必然要追求经济效益，而文化产业的发展过程，更多的是一种经济运行过程。

文化产业是伴随着全球范围内工业化和现代化而产生和发展起来的。过去只是附属的产业形态，现在已成为人类社会不可缺少的一个产业部门。一般人们都把文化产业列入第三产业即服务业的范畴。还有的人建议，将文化产业列为社会的第四产业，但现在多数人还不认同。加入 WTO 谈判，是把文化产品和服务作为服务贸易的内容来谈的。随着市场需求、技术进步和信息生产、流通的不断加快，使得文化产业被许多人认为是 21 世纪最有发展前途的“朝阳产业”。浙江省委书记张德江今年五月中旬在全省文化工作会议上讲了一段话非常深刻。他说，文化已成为增强综合实力和提高国际竞争力的重要因素。从某种意义上讲，新世纪的经济，就是“文化经济”。他还说，经济活动中注入的文化内涵越多，物质生产中产品的档次和附加值就越高，竞争力就越强，效益就越好；文化发展中吸收的经济成分越多，科技含量越高，渗透力就越强。我今年六月份刚从台湾考察回来，台湾一位学者讲了一段话，对产业文化与文化产业的区别做了个界定。他说，从所想达成的目的来看，产业文化的目的在于促进产品个性化与精致化，提高产品的品质与附加值，进而创造更多的利润；而文化产业的目的，则是创造文化的市场性与经济价值，促使更多的人无负担地从事维护与发扬该项文化。这段话与张德江书记的观点有异曲同工之处。

文化产业到底包括哪些方面内容？各个国家的情况不尽一致。一些国家文化产业的内容非常宽泛，甚至把教育、科研、体育都包括在内。我国现在基本界定在一个“中观”的范围上。如《中国文化产业蓝皮书》就从行业分类上，把文化娱乐业、新闻出版、广播影视、音像、网络及计算机服务、旅游等看作文化产业的主体和核心部分；把传统的文学、戏剧、音乐、美术、摄影、舞蹈、电影电视创作，甚至工业与建筑设计以及艺术博览场馆、图书馆等看作文化产业正在争夺的前沿；把广告业和咨询业作为以待开拓的边疆。另外，将以上所说的产业门类与文化部、新闻出版总署、国家广电总局、信息产业部、国家旅游局等主管部门的业务大致对应。由于管理体制的原因，文化部文化产业司的职能，不可能把手伸到别人的锅里。因此，文化部文化产业"十五"规划把我们的工作范围界定为七大类，即演出、影视、音像、文化娱乐、文化旅游、艺术培训和艺术品。

我国是一个文化资源大国，但是与西方发达国家相比，我们不得不承认，我国仍然是一个文化产业的弱国。有关资料表明，目前发达国家的文化产业已经成为国民经济的重要组成部分。美国的文化产业增加值已经占国民生产总值的10%左右，其视听产品出口额仅次于航空航天等少数行业，在国际上占据了40%以上的市场份额。日本娱乐业的年产值早在1993年就已经超过汽车工业的年产值。英国文化产业的年产值将近600亿英镑，从业人员约占全国总就业人数的5%。澳大利亚从业人员占全部就业人员的比例高达10%。加拿大、芬兰也分别在6%和5%。许多发达国家和地区的居民文化消费，已占总消费额的30%以上。

我国是什么状况呢？截至2000年底统计，文化部门主管的文化娱乐业、音像业、演出业、艺术品经营等门类的产业单位是22.3万个，从业人员91.9万人，年上交各项税金总共20.2亿元，创增加值118.9亿元。据1998年统计，全国文化产业的增加值仅占国内生产总值的0.75%，占第三产业增加值的2.33%。文化产业从业人员只占总就业人员的0.4%，城镇居民人均文化娱乐消费仅占其消费性支出的2.27%。所以，据有关方面初步测算，我国每年文化消费总量大约为650亿元，而潜在的消费能力和需求为3000亿元，到2005年可能达到5500亿元。当然，以上统计数字并不是很准确，因为统计口径不同。

我国和西方发达国家的差距到底大到什么程度？这里我简单讲几个例子。

美国最富有的400家公司有72家是经营文化产业的，而我国至今还没有一家文化企业进入500家大型企业中。广电总局挂牌成立集团，总资产为214亿元，而美国在线以1650亿美元并购了时代华纳后，总资产为3600亿美元。我国出版集团总资产50亿元，2001年销售收入为25亿元，而德国一个贝塔斯曼出版集团一年的销售额就是170亿美元。这方面的例子还有许多，如目前世界游戏机市场基本都被日本的SONY、任天堂和美国的微软给瓜分了。仅2001年欧日美交易额（包括硬件、软件）就达到200多亿元。据分析，今后几年还将以10%到15%的速度增长。很可能要超过世界音乐、音像制品销售额。目前，全世界音乐产品营销额为337亿美元，录像、DVD、音像租赁收入为380亿美元。

大家可能都知道，美国出版的《哈利·波特》这套少儿读物。这套书是一个34岁的英国单亲妈妈写的。她受过高等教育，出身于中产阶级家庭，离婚、失业带着一个女儿生活，连她自己都没想到这本书会如此成功。开始这个书稿送到英国经纪人的手上时并不看好，好几家出版商都拒绝接受。1997年美国一个出版公司的副董事长莱文从意大利的一个儿童书展上得到这本书，在飞机上粗粗一翻，马上通知公司买下该书的版权。当时，花了10.5万美元，而前三册就卖了4.8亿美元。2000年7月8日，第四册出版发行，同时动用了9000辆车3万职工往各书店送书。第一册印了530万册，2周就脱销后，又加印了200万册。这本书四册共印了3500万册。美国华纳兄弟公司发现商机很好，用50万美元买下电影及相关产品版权，投资1.25亿美元拍电影，估计能带来10亿美元的经济效益。当然，作者也摆脱了穷困潦倒的生活，仅第四册就收入了1000万美元，一下子成为身价2400万美元的著名作家。

第二个问题，党和国家现行的文化产业政策。

对文化产业的认识，党和国家也有一个不断深化的过程。大家知道，1985年中共中央关于第七个五年计划的建议，提出“进一步发展新闻出版、广播电视、文学艺术等各项文化事业”。1990年，党中央关于“十年”规划和“八五”计划的建议，提出“新闻出版、广播电视、文学艺术等各项文化事业在社会主义现代化建设中具有重要作用。要坚持为社会主义服务，为人民服务的方针，进一步繁荣文化事业”。1995 年中央关于“九五”计划和 2010 年远景目标的建议，提出“大力发展各项文化教育和社会福利事业。加强公共文化和福利设施建设。”“加强新闻、出版、广播电视等的工作。”从以上三次建议中，我们可以看出，文化只是和事业、工作联系在一起的。而“十五建议”（2000 年 10 月 11 日）就不同了，直接讲到“文化产业”的就有三处。在“大力发展服务业”中，提出“引导文化娱乐、教育培训、体育健身、卫生保健等产业发展，满足服务性消费需求”。在“加快国民经济和社会信息化”中，提出“推动信息产业与有关文化产业结合”。在“加强社会主义精神文明建设”中，提出“完善文化产业政策，加强文化市场建设和管理，推动有关文化产业发展”。党中央的这些建议，都写入了政府“十五”计划纲要。只是第一条改为“发展文化与体育产业”。去年 3 月 5 日，朱总理的政府报告指出：“深化文化体制改革，完善文化经济政策，推动有关文化产业发展。”去年 11 月 20 日，中办国办在通报我国加入 WTO 情况时也指出，“大力发展文化产业和旅游业，加强对文化艺术、广播影视、出版业的管理，防止不良文化进入”。

“文化产业”正式写入党和国家的文件，绝不仅仅是提出一个新名词、新概念，从理论上讲，文化产业仍属于广义上的文化事业，但是，如果以“事业型”定义文化事业，那么今天的文化产业已经与文化事业剥离开来。文化事业与文化产业成为文化建设两个互有交叉但又相对独立的形态。这是建立社会主义市场经济体制对文化发展的必然要求，是有中国特色社会文化发展的必然选择，是文化产业自身实践和理论研究的必然结果，或者说是一个重要突破。今年，江泽民总书记“5. 31”重要讲话又专门强调了文化产业。据说，十六大报告还要就“文化产业”问题进一步阐述。加入 WTO 之后，发展文化产业的问题显得更加迫切了。

2002 年 6 月 30 日，在文化部党组扩大会议上，结合学习“5 · 31”讲话，我谈到，通过学习，我们全司同志在认识上产生了一个很大的飞跃。一致认为，文化产业不仅仅是文化系统或某个部门的一项业务工作，而且事关文化发展大局和社会经济可持续发展的一项带有根本性的战略任务。文化产业的发展与国家在新的历史阶段所确定的战略目标是相一致的，是文化事业改革、发展的迫切需要，也是大力培育和弘扬民族精神和中华优秀文化，提高中国文化产品和服务国际竞争力的客观要求。它的发展，必然使文化系统在思想观念、管理体制、经营机制和运作方式等方面产生一系列的改革与变化，而这种改革与变化将给文化工作带来无限的生机与活力，使文化事业得到全面的繁荣与发展。

这里，我还想着重给大家介绍一下文化部有关政策的制定情况。文化产业司是1998年机构改革时成立的，部里给我司制定的职能是调查研究、研究规划、制定政策。2001年10月，文化部关于《文化产业发展第十个五年计划纲要》已经出台。今年，主要是根据去年12月20日，《国务院办公厅转发的国家计委关于“十五”期间加快发展服务业若干政策措施意见的通知》（以下简称《国办发〔2001〕98号文件》）精神，正在研究制定文化系统的贯彻落实措施。该文件把文化列入服务业的范畴，并作为新的经济增长点提出来。文化部的领导非常重视，要求抓住贯彻这个文件的时机，把文化系统的文化产业工作向前推进一步。《国办发〔2001〕98号文件》共分五大部分由三十四条组成。《国办发〔2001〕98号文件》就发展文化产业的指导思想和总体要求以及以政府为主导，切实保障基本公共文化服务；面向市场、面向社会，大力推进文化产业发展；加快开放步伐，逐步放宽市场准入条件；加强组织领导和政策指导等若干问题提出了具体的要求。现在这个文件已下发到23个省、市、自治区征求意见。我们认为，《国办发〔2001〕98号文件》经过修改出台后，一定会对指导全国文化系统文化产业的发展起到积极作用。

第三个问题，我想结合个人的一些实践和体会谈谈怎样发展文化产业。

现在关于文化产业的研讨会、论坛很多，总的看来，虚的东西较多，而深入分析、可操作性的东西较少。有的甚至根本不了解基层文化单位的情况。作为政府职能部门，不能跟着舆论去跑。我经常讲：专家的话要听，但是不能迷信，要保持清醒的头脑。从我国文化产业的现状和文化工作的实际出发去研究发展文化产业。用孙家正部长的话讲，就是要走出一条具有中国特色的文化产业发展道路。

目前，我国文化产业特别是文化系统的文化产业还处于初级水平。规模小、基础差、种类多、情况复杂、资金投入不足、经营人才缺乏，再加上旧的思想观念的束缚，还没有真正形成一个产业群体，并取得规模效益。我们要认真分析我国文化产业与外国文化产业的不同规律和特点；文化产业与服务业中的其他产业的不同规律和特点，文化系统的文化产业与其他系统的文化产业的不同规律和特点，以及演出、娱乐、影视、音像、文化旅游、艺术培训和艺术品业各自不同的规律和特点。做到既遵循艺术生产的规律，又符合市场经济的规律和文化工作的实际，积极稳妥地推进文化产业发展。

一、从各地的实际出发，因地制宜地发展文化产业

要充分看到我国地区之间的经济不平衡性和差异性，坚持从实际出发，加强分类指导，避免一个药方吃药和盲目地照抄照搬。各位局长来自四面八方，各地的情况差异很大。有的来自东部沿海发达地区，有的来自西部欠发达地区，不能用一个办法来发展文化产业。

二、要理清思路，找准“切入点”

我担任文化局长时经常强调，做好工作关键是两点：一是要有一个好的工作思路，二是要有一个好的精神状态。在青岛工作期间，“九五”中的“六个三”工作目标基本都实现了，“十五”又制定了“五五文化发展工程”的奋斗目标。但还没来得及落实就调到北京来了。今年6月，党组扩大会议

听汇报时，我司提出了我们的工作思路：当前，要适应重要战略机遇期的要求，积极稳妥地推进文化产业的发展，必须以贯彻落实《国办发〔2001〕98号文件》和《文化部关于加强基本公共文化服务，推进文化产业发展的若干意见》（待出台）为契机，切实做到“着眼大局，加强研究；摸清规律，完善政策；量力而行，突出重点；抓住机遇，稳步推进”。

还有云南丽江文化旅游发展很快，很重要的一点就是突出了民族特色。丽江这座有800多年历史的国家级历史文化名城，1997年12月就被列入世界文化遗产名录。他们有两个东西独具特色，一是一种图画象形文字的东巴文化，共有2000余个字符，被誉为“目前世界上唯一保留完整的活着的象形文字”。另一个是纳西古乐。游丽江、听古乐是一项必不可少的内容。这个民间乐团从一开始就走向市场。除了在丽江天天演出外，还去北京、四川、昆明、上海和台湾等地演出，并应邀赴英国、挪威、法国、瑞士、意大利等国家表演。就是这个只有40多位演职人员的小乐团，每年的纯收入达400多万元，远远超过一些政府文艺院团。

还有一个例子很说明问题，西安一家约200人的民营公司，经营古钱币不过3年，年营业额就突破了8000万元，占据了国内市场70%的份额。在1999年上海《财富》论坛大会上，被推举为未来世界跨国公司500强。《财富》杂志认为它“极具潜力和市场，未来一定很辉煌”。这家公司叫西安金泉钱币文化股份有限公司。他们是在钱币收藏的低潮期开始创业的，先后收集了上至先秦下至清末民初上万个品种的钱币，总重量500余吨，有数亿枚之多。然后，对这些古钱币进行了系统的整理、筛选，将有代表性和有重要历史意义的编辑成册，将实物镶嵌在当中，并配以文字图片说明等。由此，昔日地摊上的铜钱变为珍贵的礼品。上海市原市长徐匡迪参观了金泉博物馆后，感慨地说，“把一种商品通过文化的形式表现出来，既能升值，而且又有实用价值。这就是文化产业。”该公司的董事长王刚先生说，“如果把每枚钱的文化提升一度的话，那么其附加值就会提升10度甚至是100度。这就是文化的价值，历史的价值。”

总之，发展文化产业必须要有“切入点”。摸着石头过河，首先是“过”。实际上，只要“有心”，文化产业可做的事就很多。

三、要量力而行，抓好“突破口”

发展文化产业，不能四面出击，要根据自身的条件，抓好重点。文化产业司认为当前应抓好这几个重点：

在管理体制方面，以改制为重点，积极推进适合企业化经营的文化单位改革。据了解，全国各级党政机构改革结束后，今年下半年事业单位的机构改革试点也将启动。要推进有条件的事业单位加快市场化改革，减轻国家财政负担，增强活力，提高效益。要根据事业单位的不同功能进行分类改革，主要履行行政职能的事业单位，尽可能改为行政机构或参照行政机构的管理办法实施管理；已经具备市场化条件的营利性事业单位改为企业；其余的事业单位分为社会公益类、开发经营类和其他类等不同类别，实施不同的机构编制、财政和人事等管理办法。同时，《国办发〔2001〕98号文件》也要求各级文化主管部门要按照政事分开、政企分开、营利性机构与非营利性机构分开的原则，积极推进非基本公共文化服务单位的产业化进程。凡是营利性事业单位要逐步改制为企业或实行企业化管理，实行自主经营、自负盈亏、依法纳税。根据上述精神，我们要借事业单位改革的时机，抓住“改制”这个突破口，采取跟踪调查的办法，加强分类指导，促使各类国有文化企业，逐步建立产权清晰、权责明确、政企分开、管理科学的现代企业制度，建立科学合理、灵活高效的管理体制和文化产品生产经营机制，为文化产业的发展奠定基础。

在信息资源整合方面，以建立文化产业信息共享平台为重点。目前，我司正在积极筹建文化产业资源网，有效地开发整合文化产业资源，为全国提供一个资源共享、信息交流、政策咨询、项目交易的网络平台，使更多的人能够及时了解文化产业政策，吸引更多的投资者走近并进入文化产业。

在产业资本运作方面，以扩大吸纳社会资本投资为重点。目前，国家财政不可能拿出更多的资金来发展文化产业，而民间资本据报界披露有十万多亿的人民币没有合适投向。今后应尽快出台文化开放领域的市场准入标准、准入程序及管理监督办法。在引进外资的同时，鼓励非国有经济参与文化建设，鼓励民间投资兴办国家认可的各种文化企业和博物馆、艺术馆、艺术团体等。要逐步完善政府投入与社会投入相结合、内资与外资相结合、多渠道多元化的投融资机制。这方面的关键环节是要通过比较成功和有说服力的文化产业投资案例来吸引、争取社会投资，使投资者在投入与产出之间寻找到最佳盈利点，增强投资文化产业的信心。今年五月下旬，四川省文化厅成功地举办了全国首次西部文化产业博洽会。在面积达 2100 平方米的文化产业展区内，共推出包括文化遗产、民间民族文化、演出、文物展览、艺术教育、文化旅游、舞台美术、文化设施、音像、文化信息等 10 个大类文化产业的近万件产品，50 余个节目，120 多个招商项目。在短短四天的时间里，参观文化产业展区的观众达 12 万人次以上，咨询洽谈约 2 万人次，洽谈涉及项目 30 多个，共签意向合同 5.14 亿元。在吸引社会资金办文化方面取得了初步的经验。另外，今年上半年，我们协调中演公司利用美国公司的资金和技术开通了“票务通”网络售票系统，在北京市共设立了 31 个售票点，“相约北京”活动期间，发挥了很好的作用，也取得了较好的社会效益和经济效益。外方代表对此十分满意，专门到我司表示感谢，并准备继续在深圳等大城市投资建网。

在行业管理方面，要以建立行业协会为重点。目前文化产业形不成规模和缺乏自律，还不能应对加入 WTO 以后外国文化企业的挑战，一个重要的原因是缺少行业协会或已有的行业协会不能发挥应有的作用。今后要创造条件，积极筹建文化产业协会。充分发挥行业协会的作用，逐步将一些不适合由政府行使的职能交给行业协会，建立健全行业自律机制，帮助指导文化产业各个门类健康协调地向前发展。同时，要加快演出展览等文化服务中介机构的改革，推进集约化、系统化的营销服务。

在人力资源开发方面，要以人才培养为重点。目前，文化系统真正懂经济、会管理的人才不多。加入WTO以后，人才资源的竞争将会越来越激烈。据美国麦肯锡公司的一份报告指出，美国20世纪90年代一共从发展中国家吸引了65万名专业人才。其中50%的人拥有大学文凭，25%的人拥有研究生文凭。尽管发生了“9·11”事件，但每10位外国博士中仍有8位愿意在学业结束后留在美国。去年9月，北京市对工业系统150户大中型企业搞了调查，1982年以来，招收引进的大学生以上的人才，流失率高达64%，大多数进入外企和合资企业。为建立一支适应文化产业发展的人才经营管理队伍，今年上半年，我司与中国文化报共同在北京大学举办了文化产业发展战略研修班，收到较好的效果。下半年，计划与北京大学文化产业研究所再办一期培训班。今后，我们要充分发挥上海交通大学和北京大学两个国家文化产业创新与发展研究基地的作用，有计划地培养一批有文化、懂经营、会管理的文化产业专门人才，为文化产业的可持续发展积蓄人力资本。

在文化产品生产方面，要以打造“文化品牌”为重点。要培育和弘扬民族精神和中华优秀文化，实施“走出去”的战略，没有叫得响的品牌不行，这方面要很好地下功夫。这里，我给大家再讲一个打造“文化品牌”的例子。2001年10月，上海APEC会议期间，一组以《世纪玫瑰图》和《大唐贵妃图》为代表的“国粹油画”出现在上海国际会议中心，在出席会议的世界各国政要及国内外媒体中引起了轰动。这背后有个故事，陕西一个画家叫刘令华到上海发展，开始没有引起人们的注意。但上海一家文化媒体公司（宽视有限公司）独具慧眼，1999年与刘令华签约，在短短三年的时间里，推出了这个响当当的艺术名牌。刘的作品从单价30万元抬升到100万元，再蹿升到500万元，成长为“APEC名画”。国外在打造“文化品牌”方面非常肯下功夫。7月7日，在上海刚刚落幕的美国百老汇音乐剧《悲惨世界》，连续十六年常演不衰，累计收入18亿美元。据上海大剧院经理透露，21场演出票房总收入为1200万元，创造了上海乃至全国演出市场的最高纪录。而且破天荒地第一次出售了68张站票，使得演出出票率突破了100%。这就是文化品牌的效益。今年5月，南京文化产业论坛期间，美国百老汇音乐制作人罗柏·阿佩尔在接受记者采访时说，美国人之所以在文化产业方面能够取得成功，关键的一点是能够把艺术思路与商业思路有机地结合在一起。还有东方歌舞团创作了一台大型环球音乐舞蹈晚会《蔚蓝色的浪漫》，也是一个品牌戏。据说演出计划已排到明年年初，并且包一场没有25万元不干。除了上述重点以外，还有两项工作应该注意一下，一是高新技术与文化产业结合的问题。要善于运用现代市场经济信息和营销方式，促进艺术产品的流通。着力用高新技术手段改造传统文化，开发新兴文化产业，努力提高文化产品的科技含量，提升企业的市场竞争力。要运用高新技术加快改造文化产业基础设施。加强文化产业和文化资源数字化、网络化建设，努力实现我国文化产业的跨越式发展。为说明这件事的重要性，我再讲两个例子。一是美国对娱乐业高科技的投资，近几年约数百亿美元，迪斯尼公司把高新技术应用到文化娱乐业，1993年的销售额为85亿美元。到1997年，仅仅四年时间，就达到225亿美元。还有日本卡拉OK的发明与普及，带动了许多相关产业的发展。

二是市场秩序的问题。市场对文化产业的发展，起着重要的作用，音像市场的发展情况，就很说明问题。总之，千万不要忽视文化市场管理问题。要积极培育文化市场，加强市场管理与监督，坚决打击违法违规经营行为，为文化产业的市场运作营造一个良好的环境。

第四个问题，发展文化产业要注意解决的几个问题。

（一）进一步解放思想，更新观念

由于长期受计划经济体制和政府办文化的影响，文化系统还有不少同志对文化产业的认识上还有一定差距。一种是把发展文化产业与发展文化事业相互对立起来，没有充分认识到两者之间相互依存、相互促进的关系，更没有认识到从长远看，文化产业的比重肯定要超过文化事业，社会资本的投入肯定要超过政府投入。这是一个大的趋势。我们不仅要立足于文化工作的全局，还要立足于社会经济发展的全局，来认识研究文化产业的问题。另一种是错误地认为要发展文化产业必须要给文化事业“断奶”。其实从总体上看，我们国家对文化事业的投入还是偏低的。如去年统计，全国文化事业费突破了70亿元，增长幅度为12.4%。说起来，这个进步是不小的。但是，算到人均只有5.7元。因此，去年2月27日，全国人大教科文委员会听取文化部汇报后，认为国家投入太少，财政应予以保障。今年，文化部的经费比去年估计会增长46%。作为文化局长，我认为首先要学会向政府要钱。有人经常说，外国如何如何，实际上外国对重点的文化单位也是给予保证的。如法国巴黎国家歌剧院，1998年经费总收入8.35亿元法郎，其中国家投入5.35亿元，门票收入2亿元，其他创收1亿元。总之，要克服片面性，增强产业意识和全局观念，坚持文化事业和文化产业一起抓。

（二）进一步转变政府职能

加入WTO，更多的是对政府职能的约束，是政府“入世”，而不是企业、老百姓“入世”。以前，我们有许多做法不符合文化产业发展的要求，更不能适应加入WTO的新形势。如，今后更多的社会资本进入文化产业以后，我们必须转变职能，增强服务意识。要面向全社会搞好服务。不论是文化系统内的，还是系统外的，不论是国有的还是民营的，凡是有利于推进文化产业发展的，都应该全方位地给予支持，提供咨询，搞好服务。

国外一些经济学家认为，政府不应以一个竞争者的身份直接进入市场进行生产，而应采取“间接”的生产方式，即通过提供公共产品服务、法律服务和政策服务这三种“服务方式”进行生产。政府作为公共机构，要使市场经济活动能够更加协调有序，最基本的途径就是为它提供各种科学、有效的公共服务。体现在文化产业发展上，政府只要提供诸如文化市场监管，文艺人才培养和产业政策引导之类的公共服务，就能够促进文化产业的发展。这里，还有一个要学会宏观管理，依靠政策和法律法规调节市场的问题，逐步实现由“办文化”向“管文化”过渡。

（三）要保持清醒的政治头脑

发展文化产业必须以江泽民总书记“三个代表”的重要思想为指导，坚持先进文化的前进方向。尽管文化产业的主要目的是通过文化产品和文化服务来赚钱，追求的是最大的经济效益，但是，由于文化领域的特殊性，从事文化产业的同志必须讲政治，不能掉到“钱眼儿”里，一味地追求经济效益。文化产业是双刃剑，它在开拓文化市场，使文化产品的生产和消费社会化的同时可能为追逐最大利润牺牲社会效益；它在大批量生产文化产品满足大众需求的同时可能把一种文化风格普遍化，从而压抑和抹杀人的自由个性；它在融入世界文化产业体系促进文化开放的同时可能为外来文化冲击民族文化打开方便之门。在党组扩大会上，家正部长在讲话中特别强调，无论在什么时候都要把社会效益摆在第一位，争取两个效益的最佳结合；两个效益要统一在文化产品的质量当中，检验的标准就是人民群众是否喜欢；两个效益能否结合在一起，主要实现在市场上。总之，只讲经济效益，不讲社会效益，就会与社会主义精神文明建设的要求相悖，背离先进文化的前进方向。特别是加入 WTO 以后，中国文化产业至少要经受国外文化的三重冲击：产品的冲击、资本的冲击和价值观念的冲击。随着外国文化产品和服务的逐步进入，在引进一些优秀文化精神产品的同时，西方一些落后的价值观念和生活方式也必然要渗透进来，给人们的思想观念和工作生活带来一些潜移默化的消极影响。对此，我们必须保持高度的警惕。既不能认为“狼来了”而惊慌失措，也不能一看“狼还没真正来”就掉以轻心。要提高“与狼共舞”的本领，学习海尔集团“领狼起舞”的精神。

（四）要善于从经济的角度认识和研究文化产业

目前，文化系统真正懂经济、会管理的人才不多。人们往往习惯于从政治上考虑问题，不太善于从经济角度上去分析问题和研究问题。我部原来创办的几个公司的经营情况，就可以充分说明这个问题。仅凭简单的热情和机关的作风，不可能搞好文化产业。正如家正部长所说的，文化人“一签合同就上当，一打官司就赔钱”。这个教训非常深刻。要大力发展文化产业，必须彻底扭转这种被动局面。要教育引导我们的干部认真学习掌握市场经济知识和经济运行规律。深入研究投入与产出的关系，营销与推介的手段，不同地区、不同层次人们的文化消费心理和习惯等，从事文化产业必备的知识。克服“重生产、轻流通”的观念，增强消费决定生产、市场取向意识发展文化产业，具体运作、包装也很重要。深圳龙岗区布吉镇有一个小村叫大芬，祖籍人口300余人，外来人口有上万人，现在知名度很高。原因是1989年，一位名叫黄江的香港人来到这里。黄先生在香港是经营商品画的，20世纪80年代来深圳、广州等地开办商品画加工产业。一个偶然的机会，他来到大芬村，被这里民风的纯朴、干部的热情所吸引，便带领十几位画工来到大芬村，租用了一间民房，开始了国内少有的油画加工、收购、出口的产业。据统计，到2000年，大芬村进驻了来自20多个省市的画家1000多人，租用民房作画室的达500多间，油画每年出口创汇额折合人民币达3000多万元。江苏大家知道有个高沟酒，前些年很不景气，结果一个文化的点子就搞活了它。有人建议把酒名改为今世缘酒，广告词“今世有缘，今生无悔”。一个文化的包装救活了一个企业。还有一点，既要敢于又要善于到市场经济的海洋中“游泳”，增强规避风险的能力，保证自己首先不被“淹死”。

（五）正确处理改革、发展与稳定的关系

近几年来，随着党和国家对文化产业的重视，各地发展文化产业的积极性很高，先后出台了一系列有关推动文化产业发展的政策措施，也总结积累了一些经验。但是，我们认为，文化产业如同其他经济工作一样，有其自身的发展规律和特点，有一个按照市场经济的要求、循序渐进的过程，不能期望一夜之间文化产业就会成为我国经济的支柱产业。因此，既要有工作的热情，又要有科学的态度。看不准吃不透的事情，宁肯慢一拍，不去抢半拍。不打无准备无把握之仗。在坚持文化产业发展是第一要务的同时，还要正确

处理改革、发展与稳定的关系。特别是在改制的过程中，接受经济领域改革的一些经验教训，做好深入细致的思想政治工作；在上新的文化产品项目时，要组织专家进行反复论证；切忌一哄而起，大起大落，避免盲目上马，造成后患。

（六）发扬知难而进、勇于创新的精神

江总书记在“5. 31”重要讲话中，提出“理论创新、科技创新、体制创新、文化创新”的要求。文化产业是一项全新的事业，国外的做法不能完全照抄照搬，前人又无成功的经验可以借鉴。所以，要为我国文化产业打下一个良好的基础，使之逐步成为经济发展的重要支柱，成为文化事业的重要组成部分，必须发扬知难而进、勇于创新的精神，全面推进文化创新，包括理论创新、体制、机制创新和工作方式方法创新。创新是一个民族的灵魂，也是文化产业发展的不竭动力。不创新就没出路。这里我举正反两个例子。美国的宝丽莱公司是全球最大的一次成像相机生产企业。20 世纪 70 年代股票价格曾达到 3 位数。1997 年还每股 60 美元。到 2001 年 10 月，跌到了 28 美分。结果，去年 10 月到了申请破产保护的地步。原因就是缺乏创新精神，对数码时代反应迟钝。创新的渠道很多，关键在用脑不用脑。去年年底，东京羽田机场候机楼的大厅里出现了一个“20 世纪报纸图书馆”，它利用自动售货机来出售过去的《每日新闻》头版和社会版，每份售价 300 日元。这种别出心裁的商品深受乘客欢迎。只要输入 1872 年到 2000 年间的任何一个日期，就可以获得那一天报纸的复印件。创新还要有科学的态度，不能蛮干，如重庆长江岸边 1998 年底建了一个大广告牌，长 300 米，高 45 米，面积 1. 5 万平方米，相当于三个足球场大，耗费钢材 1500 多吨，耗资近 4000 万元，号称“世界之最”的“中国龙”广告牌，并得到了上海吉尼斯世界纪录认证。然而，4 年多仅挂过一条公益广告，一直没有商家问津，成为长江边上一块极其刺眼的巨大“白板”。最后被政府责令拆除，以 500 万元的底价当废钢铁拍卖出去。最近，四川乐山为今年 9 月 1 日举办第四届国际旅游大佛节暨首届

峨眉山—乐山大佛保护节又要在大佛脚下的岷江水面上，设置一块面积为4.5万平方米的水面广告，并以500万元的底价向各大企业招标拍卖。结果又引起了争论。这些我认为，都不能算为创新。

总而言之，我们要不断地研究新情况，解决新问题，积极探索和把握文化产业发展的内在规律，及时总结推广文化产业发展的成功经验，逐步走出一条符合中国国情的、具有中国特色的文化产业发展道路。

勇于创新　大胆实践　积极稳妥推进文化产业发展

记者：党的十六大明确提出要大力发展文化产业，您对此有何体会和认识?

王永章：党的十六大为文化产业的发展指明了方向。广大文化工作者特别是我们从事文化产业的同志感到十分振奋，大大增强了做好工作的信心。在新形势下，我们既要从贯彻发展先进文化的要求来深刻认识发展文化产业的重要性，又要从推进先进生产力发展、维护和实现人民群众文化利益的高度来加深认识发展文化产业的战略意义。由于文化产业的意识形态属性，毫无疑义，在我国发展文化产业必须要把社会效益放在首位。要通过文化产品和文化服务这些载体，传播先进文化，弘扬民族精神。但是，当今世界，文化与经济、政治相互交融、相互渗透，在综合国力竞争中的地位和作用越来越突出。文化产业本身就是文化与经济紧密结合的一个产物，又具有经济属性。我们还必须坚持与时俱进，勇于创新，从增强我国综合国力、推动社会经济发展的角度来考察研究文化产业的发展。过去，许多同志习惯于单纯从政治的角度来思考问题，不善于从经济的角度来研究文化产业的发展规律和特点。当前，在强调把社会效益摆在第一位的同时，要注重经济效益，把两个效益有机地结合在一起。这样，才符合艺术生产的规律和文化产业发展的规律，才有利于文化产业健康有序地发展。

记者：十六大报告第一次把文化事业和文化产业作为两个概念提出来，这在文化产业理论上是一个重大突破。发展文化产业，应该怎样把握两者的关系?

王永章：文化产业是与公共文化事业相对应的概念。文化事业单位主要靠政府扶持、社会赞助，为公众提供公共文化服务；文化产业单位则主要面向市场、依法经营、自我积累、自我发展。文化事业与文化产业作为我国文化建设的两个重要组成部分，相辅相成，缺一不可。在处理两者关系上要注意克服两种片面性。一种是似乎强调发展文化产业，就要以牺牲文化事业为代价，给文化“断奶”，减少投入，这种认识是十分错误的，完全不符合十六大精神。十六大报告指出，“国家支持和保障文化公益事业，并鼓励它们增强自身发展活力”。同时，又提出“四个扶持重点”。这说明，发展文化产业，国家对文化事业的投入不仅不应减少，相反应该根据财政的增长逐年加大。还有一种是思想仍停留在依赖政府资金办文化的基础上，给多少钱办多少事，少给钱少办事，不给钱不办事。这种观念也是落后的。随着社会经济的迅速发展和物质生活的不断改善，人民群众的精神文化需求呈多层次、多样化趋势，现有的公益性文化事业已很难满足群众日益增长的需求。必须在促进文化事业繁荣发展的同时，大力发展文化产业特别是非公益性的文化产业来满足群众的这种需求。各级文化部门应该坚持一手抓文化事业，一手抓文化产业，两手抓两手都要硬。忽视、偏废哪一方面都是不对的。

记者：在推进文化产业发展方面您有什么想法？

王永章：关于这个问题，贵报 12 月 14 日发表的我学习十六大报告的几点体会中已经谈了不少。这里，我想再补充四句话：工作要主动、思路要开阔、头脑要冷静、操作要稳妥。

所谓工作要主动，是说党的十六大召开给文化产业创造了一个很好的发展机遇。但机遇不是永恒的，有的机遇可能稍纵即逝。要抓住机遇，乘势而上。使我国文化产业有一个较快发展，关键要有一个好的精神状态。目前我国文化产业还处于起步、探索、培育、发展的初级阶段，基础比较差，尚未形成规模，同西方发达国家的文化产业相比差距更大。清醒地看到问题与差距是为了更好地找准发展的方向和目标，更快地发展壮大我们自己，决不能因此而丧失信心。要克服消极等待、无所作为、等上面出政策、向上级要办法的思想情绪，充分发挥主观能动性，大胆工作，主动出击，争取在文化产业发展的重要战略机遇期有所作为，有大作为。

所谓思路要开阔，就是文化部门的领导不能把眼光总盯在文化系统内，要跳出文化这个“小圈子”来思考研究文化产业的长远发展。文化产业是个大概念，是个社会概念，也是行业形态的概念。今后随着政府职能调整和文化体制改革，各级文化管理部门所面对的是整个社会文化。发展文化产业，必须充分发挥政府的宏观管理和调控职能，注意调动国有文化和社会资本两个积极性，坚持两条腿走路。要加强政策研究，强化服务意识，降低准入门槛，广泛吸纳社会资本进入，真正形成“国有文化为骨干，多种所有制形式并存竞争”的发展格局。

所谓头脑要冷静，是说十六大报告强调积极发展文化产业之后，社会各方面都很关注，各级党委政府也非常重视，成为最近一个时期各种新闻媒体报道的重点，大气候对发展文化产业非常有利，越在这种时候，作为文化管理部门的同志，脑子越不能发热。因为文化产品和服务既有艺术特性，又有商品属性，有其自身的发展规律和特点。不能靠搞运动，更不能搞形式主义。必须摸清规律，慎重决策，一步一个脚印，扎扎实实地向前推进。同时，还要看到我国地大物博，幅员辽阔，地区之间有着极大的文化差异性和经济不平衡性。东部和西部、沿海和内陆相互之间差别很大。不同的地方有不同的文化资源和经济基础，必须采取不同的产业措施和运作方式。要提倡从各地的实际出发，积极探索实践，找准文化产业发展的“切入点”。

所谓操作要稳妥，就是说发展文化产业，宏观推进要积极，微观操作要谨慎。近几年来，许多地方对文化产业非常重视，制订了文化产业发展规划，有的专门设立了文化产业发展试验园区，有的由政府投资成立了国有资本为主体的文化产业发展公司，还有的进行了文化事业单位改制和组建文化产业集团的实践。可以说，这些探索与实践都给全国文化产业发展提供了很好的经验，应当给予充分肯定。但是，发展文化产业一定要善于汲取经济体制改革的成功经验和失败教训。文化这支队伍，与其他行业相比有一定的特殊性，经不起大的“折腾”。稳定不易，恢复更难。在发展文化产业的过程中，一定要尽量减少“震荡”，切实保持文化队伍的稳定。特别是文化体制改革必须紧紧依靠党委和政府的领导与支持，牢牢把握艺术生产和市场经济两个规律，努力适应文化繁荣和市场发展两个方面的要求。坚持把发展作为第一要务，勇于创新，大胆实践，不断开创文化产业发展的新局面，努力为社会提供丰富多彩的文化产品和文化服务，满足广大群众日益增长的精神文化需求。

记者：作为政府管理职能部门，文化产业司2003年有什么计划和措施，工作重点是什么？

王永章：在新的一年里，文化产业司的全体同志要按照党中央的部署和部党组的要求，把贯彻落实十六大精神、发展文化产业作为一项重要战略任务来抓。具体做好以下几项工作：一是深入学习领会党的十六大精神，进一步提高做好工作的自觉性。紧密联系工作实际，认真学习、深刻领会十六大精神，尤其要加深理解党中央对发展文化产业提出的各项要求，尽快把思想和行动统一到十六大精神上来。积极推进文化产业与社会主义市场机制的结合，积极推进艺术生产、流通与高新技术的结合，不断增强文化产业的整体实力和竞争力。二是把“搞好调研，完善政策”作为新一年的重要任务。协同有关部门，深入实际，调查研究，虚心听取基层文化产业干部的意见和建议，研究提出发展文化产业的具体政策和措施，尽快使文化产业由目前的自发性发展转变为政府政策引导下的健康有序的发展。三是继续抓好文化产业管理队伍的培训。采取多种形式，分期分批分类培训从事文化产业的干部及有关部门管理人员，不断提高文化产业管理队伍的整体素质。四是及时了解各省市的文化产业发展情况，选择有特点的文化产业试验园区作为试点，抓好典型示范。对一些有指导意义的文化产业单位的成功经验进行总结和分析，编辑出版《全国文化产业发展典型案例分析》文集。五是与文化市场司一起，协同四川省文化厅办好第二届西部文化产业博洽会。同时，共同筹备全国内容产业博洽会。为全国的文化企业提供一个信息沟通、招商引资、产品交易的平台。六是根据国家有关政策和文化产业发展的现状，推动文化产业中介组织的发展。

（此文为2003年1月1日接受《中国文化报》专访谈话要点）

积极发展文化产业

党的十六大报告在强调文化建设和文化体制改革时提出积极发展文化产业的重要论断，指出发展文化产业是市场经济条件下繁荣社会主义文化、满足人民群众精神文化需求的重要途径。积极发展文化产业，要贯彻发展先进文化的要求，始终把社会效益放在首位；要完善文化产业政策，支持文化产业发展，增强我国文化产业的整体实力和竞争力。“文化产业”正式写入党的代表大会报告，绝不仅仅是提出一个新的名词，这是建立社会主义市场经济体制对文化发展的必然要求，是文化建设进入新的历史阶段的必然选择，也是文化产业自身实践和理论研究的必然结果。

文化产业是指从事文化产品生产和提供文化服务的经营性行业。文化产业一般是与公共文化事业相对应的概念。文化事业单位主要靠政府扶持、社会赞助，为公众提供文化服务；文化产业单位则主要面向市场，依法经营，自我积累，自我发展。文化产业是一个发展中的概念，其范围随着国家管理体制的改革和社会经济发展而不断变化。从我国现实情况看，文化产业主要包括文艺演出业、影视业、音像业、网络业、文化娱乐业、文化旅游业、艺术培训业和艺术品业等。从国外情况看，文化产业的范围涵盖了文化艺术、广播电视业、新闻出版业、信息网络服务业、教育业、旅游业、体育业、广告业、会展业、咨询业等。目前，我国理论界的研究对象一般也参照了国外文化产业的界定范围。

文化产业在我国逐步兴起并得到党和国家的高度重视是有着深刻的时代背景的。从国际上看，文化产业是伴随着全球范围内工业化和现代化而产生和发展起来的，是一个集中代表现代经济、社会和文化发展的全球性新兴产业。早在二战前，西方一些国家已经出现文化与经济紧密的结合，是比较系统的文化产业体系。二战后的半个世纪里，文化产业得到较快的发展一个附属的产业形态逐渐发展成为人类社会不可缺少的产业部门。近几年来，随着迅猛发展的高新技术向文化领域的广泛渗透，文化产业作为新的经济增长点迅速崛起，占据经济总量的比重越来越大。美国、日本、英国、澳大利亚等发达国家文化产业已成为国民经济的支柱产业，从业人员也占有很高比例。

从国内看，文化产业的兴起与发展也有其必然性。改革开放20多年来，中国经济持续健康发展，综合国力大幅度跃升，产业结构重大调整，有力地启动了文化产业的发展；发展文化产业成为转变经济增长方式，实现全面建设小康社会战略目标的一个重要选择。同时，文化产业全球化的趋势给中国文化发展提出了新的挑战，从而刺激了我国文化产业的蓬勃发展。当今世界，综合国力的竞争不仅包括经济实力、科技实力和国际实力等方面的竞争，而且也包括文化实力的竞争。只有通过积极发展文化产业，才能建立我们自己的文化优势，在激烈的国际竞争中，捍卫自己的战略利益，保障国家文化的安全。正是在这样一种大的时代背景下，党和国家不失时机地提出积极发展文化产业的政策。

近几年来，我国的文化产业蓬勃地发展起来。据不完全统计，截至2001年底，文化部门主管的文化娱乐业、音像分销业、演出经纪与代理业、艺术品经营等门类的产业单位是22.3万个，从业人员近92万人，固定资产4468亿元，年上交各项税金总共20.2亿元，创增加值118.9亿元。与此同时，社会力量兴办的文化产业发展更为迅速。1990年社会力量兴办的文化产业在总量上还远远小于文化系统。2001年仅文化娱乐业，社会兴办的文化产业机构总数和从业人员总数已达到文化系统的4.4倍以上，所创增加值4.1倍以上。文化产业已经成为创造社会财富的一个新的源泉，成为我国国民经济发展的一个新的增长点。根据国家统计局的数字，2001年我国城乡居民直接文化类（含娱乐/教育、文化服务）消费支出总额约为4555亿元，专家预计，今年将达到5500亿元。我国文化产业的发展空间十分巨大，发展前景非常广阔。

我国文化产业的发展方向是在国家宏观调控下，市场机制在文化资源合理调节与配置上的基础性作用得到充分发挥。文化系统各个产业门类结构合理、技术先进，东西部发展平衡，生产经营进入良性循环。传统的文化企业经过改造充满活力，新兴的文化产业方兴未艾。在市场竞争中，经过资产重组和结构调整，形成具有一定规模的文化产业群体和一体化的文化产品生产、服务和销售网络。各个门类分别推出一批实力雄厚、竞争力强的大型文化企业和过得硬、叫得响、立得住的“文化品牌”。文化市场管理规范，繁荣有序。各类文化产品和服务丰富多彩，基本满足人们多方面的精神文化需求。“十五”期间，文化产业增长速度明显高于全国国内生产总值增长速度。社会文化消费总量大幅度增长。中国文化产品和服务走出国门，并在国际市场上占有一定的份额。文化产业的整体实力和竞争力明显增强。到2010年，具有中国特色的社会主义文化产业宏观管理体制和微观运行机制基本建立，形成比较发达的文化产业体系和市场体系。

积极发展文化产业，必须贯彻发展先进文化的要求，自觉承担弘扬和培育民族精神的历史责任，大力发展先进文化，支持健康有益的文化，努力改造落后文化，坚决抵制腐朽文化；必须以对党和人民高度负责的态度，始终把社会效益放在第一位，同时努力寻找社会效益和经济效益的最佳结合点，追求最好的经济效益；必须遵循社会主义市场经济规律和文化艺术自身发展规律，大力推进文化产业与市场机制的结合，推进艺术生产、流通与高新技术结合；必须进一步解放思想，加快文化体制改革的步伐，按照“精简、统一、效能”的原则，改革和调整文化行政管理体制，不断解放和发展文化生产力；必须深入调查研究，不断完善文化产业政策，为文化产业发展提供强有力的政策支撑；必须加大文化领域的结构调整力度，着眼于社会文化需求，搞好文化产品和服务的合理布局；必须注意运用高新技术，积极推动文化产品的多层次开发和网络化服务，改造传统文化，开发新兴文化产业，努力提高文化产品的科技含量，提升文化企业的市场竞争力；必须进一步放宽国内民间资本的市场准入领域，形成“多渠道多元化投资、国有文化单位为骨干、多种所有制形式并存竞争”的文化产业发展格局；必须加快演出、展览等文化中介机构的改革和发展，大力推进集约化、系统化、网络化的文化产品营销服务；必须实施“引进来”和“走出去”的战略，开辟国际国内两种市场，利用好国际国内两种资源，积极鼓励具有优秀文化特色和市场竞争力的文化产品和服务打入国际市场；必须进一步转变政府职能，强化服务意识，提高办事效率，面向社会搞好服务；必须建立健全行业自律机制，发挥行业协会的作用，维护行业权益，帮助指导文化产业各个门类健康协调发展。

（刊登于2003年1月21日《人民日报》，发表时内容略有删节。并被列为第三期《半月谈》学习十六大辅导讲座之五）

关于我国文化产业深入发展的几点思考

根据党的十六大精神，笔者试图结合近几年来我国文化产业发展的实践，就如何从中国的实际出发，积极探索，大胆实践，努力走中国特色的文化产业发展道路问题谈点粗浅的体会。

一、我国文化产业所应体现的基本特征

笔者认为，我国的文化产业是根植于中国这块肥沃的政治、经济、文化土壤之上的。它与西方发达国家将追求感官享乐作为文化主流、文化产品和服务完全商业化的文化产业有着重要区别。我国文化产业的产生、存在与发展，必然与中国历史文化的传承与发展紧密相连，与全面建设小康社会和繁荣中国文化的具体实践紧密相连，与中国社会主义现代化的历史进程紧密相连。它应该体现以下基本特征：

既能充分反映中华民族五千年历史文化的深厚内涵，又具有鲜明的时代特色。我国是一个历史悠久而又有着丰富文明遗产的伟大国家。博大精深、源远流长的中华传统文化是中国各族人民在几千年的历史中创造的，其积淀之丰厚，形态之多样和哲学之深刻，是世界上其他国家少有的。这是我国发展文化产业得天独厚的优势，也是一笔取之不尽、用之不竭的宝贵资源。积极发展文化产业，既要充分发挥好这个优势，利用好这些资源，又要坚持与时俱进，锐意创新。以宽广的世界眼光，适时地融入时代精神，反映时代特色，使中华传统文化始终保持旺盛的生命力、创造力和凝聚力，形成代表先进文化、独具特色的中国文化产业。

既能适应我国文化体制改革的要求，又能适应社会主义市场经济体制改

革的需要。目前，有的地方文化系统的思维方式和管理模式基本上源于计划经济体制，还不能适应市场经济条件下文化建设的要求。积极发展文化产业，可以使两个改革有机地结合在一起。有利于改革那些旧的落后的工作思路、工作方法、管理体制和运行机制。有利于以改革为动力，进一步增强文化单位的活力，实现文化的自我积累和长期稳定发展，形成文化发展中独立的扩大再生产的机制。有利于建立能够调动文化工作者积极性，推动文化创新，多出精品、多出人才的文化管理体制和运行机制。

既能全面汲取国外文化产业发展的先进经验，又能充分体现中国文化的创新精神。西方发达国家的文化产业已经经历了数十年的发展历程，无论是在综合实力上，还是在规模效益上，无论是在经营能力上，还是在现代科技的应用上，我们与之差距都十分悬殊。因此，在发展文化产业的过程中，一方面要密切结合中国的实际，立足于中国的文化实践，一方面要善于借鉴国外文化产业发展的经验和手段。在充分挖掘本土传统文化资源现代价值的基础上，有效地吸收外来文化的优秀成果。创造性地形成先进的文化价值体系，总结出具有中国特色、中国风格和中国气派的文化产业发展经验。

既是深受广大群众喜爱的一种通俗的大众文化，又是创造社会财富的源泉。拥有进入小康社会文化消费能力激增的 12 亿多人口的国内市场，是中国文化消费的特有优势。据有关方面测算，我国每年文化消费总量大约为 650 亿元，而潜在的消费能力和需求为 3000 亿元，到 2005 年可能达到 5500 亿元。这个市场空间的填充，单纯依靠高雅艺术和精品文化，是不可能完成的。文化产业作为一种按照工业标准生产、再生产，储存以及分配文化产品和服务的活动，它的复制性、批量化、标准化的生产特征，决定了它是一种更易于为大众所普遍接受的通俗文化，有着广泛的消费群体和巨大的经济潜力，完全有能力填补这个市场空间。

既着眼于国内市场，又面向国外市场，特别在国际市场上能为中国文化产品和服务赢得一定的市场份额。加入世界贸易组织之后，随着外国产品和服务的进入，我国文化将面临着国外文化的产品冲击、资本冲击和价值观念的冲击。我们要经受住这种种冲击，使中国文化永远立于不败之地，就必须积极参与经济全球化的过程。要借助扩大开放，充分发挥比较优势和后发优势，不断拓展文化产业的发展空间。要千方百计提高中国文化产品和服务的国际竞争力和影响力。积极实施“引进来”和“走出去”的战略，开辟国际国内两个市场，利用好国际国内两个资源，把尽可能多的中国文化产品和服务打入国际市场，并争取进入西方发达国家的主流社会，向世界传播展示中华民族精神和优秀传统文化的无穷魅力，展示现代中国生机勃勃、充满青春活力的文化形象。

二、积极发展文化产业的重要意义

中国特色文化产业的最终目标是，要发展面向现代化、面向世界、面向未来，民族的、科学的、大众的社会主义文化。要能够源源不断地为人民群众创造提供文化产品和服务，不断丰富人们的精神世界，不断增强人们的精神力量，实现民族振兴、人民幸福。其重要意义在于：

（一）努力满足人们日益增长的精神文化需求，不断提高人民生活质量

全面建设小康社会的目标之一是使文化更加繁荣、人民生活更加殷实。人们的休闲时间越来越多，文化消费已成为日常生活中的重要消费之一。要满足这种消费需求，使人们生活得更加有滋有味、丰富多彩，就必须大力发展文化产业。通过文化产业的发展，为人们提供多层次、多样化、可以自主选择的文化产品和服务，保证人民生活质量的不断提高，实现人民群众人人应该享有的文化利益。

（二）大力培育和弘扬民族精神，不断增强有中国特色社会主义文化的吸引力和感召力

民族精神是一个民族在历史活动中表现出来的民族智慧、民族心理和民

族情感，是民族文化的核心和灵魂，也是一个民族赖以生存和发展的精神支撑。一个民族如果没有统一的意志、坚定的信念和高尚的品格，就不可能有生命力，也不可能自立于世界民族之林。在新形势下，文化产业担负着发扬民族精神，传播发展先进文化，实现中华民族伟大复兴的历史使命。面对世界范围内各种思想文化的相互激荡，各级文化产业部门必须把培育和弘扬以爱国主义为核心的团结统一、爱好和平、勤劳勇敢、自强不息的伟大民族精神作为一项重要任务来落实好。

（三）为培养造就有理想、有道德、有文化、有纪律的公民，提供良好的文化环境

文化建设的一个重要任务是引导广大人民群众特别是青少年树立正确的世界观、人生观和价值观，提高政治觉悟，陶冶道德情操，提升审美情趣。文化产业作为人们生活中必不可少的一种大众文化，同样具有教化、激励和导向的功能。积极发展文化产业，对于大力弘扬爱国主义、集体主义、社会主义和民族精神，对于努力传播科学文化知识，提高全民族的思想道德素质和科学文化素质，促进人的全面发展，对于激发广大人民群众始终保持奋发有为、昂扬向上的精神状态，推动社会主义精神文明建设有着极强的现实意义。

（四）为全面建设小康社会，推动中国经济发展做出应有的贡献

从经济学和国民经济行业分类的角度看，文化产业属于第三产业即服务业的范畴。去年年底，国务院办公厅办转发国家计委《关于“十五”期间加快发展服务业若干政策措施的意见》，把文化与旅游、社区服务、教育培训、体育等需求潜力大的行业列为新的经济增长点。强调了文化产业发展对于刺激内需，增加供给、优化结构、拓宽领域、扩大就业、提高服务业竞争力和促进国民经济持续增长的重要性。随着市场需求、技术进步和信息生产、流通的不断加快，文化产业已经成为增强我国综合实力和提高国际竞争力的重

要因素，可以有力地推动我国经济的发展。

三、发展文化产业必须遵循的原则

（一）坚持贯彻发展先进文化的要求

在我国，凡是提供文化产品和服务的生产部门都是传播先进文化的重要阵地。有人说，文化产业是“双刃剑”。实际上，任何事物都具有两面性，文化产业也不例外。它在开拓文化市场，使文化产品的生产和消费社会化的同时可能为追逐最大经济利益而牺牲社会效益；它在大批量生产文化产品满足大众需求的同时可能把一种文化风格普遍化，从而压抑和抹杀人的自由个性；它在融入世界文化产业体系促进文化开放的同时可能为外来文化冲击民族文化打开方便之门；它在引进一些优秀文化精神产品的同时，可能把西方一些腐朽落后的价值观念和生活方式也带进来，给人们的思想观念和工作生活带来一些潜移默化的消极影响。对此，我们要保持高度的政治警惕。要坚持用“三个代表”的要求统领文化产业建设。坚持为人民服务、为社会主义服务的方向和百花齐放、百家争鸣的方针。坚持以马克思列宁主义、毛泽东思想、邓小平理论为指导，立足于改革开放和现代化建设实践，着眼世界科学文化发展的前沿，大力发展文化先进，支持健康有益文化，努力改造落后文化，坚决抵制腐朽文化。

（二）坚持社会效益和经济效益的统一

文化产品和服务既有一般服务业的产业属性，又有意识形态的特殊性。既可以产生经济效益，又具有精神功能。从事文化产业的同志在任何时候都要把社会利益摆在第一位，努力寻找两个效益的最佳结合点。两个效益的结合，就是在保证社会效益的前提下，注重经济效益；两个效益的统一，要统一在文化产品和服务的质量中；两个效益的实现，要实现在文化市场上，检验的标准是广大消费者接受不接受、欢迎不欢迎、喜欢不喜欢。如果只讲社会效益，不讲经济效益，文化产业的发展不可能持久；如果只讲经济效益，不讲社会效益，就会背离先进文化的前进方向，文化产业自身也会受到损害。

（三）坚持遵循艺术生产和市场经济两个规律

文化产业上层建筑和意识形态的特殊属性，要求文化产品和服务必须遵循艺术生产的特殊规律。要弘扬主旋律，保持优秀文化特色，做到思想性、艺术性和观赏性的高度统一，具有较强的吸引力和感召力。但是，文化产业又是文化与经济相互作用的结果。作为一种经济活动，文化艺术的生产、流通自然还要遵循市场经济发展的规律，适应市场经济的要求，重视经营，讲求效益。目前，文化系统真正懂经济、会管理的人才不多。许多人往往习惯于从政治上考虑问题，不善于从经济的角度分析问题和研究问题。有位领导同志在谈到近几年文化人“下海”办公司出现的问题时，深有感触地说，文化人“一签合同就上当，一打官司就赔钱”，这个教训太深刻了。要教育引导我们的干部认真学习掌握市场经济知识和经济运行规律。深入研究投入与产出的关系、营销和推介的手段，以及不同地区、不同人群的文化消费心理和消费习惯等，尽快成为发展文化产业的行家里手。

（四）坚持一手抓繁荣，一手抓管理

繁荣与管理是辩证的统一。文化产业的发展可以有力地促进了文化市场的繁荣，反之，文化市场的管理又进一步保障了文化产业的健康发展。在文化市场管理中，要牢牢把握繁荣与发展这个主题，逐步健全文化市场体系，完善文化市场管理机制。切实加强文化市场的宏观调控和监督管理，加大执法力度，严格整顿规范市场秩序，依法保护文化知识产权，积极支持维护合法经营，严厉打击各种文化侵权和非法活动，确保文化市场逐步走向良性、健康、有序发展的轨道，为文化产业发展创造良好的市场环境。

四、文化产业的发展方向及工作重点

我国文化产业的发展方向是：文化事业单位和文化产业单位相对分离，并各自按照不同的规律和法则发展。“文化事业政府保障，文化产业宏观调控”的管理运行机制初步建立。“多渠道多元化投资、国有文化单位为骨干、多种所有制形式并存竞争”的发展格局基本形成。在国家政策宏观调控下，市场机制在文化资源合理调节与配置上的基础性作用得到充分发挥。文化系统各个产业门类结构合理、技术先进，东西部发展平衡，生产经营进入良性循环。传统的文化企业经过改造充满活力，新兴的文化产业方兴未艾。在市场竞争中，经过资产重组和结构调整，形成具有一定规模的文化产业群体和一体化的文化产品生产、服务和销售网络。各个门类分别推出一批实力雄厚、竞争力强的大型文化企业和过得硬、叫得响、立得住的“文化品牌”。文化市场管理规范、繁荣有序。各种品种的文化产品和服务丰富多彩，基本满足人们多方面的精神文化需求。“十五”期间，文化产业增长速度明显高于全国国内生产总值增长速度。社会文化消费总量大幅度增长。中国文化产品和服务走出国门，并在国际市场上占有一定的份额。文化产业的整体实力和竞争力明显增强。到 2010 年，具有中国特色的社会主义文化产业宏观管理体制和微观运行机制基本建立，形成比较发达的文化产业体系和市场体系。当前应注意以下几个工作重点：

（一）制定好文化产业发展规划是推动文化产业发展的基础工作

文化产业是一项全新的事业，国外的做法不能照抄照搬，前人又无成功的经验可以借鉴。要为我国文化产业打下一个良好的基础，使之成为国民经济发展的支柱产业，必须知难而进、勇于创新。尤其要以创新的精神，制订好各地的文化产业发展规划。一个好的规划，对于一个地方文化产业的持续健康发展至关重要。必须坚持从各地的实际出发，根据各地的不同情况，因地制宜地发展文化产业。不搞“一刀切”，不强求一律，不提过高的不切合实际的指标要求。制订规划必须在各级党委和政府的领导下，并取得有关部门特别是政府综合部门的大力支持。同时，还必须充分挖掘利用当地的文化资源，搞好文化产业布局，找准发展文化产业的“切入点”。云南丽江近几年文化旅游产业发展很快，一个重要原因就是突出了民族文化两个独具特色的“切入点”。一个是图画象形文字的东巴文字，共有2000余个字符，被誉为“目前世界上唯一保留完整的活着的象形文字”。另一个是纳西古乐。纳西古乐团从一开始就走向市场。一个只有40多位演职人员的小乐团，每年的纯收入达400多万元，远远超过一些政府文艺院团。今年9月，广州市文化局和旅游局联手推出广东省第一条文化艺术旅游专线——广州文化艺术一日游，在市场上反响很大。这种形式，其他城市已有先例，但在广东是第一次，仍属于创新。据了解，湖南、浙江、广东、四川、重庆、西藏等许多省市自治区都先后结合实际，制订了具有本地特色的文化产业发展规划，正在组织实施中。

（二）加快文化结构调整是文化产业发展的重要前提

现在，不少地方的文化结构很不合理，特别是艺术表演团体的结构基本还是从计划经济体制下延续下来的。据2001年统计，全国文化部门共有2590个艺术表演团体，其中有346个常年没有演出，占13%还多。因此，要积极发展文化产业，必须结合文化体制改革，加快文化结构调整的步伐。要通过结构调整，优化资源配置，整合老资源，开拓新领域。发展与新科技结合的新兴文化产业，将资源优势转化为产业优势和竞争优势，使各级文化结构能够适应市场经济发展的要求和群众文化消费需求的变化。要通过深化改革，促使各类国有文化企业，逐步建立产权清晰、权责明确、政企分开、管理科学的现代企业制度，建立科学合理、灵活高效的管理体制和文化产品生产经营机制。在结构调整、深化改革的基础上，有计划、有步骤地按照专业分工和规模经营的要求，运用联合、重组、兼并等现代企业的运作手段，组建和培育文化产业集团。打破地区分割和行业壁垒，鼓励和支持产业集团，跨地区、跨行业经营。以资本和业务为纽带组建产业集团，采取多种经营方式，实现资源共享、优势互补、利益共享、风险共担。浙江省文化厅在组建文化产业集团方面已经先行一步，并取得了一定的经验，值得其他地方借鉴。

（三）广泛吸纳社会资本进入，是壮大文化产业的积极举措

随着我国经济政策的进一步调整和所有制结构的不断完善，社会资本，包括个体、私有经济进入文化产业是不可避免的。据报界披露，全国约有十万多亿的社会资本没有合适投向。今后，要想方设法把闲置的社会资本吸引到文化产业中来。逐步完善政府投入与社会投入相结合、内资与外资相结合、多渠道多元化的投融资机制。要尽快出台文化开放领域的市场准入标准、准入程序及管理监督办法，降低文化产业准入的门槛。凡是允许外资进入的文化产业领域，都应首先对社会资本开放。在引进外资的同时，鼓励非国有经济参与文化建设，鼓励社会资本投资兴办国家认可的各种文化企业和博物馆、艺术馆、艺术团体等。对社会资本投资建设的各种文化产业发展园区政府要给予积极支持。要通过成功的和有说服力的文化产业投资案例来吸引争取社会投资，使投资者增强信心。2003 年 5 月下旬，四川省文化厅成功举办了全国首次文化产业博洽会，在吸引社会资金办文化方面迈出可喜的一步。在短短四天时间里，参观观众 12 万人次以上，咨询洽谈约 2 万人次，洽谈涉及项目 30 多个，签意向合同 5. 14 亿元。现在有的已进入实际操作阶段。10 月 28 日，沈阳市文化局在专家反复论证的基础上，通过媒体和互联网向社会发布了 16 个文化产业招商项目。这些都是吸引社会资本投资文化产业的有效途径。

（四）培养一支有文化、善经营、懂科技、会管理的人才队伍，是搞好文化产业的关键环节

要发展文化产业，没有一支强有力的人才队伍不行。现在，文化产业越

来越成为高新技术与高文化密切关联的领域，对专门人才的知识与能力结构要求越来越高。据分析，加入世贸组织以后，人才资源的竞争将会越来越激烈，人力资本在文化产业领域内的流动将不断加快。前段时间，杭州市向全国公开选拔 150 名处级以上领导干部。7 天中共有 5236 人报名，其中一个职位就有 154 人报名。可是杭州大剧院总经理的职位竟无一人应聘。这足以说明，文化系统和社会上的文化经营人才是何等缺乏。今后，要大力发展文化产业，并使之保持一定的后劲，必须积极创造条件，充分发挥上海交通大学和北京大学两个国家文化产业创新与发展研究基地的作用，有计划地培养一批有文化、懂经营、会管理的文化产业专门人才。同时，特别注重培养造就和引进创新人才、策划人才、外向型人才和网络科技人才以及职业经理人，为文化产业的可持续发展积蓄人力资本，占领文化产业的人才高地。

（五）坚持高新技术与文化产业项目的结合，是实现文化产业跨越性发展的必要途径

现代科技进步的突飞猛进，使信息产业和文化产业的密切结合成为一种世界潮流。信息技术和网络手段更为深入地用于文化产品的开发和传播，数字化趋势正在给文化产业的存在形态和发展趋势带来革命性的变化。如美国迪斯尼公司把高新技术应用到文化娱乐业，1993 年的销售额为 85 亿美元。到 1997 年，仅 4 年时间，就提高到 225 亿美元。韩国有关部门已经确定，把电子游戏产业作为 21 世纪的一个核心产业，不仅要把它培养成为重要的出口行业，而且要借小小的电子游戏机向全世界推销韩国文化。我们要充分注意高新技术在文化产业的应用，加强技术引进和自主开发。着力用高新技术手段改造传统文化，开发新兴文化产业。努力提高文化产品的科技含量，提升企业的市场竞争力。要善于运用现代市场经济信息和营销方式，促进艺术产品的流通。要运用高新技术加快改造文化产业基础设施。加强文化产业和文化资源数字化、网络化建设，实现我国文化产业的跨越式发展。

（六）大力培植“文化品牌”，积极打入国际市场，是文化产业发展的战略目标

要把中华优秀文化产品打入国际市场，必须有一定知名度的文化品牌。从某种意义上讲，文化品牌是文化企业的无形资产，也是安身立命之本。2001 年 10 月，上海 APEC 会议期间，一组以《世纪玫瑰图》和《大唐贵妃图》为代表的“国粹油画”，在出席会议的世界各国政要及国内外媒体中引起轰动。这件事缘于上海宽视有限公司独具慧眼，1999 年与陕西一个名不见经传的画家刘令华签约。在短短三年的时间里，推出一个响当当的艺术品牌。使刘的作品价格不断抬升，成长为“APEC 名画”。2003 年 7 月，在上海演出的美国百老汇音乐剧《悲惨世界》，连续十六年常演不衰、巡演 34 个国家，累计收入 18 亿美元。这就是文化品牌的效益。美国百老汇音乐制作人罗柏·阿佩尔在接受记者采访时说，美国人之所以在文化产业方面能够取得成功，关键的一点是能够把艺术思路与商业思路有机地结合在一起。所以，我们要开阔视野，拓宽思路，把打造具有中华民族特色的“文化品牌”作为文化产业发展的战略重点来抓。同时，要选择知名度高、有影响力、对我友好的境外文化中介机构进行合作，利用其营销网络，把我国的文化产品尽可能多地打入国际市场。

综上所述，在十六大精神的指引下，我们要抓住机遇，乘势而上，不断研究新情况，解决新问题，积极探索和把握我国文化产业发展的内在规律，及时总结推广文化产业发展的成功经验，逐步走出一条符合中国国情、具有中国特色的文化产业发展道路，为全面建设小康社会、加快推进社会主义现代化做出新的贡献。

（刊登于 2003 年 3 月 4 日、3 月 8 日《中国文化报》，2003 年《中国文化产业蓝皮书》采用）

走中国特色文化产业发展之路

积极发展文化产业，是党的十六大提出的全面建设小康社会、推动文化建设的一项战略任务。文化产业理论上的创新与突破，将使文化系统在思想观念、管理体制、经营机制和运作方式等方面产生一系列的改革与变化。而这种改革与变化会给文化工作带来无限的生机与活力，使文化建设得到全面发展和繁荣，也使实现小康社会的经济、政治、文化三个战略目标得到全面协调发展。

一、加强理论研究和现状分析

如何推动文化产业的发展，这是一个十分引人注意的问题。我认为，应把思想和行动统一到十六大精神上来，加强文化产业理论研究。我国文化产业特别是文化系统的文化产业与西方发达国家的文化产业比，现在还处于起步、探索、培育的初级阶段，规模小、基础差、种类多、情况复杂、资金投入不足、经营人才缺乏，还没有真正成为一个产业群体，没取得规模效益。面对这种状况，我们要不断加强理论研究，认真分析我国文化产业与外国文化产业的不同规律和特点，文化系统内演出、娱乐、影视、音像、网络、文化旅游、艺术培训和艺术品业各自不同的规律和特点。特别是要加强事关文化产业发展的战略性、前瞻性、全局性问题的理论分析与研究，把握文化产业发展的总体趋势，逐步总结和建立具有中国特色的文化产业的理论体系，同时，要坚持理论指导实践，提高理论应用水平，推出理论研究成果，尽快转化为现实的文化生产力。

二、完善政策，建立体系

发展文化产业还要努力完善文化产业政策，建立文化产业统计指标体系。完善文化产业政策是事关文化产业持续稳步发展的一个制约因素，如果没有好的政策的支持，文化产业的发展不可能持久。各有关部门应通力合作，密切配合，在深入实际、调查研究的基础上，尽快制定出具体的文化产业政策，建立一套比较完善的政策支持体系，运用财税、金融等多种手段支持文化产业发展，为文化产业发展提供良好的政策环境。另外，还要根据形势的发展和加入世界贸易组织的新要求，进一步修订完善原有的文化产业政策。由于我国文化产业发展刚刚起步，现在各地各部门文化产业的统计口径很不一致。各类相互之间差距很大的数字不时出现在各种媒体上，让人难以辨别哪一个数字是真的，哪一个数字是假的。要科学地规划、管理和指导文化产业的发展，全面把握文化产业的发展趋势和速度，必须要有权威部门提供比较可靠准确的统计数据。去年，文化部文化产业司协同国家统计局有关部门专门搞了一个有关文化产业统计指标体系的课题研究。尽管最终的研究成果还有许多不完善的地方，但毕竟迈出了第一步。

三、理顺关系，协调发展

文化产业如同其他经济工作一样，有一个按照市场经济的发展要求循序渐进的过程。在坚持发展是第一要务的同时，要正确处理改革、发展和稳定的关系，接受经济领域改革的经验教训，尽可能少走弯路或不走弯路。要把发展的速度和改革的力度与保持文化队伍的相对稳定有机地统一起来，特别是文化事业单位的改革，要积极争取党委、政府及有关部门的支持，事先要做好充分的准备，包括配套政策和改革成本的准备。上新的文化产品和服务项目时，要组织专家反复论证，尤其是对市场需求和消费前景要做出科学的预测和分析，避免盲目上马，造成后患。联合、重组、兼并文化单位，组建文化产业集团，要充分考虑各种因素，在条件成熟时再进行运作，切忌依靠行政命令和行政手段整合，避免一哄而起，大起大落。

要加强对民办文化产业的宏观管理和政策扶持，把民办文化企业和产业项目纳入文化产业发展的统一规划，与国办文化产业一视同仁。要积极推动演出、展览等中介机构的发展，充分发挥文化经纪人和中介机构的作用，逐步将一些不合适由政府行使的职能交给行业协会，建立健全行业自律机制，发挥行业协会的作用，维护行业权益，帮助指导文化产业各个门类健康协调地向前发展。

（刊登于2003年5月6日《人民日报》）

文化产业社会效益与经济效益的关系

在推进文化产业发展的过程中，我们时常会遇到社会效益和经济效益的关系问题。党的十六大指出，积极发展文化产业要把社会效益放在首位，这充分表明了党中央的明确态度。但是，在具体贯彻落实中，我们必须认真学习，深入思考，不断寻找两个效益关系问题的最好理论提升和实际论证。

一、两个效益的关系是由文化产品和文化服务的双重属性所决定的

什么是经济效益？什么是社会效益？笔者认为，经济效益是指一个文化企业通过组织生产、销售文化产品或提供文化服务所获得的一定的利润回报，具体反映在经济指标和统计数字上。社会效益则指文化产品和文化服务对社会所产生的效应，主要表现在公众反映和社会评价体系上。经济效益是有形的、物化的；社会效益则是无形的、虚化的。两者实现形式大不相同，衡量标准和尺度也不一样。

在市场经济条件下，其实任何商品进入流通和消费领域，都存在两个效益问题。那么，为什么偏偏文化产业要强调把社会效益放在首位呢？这是由文化产品和文化服务的双重属性所决定的。

其他商品所满足的是人们生存、生理、安全、健康等方面的需求，体现的是物质层次的社会效益，对人们的思想观念和社会意识形态影响不大。而文化产品和文化服务则不然。它既具有商品的属性、经济的属性，又具有精神的属性、意识形态的属性，满足的是人们文化上、精神上、心理上的需求。生产主体必然将其自身强烈的主观因素，包括思想、意志、情感、愿望以及对客观世界的认识等渗透到生产对象中去。如前不久，中央电视台播放的电

视连续剧《走向共和》在得到广大观众好评的同时，也引起史学界的争论。有的学者就尖锐指出，历史剧允许虚构的成分，但是在叙述重要历史事件时，不能借口文艺创作的权利，掩盖、伪造或歪曲历史真相，而使之顺从于观念或情感的需要。

文化产品和文化服务只要走向市场，为大众所消费，就不可避免地要对人们的思想、意识、观念、心理、行为带来潜移默化的影响。这种影响可能是积极的，也可能是消极的。积极影响可以丰富人们的精神世界，增强人们的精神力量，促进人的全面发展，推动社会的进步；消极影响则可能对人们的思想产生误导，给社会造成一定程度的危害。我国的文化产业与西方发达国家将追求感官享乐作为文化主流、文化产品和服务完全商业化的文化产业有着本质区别，因此，我们对文化产品和文化服务既讲经济效益，又讲社会效益。党的十六大提出要把社会效益放在首位，是强调文化产品的生产者和文化服务的提供者必须以对社会高度负责的态度，重视加强文化产品和文化服务所产生的正面效益，努力减少或避免文化产品和文化服务所带来的负面效益。

二、把社会效益放在首位是发展先进文化的必然要求

从全球形势看，当今世界范围各种思想文化相互激荡，政治多极化、经济一体化的趋势，形成文化冲突与文化交融并存、多样文化并存的格局。各国文化既吸纳又排斥、既融合又斗争、既渗透又防御的局面，将会较长时间的持续下去。各种不同文化的存在以及各国文化的相互冲击必然要反映到文化产业中来。早在1980年，联合国教科文组织大会就对文化产业的作用有两种不同观点：一种认为文化产业带来希望，大众传播媒体是文化对话的工具和手段，而文化对话是和平的基础；另一种则强调文化产业可能带来副作用，大众传播媒体可能会对原生文化和生活态度造成破坏。在我国亦有人就文化产业自身的两面性做过论述，认为文化产业在开拓文化市场，使文化产品的

生产和消费社会化的同时可能为追逐最大经济利益牺牲社会效益；在大批量生产文化产品满足大众需求的同时可能把一种文化风格普遍化，从而压抑和抹杀人的自由个性；在融入世界文化产业体系促进文化开放的同时可能为外来文化冲击民族文化打开方便之门；在引进一些优秀文化精神产品的同时，可能把西方一些腐朽落后的价值观念和生活方式也带进来，给人们的思想观念和工作生活带来一些消极影响。

马克思主义认为，文化在本质上属于社会意识的范畴，是对社会存在的反映。不同的社会存在产生不同的文化，并且有先进文化、落后文化和腐朽文化之分。我国发展文化产业的主要目的，是要发展面向现代化的、面向世界、面向未来的，民族的、科学的、大众的社会主义文化。这一目的，决定了发展文化产业必须贯彻发展先进文化的要求，把社会效益放在首位。要充分认识发展文化产业的战略意义，同时认清文化产业的两面性。在世界文化多样化面前，善于趋利避害，扬长避短，既不过于敏感，又不放松警惕。保持发扬中华民族文化的特色，借鉴汲取人类文明的成果，坚持文化创新精神，不断提高我国文化产业的整体实力和竞争力。如果背离了发展文化产业的正确目的，只讲经济效益不讲社会效益，不仅赚不到钱，还可能处处碰壁。如某地为发展地方文化旅游，精心策划了胡同旅游项目。但推出不久，就遭到舆论的广泛批评。这几条胡同在旧社会是妓院集中的地方，怎么可以把旧中国丑陋的东西展示在世人面前呢？好在策划者很快意识到不妥，迅速做了纠正，没在社会上造成不利影响，但这个深刻教训应引以为戒。

三、充分认识文化产业的经济本质

文化产业是伴随着工业文明和市场经济产生和发展起来的新兴产业。它是文化与经济紧密结合的产物，反映的是社会化生产方式的发展与变化。简而言之，就是指生产文化产品和提供文化服务的经营性行业。现在，理论界一般喜欢引用联合国教科文组织对文化产业概念的界定。即“按照工业标准，生产、再生产、储存以及分配文化产品和服务的一系列活动”。这种表述屡屡见诸报端。我们暂且不说这个概念的表述是否确切，问题在于对联合国教科文组织的概念没有引用全。实际这段表述的后面还有一句话：“它的主要目的不是为了促进文化更大的发展而是为了追求经济利益。”这关键的一句把文化产业的经济本质一语道破。过去出于某种原因，我们总是“犹抱琵琶半遮面”。在党的十六大明确提出积极发展文化产业的形势下，在全党强调解放思想、实事求是的今天，我们不应该再“断章取义”了。对这个概念的表述，我们可以不认同、不接受，但要还原它的真面目，研究、汲取其合理的部分。

许多同志往往习惯于从政治上思考问题。在实际工作中，不自觉地关注的更多的是文化产品的宣传、教化功能，而不善于从经济的角度研究问题，忽略文化产品和文化服务的投资与回报。实际上，文化产业作为服务业的一个重要组成部分，它的真正意义在于对国民经济发展的重要贡献。文化产业发展好了，不仅有利于丰富活跃人民群众的精神文化生活，有利于解放和发展艺术生产力，而且对改善人们的消费结构，降低社会恩格尔系数，对扩大内需，增加就业、开辟税源，推动第三产业发展都有着不可忽视的作用。

因此，文化产品生产要进入良性循环，必须既遵循艺术生产规律，又遵循市场经济规律。必须面向市场，面向群众，根据人民群众多元化多层次的精神文化需求去决定文化产品的生产与否。深入研究文化产业的经济运行规律，掌握市场经济条件下文化产业运作的经验和手段。坚决克服生产目的不清、消费对象不明，为创作而创作，为领导而生产的不正常现象。如果文化产品和文化服务自身的经济价值实现不了，企业的投入产出比例失衡，资金周转不过来，文化产品和文化服务的再生产就要落空，文化企业就不可能维持下去，文化产业的两个效益也无从谈起。

四、社会效益和经济效益的实现必须通过市场

文化产业是市场经济条件下繁荣社会主义文化、满足人民群众精神文化

需求的重要途径。文化产业发展反映了文化与市场经济密切结合相互促进的关系，文化产业存在的重要外部条件是市场。没有市场就没有文化企业，没有文化企业就构不成文化产业。文化企业只有通过市场的具体运作，实现了文化产品和文化服务的经济价值，社会效益才能得到生动实现。如果一种文化产品或文化服务在市场上不受群众的欢迎、没有销路，没有任何经济效益，还谈什么社会效益呢？因此，两个效益应该统一在文化产品和文化服务这个载体中，应该实现在市场上。当然，我们这里所说的文化产品和文化服务，不包括部分纯文学意义、纯艺术理论的文化产品和文化服务。这些需要国家重点扶持和保护，必须着重强调它的社会效益，不能以市场的大小、经济效益的多少来衡量。

那么，两个效益的关系是如何贯穿于文化产品的生产呢？笔者认为，原创设计是关键；生产、储存、流通是过程；分配、营销、消费是最终实现。说原创设计是关键，是由于文化产品的社会效益主要是由其内容所决定的。因此，要使文化产品取得两个效益的高度统一，生产者必须既具有艺术创新能力，又具有强烈的市场观念和超前意识。必须贴近实际，贴近生活，贴近群众，在文化产品和文化服务的最初设计阶段，就对市场状况做出比较准确的预测分析和判断。要研究不同地区、不同地方、不同人群的文化消费习惯和文化消费心理，研究不同文化品种的消费对象以及个别人群的特殊文化需求。同时，要注意把高新技术运用到文化产品的生产和文化服务中，提升文化产品和文化服务的科技含量。只有把各种相关因素研究透了，摸清消费者的底数，再加上先进的科技手段，文化产品和文化服务的生产才不至于盲目，生产出来的东西才可能有吸引力、有销路，并最终实现两个效益。

可见，衡量一个文化企业成功与否、是否把社会效益放在首位，一个重要标志就是看它有没有市场欢迎、消费者接受的好的文化产品和文化服务；具有使用价值、交换价值和市场竞争力的文化产品和文化服务，才更有利于实现经济效益和社会效益。文化市场像一个温度计，真实地反映了文化产品和文化服务的受众程度。优秀的文化企业必然会像海尔等名牌工业企业一样，面向市场，面向群众，不断改革创新，不断提高文化产品质量，不断改进文化服务方式，使自己企业的产品和服务占有更大的市场份额，创造更大的经济效益和社会效益。

五、对社会效益要具体情况具体分析

在对待社会效益问题上，必须坚持从实际出发，切忌形而上学和片面性。具体情况具体分析是马克思列宁主义“活的灵魂”，是科学的世界观和方法论。强调社会效益不能不分门类、不分层次、不分对象，这与贯彻实践“三个代表”重要思想、各级领导干部要负主要责任是一个道理。为说明这个问题，我们不妨做如下具体分析：

一是目前我国文化产业已初步形成演出业、影视业、音像业、文化娱乐业、文化旅游业、网络文化业、图书报刊业、文物艺术品业和艺术培训业等行业门类。各个门类有各自不同的生产运作方式，其社会效益的表现形式也各不相同。

二是文化产业与传统文化的主要区别在于：它的文化产品和文化服务的生产是以产业链彼此连接起来的。整个产业分上游包括原创、写作、编剧、设计等；中游包括加工、生产、制作、包装等；下游包括流通、批发、销售等。这个产业链分工明细、结构严谨、环环扣紧、前后呼应。但上、中、下游的性质、职能、任务明显不同，承担社会效益的责任也不一样。

三是文化产品和文化服务所体现的社会效益，主要渗透在文化产品和文化服务的内容中。如电影、电视剧、音像、剧节目等，导演、摄影、摄像、演员等艺术生产要素固然重要，但真正决定作品内容的是作者和编剧。

四是现在我国对部分文化产品和文化服务的生产，还保留行政审查制度和分级负责制度。审查、编辑、编审决定了部分文化产品和文化服务最终能否进入市场。如果一部作品的思想内容不健康，不符合社会主义精神文明建设的要求或与现行法律法规相抵触，在审查、编辑、编审阶段就会被淘汰，根本到不了文化市场。因此，国家行政机关有关管理人员、报社、电台、电视台的编辑和出版社、音像生产厂家的编审负有落实社会效益的重大责任。

五是文化事业单位主要由政府拨款，它的重要任务应该弘扬政府所倡导的主流文化，为公众提供更多的优质文化产品和优良文化服务。而文化企业特别是民营文化企业主要是面向市场，自主经营，自负盈亏，必须千方百计追求经济利益，否则，这个企业就无法生存。

从以上分析不难看出，坚持社会效益要区别不同情况、分清不同对象、根据不同层次，提出不同要求。把社会效益放在首位，更多的应该是原创者的责任，是政府管理部门的责任，是文化产业链上游的责任，是文化事业单位的责任。如果不区分对象、不区分层次强调社会效益，就好比让百货商场的经理来把工厂产品的质量关，让卖报纸的老太太来把报纸的社会效益关，既不合理也不公平。

六、科学认识两个效益关系的现实意义

正确认识和处理两个效益的关系问题，不仅是个理论务虚问题，而且是一个迫切需要解决的现实问题。

应该看到，在我国真正与先进文化前进方向相背离，与精神文明建设的要求相悖，或者严重违背社会所倡导的道德观、价值观的文化产品和文化服务，要想“瞒天过海”，走向市场，也是不容易的。即使个别不健康的文化产品或文化服务流入市场，也不必大惊小怪。一部电影、一本小说，影响乃至改造整个社会的时代已经过去了，不要过于夸张一种文化产品或文化服务对社会的破坏作用。

目前，随着对外开放不断扩大，西方国家的文化产品特别是美国好莱坞大片、韩国、日本网络游戏软件在我国文化市场上已占据相当大的份额，它们所宣扬的文化精神、道德观念、社会价值观已经对人们特别是青少年产生了无法估量的影响。如果看不到这一点，仍把“社会效益”作为一句口号，

作为一根打人的棒子，束缚我们自己的手脚，就会阻碍和影响民族文化产品的生产和推销。在这个没有硝烟的战场上，就会丧失我们的发展机遇，处于被动挨打的境地。

当然，我们不是说有的文化企业可以不讲社会效益，只是它实现社会效益的方式有所不同：只要是正规渠道生产出来的文化产品和文化服务，一旦进入市场，文化企业销售得越多，创造的社会效益就越大；文化企业发展好了，在活跃市场、繁荣文化、扩大内需、增加就业的同时，给国家多缴了税收，不也是社会效益吗？至于个别企业销售盗版音像制品、非法出版物，有的非法艺术团体组织色情淫秽表演，那就不是讲不讲社会效益的问题了，这属于违法经营的范畴，应依法予以打击和取缔。

今后，总的发展趋势应该逐步淡化行政管理的色彩，把社会效益管理纳入依法管理的轨道。政府部门要提高依法行政的水平，实现从微观管理向宏观管理、从直接管理向间接管理、从经验管理向依法管理的方向转变。要按照党的十六大关于“大力发展先进文化，支持健康有益文化，努力改造落后文化，坚决抵制腐朽文化”的要求，通过法律法规细化规范文化产品和文化服务内容的标准，使每一个文化企业懂得，国家提倡什么、反对什么，自己应该干什么、不应该干什么，尽量减少行政干预，加大法律监督和舆论监督的力度。这样做至少有以下几点好处：

（一）有利于调整所有制结构

专家分析，反映结构调整的主要标志有两个，一是资本的流动，一是就业的流动。目前全国约有十万多亿的社会资本没有合适投向，还有相当数量的待业人口。现在许多民营企业主心里明白文化产业是“朝阳产业”，是21世纪最有发展前途的产业，但持币观望，不敢贸然进入。他们的确存有社会效益这湾水究竟有多深、政府允许这个行业能活多久等种种思想疑虑。今后，要想方设法把闲置的社会资本和人力资本吸引到文化产业中来，除放宽市场准入政策外，一项极为重要的工作就是克服对社会效益认识的片面性，为民营资本进入文化产业提供宽松的外部环境，逐步形成多渠道多元化投资、多种所有制相互竞争共同发展文化产业的局面。

（二）有利于提高管理水平

在市场经济条件下，价值规律就像“一只无形的手”，在暗中操纵着资本市场。哪里有利润可赚，资本就往哪里流动。多数民营企业主不是抱着帮助政府繁荣文化的想法进入文化产业领域的，而是为了追求经济利益才涉足文化产业的。前些年，我们抓治理整顿，对规范文化市场秩序、打击违法经营活动、保证文化产业健康有序发展起到了积极作用。但是，换个角度看，抓治理整顿，政府部门无非是下几个文件，组织几次集中行动，但对文化企业投资者来说，治理整顿后很可能是血本全无，几年缓不过劲儿来。这种状况，对文化产业发展十分不利，也是部分民营企业主心有余悸的因素之一。面对新形势，我们应改变用搞运动的形式指导文化产业的做法，提高文化产业工作的管理水平，使制定的各项政策措施更加切合实际，更具有针对性和可操作性，设身处地为文化企业着想，使他们尽可能地少走弯路，避免经济损失。

（三）有利于政府部门进一步转变职能

为努力实现文化产品和文化服务的两个效益，政府主管部门必须解放思想，实事求是，从一切阻碍和影响文化产业发展的旧的思想观念的束缚中解放出来。更新观念，转变作风，理顺与企业的关系，为文化企业切切实实搞好服务。不论是国有的还是民营的，政府部门都要全力给予支持。要加强市场监管，为文化产业发展创造良好的外部环境。鼓励各类文化企业在“依法经营、照章纳税”的前提下，理直气壮地追求经济效益，不断扩大投资，不断发展壮大，逐步形成一批拥有知名品牌和自主知识产权、市场开拓能力较强的文化企业集团，使我国文化产业在短时间内能有一个较大的突破。

（刊登于2003年7月9日《光明日报》，发表时内容有删节）

相互学习　加强合作　共同开创中日韩文化产业新局面

——在第二届中日韩文化产业论坛上的演讲

尊敬的各位代表，女士们、先生们：

由中国、日本、韩国三国文化产业主管部门共同主办的第二届中日韩文化产业论坛，今天，在风光旖旎、以“幻想之岛”闻名的韩国济州岛开幕了。

这是继去年在中国上海成功举办首届论坛之后，三国政府官员、文化企业界人士及专家学者，深入探讨交流文化产业发展经验和合作模式的又一次盛会，是三国文化产业发展史上的一件大事。值此，我谨代表中国文化部对出席本次论坛的各位来宾致以诚挚的问候！对韩方的精心筹备和周密安排表示由衷的感谢！同时，衷心祝愿各位朋友在论坛期间身体健康，精神愉快，工作顺利！

借此机会，我想简要地向各位介绍一下中国政府对发展文化产业的态度和政策。近几年来，我国政府一直十分重视文化产业发展。去年召开的具有划时代意义的中国共产党第十六次代表大会，不仅提出全面建设小康社会的奋斗目标，而且强调要积极发展文化事业和文化产业。我们认为，发展文化产业是市场经济条件下繁荣社会主义文化、满足人民群众精神文化需求的重要途径；是加快服务业发展、促进经济结构调整和产业结构升级的重要步骤；是适应经济全球化、增强我国综合国力的重大举措。对实现我国经济、政治、文化协调发展和全面建设小康社会的宏伟目标有着巨大的现实意义和深远的战略意义。

根据十六大的精神，今后，我国国有文化单位大体分为两类：一类是公益性的文化事业单位，一类是经营性的文化产业单位。对不同类型的文化单位我们将采取不同的文化政策，加强分类管理和分类指导。公益性的文化事业单位主要是“增加投入，转换机制，增强活力，改善服务”；经营性的文化产业单位主要是“创新体制，转换机制，面向市场，增强活力”。同时，要形成多渠道多元化投资、国有文化企业为主体、多种所有制共同发展的文化产业格局。

2003 年 6 月底，我国召开了文化体制改革试点工作会议。会议的主要任务是部署进一步深化文化体制改革。会议强调，要进一步解放思想，更新观念，与时俱进，积极推动文化体制创新和机制创新，逐步建立有利于调动文化工作者积极性、推动文化事业和文化产业繁荣发展、多出精品、多出人才的管理体制和运行机制，使我国文化建设走上良性循环、健康发展的轨道。

中国文化部是 1998 年组建的文化产业司。近几年来，根据形势的发展，我们先后就推动文化产业发展制定下发了一系列重要文件。2001 年，下发了《文化产业发展第十个五年计划纲要》，确定了“十五”期间中国文化产业发展的基本方针、主要目标和基本任务。2002 年，根据加入世界贸易组织我国所做出的承诺，对部分文化项目和文化产品的经营，实行了程度不同的开放政策，制定出台了一批法规规章。如制定了《互联网上网服务营业场所管理条例》，以国务院总理令的形式下发，从 2002 年 11 月 15 日起实施；根据“允许外资参与电影院改造，但外资比例不得超过 49%”的承诺，文化部、广电总局联合制定了《中外合资影院管理办法》；为规范中国音像市场，防范盗版，保护知识产权，文化部制定了《中外合作音像制品分销企业管理办法》，规定了外资设立从事录音、录像和娱乐软件分销的合资公司的资格、经营范围、审批标准和审批程序等。与此同时，我们还修订补充了一系列原有的部门行政规章，如《音像制品批发、零售、出租管理办法》修订后从 2002 年 4 月 10 日起实施、《音像制品进口管理办法》修订后从 2002 年 6 月 1 日起实施、《营业性演出管理条例实施细则》修订后从 2002 年 10 月 1 日起实施。这些新的和原有的政策法规，对中国文化产业发展起到了积极的指导作用，同时也为中外文化产业的合作与交流创造了有利的条件。

现在，我们正在研究起草《文化部关于促进文化产业发展的若干意见》(以下简称《若干意见》)。《若干意见》初步规定，要逐步放宽文化市场准入政策，吸收境外资本和国外资本积极参与我国文化产业发展。具体来讲，就是拟吸引外资参与我国艺术品经营、音像制品分销、大众娱乐项目的经营以及电影院、剧院、文化馆、艺术馆、博物馆等文化场所的建设、改造和经营。同时，该意见还强调，要进一步转变政府职能，改进工作管理方式，实现从计划经济管理向市场经济管理、从“办文化”向“管文化”、从管理政府文化单位向管理整个文化行业的转变。进一步按照政企分开的原则，理顺政府与企业的关系，建立符合现代行政制度和现代市场经济发展要求的新型政企关系。进一步改革行政审批制度，压缩行政审批项目，提高行政审批的知名度。进一步转变工作作风，提高服务水平，完善科学合理的文化产业统计指标体系，建立健全文化产业行业协会，为所有的包括国外的文化企业搞好服务。

目前，从文化系统说，中国的文化产业已形成演出业、影视业、音像业、文化娱乐业、文化旅游业、网络文化业、图书报刊业、文物艺术品业和艺术培训业等九个行业门类。从总体上看，我国文化产业已呈现出蓬勃发展的良好态势。仅以湖南省、浙江省为例：湖南省2002年文化系统所辖文化产业主营产值已达到62亿元，演出、娱乐、电影、艺术培训成为文化市场中的支柱产业，其中娱乐业就达41亿元。浙江省仅民营文化企业就有4万余家，投资总规模达到230多亿元，营业总收入近300亿元，从业人员47万余人。已形成一批独具特色的文化产业区块。如绍兴市与工艺美术业相关的企业有157家，全年营业收入达23.18亿元；义乌市有印刷企业640家，总产值近20亿元；金华东阳的影视旅游业、浦江的水晶书画业等都具有相当规模。

社会力量兴办的文化企业已成为我国文化产业发展的一支生力军。1990年社会力量兴办的文化产业在总量上还远远小于文化系统。到2001年，仅文化娱乐业，社会兴办的文化产业机构总数和从业人员总数就已达到文化系统的4.4倍以上，所创增加值4.1倍以上。文化产业已经成为创造社会财富的一个新的源泉，成为我国国民经济发展的一个新的增长点。

根据中国统计部门的数字，2001年我国反映居民消费结构的恩格尔系数，城镇居民降低到37.9%，农村居民降低到47.7%。城乡居民消费中，“娱乐、教育、文化服务”类：城镇居民人均支出约650元左右，总计约为3000亿元，农村居民人均支出192.6元，总计约为1555亿元。2001年我国城乡居民直接文化消费支出总额约为4555亿元。专家预计，2003年我国经济发展总体上将延续2002年的态势，个人消费增长的趋势将会继续，其中文化类需求的增长如按10%计算，总量将达到5500亿元。这说明中国文化产业的发展空间十分巨大，发展前景非常广阔。

我国文化产业总的发展目标是：在国家宏观调控下，市场机制在文化资源配置上的基础性作用得到充分发挥。文化产业各个门类结构合理、技术先进，形成一批实力雄厚、竞争力强的文化企业和有影响的文化品牌，建立一定规模的现代文化产品生产、服务和销售网络，文化产业整体实力和竞争力明显增强，在国际市场上占有一定份额。文化产业增长速度明显高于国民经济增长速度，文化消费在日常消费中所占的比例明显提高。到2010年，形成比较完善的有利于文化产业发展的政策法规体系，形成比较发达的文化产品生产体系以及统一开放、竞争有序的文化市场体系，使文化产业成为国民经济的支柱产业和新的增长点。

当前，我国文化产业的发展重点是：指导各地制定落实本地文化产业发展规划；创新体制，转换机制，优化文化产业结构，开发新兴、特色和优势文化产业；面向市场，增强活力，整合文化资源，广泛吸纳民间资本、积极稳妥引进国外资本参与文化产业发展；加大文化市场监管力度，严格整顿文化市场秩序，依法保护知识产权；逐步完善文化产业政策法规体系；抓好文化产业试验园区建设；培养一支有文化、善经营、懂科技、会管理的人才队伍；坚持高新技术与文化产业项目的结合，努力提高文化产品的科技含量；大力培植中国“文化品牌”。

这里，我要特别介绍的是，中国政府十分重视高新技术与文化产业的紧密结合，重视包括网络文化在内的新兴文化产业的发展。为繁荣发展网络文化业，中国政府不仅出台了有关政策法规，而且积极为国内外文化企业提供交流合作的平台。今年10月底，文化部及相关部门将在北京共同主办中国国际网络文化博览会。该博览会以网络游戏、网络音乐、网络视频、动画及其他数码视听产品等为重点。博览会期间将举办文化论坛、文化展览会和洽谈会，给国内外的网络文化企业创造一个产品推广、商业洽谈和业务合作的机会。

我国政府历来高度重视与日本、韩国的文化交流与合作，并特别注意吸收借鉴日韩两国发展文化产业的政策与经验。4月7日，我国总理在会见日本外相时，指出要加强两国民间、政府、高层等各种渠道和领域的交流与合作；5月31日，中日两国元首在圣彼得堡举行会晤，就进一步推进中日友好合作关系达成重要共识。7月8日，中韩两国元首在北京发表联合声明，宣布中韩建立全面合作伙伴关系，并指出“加强两国文化交流及文化产业合作”。

2003年7月10日，中国文化部决定成立中日韩文化产业合作机制内部协调小组，促使三国之间的合作长期化、制度化。这标志着中国政府在推动中日韩文化产业合作与交流、繁荣与发展方面，进入了一个新的历史阶段，为中日韩三国充分利用比较优势、优势互补、促进文化产业创造了一个巨大的发展空间。经过中日韩三方的共同努力，近年来三国在文化产业合作方面，呈现出官民并举、以民为主，多渠道、多层次、多形式深入合作的良好发展态势。

我们始终认为，日本、韩国两国政府在发展文化产业方面有许多值得我国政府借鉴的经验和做法。日本文化产业目前已形成较为完善的体系，并成为国民经济第二大支柱产业，这与历届政府都把发展第三产业特别是文化产业作为一项基本国策是分不开的，与采用“产、官、学”相结合的发展模式、文化市场的成熟规范以及大型文化公司行之有效的发展战略和市场营销体系是分不开的。韩国政府则将“以文化创意性为基础培育文化产业”列入12大国政课题之中，新当选的总统在其就职演说中指出，“要繁荣文化，积极支持文化产业发展。”具体来讲，韩国通过设立文化产业基金、成立文化产业振兴院、建立文化产业园区、发布《文化产业促进法》、积极举办大型文化产品推介会、加强文化市场调研等举措，有力地推动了该国文化产业的快速健康发展。在中日韩三国政府就发展文化产业取得共识的良好背景下，举办本届中日韩文化产业论坛，具有重大的现实意义和深远的历史意义。我们要借助这个机会，很好地学习两国的经验。

这次三国文化产业论坛主题集中，内容务实，合作领域重点突出。作为中国文化部门主管文化产业的负责人，有机会参加这次论坛，我感到非常高兴。我这次是本着虚心学习、认真听取三国与会者的意见而来的。我相信，论坛上大家发表的观点、意见和建议，对于中日韩三国今后研究制定文化产业发展的方针和政策，对于推动三国文化产业进一步紧密合作，一定会有深刻的启发和直接的帮助。我们愿同日韩两国一起携起手来，促进三国在技术引进、资金利用、人才开发、资源整合和改善投资环境等方面的深入合作，不断提升三国文化产业的创新能力和国际竞争力，开创中日韩三国文化产业共同繁荣发展的新局面。

为什么会发展得如此迅速？我想主要有三个方面的原因：一是中日韩三国隔海相望，地缘相近，民俗相通，文化源远流长，三国文化产业天然具备良好的发展基础。二是得力于三国领导人大力倡导和推动，而且这也符合三国广大人民的根本利益。即三国在发展文化产业方面有着比较坚实的政治基础和较为广泛的民众基础。三是中日韩三国的国情虽然不同，但经济是互补型的。日本已连续十年成为中国最大贸易伙伴，中国成为日本第二大贸易对象国和第二大出口市场。2002年中日贸易额突破千亿美元，达1019.1亿美元。中韩经贸合作起步比较晚，但发展快、潜力大。2002年中韩贸易额已达到440.71亿美元。三国文化产业的密切合作，不仅为三国在外贸方面提供了一个共同的新的经济增长点，而且有利于造福三国人民，维护亚太地区及世界的和平、稳定与发展。

中国文化产业的形成发展，经历了概念提出、理论研讨、规划指导等产业发展必经阶段。我国文化产业概念的提出相对落后于文化产业自身的发展实践。20 世纪 80 年代初期，各级文化工作者就采取“以文补文”“多业助文”等形式，探索实践产业运作方式。在一定意义上，这些形式是文化与经济相结合的产物，是原始的文化产业。随着人民群众收入水平不断提高、国民经济产业结构调整的需要和有关部门的高度关注，文化产业的概念和提法逐步浮出水面。1998 年政府机构改革中，文化部在人员和机构大幅度精简的情况下，新组建了文化产业司，以加强对文化产业发展的政策支持和宏观指导。文化产业的概念正式从中国政府角度予以明确。从那时起，文化部多次召开不同层面、不同主题的文化产业研讨会，研究探讨大力发展文化产业和建立与社会主义市场经济规律和文化产业发展规律相适应的文化体制的具体理论和工作思路，在全国掀起深化文化体制改革、加快文化产业发展的热潮。党和国家适时提出了完善文化产业政策，推动有关文化产业发展的要求。各地文化部门的产业意识逐步增强，并勇于探索、大胆实践，积累了许多宝贵经验。

适应经济全球化和加入世贸组织的新形势，我国进一步转变政府职能，强化服务意识，提高办事效率；要压缩行政性项目的审批，减少审批环节，简化审批手续，增强行政审批的透明度。要面向社会搞好服务。不论是文化系统内的还是系统外的，不论是国有的还是民营的，凡是有利于推进文化产业发展的，都应该全方位地给予支持。要加强对民办文化产业的宏观管理和政策扶持，把民办文化企业和产业项目纳入文化产业发展的统一规划，与国办文化产业一视同仁。要积极推动演出、展览等中介机构的发展，充分发挥文化经纪人和中介机构的作用。还要创造条件筹建文化产业行业协会，逐步将一些不适合由政府行使的职能交给行业协会，建立健全行业自律机制，发挥行业协会的作用，维护行业权益，帮助指导文化产业各个门类健康协调地向前发展。

改善投资环境，对外商投资实行国民待遇，提高法规和政策透明度；充分利用国际国内两个市场，逐步放宽文化市场准入，努力通过多种方式利用中长期国外投资，把利用外资与国内文化产业结构调整、国有文化企业改制改革结合起来，鼓励跨国公司投资文化产业。

中国各地加快以市场为取向的文化体制改革步伐，在促进文化产业发展方面更是异彩纷呈，百花齐放。浙江省在文化事业单位改制、政策扶持文化产业方面取得显著进展，湖北省总结出多种艺术院团产业发展的模式，江苏省在文化产业集团组建方面、云南省在文化资源保护与产业开发方面进行了积极尝试和大胆实践，陕西省、甘肃省成立文化产业协会，四川省成功举办首届西部文化产业博洽会，西藏自治区也制定下发了加快发展文化产业的若干意见等。据不完全统计，截至 2001 年底，中国文化部门主管的文化娱乐业、音像分销业、演出经纪与代理业、艺术品经营等门类的产业单位是 22. 3 万个，从业人员近 92 万人，固定资产原价 468 亿元，年上交各项税金总共 20. 2 亿元，创增加值 118. 9 亿元。而从国家层面上的文化产业来讲，据专家预测，2003 年中国城乡居民文化消费支出总额（根据国家统计局“娱乐、教育、文化服务”类支出的数字推算）将逼近 5500 亿元。

（2003 年 9 月 17 日于韩国济州岛）

现代科技为卡通产品的开发与传播带来革命性变化

——在2003中国卡通产业论坛上的演讲

尊敬的各位来宾、女士们、先生们：

在风光秀丽的海滨城市——青岛，今天2003中国卡通产业论坛暨青岛国际卡通艺术周开幕了。下午，来自各个方面的专家、学者、企业家还要共同研究探讨卡通产业发展的大计，这是一件十分有意义的事情。值此，我谨代表中国文化部文化产业司对出席论坛的各位来宾致以诚挚的问候，对为组织这次论坛所付出辛勤努力的相关单位和同志表示衷心的感谢！

借此机会，我想简要介绍一下中国政府对发展文化产业的态度和政策。近几年来，我国政府十分重视文化产业发展。去年召开的中国共产党第十六次代表大会，不仅提出全面建设小康社会的奋斗目标，而且强调要积极发展文化事业和文化产业。我们认为，发展文化产业是市场经济条件下繁荣社会主义文化、满足人民群众精神文化需求的重要途径；是加快服务业发展、促进经济结构调整和产业结构升级的重要步骤；是适应经济全球化、增强我国综合国力的重大举措。对实现我国经济、政治、文化协调发展和全面建设小康社会的宏伟目标有着巨大的现实意义和深远的战略意义。

文化部是1998年组建的文化产业司。五年来，为促进文化产业发展，我部先后制定了一系列重要文件。2001年，下发了《文化产业发展第十个五年计划纲要》，确定了“十五”期间中国文化产业发展的基本方针、主要目标和任务。2002年，根据加入世贸组织我国所做出的承诺，对部分文化项目和文化产品经营，实行程度不同的开放，出台了一批行政规章。制定了文化部《互联网上网服务营业场所管理条例》《中外合作音像制品分销企业管理办法》，与广电总局联合制定了《中外合资影院管理办法》。修订补充了《音像制品批发、零售、出租管理办法》《音像制品进口管理办法》和《营业性演出管理条例实施细则》等。这一系列新的和原有的政策法规，对全国文化产业发展起到了积极的指导作用，同时为中外文化产业的合作与交流创造了有利条件。

根据形势的发展，2003 年 9 月 4 日，文化部又专门下发了《关于支持和促进文化产业发展的若干意见》（以下简称《若干意见》）。《若干意见》全面阐述了发展文化产业的战略意义，分析了我国文化产业的现状和问题，提出发展文化产业的指导思想、基本思路以及十一条具体措施。这些措施是：推动国有文化企业经营机制转换；逐步放宽文化市场准入政策；积极整合文化资源；用高新技术提升文化产业竞争力；实施“走出去”的发展战略；扶持发展具有示范性、导向性的重点文化产业项目；加快社会化的现代流通组织建设；抓好文化产业人才培养；创造良好的市场环境；切实加强知识产权保护工作；加强文化产业理论和政策法规研究。

另外，《若干意见》对文化产业的概念和范围做了明确的界定。指出，文化产业是指从事文化产品生产和提供文化服务的经营性行业。文化产业是社会生产力发展的必然产物，是随着我国社会主义市场经济的逐步完善和现代生产方式的不断进步而发展起来的新兴产业。文化产业的范围，包括演出业、影视业、音像业、文化娱乐业、文化旅游业、网络文化业、图书报刊业、文物和艺术品业以及艺术培训业等行业门类。

《若干意见》还特别强调，要积极吸收民营资本、境外资本和国外资本参与我国文化产业发展。降低门槛，吸引外资参与艺术品经营、音像制品分销、大众娱乐项目的经营以及文化设施的建设、改造和经营。凡是鼓励和允许外资进入的文化领域，均鼓励和支持国内资本，特别是民营资本以独资、合资、合作、联营、参股、特许经营等方式进入，鼓励和允许上市公司以资产重组或增发新股方式进入。非国有经济投资的文化产业项目和建设的文化场馆，在市场准入、土地使用、信贷、税收、上市融资等方面，享受国有经济投资的同等待遇。《若干意见》出台后，受到各个方面的广泛欢迎。

为大力发展文化产业，我国目前正在深化文化体制改革。文化体制改革的总体思路是，按照社会主义精神文明建设的特点和规律，适应社会主义市场经济发展的要求，逐步建立党委领导、政府管理、行业自律和企事业单位依法运营的文化管理体制。转变文化行政管理部门的职能，促进文化事业和文化产业协调发展。公益性文化事业单位要深化改革，加大投入，增强活力，改善服务；经营性文化产业单位要创新体制，转换机制，面向市场，壮大实力。健全文化市场体系，建立富有活力的文化产品生产经营体制。

我认为，卡通产业涉及面广、种类繁多，属于跨行业、跨门类的文化产业，与影视、音像、娱乐、网络文化、图书报刊等行业门类有着不可分割的联系。现代科技的突飞猛进，使信息产业和文化产业的密切结合成为一种世界潮流。信息技术、网络手段和数字化趋势为卡通产品的开发与传播带来革命性变化。卡通业发展的状况已成为衡量一个国家信息文化水平及综合国力的重要标志。

目前，美国是全球最大的娱乐产品输出国。其动画产品和衍生产品年产值达 50 多亿美元。全球每年前十位票房的大片中，一般都有几部美国动画片。近 10 年来，日本的漫画、游戏、动画片等越来越受到世界各国的瞩目，动画产业在 2002 年的市场规模是 2000 亿日元，加上卡通玩具等相关商品的开发，动画市场总体规模达 2 万亿日元。韩国 2000 年游戏市场整体规模达到 1. 6 万亿韩元（约合人民币 115 亿元）。2001 年，全球游戏业市场规模达 310 亿美元。

近几年来，经过各方面的共同努力，我国卡通业取得了长足的进展，涌现出一些致力于推动卡通业发展的骨干文化企业，创作出一大批深受观众喜爱的优秀动画节目。但是，我们必须看到，我国的卡通业总体上发展比较缓慢，与日本、韩国相比差距很大，同中国的文化地位很不相称。为尽快缩小与国外的差距，我想从产业发展的角度提几点不成熟的建议，供大家参考。

一、认真学习借鉴国外的发展经验

2003年6月9日，中央领导同志批示："美国的文化产业高度发达，好的经验当然可以借鉴，日本过去的文化产业并不发达，文化底蕴、文化资源都不如我们，都属于东方文化范畴，可以深入考察一下，吸取其好的经验，为我所用。"近几年，日本卡通业发展比较快，与历届政府把发展文化产业尤其是漫画、动画等作为一项基本国策是分不开的。早在1996年前，日本就将动画定为国家重要产业，采用"产、管、学"相结合的发展模式、借助成熟规范的文化市场以及大型文化公司行之有效的市场营销体系，积极推行工业化大生产、制播同步、产业链构建，通过动画片、卡通书以及电子游戏的商业组合，发展成为全球数量最大的动画大国。2002年，动画居国家支柱产业的第6位，向美国的动画出口额是钢铁出口额的四倍。韩国则把发展动画作为政府7条施政纲领之一，将动画从服务业划到制造业，以提升其产业类别。同时，通过设立文化产业基金、成立文化产业振兴院、建立文化产业园区、发布《文化产业促进法》等一系列措施，有力推动了本国卡通业的发展。据统计，韩国政府每年向游戏产业投放的资金约500亿韩元（合人民币3.5亿）。由此，韩国赢得世界动画"大供应商"的美誉。

2003年9月下旬，我带文化部文化产业考察团，在参加中日韩文化产业论坛后，对韩国进行了为期5天的考察。我们先后访问了韩国文化观光部文化产业局，考察了韩国文化产业振兴院、游戏产业开发院、汉城动画制作中心、庆星大学等近十个单位。通过考察，深切地感受到我国与韩国在文化产业发展方面的差距。今后，我们要充分利用每年一度的中日韩文化产业论坛这个平台，为我国的卡通企业创造一个学习借鉴韩国、日本的发展经验、了解国际市场和产业化运作方式的机会。

二、树立新的创作理念

目前我国的卡通市场比较小，形不成产业规模，有市场不规范、资金投入不足、政策扶持不利的原因，但与卡通作品的内容单调、缺乏吸引力不无关系。2001 年 8 月，“亚洲卡通漫画展”期间，有关部门曾专门作过一次调查。结果是，中国 14 ~20 岁的观众对日本韩国动画节目的欢迎程度为 82%，对欧美动画节目的欢迎程度为 81.5%，而对国产动画节目的欢迎程度仅为 44.5%。大家知道，最近风靡全球的是美国出版的《哈利·波特》。这套少儿读物仅前四册就译成55 种语言，在200 多个国家发行，售出1.92 亿册。2003 年6 月21 日，《哈利·波特》第五册出版，创出一次印刷850 万册、首日发行680 万册的世界纪录。

《哈利·波特》成功的诀窍，固然有大规模的产业化运作，但最重要的是书的内容吸引人。该书的作者罗琳说：“儿童读物不是教科书，其目的不是要教会孩子们什么特定事物，这不是文学的特性。文学可能只是教你如何开怀大笑，而并非每次都像打你一个耳光一样让你吸取教训。孩子们肯定能从《哈利·波特》里学到一些东西。”这段话值得我国卡通文学创作者思考。不要以成人的标准去衡量孩子，不要希望带给孩子一种怎样具体的生活状态。孩子们十分需要贴近他们现实生活和心灵的作品。在坚持社会效益的前提下，中国的卡通文学作品完全可以大胆地向幻想、神秘、惊险、神奇等领地拓展。这样，中国的孩子才能够读到具有本土色彩与民族特色的卡通作品，卡通作品才会有感染力和生命力，才会赢得市场。

三、努力走产业化的发展道路

中国加入世界贸易组织后，随着全球经济一体化的发展，卡通业的市场竞争将日趋激烈。我国的卡通业必须尽快提高产业化程度，增强整体实力和国际竞争力。只有加快产业化的进程，才能从小到大、从弱到强，使中国卡通业真正发展起来。要遵循社会主义市场经济规律和卡通业的特点，以市场为导向，以资本为纽带，整合文化资源，完善卡通产业链。要深入挖掘创作题材，集中力量开发有竞争力的名牌产品，利用品牌取得更大的市场效益。要大力开拓国际市场，不断扩大我国卡通产品在国外文化市场上的份额。要大力培育文化市场，加大衍生产品的研制与开发，带动制作、播映、音像、出版、玩具、文具、服装等一系列相关产业，使我国卡通产业逐步走向投入和产出良性循环的发展道路。

四、加大政府的扶持力度

卡通业是“无烟重工业”，对经济发展的拉动作用是显而易见的。我国有4亿青少年，他们是卡通文化的受众主体。因此，卡通业的发展不仅关系到国民经济的发展，关系到社会主义文化的繁荣，而且事关社会主义精神文明建设，事关民族精神的弘扬光大和对广大青少年的思想道德教育。政府制定保护发展民族卡通业的政策措施，积极扶持卡通产业的发展是完全必要的。要鼓励、支持、引导社会资本、吸纳优秀人才进入卡通产业。对一些发展较好的卡通生产企业要给予重点扶持。通过深化改革，组建一批具备国际市场竞争实力、具有世界品牌和影响力的国家级卡通文化企业。

我们欣喜地看到，近年来，国家加强了对动画片的扶持力度。国家广电总局已把动画片列入影视业“十五”规划。不久前，“网络游戏通用引擎研究及示范产品开发”和“智能化人机交互网络示范应用”两个项目被正式纳入国家“863 科技计划”。《若干意见》也强调，要大力发展与高新技术密切结合的新兴文化产业，引导国内软件开发商、网络运营商、内容供应商等各类企业开发具有世界先进技术水平、自主知识产权和民族特色的高科技文化产品。10 月 23 日，文化部与北京市政府联合举办的中国国际网络文化博览会已在北京开幕。最近，文化产业司配合国家发改委起草了有关支持促进文化产业发展的经济政策，并把动画业列为一个重点扶持对象。

五、抓紧培养卡通产业人才

人才严重匮乏是影响我国卡通业发展的“瓶颈”。2001 年，中国动画从业人员不足 1 万人，仅是韩国的 1/3。全国游戏行业从业人员一共才 2969 人，其中技术开发人员仅 1169 人。这与我国庞大的动画市场和网络游戏队伍不相适应。现在卡通业已成为高新技术与高文化密切关联的领域，对专门人才的知识结构和能力要求越来越高。韩国在综合性大学专门设立了相应的动画游戏课程，并在 288 家有 IT 相关学位的大学中重点赞助了 10 家大学及研究院，批量生产动画游戏人才。我们要大力发展中国卡通业，必须建立一支创意性强的专业人才队伍。要充分发挥有关高校和科研院所的作用，利用各种机会，采取多种形式，抓紧培养我国自己的卡通人才，尽快解决人才缺乏的问题。

当前，全球都在为包括卡通业在内的文化产业的高速增长而感到振奋。中国卡通业的同行应当抓住机遇，奋发进取，在瞬息万变的信息技术时代里，创造出我国卡通业的一片新天地。我们深信，这次卡通产业论坛的研究成果必将对实现这一目标起到卓有成效的推动作用。

谢谢各位!

（2003 年 10 月 24 日于青岛）

社会资本将成为我国文化产业的主要来源

今后，我国文化产业发展将出现两个不可改变的趋势，即文化产业的比重要大大超过文化事业的比重，社会资本特别是民营资本投入文化产业的比重要大大超过国家投入文化产业的比重。这是文化部文化产业司司长王永章24日在此间举行的2003中国卡通产业论坛上所作的大胆预测。他说，作为一个新兴产业，文化产业在我国正面临非常好的发展形势，尤其是有关资金投入的政策，为民营资本和境外资本的参与提供了支持。

王永章说，当前我国文化产业发展的形势非常好，这主要表现在党和国家对文化产业发展越来越重视，国家发展文化产业的思路越来越清晰，各地发展文化产业的积极性越来越高，完善文化产业政策的工作越来越集中。2003年9月4日，文化部提出了推动国有文化企业经营机制转换、逐步放宽文化市场准入政策、用高新技术提高文化产业竞争力等11条发展文化产业的具体措施。

据介绍，文化部最近出台的有关意见特别强调，要积极吸收民营资本、境外资本和国外资本参与我国文化产业发展，要吸引外资参与艺术品经营、音像制品分销、大众娱乐项目的经营以及文化设施的建设、改造和经营。凡是鼓励和允许外资进入的领域，均鼓励和支持国内资本特别是民营资本，以投资、合资、合作、联营、参股、特许经营等方式进入，鼓励和允许上述公司以资产重组和增发新股的方式进入，非国有经济投资的文化产业项目和建设的文化场馆，在市场准入、土地使用、信贷、税收、上市筹资等方面，享有与国有经济投资相同的待遇。

王永章说，为大力发展文化产业，我国目前正在深化文化体制改革。文化体制改革的总体思路是，按照社会主义精神文明建设的特点和规律，适应社会主义市场经济的发展要求，逐步建立党委领导、政府管理、行业自律、企事业单位依法运营的文化管理体制，转变文化管理行政单位职能，促进文化事业和文化产业的协调发展。

（2003 年 10 月 24 日新华社发稿）

不同国家文化产业类比不科学

文化部文化产业司司长王永章在此间举行的“2003 中国卡通产业论坛”上说，不同国家对文化产业的界定不一样，国内有些媒体对国际间的文化产业数字进行简单对比是不科学的。

王永章说，文化产业是指从事文化生产和提供文化服务的经营性行业，文化产业是和文化事业相对应的概念，都是社会文化建设的重要组成部分，文化产业是社会生产力发展的必然要求，是随着社会主义市场经济体制的逐步完善和现代生产方式的不断进步而发展起来的新兴产业。这是今年 9 月文化部对文化产业的最新界定。文化产业分为影视业、音像业、文化娱乐业、文化旅游业、网络文化业、图书报刊业、文物和艺术品业、艺术培训业等 9 大门类。

而实际上文化产业的范围远远不止以上门类，眼下媒体经常发布我国跟国外文化产业的数字差距，实际上这些数字没有多大可比性。比如，日本文化产业产值近 100 万亿日元，占日本国内 GDP 的 18. 3%，仅次于制造业居第二位。但日本的文化产业包括体育、旅游，范围非常广泛。韩国、美国、欧洲各国对文化产业的界定都不一样，所以在不同国家间进行简单的数字对比是非常不科学的。我国文化产业的范围最起码还应该包括新闻出版、广播电视、文学艺术、信息产业的一部分。

（2003 年 10 月 26 日新华社发稿）

推动文化产业跨越式发展

随着社会主义市场经济体制的逐步完善和全面建设小康社会进程的不断推进，包括演出业、影视业、音像业、文化娱乐业、文化旅游业、网络文化业、图书报刊业、文物和艺术品业以及艺术培训业在内的各类文化产业正在全面融入社会生活，成为我国国民经济发展新的增长点。蓬勃兴起的中国文化产业如何实现跨越式的发展已经成为社会各方关注的焦点。而政府的宏观管理和政策指导在很大程度上关系到中国文化产业的发展大局和基本走势。为此，新年前夕，记者走进文化部文化产业司司长王永章的办公室，就过去一年来的工作和今年的总体设想进行了专访。

一、四个“越”字表征出文化产业驶入快车道

问：王司长，您好！请您概括一下 2003 年我国文化产业的总体情况和发展态势。

答：去年是深入贯彻落实党的十六大精神的第一年，也是我国文化产业起步发展较快的一年。孙家正部长在为《中国文化产业发展典型案例选编》所作的序言中说了这样的四句话：党和国家对文化产业工作越来越重视，文化产业的发展思路越来越清晰，各地发展文化产业的积极性越来越高，完善文化产业政策的工作越来越深入。这四句话，我认为比较准确地反映了当前我国文化产业的形势。为什么这样说呢？

第一，从 1998 年国务院批准文化部设立文化产业司，到 2002 年十六大把文化产业写入党的代表大会报告，标志着我国文化产业开始进入一个新的历史发展阶段。2003 年 8 月 12 日中央政治局第七次集体学习时，胡锦涛总书

记强调，要大力发展文化事业和文化产业。发展文化事业和文化产业，是社会主义文化建设的重要组成部分。前不久，在全国宣传思想工作会议上，胡锦涛总书记进一步强调，“坚持把积极发展文化事业和文化产业作为宣传文化部门的重要任务”，“要以体制和机制创新为重点，深化文化体制改革，进一步革除制约文化发展的体制障碍，完善文化产业政策，加快文化产业结构调整，优化资源配置，提高集约化经营水平，运用高新技术促进产业升级，推进我国文化产业实现跨越式发展，逐步提高文化产业在国民经济中的比重，不断增强文化产业的整体实力和竞争力”。这一切都充分说明，文化产业已逐步提上党和国家的重要议事日程。

第二，十六届三中全会通过的《中共中央关于完善社会主义市场经济体制若干问题的决定》提出，“完善文化产业政策，鼓励多渠道资金投入，促进各类文化产业共同发展，形成一批大型文化企业集团，增强文化产业的整体实力和国际竞争力”。同时，要求“公益性文化事业单位要深化劳动人事、收入分配和社会保障制度改革，加大国家投入，增强活力，改善服务。经营性文化产业单位要创新体制，转换机制，面向市场，壮大实力”。根据文化事业单位和文化产业单位的不同特点，制定不同政策，进行分类管理、分级指导，促进文化事业和文化产业协调发展。这一要求既符合十六大精神，又切合文化工作的实际，成为目前指导我国文化产业发展的重要工作思路。

第三，十六大以来，各地方党委、政府积极行动起来，纷纷把文化产业纳入当地国民经济发展与改革总体规划，因地制宜地推进文化产业发展。如北京市着手制定了《2004—2008 年文化产业发展规划》，天津市起草了《全市文化产业的现状、问题及对策建议》，云南省委、省政府制定了《关于文化事业改革和文化产业发展的若干意见》《文化产业发展规划》，河北省文化厅完成了《文化产业发展与竞争力研究报告》，山西省文化厅和省发展计划委员会共同起草了《山西省文化产业结构调整方案》，甘肃省起草了《关于加快文化产业发展若干政策的实施意见》。还有上海市、江苏、浙江、福建、安徽、江西、辽宁、吉林等省和新疆、西藏、内蒙古等自治区也都就文化产业发展出台了一系列重要政策。

第四，根据十六大关于完善文化产业政策的要求，出台了《文化部关于支持和促进文化产业发展的若干意见》。此意见成为在战略机遇期内指导我国文化产业发展的一个重要文件。它重点阐述了发展文化产业的战略意义、我国文化产业发展现状及存在的问题、促进文化产业发展的指导思想和基本思路、促进文化产业发展的主要措施以及加强对文化产业工作的领导等方面的问题。24 条意见中支持和促进文化产业发展的政策措施就有 11 条，包括推动国有经营性文化单位改革、逐步放宽市场准入政策、积极整合文化资源、用高新技术提升文化产业竞争力、实施“走出去”的发展战略、扶持发展具有示范性和导向性的重点文化产业项目、加快社会化的现代流通组织建设、抓好文化产业人才培养工作、创造良好的文化市场环境、切实加强知识产权保护工作、加强文化产业理论和政策法规研究等。

同时，国家层面的文化产业政策也在积极制定中。为深化文化体制改革，文化部配合国家发展与改革委员会制定的关于在文化体制改革试点中支持文化产业发展和经营性文化事业单位转制为企业的两个规定，已由中央文化体制改革领导小组办公室上报国务院，估计不久就将出台。另外，文化部协同国家统计局进行的完善文化产业统计指标体系工作也在顺利进行中。这些文化产业政策的制定和基础工作的逐步完善，对于科学规划、管理、指导我国文化产业发展有着重要的意义。

问：刚才您从宏观的角度对 2003 年文化产业的总体形势进行了分析，具体到文化产业司这一行政职能部门，2003 年做了哪些具体工作？

答：过去的一年，文化产业司的工作有较大的突破，主要表现在：

一是党的十六大之后，在部领导的直接指导下，在有关司局的积极配合下，在调查研究、总结经验的基础上，经征求多方意见，起草了《文化部关于支持和促进文化产业发展的若干意见》。该意见十易其稿，经提交全国文化厅局长会议讨论后，于 2003 年 9 月 4 日正式下发。为贯彻落实好这个意见，文化产业司于 9 月中旬在山西太原召开了全国文化产业处长会议，进行了统一部署。会后，河南、广西、黑龙江、湖南、湖北、四川、山东等省、市、自治区采取各种形式，从各地实际出发，认真贯彻落实若干意见的各项要求，文化产业工作出现新局面。

二是组织编辑了《中国文化产业发展典型案例选编》一书。我们从各省、市、自治区上报的110多个案例中，精心筛选了60个典型案例，在加工提高的基础上汇集成书。此书由孙家正部长作序，日前已由北京出版社出版发行。这是我国第一本反映文化产业典型案例的书。它对全国各地在文化产业发展过程中所进行的大量富有创造性的探索与实践，进行了认真系统的总结，从不同侧面和角度直观反映了我国现阶段文化产业的总体面貌，具有较强的针对性和可操作性，对文化产业的经营管理者、研究者和所有关注文化产业发展的人都有很大的指导意义和借鉴价值。2003年12月26日，此书发给参加全国文化厅局长会议的代表后，得到一致好评。

三是为实施人才兴文战略，启动了国家文化产业人才培养工程。借助上海交通大学和北京大学两个国家文化产业创新与发展基地的力量，狠抓了文化产业人才的培养。首期文化产业高级研究班已于2003年11月在上海交通大学开学，孟晓驷副部长亲自动员并讲授了第一课。现在，各地对培养文化产业人才工作都很重视，举办了各种类型的培训班。

四是切实加强了调查研究工作。一年来就文化事业与文化产业的关系、社会效益与经济效益的关系、各地吸引民营资本的政策、国外文化产业发展的经验、文化体制改革等专题，分别撰写了调研材料。另外编发了多期《文化要情》《文化信息》和《文化产业信息简报》，供中央领导和部领导决策参考。另外，还配合全国政协组织了两次委员文化产业专题视察活动。

五是继2002年在上海成功举办首届“中日韩文化产业论坛”后，2003年积极参与了在韩国举办的第二届论坛的筹备工作。论坛期间促成了中、日、韩三方合作协议的签订，为实施“走出去”的发展战略奠定了基础。一年来，还支持配合四川省成功举办了第二届西部文化产业博洽会，与新疆文化厅联合举办了文化产业理论研讨会，参与了2004年文化产业蓝皮书的编写工作。

六是根据部党组的要求，在分管领导的具体指导下，与有关司局的同志一起，用一个多月的时间，集中各方面的智慧，拿出了《中演和中展转企改制组建集团的实施方案》初稿，部领导和中央有关领导给予了充分肯定。

七是在抗击非典期间，创办了中国文化产业网。该网共有18个栏目、50多个页面，现有文字量210余万字。它为全国文化产业工作者和关心文化产业发展的企业及有关人员提供了一个信息交流平台。

总之，通过去年一年的努力和工作，我们进一步增强了事业心和责任感，对我国文化产业发展的前景充满信心。

二、12个月12项工作任务，扎扎实实推进文化产业发展

问：2004年是我国文化产业进入全面发展的关键一年。为此，文化产业司今年工作总的要求和基本思路是什么？

答：总的要求是：认真贯彻党的十六大、十六届三中全会和全国宣传思想工作会议关于积极发展文化产业、促进文化事业和文化产业协调发展的精神。

工作思路可以概括为：抓住机遇，开拓创新，突出主线，抓好重点，完善政策，打好基础，树立示范，以点带面，培育人才，加速发展。

具体有12项工作任务：深入贯彻落实《文化部关于支持和促进文化产业发展的若干意见》，推动各地各门类文化产业加快发展；组织召开全国文化产业工作会议，加强对文化产业工作的指导；进一步完善文化产业政策，为文化产业提供强有力的政策支撑；积极参与我国文化产业统计指标体系的研究制定，打好文化产业工作基础；善始善终做好文化体制改革试点工作，为经营性文化事业单位转企改制积累经验；办好文化产业博洽会，构建文化产品展示与交易的平台；依托国家文化产业创新与发展研究基地，抓紧培养文化产业急需的各类人才；筹建中国文化产业促进会，逐步加强文化产业行业管理；树立一批文化产业示范基地，依靠典型引导各地文化产业健康发展；努力办好中国文化产业网，加强文化产业信息服务工作；利用中日韩文化产业

论坛经常性机制，积极实施“走出去”发展战略；认真制定文化部文化产业发展第十一个五年计划，全面部署“十一五”时期文化产业任务。

问：为落实12项任务，文化产业司在工作上有些什么要求？

答：新的一年，要确保各项任务的顺利完成，首先要适应形势的发展，树立新的科学的文化发展观，即符合社会主义精神文明建设的特点和规律，适应社会主义市场经济发展要求的发展观。其次必须在工作上努力实现“六个转变”，在思想上努力克服“四种观念”。

实现“六个转变”，就是：

从把主要精力放在理论研讨上转变到下大气力解决文化产业发展的实际问题上来，推动理论与实践的有机结合，促进文化产业理论研究成果的有效转化。

从工作对象主要面对文化系统内的文化产业单位转变到面向全社会文化企业上来，特别是要鼓励、引导社会资本进入文化产业，逐步加强文化产业行业管理。

从把目光只盯着国内市场转变到面向国内国外两个市场，积极开拓国外市场，把中国的文化产品更多地打入国际文化市场上来。

从面上的一般号召转变到扎扎实实抓典型、以点带面促发展上来。

从过去不分对象、笼统要求转变到分门别类，具体指导，促进文化产业各个门类协调发展上来。

从筹划组织文化活动、扩大社会影响转变到研究策划产业项目特别是与高新技术结合的新兴文化产业项目上来、以项目促发展，争取社会效益和经济效益双丰收。

克服“四种观念”，就是：

克服文化产业只能在经济发达地区发展、经济欠发达地区不适合搞文化产业的观念，克服发展文化产业是城市的事情与农村地区无关的观念，克服文化事业单位不能进行产业运作的观念，克服发展文化产业必然影响政府财政投入的观念。

因为时间关系，这“六个转变”和“四种观念”，我只是破个题，这里就不展开细说了。以后有机会我将详细加以阐述。

问：最后，您能否对我国文化产业的发展趋势做一些预测?

答：目前，要对我国文化产业的发展趋势作出比较准确的预测，是一件十分困难的事情。因为我国的文化产业仍处于起步阶段，各方面还不很完善。另外，尽管文化产业具有意识形态的属性，但更多的是产业的属性，需要通过一系列的经济数字来反映。不过，这里我可以谈点个人的看法。

党的十六届三中全会和刚刚结束的全国宣传思想工作会议提出实现文化产业跨越式发展的奋斗目标，而我国文化产业的发展恰逢全面建设小康社会的重要战略机遇期。我认为，这个时期内，文化产业大体需要经过三个发展阶段。第一阶段为十六大召开前，属于蓄势待发阶段，主要是造势，统一人们的思想认识，促使文化产业纳入国家文化建设和经济建设的范畴。这个目的应该说已经达到了。目前是处于第二阶段，即起步加速阶段。这个阶段离跨越式发展还有一定距离，需要 3 年至 5 年的时间。主要是完善文化产业政策和统计指标体系，制定相应的法律法规，治理文化市场环境，夯实文化产业发展的基础。同时，加快文化产业结构调整，优化资源配置，提高集约化经营水平，运用高新技术促进产业升级，构建文化产业发展的合理的资本结构与产业结构。第三阶段，文化产业在国民经济中的比重得到提高，文化产业的整体实力和竞争力不断增强，文化产业开始实现跨越式发展。这个阶段预计需要 5 年至 10 年的时间。在 2010 年至 2015 年期间，我国文化产业将会出现一个跨越式发展的崭新局面。

我们深信，有党和国家文化产业政策的大力支撑，有《文化部关于支持和促进文化产业发展的若干意见》的宏观指导，再加上基础性工作的不断完善以及各地的创造性实践，2004 年我国文化产业一定会有快速发展。经过扎扎实实的工作和艰苦不懈的努力，在不久的将来，我国实现文化事业的全面繁荣和文化产业的跨越式发展是完全可能的。

（2004 年 1 月 2 日接受《中国文化报》专访谈话要点）

全面推进我国美术产业发展

——2004年接受《美术观察》第四期专访谈话要点

记者：发展文化产业是党的“十六大”明确提出的战略要求。您怎样看待发展美术产业的必然性和必要性?

王永章：积极发展文化产业，是党的十六大提出全面设小康社会、推进文化建设的一项战略任务。发展文化产业是市场经济条件下繁荣社会主义文化、满足人民群众精神文化需求的重要途径；是加快服务业发展、促进我国经济结构调整和产业结构升级的重要步骤；是适应经济全球化、积极参与国际竞争、增强我国综合国力的重大举措。对实现我国经济、政治、文化协调发展和全面建设小康社会的宏伟目标有巨大的现实意义和深远的战略意义。

十六大以后，文化产业成为全社会所关注的一个焦点问题。2003年9月4日，文化部制定下发的《关于支持和促进文化产业发展的若干意见》，对文化产业的概念作了界定：文化产业是指从事文化产品生产和提供文化服务的经营性行业。文化产业与文化事业都是社会主义文化建设的重要组成部分。文化产业是社会生产力发展的必然产物，是随着我国社会主义市场经济的逐步完善和现代生产方式的不断进步而发展起来的新兴产业。同时，还将文化产业的范围界定为演出业、影视业、音像业、文化娱乐业、文化旅游业、网络文化业、图书报刊业、文物和艺术品业以及艺术培训业等九大行业门类。当然，这些分类主要是根据文化系统的实际情况划分的，不包括新闻出版、广播电视等行业门类。如果按照这一划分，美术产业可归于艺术品业的范畴，而且是艺术品业的重要组成部分。

近几年来，随着生活水平的不断提高，特别是住房条件的逐步改善，人们越来越注重生活质量的提高，积极追求精神生活的丰富多彩。各类美术品作为一种特殊的精神产品，不仅可以陶冶人们的情操，满足人们的审美情趣，促进人的全面发展，而且可以美化室内空间环境，提升家庭的文化品位。这一重大的社会背景，使着有几千年发展史的中国美术遇到一个千载难逢的机遇，有力地带动了美术产业的发展。同时蓬勃兴起的美术产业又极大地调动了广大美术工作者的创作热情，使我国美术产业出现空前的繁荣。这可以说是一种历史的必然。

记者：作为文化产业的重要组成部分，美术产业处于何种地位？当前，它的发展走向如何？

王永章：有的同志认为，美术在目前文化产业发展中处于边缘地位，这个观点不正确。固然，就目前的现状而言，美术产业的启动与发展不如其他行业如影视、音像、网络游戏等产业那么迅速，这是因为美术产业有其自身的特点和发展规律。中国书画的民族文化特色鲜明，底蕴深厚，随着经济社会的不断发展，中国美术市场一定会日渐成熟。但美术创作基本上是个体性行为，不像影视、音像、网络游戏等行业门类比较适合产业化发展，美术创作走产业化的发展道路有一定的局限性。不过，这也不是绝对的。如广东“大芬村”、苏州胥口镇等就以“流水线”的生产方式“创作”油画、国画，文化产品远销香港、东南亚等地，取得了很好的经济效益。

记者：这还能称得上是真正意义的“艺术创作”吗？

王永章：对这个问题要辩证地看待。要看到文化产业所产生和依赖的基本条件是市场，首先是市场消费需求刺激了文化产品的生产；其次广大群众的消费层次是不一样的，有喜欢高雅的，有爱好通俗的，有的有购买力，有的还缺乏购买力。文化产业必须满足不同层次、不同人群的消费需求。以“流水线”方式“创作”的国画，或许其艺术价值难以与名画家的作品相比，但只要有人喜欢，有一定市场，就有其存在的价值和理由。况且“流水线”上生产出来的未必都是劣质作品。另外，广义上的“美术”还包括各种工艺品，一些地方对工艺品产业非常重视，制作了形式多样的产品，在市场上也很受欢迎。当然，在促进美术产业发展的同时，不能使艺术产品失去其文化含量，要不断提高美术产品的档次和质量，下大气力培植美术品牌。文化品牌是企业的无形资产，是文化产业的立命之本。

记者：在推进美术产业发展方面您有什么想法？

20世纪90年代以来，中国美术市场逐步崛起，美术展览、展销、拍卖活动持续升温，各种收藏使美术市场的热度不断提升。据不完全统计，目前国内艺术品和文物收藏者已近4000万人，艺术品年交易额约30亿元，文物古玩市场营业额突破50亿元。20世纪末，我国国有艺术展览机构和其他形式的艺术品经营机构就有几万个，其中包括文化艺术经纪代理、画廊画店、美术公司、艺术品拍卖、图书批发等，从业人员近1500万。这些都有力地刺激了美术产业的发展。但是，从总体上看，美术产业与文化系统其他产业门类相比，还是比较薄弱的。主要表现在：市场刚刚起步还很不规范，许多美术品价格与价值相背离、假冒伪劣、鱼目混珠；有的美术品经营者目光短浅，不懂艺术，投机意识强，经营意识差；艺术品拍卖机构增长过快，拍卖会举办过频，赝品泛滥，导致交易水平下降；部分经纪机构和经纪人的整体素质不高，缺乏信誉等。当前尤其突出是，在市面上假画越来越多，对艺术市场的冲击越来越大，严重挫伤了广大美术工作者的自尊心和艺术创作的积极性。

针对目前美术产业存在的问题，一是要加强对美术市场的管理，合理布局，宏观调控，有计划地发展美术品市场，避免市场进入无序竞争状态。二是要建立健全法规，加强依法监督管理的力度。大力整顿规范市场秩序，要像“扫黄”“打非”那样，加大力度，坚决打击造假、贩假和非法投机的经济行为。三是要抓好美术品中介环节，采取多种形式，提高经纪机构和经纪人的整体素质。四是通过立法、普法和宣传培训工作，提高生产者、经营者和收藏者的法制观念、审美能力和鉴别能力。

除解决好现有存在的问题外，广大美术工作者要牢固树立符合社会主义精神文明建设的特点和规律，适应社会主义市场经济发展要求的新的发展观，切实增强市场意识、改革意识和创新意识。要坚持发展是第一要务，积极拓宽美术产业的范畴。如可借鉴日本、韩国等国家的发展经验，注意与现代科技紧密结合，与其他行业门类联手，加紧网络游戏产品的研制与开发，创造具有中国民族特色的动漫卡通形象及相关产品。针对目前我国各地的旅游产品和纪念品面目雷同、档次较低的问题，主动参与开发制作高品位的旅游产品和纪念品。去年我到绍兴考察，很想从鲁迅的故乡买一尊小型的鲁迅雕像留作纪念，但跑了好多地方都买不到。其实美术产业大有所为，关键要解放思想，拓宽思路，大胆创新。

依靠数字说话：跨越式发展的基础

跨越式发展，是我们都渴望为文化产业描绘的美好图景，但这幅图景应该着上一层怎样的底色，却是长久以来未解的难题。

“文化产业是意识形态的问题，但更重要的是一个经济运行的概念，仅仅说搞了多少活动，组织了多少演出，是远远不够的，必须要依靠实实在在的数字说话。”在拿到国家统计局近日发布的《文化及相关产业分类》后，文化部文化产业司司长王永章向本报记者谈起了自己的感受。

对于这样一份非政策性而专业性和技术性又极强的文件，中共中央宣传部、国家统计局、文化部、国家广电总局、新闻出版署、国家文物局等多个部门倾注了巨大的心力。从 2003 年 7 月成立文化产业统计研究课题领导小组和工作小组，到文件出台、上报中宣部，再到 2004 年 3 月正式发文，历时 8 个多月。对此，王永章说：“从无到有，从不完善到逐渐成熟需要一个过程，但文化产业范围的界定是最基础的一项工作，不仅得做，还要做扎实，只有弄明白常规发展状况，才能去实现跨越式发展，否则一切都是空谈。”

事实上，数字本身是时刻处于变化之中的，要想深刻理解和把握，并在具体实践中体现和贯彻其主旨，绝非一件轻而易举的事情。“对于各级文化行政管理部门来说，要做的不是盯在数字上，而应当是积极配合统计部门，实事求是地反映文化产业的发展情况，做好这项具有全局意义和战略意义的基础性工作。”王永章坦言。

《文化产业周刊》：作为文化产业统计制度的一个重要的基础部分，《文化及相关产业分类》是在怎样的背景下产生的？

王永章：这是由我国文化产业的发展现状和存在的实际问题所决定的。由于文化产业的范围比较模糊，加上我国文化产业刚刚起步，所以各部门文化产业的统计口径很不一致，无法形成我国文化产业整体状况以及发展过程的一个完整概念，这里面固然有管理体制分割的问题，但是文化产业统计指标体系不完善也比较突出。我国对文化产业究竟包括哪些部门、哪些门类。至今只有理论界的各种研讨，缺乏权威部门的明确界定。

另一方面，我们常说我国文化产业与国外有差距，但差距多大，具体在哪些地方，并没有一个准确的说法。这些年，报纸杂志上常常提到有关文化产业的统计数据，仔细推敲会发现出入很大，缺乏可比性。因此，要科学规划、管理、指导文化产业，全面把握文化产业的发展趋势和速度，必须有权威部门提供比较可靠准确的统计数据。

无论从政策导向还是实际举措，国家近年来是非常重视文化产业发展的。前年，文化产业司就协同国家统计局有关部门专门进行了有关文化产业统计指标体系的课题研究，去年以来，文化产业司更多次呼吁，应当尽快确定我国文化产业的范围，2003 年 9 月 4 日，文化部下发的《关于支持和促进文化产业发展的若干意见》中，首次将文化产业的范围界定为九大行业门类，可以说迈开了文化产业范围界定工作的重要一步。

这些都表明，对文化产业的范围作出界定的条件已经成熟。于是，去年 7 月，由中宣部牵头，成立了文化产业统计研究课题领导小组和工作小组，现在经过努力，国家统计局已经出台了两个文件，一个是《文化及相关产业统计分类》，一个是《文化及相关产业统计指标体系》，并于 2004 年 2 月 19 日上报中宣部，近日已由国家统计局正式发文，刘云山同志在批示中就明确指出：“感谢国家统计局办了一件有全局意义和战略意义的大事。”

《文化产业周刊》：对于文化体制改革和文化产业发展而言，《文化及相关产业分类》具体有什么意义？

王永章：文化产业是意识形态的问题，但更重要的是一个经济运行的概念，必须通过从业人数、产业结构、创造的总价值、所上缴的税收以及占 GDP 的比例等具体指标来体现，也就是说，必须要用实实在在的数字说话，而不是空洞、笼统的描述。而且，文化产业的跨越式发展，即超常规发展，是需要一个过渡期和准备阶段的，现在我们迫切需要弄清楚的是，常规发展是一个什么样的状况？

《文化及相关产业分类》不是一个政策性文件，而是用来反映文化产业发展现状、进度、速度的手段和工具。从这个意义上说，对于发展文化产业而言，文化产业统计工作是最基础的工作，解决的是最基本的问题。只有界定了我国文化产业的范围，才能确定文化产业发展机构和方针、研究制定文化产业发展政策和措施、科学指导文化产业迅速健康持续发展。

《文化产业周刊》：从《文化及相关产业分类》中对文化产业的概念和范围的界定上说，与此前某些通行的说法不太一样，我们应当怎么看？

王永章：首先，“文化及相关产业”这个标题就需要理解清楚，在统计分类中，行业和产业都是对经济活动而言，其概念是等同的，英语都译为“industry”。国际上的有关分类一般翻译为“产业”，而我国相对应的分类叫“行业”。这次分类采用社会上普遍认同的“产业分类”名称。无论是认为文化产业的范围应该包括文化艺术、广播影视、新闻出版、信息产业（部分）四大门类，还是文化部关于文化产业九大行业门类的划分，基本上是通过实物量指标来进行的，反映的是行业基本特征，而国家统计局出台的此次分类则是从国民经济发展指标的角度，以增加值的变化情况来划分的，把“文化及相关产业”的范围界定为：为社会公众提供文化、娱乐产品和服务的活动，以及与这些活动有关联的活动的集合。

《文化产业分类》没有按照公益性和经营性划分，实际上它既包括了“公益性文化事业”，也包括了“经营性文化产业”。特别需要强调的是，在确定文化产业范围时，有关方面提出将教育、体育和自然科学研究也纳入进来，最后的意见是，教育、体育和自然科学研究从其内容看，与文化有着紧密的联系，但它们已形成了自己完整的科学体系和分类体系，在国民经济活动中也具有举足轻重的作用，如果将其列入文化产业的范畴，有可能削弱整体分类的文化特征。

从内容来看，“文化及相关产业”被分为了两大部分，一部分是文化服务，作为主体内容；一部分是相关文化服务，作为延伸内容。其中，文化服务包括了七大部分，新闻、出版发行、广播电影电视、文化艺术、网络及软件文化、文化休闲娱乐、其他文化服务（文化艺术商务代理服务、文化产品出租与拍卖服务、广告和会展文化服务）；相关文化服务则主要是指文化用品、设备及相关文化产品的生产和销售。而且，还将文化及相关产业分部门列示为文化部、国家广播电视总局、新闻出版总署和国家文物局。

《文化产业周刊》：在《文化及相关产业分类》的制定原则中，着重提出了要为政府部门制定文化产业发展政策提供决策依据。具体而言会对全国文化产业的各级行政主管部门产生怎样的影响？

王永章：国家统计局做的这项工作，是一项专业性、技术性很强的工作，对于文化行政管理部门而言，具体的指导意义在于，有了文化产业范围的基本界定，再加上与之紧密相关的文化产业统计指标体系的不断完善，就可以通过规范、标准、统一的数据，比较科学地反映我国文化产业的实际状况，也才能对比出我国与发达国家文化产业的真实差距，同时各个行业门类也可以分别找到自己的参照系数，分析自己的薄弱环节，制定本行业的发展对策。

我们了解到，部分地方政府此前就已经开展了类似统计指标体系的建立工作，尽管有些已经成形，并在一定程度上反映了当地文化产业的发展水平，但由于数据混乱，彼此抵触的情况仍然存在，《文化及相关产业分类》的出台是第一次由国家统计局这一权威部门整体上来做这项工作。今后，文化行政管理部门应当积极配合统计部门做好文化产业的统计工作，实事求是地反映情况。

（2004 年 4 月 9 日接受《中国文化报》的《文化产业周刊》专栏记者专访谈话要点）

发展文化产业　建设民族文化大省

——在云南省繁荣民族文化　发展文化产业建设民族文化大省座谈会上的发言

刚听了丹增书记的介绍，我感到很振奋。近几年来，云南省委、省政府深入贯彻党的十六大精神，积极发展文化事业和文化产业，建设民族文化大省，做了大量的工作，取得显著的成绩。文化部文化产业司一直十分关注云南省文化产业的发展。我手中保存了许多有关云南的宣传资料。从我们掌握的情况看，云南省无论是领导的重视程度，还是在民族民间文化资源的开发和利用方面，都是走在全国前列的。特别是去年云南省委第七届四次全会明确提出，要像当年抓烟草、抓旅游一样文化产业，把文化产业培育成新的经济增长点和新的支柱产业，给我们留下深刻的印象。

再是国办〔2003〕105 号文件下发后，你们是第一个设立文化产业发展专项资金的省份。去年还批准省文化厅内设了文化产业工作机构。我认为，在对文化产业的认识上，云南省委、省政府的领导是敏锐的、明智的，观念也是超前的。

另外，云南的经验反证了一个问题。前段时间，有人认为文化产业只适合在东部沿海地区、经济发达地区发展，似乎西部地区、经济欠发达地区不适合发展文化产业。云南的经验说明，这种观点有失偏颇。实事求是地说，经济发达地区发展文化产业确实有许多有利条件，市场经济比较发达，资金比较雄厚等，但这不等于说，西部地区、经济欠发达地区就不能发展文化产业。相反，恰恰这些地方具有独特的丰富多彩的民族文化资源。最近，西部地区各个省市和自治区文化产业发展很快。甘肃、青海、宁夏，甚至西藏、新疆都出台了一些新的举措。

总的来说，参加这次座谈会收获很大。如果说提意见的话，我想谈这么几点建议，供你们参考：

一、进一步完善文化产业统计指标体系，摸清家底，做到“心中有数”。

二、在保护民族民间文化资源的基础上，充分开发和利用自身的文化资源，善于把文化资源有机地转化为产业资源。当然了，保护是个重要前提，产业开发必须有度。我们说，文化资源不等于产业资源，要转化为产业资源还要下一番工夫。要认真研究市场，研究人们的消费心理，对文化产品和服务的投资回报率要有充分的预测，真正做到人无我有，人有我优，人优我特。

三、加快非公有制经济进入文化产业的步伐。去年云南省委、省政府专门下发了《关于加快非公有制经济发展的若干意见》，云南省文化厅也提出了自己的贯彻实施意见。我们认为，这是事关我国文化产业能否实现跨越式发展的一个关键性问题。

四、下大气力多培育一些像《金水丽沙》《云南映象》这样的优秀文化品牌。《云南映象》给云南省带来巨大的宣传效益。从这台节目刚刚开始运作演出我就十分关注，我曾对部领导讲，像杨丽萍这样不用国家一分钱，自己筹资搞创作的，更应该给予大力支持。幸运的是杨丽萍碰到了好领导。一个企业要发展，没有品牌不行，同样文化产业要发展也需要打造品牌。有了好的品牌，还要注意开发国内国际两个市场。

最后，我表个态，今后云南省在推进文化产业方面有什么需要我们帮助的，文化产业司一定不遗余力。衷心祝愿云南省文化建设日益繁荣，蒸蒸日上。

（2004 年 4 月 11 日于北京）

文化产业已被中国纳入国家发展战略

——在第三届中日韩文化产业论坛上的讲话

尊敬的各位部长，女士们、先生们：

首先，请允许我代表中国方面的全体与会者祝贺第三届中日韩文化产业论坛的开幕，向光临本届论坛的韩方和日方的来宾和朋友致以亲切的问候，向为筹备本届论坛付出艰辛劳动的日本经济产业省商务情报政策局的同仁表示衷心的感谢！

今天，有机会聆听三国部长的致辞、听取日本和韩国同仁有关文化产业内容的介绍，我感到很高兴。借此机会，我想向大家介绍一下当前中国文化产业发展的状况，并就中国的文化产业政策以及三国文化产业合作问题，谈一些看法。

一、中国文化产业发展已经粗具规模

根据我国国家统计局测算，2003 年，我国文化及相关产业有从业人员 1274 万人，占城镇从业人员的 5.0%，实现增加值 3577 亿元，占 GDP 的 3.1%。其中直接从事文化活动的文化服务各行业共有从业人员 645 万，占城镇从业人员的 2.5%，实现增加值 1718 亿元，占 GDP 的 1.5%。从就业总量而言，文化服务业就业人员规模已经高于“批发和零售业”；从经济总量而言，文化服务业的经济总量与“房地产业”大体相当。由此可以看出，我国文化产业发展已粗具规模，并对国民经济运行产生着重要影响。

二、发展文化产业已被纳入国家发展战略

在中国《国民经济和社会发展第十个五年计划纲要》中，我们明确提

出，为提高全社会的文化生活质量，有必要完善国家的文化产业政策，加强文化市场建设与管理，推动文化产业发展。这是我们首次将文化产业的发展纳入国家发展战略。为实现这一战略目标，中央和地方政府制定了一系列促进和支持文化产业发展的政策措施，明确国家在发展文化产业中的责任，即：在最大限度地为社会提供公共文化服务的同时，利用财政税收、金融调控、社会保障的政策手段，鼓励和支持文化产业的发展。

三、文化市场准入进一步放宽

近年来，我国加快政府职能转变，一个行为规范、运转协调、公正透明、廉洁高效的行政管理体制正在逐步形成。2004 年 7 月 1 日开始施行的《行政许可法》，主旨是规范政府部门的行政权力和行政行为。按照该法的要求，我部共取消了 23 项行政审批事项，其中 17 项为文化市场方面的审批；保留的 29 项审批项目，有 16 项为行政许可，13 项为非行政许可，16 项行政许可中还有 15 项为娱乐、演出、音像、网络、美术品等文化市场方面的审批。我们以贯彻落实《行政许可法》为突破口，进一步放宽了文化市场准入门槛，激发了全社会发展文化产业的巨大潜能，有力地促进了文化产业的快速发展。

四、文化产业政策服务体系逐步完善

为支持和促进我国文化产业发展，2003 年年底，我们提出了一系列有关财税、投融资、国有资产的处置、收入分配、社会保障等方面的配套政策，为新时期加快文化产业发展提供了有力的政策保障。中国文化部继 2001 年制定《文化产业发展第十个五年计划纲要》之后，2003 年又制定了《文化部关于支持和促进文化产业发展的若干意见》，重点围绕发展文化产业的战略意义、我国文化产业发展现状及存在的问题、发展文化产业的指导思想和基本思路、支持促进文化产业发展的主要措施、加强对文化产业工作的领导等五方面问题，提出了二十四条具体的政策措施。这一系列文件，构成了指导中国文化产业发展的比较完整的政策服务体系。

五、政府宏观调控能力不断加强

统计是发展文化产业的基础性工作。经过各方面的共同努力，我国文化产业的统计工作有了实质性进展。2004 年 3 月29 日，国家统计局出台的《文化及相关产业分类》，为我们今后规划、管理、指导文化产业，全面把握文化产业的发展速度与趋势，提供了科学合理的统计标准。为指导各地文化产业发展，2003 年我部编辑出版了《中国文化产业典型案例选编》，收录了 60 个不同门类的文化产业典型案例，比较直观地反映了我国文化产业现状和发展趋势，给全国各地提供了经验和示范。此外，我们发挥互联网开放、及时和交互的优势，创办了中国文化产业网。通过这个网站，随时向社会发布全国文化产业发展的动态，提供权威性、实用性的各种信息，促进了政府部门、文化企业、文化产业投资者以及社会各界之间的交流与沟通，为我国文化产品、文化项目与社会资本的有机结合搭建了一个平台。

六、知识产权保护工作得到高度重视

中国政府一贯高度重视知识产权保护工作，中国知识产权保护制度的确立仅用了 20 年的时间，就走过了西方国家上百年所走过的道路。目前，我国已基本建立了符合国际规则、门类比较齐全的知识产权法律体系和执法保护体系，形成行政保护和司法保护的双重保护模式。当然，我们也清醒地认识到，我国保护知识产权的形势依然十分严峻，有法不依、执法不严的现象时有发生，不仅妨碍了文化、科技等产业的发展，也损害了国家的形象。为此，我国政府决定从今年 9 月份开始，用一年左右的时间在全国范围内广泛开展保护知识产权的专项行动。通过加强执法队伍建设，充实执法力量，整合执法资源，形成统一、协调、高效的知识产权保护协作机制。我相信，这不仅对中国文化产业的发展来说是一个好消息，对国际间文化产业的交流与合作也有着十分重要的意义。

今后一个时期，我国在发展文化产业方面将采取的主要措施是：

第一，加快文化体制改革步伐。长期以来，我国文化产业结构明显带有计划经济时期遗留下的痕迹，经过这些年的逐步调整，虽有改变，但与社会主义市场经济的发展要求仍不相适应。目前，我们正在进行文化体制改革试点工作，鼓励支持一部分国有文化单位分期分批转制为企业，使之成为发展文化产业的市场主体，借此机会，培育一批自主经营、自负盈亏、自我发展、自我约束、有竞争能力的文化企业和企业集团。建立政府管理、行业自律、企业依法自主运营的运行机制。促进民营文化产业的发展，也是我国文化体制改革的目的之一。在由计划经济向市场经济转型时期，我国国有资本将逐步退出大多数竞争性领域，为非公有制经济的发展提供了更加广阔的空间。在深入调研、总结经验的基础上，2004 年 10 月 18 日，文化部专门制定下发了《关于鼓励、支持和引导非公有制经济发展文化产业的意见》。

第二，培育良好的文化产业发展环境。发展文化产业必须要有一个良好的外部环境。我们在加快文化产品市场和生产要素市场建设、积极发展市场中介组织、完善文化市场管理机制的同时，不断提高市场监管水平，加大市场执法力度，严厉查处和制裁盗版盗印、非法出版、非法营销等各种侵犯知识产权的行为，依法保护知识产权权利人的合法利益。对依法经营、管理规范的文化企业，我们给予积极支持并提供良好服务，对扰乱市场秩序的，我们坚决依法处罚，形成统一开放、公平竞争的市场秩序。

第三，建立国家级文化产业示范基地。2004 年 11 月 16 日我们准备召开全国第一次文化产业工作会议，总结前几年文化产业发展的主要经验，深入分析当前文化产业发展的新情况和新问题，部署今后一个时期发展文化产业的主要工作和任务，为我国文化产业快速发展创造条件。同时，我们将命名 60 个各具特色的文化产业示范基地，并给予相应的政策扶持。通过 60 个基地的示范、窗口和辐射作用，带动我国文化产业深入发展。

第四，抓好人才培养使用工作。当前发展文化产业，最缺乏的是人才。现代科技进步的突飞猛进，给文化产业的发展带来革命性变化。作为知识和智力密集型的文化产业，人的因素在其发展中起着重要的作用。要实现我国文化产业的跨越式发展必须实施人才兴文战略，坚持大力培养、积极引进、合理使用文化产业人才，逐步建立一支懂文化、善经营、通管理、精技术的复合型文化产业人才队伍。我们要利用各种社会资源、开辟多种渠道，建立文化产业的人才培养体系，逐步形成良好的人才培养机制。支持教育机构设立与文化产业有关的专业学科或研究机构。争取设立相关的专项基金，扶持高层次、有潜力的文化产业人才出国学习研修或聘请外国专家来华授课和工作，为我国文化产业发展集聚人才优势。

第五，加强国际间的交流与合作。坚守民族根基，博采各国之长，是实现我国文化繁荣发展的必由之路。加入世贸组织以来，我国政府认真履行包括文化领域在内的各项承诺，不断完善有关法律体系。今后，我们将进一步开放市场，不断扩大外商投资的领域，特别是加强与亚洲国家在文化产业方面的合作和交流。同时，我们将通过举办国际文化产业博览会、培养扶持大型文化企业、做大做强一批文化品牌等具体措施，把我国的文化产品和服务，特别是反映中国现代风貌的文化产品尽可能多地推介到国际市场。

最后，我要特别介绍一下，今年 11 月 18 至 22 日，中国将在深圳举办首届国际文化产业博览会。本次博览会是集文化艺术、广播影视、新闻出版等文化内容产品为一体的大型的综合性的博览会。届时，我们欢迎日本、韩国的企业家光临参观博览会，并将你们的文化产品推介到中国去。

谢谢各位！

（2004 年 10 月 25 日于日本东京）

大芬油画村的发展符合文化产业要求

主持人：这短短的十五年时间，让大芬村走上了中国乃至世界的舞台，那么大芬村的背后，我们究竟可以看到什么呢？今天，我们请到了一些相关的专家和学者，也许他们能够帮我们做出一番分析。下面，请文化部文化产业司王永章司长说一下。

王永章：大芬村油画村的发展，我觉得最重要的一点，就是他们以一种世界的眼光，采取市场化、产业化的运作方式，把油画这样一种艺术形式转化为商品，推向市场、推向国际、推进寻常百姓的家中。因为文化产业本身具有按照工业标准，标准化、复制性、批量化生产这样的特征，而且更重要的是文化产业是一种大众化的通俗文化，而大芬村的发展恰恰符合这个产业要求。所以文化部对它非常关注，给它颁发了国家文化产业示范基地的牌子。

王永章：我们在指导文化产业发展的过程中，反复强调决不能牺牲文化的本质和精神的高度，去完全迎合市场，让市场来决定一切。这样发展的方向恐怕不对。很多艺术家往往开始不被人们所接受，像著名画家凡·高生前就不被人们接受，可真正好的艺术品往往会在历史上留下一笔。

主持人：在宣传大芬村的时候有两句话，叫艺术与市场在这里对接、才华与财富在这里转换。政府主要研究怎样对接、怎样转换，在政府、市场和产业之间必然有一种相关的联系。我们想请教一下王司长，怎么看待这三者之间的关系？

王永章：文化产业是由若干个文化企业所构成的，这些文化企业是文化产业的微观主体，而文化市场呢，是文化产业发展的重要外部条件，这包括市场需求和市场管理两个方面。政府扶持仅仅是其中的一个重要条件。我认为，这三者的关系应该是相辅相成、缺一不可的。大芬村一开始完全是自发的，到后期当地政府做了很多工作。如今年六月份我去调研的时候，现在大芬村主会场那个地方有四座居民楼，结果为了筹备文博会分会场，在很短的时间就全拆掉了。关键是村民们非常配合，一点怨言都没有。这就既是政府行为，也是市场行为。我到大芬村去，那些搞油画的老板对政府非常感谢。

观众：我想提一个关于知识产权保护方面的问题。我们都知道大芬村现在的商业气氛非常浓厚，那如果是一些画商或者说画工的创作侵害了他人的利益，比如说版权，这样长期下去，肯定会影响到大芬村的良性循环。所以，我想知道政府有没有一个机构在考虑这些问题？有没有具体的措施来制止这些行为？

主持人：好，谢谢你的问题。请王司长回答一下。

王永章：这个问题在大芬村也是讨论了很久，我去了以后也跟他们讲过这个问题，就是说这个地方会不会成为一个盗版中心，复制的艺术品会不会侵犯知识产权。后来，我们了解了一下法律，说一个作者去世五十年后，他的版权就不受保护，你可以任意复制他的作品。所以说，大芬村复制达·芬奇等世界名家的作品，不存在版权问题。但是，如果复制当代艺术家的作品，就要特别地谨慎。我建议，今后大芬村的油画在复制的时候，最好标上产地、画工、制作公司，证明我这是实实在在的复制品，而不是原作。

（2004 年 12 月 9 日，参加中央电视台《对话》栏目时的发言要点）

关于加快我国文化产业发展的指导思想和工作思路

——2004年12月13日在文化部学习十六届四中全会精神会议上的发言

现在，文化产业是社会各个方面所关注的一个热点问题。在强调不断提高党建设社会主义先进文化的能力时，提出要深化文化体制改革，解放和发展文化生产力，促进文化事业全面繁荣和文化产业快速发展。刚刚结束的中央经济工作会议，胡总书记强调要加快社会事业发展，温总理提出要加快文化事业和文化产业发展。根据以上精神，今天，我想就加快我国文化产业发展的指导思想和工作思路谈点个人的体会：

一

首先谈谈加快我国文化产业发展的指导思想。随着形势的发展和文化产业工作的不断深入，现在，党和国家发展文化产业的指导思想越来越清晰，我把它归纳为五句话，即“确立两个目标、遵循两个规律、坚持两个原则、树立两个意识、达到两个目的”。

（一）确立两个目标

一个目标是满足人民群众的精神文化需求和促进人的全面发展。近几年来，文化产业在我国之所以得以迅速发展并成为社会各方面关注的焦点，主要的原因是两个，一是国家经济的迅速发展，二是市场经济的不断完善。改革开放20年来，我国经济持续增长。2003年我国国内生产总值为116694亿元，按可比价格计算，比上年增长9.1%，人均达到1090美元。国家统计局资料显示，目前全国人均收入在3000美元以上的约占1/10，也就是说中国已有1.3亿人口、大约4000多万个家庭步入中等收入国家的水平。2003年世界经济增长3.3%，其中中国贡献了1.2%，美国0.8%，欧洲和日本0.5%。2004年世界经济增长率，世界银行估计4%，世界货币组织估计5%，我国还是在9%以上。按照经济学家的说法，人均GDP超过1千美元之后，城乡居民的消费结构就会发生很大的变化。国际上一般用恩格尔系数来反映。恩格尔系数是1857年德国统计学家恩斯特·恩格尔发现的一个定律：随着家庭和个人收入的增加，收入中用于食品方面的支出比例将逐步减少。其公式表示为：恩格尔系数=食品支出总额/家庭或个人消费总额×100%。根据联合国粮农组织提出的标准，恩格尔系数在59%以上的为贫困，50%~59%为温饱，40%~50%为小康，30%~40%为富裕，低于30%为最富裕。近几年来，我国恩格尔系数逐年降低，1978年恩格尔系数城乡居民分别是57.5%和67.7%，2001年，城镇居民家庭的恩格尔系数降到37.9%，而农村居民家庭的恩格尔系数降到47.8%，人们用于文化教育的消费支出越来越多，是一种历史性的进步。有人说，人类社会消费分三步曲：吃饭阶段，吃药阶段，吃文化阶段。因此，发展文化产业首先是满足人民群众日益增长的多样性多元化多层次的精神文化需求。江泽民同志在建党80周年讲话中说，我们进行的一切工作，既要着眼于人民现实的物质文化生活需要，同时又要着眼于促进人民素质的提高，也就是要努力促进人的全面发展。这是马克思主义关于建设社会主义新社会的本质要求。他还说，要努力提高全民族的思想道德素质和科学文化素质，实现人们思想和精神生活的全面发展。人越全面发展，社会的物质文化财富就会创造得越多，人民的生活就越能得到改善，而物质文化条件越充分，又越能推进人的全面发展。

另一个目标是使文化产业努力成为国民经济新的增长点。这个问题，领导的观念要转变。2002年，日本推销到美国的动画片及相关产品的总收入高达43.6亿美元，动画片形象权收益39亿美元，动画片对美出口收入是钢铁出口收入的四倍。我国动漫产业目前已经超过电影，2003 年是 30 亿人民币。全世界是 310 亿美元。中国原创不行。美国的文化娱乐业年收入 4000 亿美元，为美国第二大产业，仅其视听（影视和音像）产品产值在国民经济中的排行（约 700 亿美元），在 20 世纪末超过航天航空业，成为第一大出口产业，每年高达 800 亿美元。文化产业占 GDP 的五分之一。日本 2001 年度文化产业总值达 999659 亿日元，约占国内生产总值的 18.3%，目前，已成为国民经济中仅次于制造业（约占国民生产总值的 21.5%）的第二大支柱产业。英国文化产业年产值近 600 亿英镑，占 GDP 的 8%。韩国自称为“世界第五文化生产大国”（2004 年占 GDP 的 6%）。前不久，日本的学者提出一个“文化力”的新概念，要用文化力推动新经济。11 月 21 日，李长春同志在大芬村说，现在看来，有三个经济增长点，一是高新技术产业，一是现代物流业，一是文化产业。现在各地很重视文化产业，云南到上海开文化产业项目推介会，上海到美国开文化产业项目说明会。

（二）遵循两个规律

这是科学发展观的要求。

一是遵循社会主义精神文明建设的特点和规律。发展文化产业必须既要符合社会主义精神文明建设的特点和规律。任何文化产品与精神创造都属于精神文明建设的范畴，决不能以牺牲精神文明为代价去换去一时的经济增长；发展文化产业不等于说可以牺牲文化的本质与精神的高度去迎合市场，完全由市场去决定一切.

二是遵循社会主义市场经济的发展规律。过去我们往往习惯于把文化艺术作为单纯的宣传教育和公益性事业看待，而对其所具有的商品属性和服务功能认识不足。加入 WTO 使我们认识到，文化不仅具有意识形态属性，而且具有经济属性和商品属性；不仅具有教化功能，而且具有娱乐功能；不仅具有公益事业的属性，而且具有服务业生产经营的特征。

1. 要增强市场意识

既然文化产业是在市场经济条件下进行的，就必须面向市场。美国大魔术师大卫·科菲波尔，2002 年巡演了 4 个城市，2004 年增加到 5 个，中方经纪公司开始建议 7 个城市，但大卫对当地演出市场和场地有严格要求。在对各候选城市长达两年的技术和市场考察后，最终确定 5 个。日本琵雅株式会社，是一家以经营休闲娱乐领域票务为主的公司。1972 年创办月刊信息杂志《琵雅》。公司职员 1000 人，每年票券销售量为 4000 万张，占日本市场 60%。销售额约 850 亿日元（2003 年），折合人民币约 50 多亿元。24 小时服务，任何时间都可以从 2 万件以上的演出信息中购买自己喜欢的票券。目前，文化系统的同志往往习惯于从政治上考虑问题，不太善于从经济角度上去分析问题和研究问题，更缺乏市场观念。

2. 要提高市场运作能力

前些年，文化系统"以文养文、以文补文"的情况。我部原来创办的几个公司的经营情况，就可以充分说明这个问题。仅凭简单的热情和机关的作风，不可能搞好文化产业。正如家正部长所说的，文化人"一签合同就上当，一打官司就赔钱"，这个教训非常深刻。要大力发展文化产业，必须彻底扭转这种被动局面。要教育引导我们的干部认真学习掌握市场经济知识和经济运行规律。

3. 要加强市场管理

四中全会强调健全市场体系，依法加强管理。文化产业存在的重要外部条件是市场，文化企业只有通过市场的具体运作，实现了文化产品和文化服务的经济价值，才会有生命力。但是，必须为文化产业发展创造一个良好的文化市场环境。加快文化产品市场和生产要素市场建设，发展市场中介组织。同时要加大文化市场执法力度，完善文化市场管理机制。对依法经营、管理规范的文化企业，给予积极支持并提供良好服务，对扰乱市场秩序的要依法处罚，形成有利于企业公平竞争的市场环境。市场管理不到位，往往影响文化产业的发展。如音像盗版问题，由于私服、外挂的冲击，全国 100 多家制作网络游戏的厂家，至少有 70 家是亏损的。后《焦点访谈》又曝光浙江绍兴、金华等地部分演艺厅色情表演问题。

（三）坚持两个原则

一是贯彻发展先进文化的原则。文化在振奋民族精神、增强民族凝聚力方面有着极为重要的作用。文化产品和文化服务承载着一定的文化精神和文化传统。加入 WTO 后，由于西方国家对我国实施“西化”“分化”“弱化”的方针始终没有改变，资本主义社会所宣扬的人生观和价值观不可避免地要随着外国文化产品和文化服务的进入，给我国意识形态带来一定的负面影响。如美国近年来一直企图通过“文化渗透”，用自己的政治理念、价值观念和生活方式影响其他国家，连法国人都认为美国输出的不仅仅是电影。由于他们经验丰富，资金投入较大，加上运用大量的高新技术，文化产品的娱乐性、观赏性和知识性，明显好于我们的文化产品，使我国广大消费者在欣赏的同时，思想上受到潜移默化的影响，这对我国加强全体公民特别是未成年人的思想道德教育极为不利。

二是坚持把社会效益放在第一位的原则。在市场经济条件下，其实任何商品进入流通和消费领域，都存在两个效益问题。那么，为什么偏偏文化产业强调要把社会效益放在首位呢？这是由文化产品和文化服务的双重属性所决定的。其他商品所满足的是人们生存、生理、安全、健康等方面的需求，体现的是物质层次的社会效益，对人们的思想观念和社会意识形态影响不大。而文化产品和文化服务则不然，它满足的是人们文化上、精神上、心理上的需求。

文化产品和文化服务只要走向市场，为大众所消费，就不可避免地要对人们的思想、意识、观念、心理、行为带来潜移默化的影响。这种影响可能是积极的，也可能是消极的。因此，文化产品和文化服务必须既讲经济效益，又讲社会效益。文化产品的生产者和文化服务的提供者必须以对社会高度负责的态度，重视加强文化产品和文化服务所产生的正面效益，努力减少或避免文化产品和文化服务所带来的负面效益。当然，如果只强调社会效益，而忽视经济效益，文化产业也发展不起来。有人说，占领市场就是占领意识形态领域。

（四）树立两种意识

一是改革创新意识。目前，文化赖以发展的物质基础、社会环境、传播条件发生了深刻的变化，如果思想观念仍停留在计划经济条件下依靠政府办文化的基础上，将一事无成。文化产业是一项全新的产业，国外的做法不能照抄照搬，前人又无成功的经验可以借鉴。只有创新才能实现文化产业快速发展，创新是文化产业发展的核心。日本学者还提出“文化力与创造力密切相关”。2003 年 11 月 24 日，飞利浦总裁柯慈雷在清华大学对 MBA 学生演讲时说，“要么创新，要么死亡！”这里我再举正反两个案例。美国的宝丽莱公司是全球最大的一次成像相机生产企业。20 世纪 70 年代股票价格曾达到 3 位数。1997 年还每股 60 美元。可到 2001 年 10 月，跌到了 28 美分，到了申请破产保护的地步。原因就是缺乏创新精神，对数码时代反应迟钝。创新的渠道很多，关键在用脑不用脑。东京羽田机场候机楼的大厅有一个“20 世纪报纸图书馆”，它利用自动售货机来出售过去的《每日新闻》头版和社会版，每份售价 300 日元。这种别出心裁的商品深受乘客欢迎。只要输入 1872 年到 2000 年间的任何一个日期，就可以获得那一天报纸的复印件。这就是一种创新的理念。文化产业本身就是创新的产业，因此发展文化产业必须要创新形式、创新手段。

二是求真务实意识。求真，即积极探索文化产业的发展规律。人们的认识在不断深化。在这之前，我讲的题目是《关于实现文化产业跨越式发展问题的若干思考》。这是去年党的十六届三中全会和全国宣传思想工作会议的提法。当时，我就讲到：三中全会提出实现文化产业跨越式发展，作为一个工作目标或者发展战略提出来很有必要，但是，在进行跨越式发展前，我认为应该有一个过渡阶段或者说起步加速阶段。文化产业更重要的是一个经济运行的概念，不能搞突击，也不能搞“大跃进”。必须按市场经济规律和文化规律办事。在条件不成熟的时候盲目发展是要摔跟头的。如1993年香港中旅集团在美国奥兰多投资1.66亿美元，建了一个占地461亩的“锦绣中华园”，但由于连年亏损，2003年12月31日倒闭了。主要是对市场环境分析失误、经营理念不对。我想，文化产业起步加速阶段大约需要几年的时间，然后，文化产业才能进入跨越式发展阶段。这次四中全会提出促进文化产业快速发展，这种提法就比较切合实际。

务实就是不搞形式主义，不搞花架子，扎扎实实地做，实实在在地干。特别强调要充分考虑地区之间的文化差异和经济不平衡性，因地制宜地发展文化产业，利用当地文化资源，发展优势文化产业和特色文化产业。不搞“一刀切”，不提过高的不切合实际的指标要求，避免一个药方吃药，用一个办法来发展文化产业，真正做到人无我有、人有我优、人优我特。平遥古城1823年成立的我国第一个票号“日升昌”，有一幅字“人弃我取，人取我与”也是这个意思。上海决定优先发展影视、演出、艺术品经营和网络游戏（占全国互联网游戏市场70%的份额）等文化产业，自贡灯会一年一亿多收入，甘肃庆阳香荷包做成大产业，湖南长沙打的是歌厅牌，全市7000多家娱乐场所，每天进出的观众上百万人，仅比较大的6家歌厅平均每晚接待4500人，营业额达35万元。2002年，共接待170万人次，营业额过亿元。还有广西的《印象·刘三姐》，2004年3月20日正式上演，“五一”期间场场爆满，晚上12点排队买票。因一个剧目，阳朔的旅游和过夜人数分别增长11%和16%。

（五）达到两个目的

一是达到增强我国文化总体实力的目的。过去在计划经济体制下，我们只讲文化事业，现在我们讲文化建设。文化建设既包括公益性的文化事业又包括经营性的文化产业。十六大报告强调“国家支持和保障文化公益事业，并鼓励它们增强自身发展活力”。同时，又提出“四个扶持重点”。从总体上看，我们国家对文化事业的投入还是偏低的。2003年全国文化事业财政补助收入，即财政拨款达93.98亿元，比2002年增加10.32亿元，增长幅度为12.3%。但全国人均文化事业费为7.27元，若扣除中央财政补助收入，人均仅为6.87元。上海最高为35.18元，北京为28.71元。最低是河南，仅为3.01元。据2002年统计，教育人均为205.93元，卫生为49.44元，科技为21.01元，全国文化事业费仅占国家财政总支出的0.4%。温家宝总理政府工作报告谈问题时提到“社会事业发展滞后”。中央经济工作会议强调加快发展社会事业。在争取资金上，我们要理直气壮。当然，仅仅依靠国家投入，文化建设不可能做大做强，只有大力发展文化产业才能使我国文化的总体实力得到增强。

二是达到提高我国文化产业竞争力的目的。我国是一个文化资源大国，但是与西方发达国家相比，我们不得不承认，在文化产业方面仍是一个弱国。我国文化产业基本处于起步、探索、培育、发展阶段，发展水平比较低。我国的文化产业与西方发达国家文化产业之间的差距到底有多大。2004年10月25日，我随孟部长访日与日本四季剧团董事长浅利庆太先生进行了会谈。日本四季剧团有8个专用剧场、演职人员1100多人。2003年度共演出3000多场、观众260万人次，2001年演出收入189.5亿日元（折合人民币13亿）。这是个什么概念？相当于我们全国2587个艺术表演团体2001年演出总收入5.7亿元的2.3倍。政府是投资主体，领导是基本观众，获奖是唯一目的，仓库是最后归宿。人家成功的经验为：剧团企业化、演员专业化、演出产业化、售票商业化。提前半年发布演出信息，8名演出策划人员每年必须完成2800多场的演出策划，平均每人每月近30场。10名票务营销人员要完成50万张票的销售任务，平均每人每月4000多张。再说说电影，2002年，美国国内票房为95亿美元，年发行影片467部，平均票房2120万美元。我国2002年电影票房收入只有9亿元，一个13亿人口的大国电影票房收入仅为人口只有4700万的韩国的四分之一，20部进口大片的总票房几乎等于100部中国电影票房的总和。

这里我再讲一个出版业的例子。大家都知道美国出版的《哈利·波特》

这套少儿读物。这本书是英国一个34岁的单亲妈妈罗琳写的。罗琳受过高等教育，出身于中产阶级家庭，离婚、失业后带着一个女儿靠救济金生活。开始这个书稿送到英国经纪人的手上并不被看好，好几家出版商都拒绝接受。1997年美国一个出版公司的副董事长莱文从意大利的一个儿童书展上得到这本书，在飞机上粗粗一翻，马上通知公司买下该书的版权。当时，花了10.5万美元，而前三册书就卖了4.8亿美元。美国华纳兄弟公司发现商机很好，用50万美元买下电影及相关产品版权，投资1.25亿美元拍电影，带来10亿美元的经济效益。《哈利·波特》第五册于去年6月21日出版，创出全球一次印刷850万册、首日发行680万册的记录。在全球售出2.5亿册，译成60多种语言，在200多个国家发行。9月21日《哈利·波特5》在我国亮相，人民文学出版社第一版就印了80万册。当然，作者也摆脱了穷困潦倒的生活。2003年，《哈利·波特》作者罗琳的年收入达到4800万英镑，被英国《星期日邮报》评为收入最高的女性。个人资产达到2.8亿英镑（折合10亿美元），比英国女王还富有，世界富豪排名122位。这就叫产业运作。电影《哈利·波特3》，到9月底在我国的票房收入已达到2658万元，有望突破3500万元。

2003年3月18日，李长春同志在一份关于出版业情况的资料上批示“美国是文化资源的小国，为什么其文化能输出到世界各国，而我们是文化资源大国，古代文化在东方也有很大影响，现代文化的影响力似不如古代。我想，其中有个重要原因就是，在现代市场经济形势下，文化和经济紧密融合以产业的形式迅猛发展，在这种形势下，传统的文化小国能够成为大国，传统的文化大国可能成为文化小国。望中宣部、社科院要研究这种国际现象，推动人们的思想观念与时俱进，善于通过发展文化产业加快发展先进文化，使我国成为现代文化大国”。我们与发达国家的差距悬殊，只有实现文化产业的快速发展才能尽快缩小这个差距。

二

第二个部分，我想谈谈工作层面的问题。文化部是1998年在机构改革时成立的文化产业司。六年来，在党和国家的关怀支持下，在文化部党组的领导下，我们的工作思路越来越清楚，我也把他概括为五句话："打好两个基础，完善两个体系，抓好两个重点，打造两个平台，面向两个市场。"

（一）打好两个基础

一是理论基础。理论是行动的指南，没有理论指导的行为是盲目的。1999年和2002年，文化部依托上海交通大学和北京大学成立了两个国家文化产业创新与发展研究基地。上海交通大学和中国科学院合作每年编撰出版一本《中国文化产业蓝皮书》，北京大学基地从前年开始每年出一本《中国文化产业年度发展报告》，组织各种研讨会。

开始，人们对什么是文化产业争论不休，现在逐步统一了认识。什么是文化产业？据说，"文化产业"一词最早是20世纪30年代德国瓦尔特·本亚明在《技术复制的年代》一文中提出来的。20世纪80年代左右传入我国。关于什么是文化产业，学术界的说法很多。前几年比较流行的是，大家习惯于引用联合国教科文组织的一句定义：文化产业就是按照"工业标准"，生产、再生产、储存以及分配文化产品和服务的一系列活动。为什么讲"按工业标准"？有的专家认为，文化产业具有复制性、批量化、标准化的特点。实际上，联合国教科文组织定义的后面还有一句话，"其主要目的不是为了促进文化更大的发展，而是为了追求经济利益"，这句话道破了文化产业的实质，但是我们不能照抄照搬。我们的国情不同、社会制度不同，仍要强调把社会效益放在首位，坚持社会效益与经济效益相统一。

2002年8月，党的十六大文件起草组的同志向我要关于文化产业的名词解释，我们准备好后经部领导同意后，报了上去，附在十六大辅导材料的后面。但形势发展很快，人们的认识也在不断深化。2003 年 9 月 4 日，文化部制定下发了《关于支持和促进文化产业发展的若干意见》（以下简称《若干意见》），这是第一个有关文化产业发展的重要文件。文件对文化产业的概念又重新做了界定："文化产业是指从事文化产品生产和提供文化服务的经营性行业。文化产业是与文化事业相对应的概念，两者都是社会主义文化建设的重要组成部分。文化产业是社会生产力发展的必然产物，是随着我国社会主义市场经济的逐步完善和现代生产方式的不断进步而发展起来的新兴产业。"《若干意见》将文化产业的范围界定为演出业、影视业、音像业、文化娱乐业、文化旅游业、网络文化业、图书报刊业、文物和艺术品业以及艺术培训业等九大行业门类。

二是统计基础。文化产业具有意识形态的属性，但更多是经济的属性。反映文化产业的状况不是看你组织了多少活动，有多少观众，而是看有多少文化企业、多少就业人数、创造了多少增加值、上交了多少税收等。文化产业的统计工作是最基础的工作。当然，这里面有个统计口径问题和产业范围的问题。美国没有文化产业的提法，他们一般说文化娱乐业。英国称文化产业为"创意产业"，包括广告、建筑、艺术和文物交易、工艺品、设计、时装设计、电影、互动休闲软件、音乐、表演艺术、出版、软件、电视广播等 13 个行业。日本政府则认为，凡是与文化相关联的产业都属于文化产业。他们称娱乐观光业，除传统的演出、展览、新闻出版外，还包括休闲娱乐、广播影视、体育、旅游等。韩国现在称之为文化内容产业，指与文化内容产品开发、制作、生产、流通、消费有关的服务产业，包括音乐、动画、漫画、卡通、游戏、网络手机、广播电视、电影音像等相关产业。如韩国在文化观光部中专门成立了文化产业局，该局设有文化产业政策科、出版报刊科、广播广告科、映像振兴科、游戏唱片科和文化项目振兴科等 6 个科。韩国文化产业局还成立了文化产业振兴院，在中国和日本分别设立了北京代表处。前几年，"韩流"旋风席卷了整个亚洲地区。现在，情况好多了。中央下发了《关于加强未成年人思想道德建设的通知》，各个方面都动起来了。

2003年6月25日，我司通过《文化要情》给中央提了几点建议，其中第一条就是尽快确定我国文化产业的范围和统计标准。我们认为，目前，我国文化产业与发达国家的文化产业差距较大，既有实际工作的差距，也有类比不科学的问题。至今我国对文化产业究竟包括哪些部门、哪些门类，只有理论界的各种研讨，缺少权威部门的明确界定。

我们的建议引起中央领导的重视。李长春同志批示，要求中宣部等部门组团考察日本、韩国的文化产业发展情况。6月9日，李长春同志还批示说，“美国的文化产业高度发达，好的经验当然可以借鉴，日本过去的文化产业并不发达，文化底蕴、文化资源都不如我们，都属于东方文化范畴，可以深入考察一下，吸取其好的经验，为我所用”。去年10月，文化部领导带队去考察了。

要科学规划、管理、指导文化产业，全面把握文化产业的发展趋势和速度，必须有权威部门提供比较可靠准确的统计数据。前年，我司协同国家统计局有关部门专门搞了有关文化产业统计指标体系的课题研究。联合国有关组织认为中国是排在美、日、英、法之后的第五大文化贸易出口国。

2003年7月，中宣部牵头成立了文化产业统计研究课题领导小组和工作小组，现在，经过努力国家统计局已经搞了两个文件，一个是《文化及相关产业统计分类》，一个是《文化及相关产业统计指标体系》，并于2月19日上报中宣部。刘云山同志2月20日批示：“感谢国家统计局办了一件有全局意义战略意义的大事。”

这两个文件，有这么几点给大家说明一下：一是标题是“文化及相关产业”而不是文化产业，这是因为在统计分类中，行业与产业的概念是等同的，英语中都译为“industry”。国际上的有关分类一般翻译为“产业”，而我国相对应的分类叫“行业”。它对“文化及相关产业”的概念的界定是：为社会公众提供文化、娱乐产品和服务的活动，以及与这些活动有关联的活动的集合。二是“文化及相关产业”既包括公益性的文化单位，又包括经营性的文化单位。在具体统计中，增加相应的标识，以便在日后的分析报告中列出相关的分组（如价值量指标设计了四张统计表：文化产品生产企业、文化产品流通企业、执行企业会计制度的文化服务企业和执行行政事业单位会计制度的文化单位，第四类属于“公益性的文化事业”）。三是文化及相关产业分为两大部分，一部分是文化服务，作为主体内容；一部分是相关文化服务，作为延伸内容。文化服务包括七大部分，新闻、出版发行、广播电视电影、文化艺术、网络及软件文化、文化休闲娱乐、其他文化服务（文化艺术商务代理服务、文化产品出租与拍卖服务、广告和会展文化服务）；相关文化服务主要是文化用品、设备及相关文化产品的生产和销售。包括文化用品生产与销售、文化辅助设备生产销售、相关文化产品生产和销售。四是按文化及相关产业分部门列示，是文化部、国家广播电视总局、新闻出版总署和国家文物局。五是在确定文化产业范围时，有关方面提出将教育、体育和自然科学研究也纳入进去。最后的意见是，这些部门与文化有密切关系是无可争议的，但它们在国民经济活动中具有举足轻重的作用，并已形成自己完整的科学体系，如果将其列入文化产业，有可能削弱整体分类的文化特征（关于旅游的问题、信息产业——划在“网络及软件文化服务”，但不全是文化活动，需要用具体的产品或服务来甄别）。六是目前将文化产业纳入全国第一次经济普查工作内容；利用现有资料试算2003年文化及相关产业的增加值并完成有关分析报告工作；争取在2004年的年报中正式实施。

据国家统计局测算，2003年，我国文化及相关产业有从业人员1274万人，占城镇从业人员的5.0%，实现增加值3577亿元，占GDP的3.1%。其中直接从事文化活动的文化服务各行业共有从业人员645万，占城镇从业人员的2.5%，实现增加值1718亿元，占GDP的1.5%。从就业总量而言，文化服务业就业人员规模已经高于“批发和零售业”；从经济总量而言，文化服务业的经济总量与“房地产业”大体相当。可以看出，我国文化产业发展已粗具规模，并对国民经济运行开始产生影响。

（二）完善两个体系

一是完善文化产业政策体系。发展文化产业最重要是为文化产业提供强有力的政策支撑。2001 年 10 月我部下发了《文化产业第十个五年计划纲要》，明确了“十五”期间文化系统发展文化产业的基本方针、主要目标和基本任务。2003 年 9 月，制定下发了《文化部关于支持和促进文化产业发展的若干意见》，全面阐述了发展文化产业的战略意义，分析了我国文化产业的发展现状及存在的问题、提出发展文化产业的指导思想、基本思路和促进文化产业发展的主要措施。2004 年 10 月 18 日，又制定下发了《文化部关于鼓励、支持和引导非公有经济发展文化产业的意见》。这一系列政策文件有力地推动了我国文化产业的快速发展。最近我们编写了《政策汇编》一书，明年准备制定扶持中国文化产品走出去的政策。

二是完善人才培养体系。当前发展文化产业最缺的是人才。要实施人才兴文战略，建立一支有文化、懂经济、会管理的文化产业人才队伍。去年全国专门召开了人才工作会议，中央和国务院又在 12 月 26 日下发了《关于进一步加强人才工作的决定》。中组部还成立了人才局。2002 年，杭州市面向全国公开选拔 150 名处级以上领导干部，7 天中共有 5236 人报名，其中一个职位就有 154 人报名，可是杭州大剧院总经理的职位竟无一人应聘。这足以说明，文化系统和社会上的文化经营人才是何等缺乏。发挥上海交通大学和北京大学两个国家文化产业创新与发展研究基地的作用，注重培养和引进创新人才、策划人才、外向型人才和网络科技人才以及职业经理人。2004 年 8 月，为支持西部文化产业发展，文化产业司与清华大学继续教育学院合作，举办了 11 个省市自治区的西部文化产业经营管理人才培训班。另外，各地文化产业管理部门也组织了多种形式的人才培养活动，举办了一些有针对性的专题人才培训班。通过不懈的努力，文化产业专门人才缺乏、从业人员素质不高的状况有所改善，但总的来看，我国文化产业的专业人才仍十分短缺。温总理报告提出，大力培养、积极引进、合理使用人才。今年山东大学、中国海洋大学开办了文化产业专业、面向全社会招生，这也是与时俱进，适应了社会需要的发展。浙江传媒学院与中南集团卡通影视公司合作，需要什么人才就设什么专业。四川民营资本建设文化产业学院。明年文化部准备建设两个国家文化产业人才培训基地。

（三）抓好两个重点

一个重点是积极培育市场主体。四中全会指出，以创新体制和机制为重点，增强微观活力。发展文化产业靠什么，靠文化企业，文化企业才是市场主体。目前我国文化系统内具有国际竞争力的大型国有文化骨干企业还比较少，要应对加入 WTO 后的挑战，必须深化文化体制改革，从推进国有经营性文化单位转企改制入手，搞活微观主体，调整结构，培育一批自主经营、自负盈亏、自我发展、自我约束、有竞争力、有影响力的大型国有或国有控股文化企业和企业集团。目前，通过文化体制改革试点，从中央到地方涌现出中国对外文化集团公司、北京儿艺股份有限公司、深圳歌剧团、北京歌剧舞剧院、沈阳杂技团等一批大中型国有或国有控股文化企业。

我们认为，应对国外竞争，仅仅依靠国有资本不行，还必须吸引社会力量参与发展文化产业。为此，我们采取了一系列政策措施鼓励非公有制经济发展文化产业，全国涌现出像上海盛大网络发展有限公司、浙江宋城集团、北京麦乐迪等一大批在全国影响较大的民营龙头企业。从文化系统文化产业看，全国非公有制经济所创造的文化产业增加值已占全部增加值的一半以上，就业人数占 2/3。非公有制文化企业已经成为与国外文化企业竞争的一支重要力量。目前，我国文化产业中民营资本的发展势头非常好，已成为发展文化产业的一支不可缺少的生力军。如演出基本持平，北京市有艺术表演团体 110 家，社会力量办的 51 家（占 46%）。社会力量办的演出场次和收入超过国办院团。民营民乐团女子十二乐坊于 2001 年成立，第一张专辑《美丽能量》在日本卖了 200 多万张，得了 20 个金奖和 10 个白金奖；第二张《奇迹》又卖了 170 万张，获日本“2003 年唱片大奖”。为配合新专辑《东方动力》发行，8 月份到美国 8 个城市进行巡演。赵本山民间艺术团投资 8000 万元，与辽宁大学合作建了一所本山艺术学院，我们对民营资本的看法要转变。2002 年 100 部电影中 70 部是国家拍的；最差的 10 部是国家、最好的 10 部是民营，9亿票房收入中，4家民营发行和代理发行的影片票房超过了4亿；2003年140部，今年可能突破200部，多数是民营公司拍的。《英雄》在国外创下11亿人民币的票房收入。今后，要消除体制性障碍，坚持同等待遇。谁投资、谁决策、谁受益、谁承担风险。

为指导文化企业健康有序发展，2003年，文化产业司编辑出版了《中国文化产业典型案例选编》，收集整理了各个不同门类的60个典型案例，在全国引起强烈反响，供不应求，连印三版。今年5月18日，我们与中国美协建立了两个文化（美术）产业示范基地。根据形势的发展要求，文化部在11月16日召开的第一次全国文化系统文化产业工作会议上，还命名了42个国家文化产业示范基地。通过这些基地的示范、窗口和辐射作用，进一步促进我国文化产业快速发展。

去年在国际卡通艺术论坛上，我曾经预测，今后文化建设有两个大的发展趋势，一是文化产业的比重肯定会超过文化事业的比重，二是文化产业中民营资本的投入肯定会超过国有资本的投入。为此，新华社专门发了一个通稿。我们必须跳出文化的小圈子思考问题，从行业管理的角度来研究问题，政府部门的职能是什么？说到底，就是政策调节、市场监管、社会管理和公共服务。

第二个重点是积极推进高新技术文化产业发展。现代科技的突飞猛进，信息技术、网络手段、数字化趋势给文化产业的发展带来革命性变化。如日本卡拉OK的发明与普及，带动了许多相关产业的发展。近几年来，我们十分注重运用高新技术和适用技术改造传统文化产业，培植开发新兴文化产业，优化文化产业产品和服务结构。通过建立国家动漫产业基地、举办各种文化产业、音像、网络博览会等措施，重点推动动漫业、音像业和网络文化业等与高新技术密切结合，又适合规模化、产业化运作的产业门类发展。同时鼓励开发具有世界先进技术水平、自主知识产权和民族特色的高科技文化内容产品。2004年底，内地上网用户总数为9400万，比去年增长8%。

一个是动漫业，一个是游戏产业。这两个方面是互相渗透的。韩国一个动画形象“流氓兔”，四年时间成为漫画书、卡通电视、儿童玩具乃至手机的主角，形成一个超过10亿美元的大产业。2002年韩国网络动漫产业市场已近50亿美元。现在我国强调加强对未成年人的思想道德教育，为动漫产业发展创造了一个很好的机遇。如政策向国产动画片倾斜。仅央视每年缺口2.5万分钟的动画节目，算上省级电视台的需求，每年缺口20万分钟，相当于1万集动画短片，如加上可由动画拉动的文具、儿童食品、玩具、服装、影音制品等产业，每年的市场总需求大约2000多亿元。我们目前是“一流画技、二流故事、三流经营”。现在，全国100多所高等院校开设了动画专业，在校生7000多还供不应求。长沙市拟斥资18亿元打造“蓝猫科技园”。深圳已经有从事动画制作的文化企业50多家，从业人员3000多人。今年8月挂牌成立了全国第一家深圳影视动画行业协会。最近，我部正在积极协调财政部，争取设立国家动漫产业发展专项资金。

全球游戏业市场每年大约在300亿美元左右。上海盛大网络于1999年11月成立，开始不景气，现在有近1000名员工，平均年龄不到25岁。2001年8月他们以30万美元入门费和27%运营分成的代价从韩国引进《传奇》游戏，当年为上海电信创收4亿元人民币，上缴税金8000万元。2002年据说为公司带来约4亿元的收入，利润两亿元。2003年再翻番。目前拥有注册用户1.5亿，最多同时在线用户人数超过135万人次，市场占有率达到68%，是世界上用户规模最大、收益额位居前列的网络游戏企业。5月13日盛大网络在美国纳斯达克股票市场成功上市，募集资金1.518亿美元。发行价为11美元，开盘后半个小时，股价由11.30美元飙升到12.38美元，最后以11.97美元收盘，上涨8.8%，创造了2004年中国概念股在国际资本市场上的最好开局。前几天曾一度达到每股30美元。公司总值200多亿，年仅31岁的总经理陈天桥以80多亿资产被胡润中国内地富豪排行榜列在第二位，IT行业排在第一位。日前，盛大互动娱乐有限公司签订协议，以7亿元人民币收购韩国一家网络公司29%的控股权。前几天我见到的报告，2004年盛大营业收入13.67亿元人民币，利润6.9亿元，比去年增长133%。

据新闻出版总署《2003年中国游戏产业调查报告》显示，中国网络游戏用户达到1380万人，增幅高达63.8%，占网民总数的五分之一。给电信业务带来的直接收入为87.1亿元人民币，是网络游戏实际销售收入的6.6倍。2004年中国网络游戏市场规模达到24.7亿元。中国网络游戏的发展潜力很大。

（四）打造两个平台

一个平台是信息交流平台。去年，我司在非典期间开始筹建中国文化产业网（cnci. gov. cn），经过一年的试运行，2004年7月正式开通，我们利用该网及时发布文化产业政策、动态、发展规划和市场供求等方面的信息，为文化企业及时了解国内外的技术、市场、资源、资金等状况提供便利。下一步计划通过中国文化产业网尽快实现信息、技术、人才的有效交流，使之真正成为文化产品和文化项目的交易平台。

另一个平台是产品交易平台。为打造一个面向市场面向国家的文化产品交易与合作的平台，2004年11月18日至22日，我部与广电部、新闻出版总署、广东省政府、深圳市政府联合举办了首届深圳国际文化产业博览会。中央政治局常委李长春同志3月21日批示："在广东搞国际文化产业博览会的创意很好，望加强协调指导。建议搞成全国性的，展出产品是我国的，客户是中外的，类似广交会。"这次博览会十分成功。我们在全国进行了文化产业投融资项目征集工作，征集700多个项目。

（五）面向两个市场

一个市场是国内市场。根据我国经济增长的常量分析和国家统计局公布的文化消费增长速度（10%）推算，2004年我国城乡居民文化消费总量（包括娱乐、教育、文化消费）将从2003年的5800亿元增长到6500亿元左右。这说明，我国文化产业的实际需求量很大，有着广阔的市场发展空间。国内市场是文化产业发展的主体市场。

另一个市场是国际市场。文化资源不等于产业资源。目前，我国文化贸易进出口逆差严重。积极实施“走出去”的发展战略，大力开拓国外市场，把中国的文化产品更多地打入国际市场。加入WTO后，我们不能老是待在自己家门口，被动挨打，必须积极实施“走出去”战略，主动出击，不断扩大中华文化在世界的影响，在国际文化市场抢占一席之地。2002年，为给我国的文化企业创造一个了解国际市场和国外文化企业的机会，我部与日本经济产业省商务情报政策局和韩国文化观光部文化产业局共同发起了中日韩文化产业论坛。论坛由三国轮办，首届在上海举办，第二届在韩国举办，今年10月25日在日本举办了第三届中日韩文化产业论坛，国内三十位专家、学者和企业家参加了这次论坛。

“走出去”一是要有政策支持。如音像出口的政策。去年国产音像制品出口已超过1亿元，但只占进口的1/10。版权贸易的逆差为15:1。目前，我部正在研究扶持中国文化产品“走出去”的具体措施和政策，鼓励支持民族文化产品的对外输出，把中国的文化产品更多地推向国际市场，以尽快缩小我国与外国文化产品的外贸逆差。外联局专门成立国际文化经济处。二是要有一定知名度的文化品牌。从某种意义上讲，文化品牌是文化企业的无形资产，也是安身立命之本。1981年5月11日，新伦敦剧院创作了《猫》剧。后搬到美国百老汇，直到2000年9月10日才回到英国，并开始在世界各地巡演。已走了26个国家300多个城市以10多种语言演出过。一曲旋律优美《记忆》，成了许多歌星的成名作，600次录音，150多位歌唱家演唱过。《猫》给中国对外演出公司至少创收400万元。前年，在上海演出的美国百老汇音乐剧《悲惨世界》，连续十六年常演不衰、巡演34个国家，累计收入18亿美元。这些都充分显示了文化品牌的力量和效益。美国百老汇音乐制作人罗柏·阿佩尔在接受记者采访时说，美国人之所以在文化产业方面能够取得成功，关键的一点是能够把艺术思路与商业思路有机地结合在一起。现在，我国也好多了。东方歌舞团创作的《蔚蓝色的浪漫》和《华彩唱风流》，三年来演出300多场、创收5300万元，超过了过去13年的总和。《云南映象》

势头也很好，已打到国外。各省都在着力打造自己的文化品牌。三是要有一定的营销手段。

以上概括了十句话，不知是否恰当，仅供参考。关于今后的工作，我这里想借用李长春同志讲的四句话，那就是“在领导方式上有新转变，在发展思路上有新策划，在实现途径上有新手段，在破解难题上有新举措”。我们相信，通过上上下下的共同努力，我国文化产业一定会实现快速发展，一定会成为国民经济中的一个新的增长点，为全面建设小康社会做出应有的贡献。

（2004 年 12 月 9 日，参加中央电视台《对话》栏目时的发言要点）

昆明发展文化产业前途不可限量

昨天，首届昆明文化产业博览会大幕拉开。规模盛大的博览会，不仅吸引了来自各地的展商，也吸引了众多从事文化产业的重量级人物，记者第一时间抓住这些“文化大腕”，看看他们眼中首届昆明文博会的分量和意义。

昨天，在国贸中心昆明首届文博会现场，前来参加开幕式的国家文化部文化产业司司长王永章接受了本报记者的专访。

王永章说，这次昆明首届文博会的举办非常成功，从中可以看出昆明市委、市政府对文化产业的认识程度，真正把文化产业作为昆明市新的经济增长点和支柱产业来抓；昆明市的各级领导真抓实干，目标、政策、措施都能真正落到实处。

王永章说，改革开放25年来，我们在引进外资发展经济方面取得了很大的成绩，但不可否认的也是付出了一些代价，因此认识到谋求经济、文化的协调发展，已成为全面建设小康社会的重要内容。在科学协调地发展中，文化所起的作用越来越重要。

王永章还说，文化产业的发展，市场环境和文化企业的关系十分密切，政府服务和政策支撑很重要，而“文博会”就为文化企业的发展提供了舞台，是文化项目和产品展示、展销和展演的平台，是投资和需求的桥梁。在文化产业中，文化已经不仅具有精神属性和宣教功能，而且还有商品属性、经济特征和服务功能。看文化产业的发展，要由具体的产业项目来体现，要看有多少文化企业，创造了多少增加值，在GDP中所占的比重有多少。

作为专门研究文化产业发展规划和文化产业发展政策、法规；扶持和促进文化产业的发展和建设；协调文化产业运行中的重大问题的国家文化部文化产业司的负责人，王永章说，云南文化产业的发展，北京非常关注，而且从全国来说，云南文化产业发展的成绩排列都是靠前的。他说，自己在首届昆明文博会上有两点突出的感受：一是云南的民族文化资源非常丰富，而且在开发成为产业上下了功夫。文化资源并不等于文化产业，各个州市都要从自己的实际出发，发挥自己的优势、做出自己的品牌和特色。比如昆明发展文化旅游产业。另外一个感受是，昆明市发展文化产业，不单是领导重视、企业积极，而且上上下下都动起来了，首届文博会包括村镇街道都有展位，有这样广泛的参与，再加上政府和政策的引导，昆明的文化产业发展前途不可限量。

（2004 年 12 月 19 日接受云南日报网记者专访谈话要点）

发展文化产业云南独具优势

作为我国文化产业发展的权威发言人，文化部文化产业司司长王永章百忙之中欣然抽空赴丽江，为云南省文化产业高级研修班作专题讲座。讲座之余，他接受了本报记者和云南电视台《今日话题》栏目的采访，就全国文化产业的发展和云南文化产业发展的现状和未来发展中值得关注的问题进行了广泛交流。

交谈中，王永章对近两年来云南文化的全面繁荣给予高度评价。他说，近年来，云南发展文化产业走在了全国前面，其次是广东、浙江、四川。国家计划打造的首届西部文化产业博览会准备放在云南举办。下面是记者与王永章司长的访谈：

一、云南发展文化产业正当其时

记者：1997 年，云南是全国最早提出要建设“文化大省”的省份之一，作为国家文化产业司司长，回顾云南这几年发展文化产业的做法和取得的成绩，您有何感想？

王永章：云南省文化产业的发展情况，从个人来说我很难有一个全面准确的评价，但从文化产业司来讲，对于云南这几年的工作是非常关注的。给我印象最深的是，2003 年，云南省就提出要像抓烟草、抓旅游一样抓文化产业发展，这反映出当地领导的远见卓识。

云南提出大力发展文化产业正当其时，与国家提出的调整经济产业结构发展战略正好契合。云南省可以借此东风，乘势而上，实现文化产业的快速发展。尤其值得一提的是，过去我们的一些经济成绩是建立在以牺牲环境和资源为代价的，重点放在高污染、高排放、高耗能产业上。现在国家提出经济可持续发展及发展循环经济，而文化产业是无烟工业、朝阳产业，正符合国家产业结构调整政策的要求，具有巨大的市场发展空间。

二、云南最大优势是资源

记者：云南省这几年大力发展文化产业，有一系列的举措和动作，这其中给您印象最深的是什么？

王永章：从文化部来说，一直强调各地从实际出发、充分利用自己的资源。发展有特色的产业，不可搞一刀切。云南发展文化产业首先就是利用了自身丰富的民族、民间文化资源。如《丽水金沙》就是一个很好的例子，它与当地旅游业紧密结合，互为促进。另外《云南映象》也是一个成功的典范。

其次，云南省委、省政府领导的思想观念非常超前。丹增副书记本身就是一个文化人，艺术造诣很深，他的文章我非常喜欢看。有丰富的文化资源，又有党政领导的高度重视，这些都是云南发展文化产业最重要的优势。

记者：您认为云南建立文化大省最大的优势是什么？大力发展文化产业最大的卖点在哪里？

王永章：云南最大的优势是资源，但是资源是无形的，不像挖矿那么简单，要开发文化资源首先要提高“开采”能力。云南发展文化产业具有了资源优势，下一步就需要领导重视，措施到位；然后是把各州市的积极性调动起来；最后是成功的市场化运作。总之，云南发展文化产业的潜力非常巨大。

三、集中力量发展西部文化产业

记者：国家对各个省在大力发展文化产业方面，有无任何政策上、资金上的帮扶措施和投入？具体到云南省有何机会？

王永章：中央财政与地方财政是分锅吃饭的，不过，在文化产业的发展中，最重要的是政策的引导，是政策体系的建设。近年来，文化部几乎每年都有一个政策出台。资金方面，正在酝酿建立一个专项资金，而一些单项资金在有些地方已经有了，比如音像。

随着经济的快速发展，大力发展文化产业的措施会更多。文化部在全国搞了60个项目，云南就有两个，如《丽水金沙》和大理三塔的保护。去年，我们在深圳搞了一个文博会，效果很好，很成功，今后每年5月都会举办。对云南，我们这几年一直在酝酿配合国家西部开发政策，打造一个西部文化博览会，并打算把首届放在云南。通过这个展会，把西部12个省区市的力量集合起来，加快发展西部的文化产业。

四、文化产业也要靠吆喝

记者：近几年来，云南文化产业全面繁荣，在国内外各种文化赛事中成绩突出，有的专家和媒体称这种态势为“云南模式”“云南现象”，您对此有何看法？

王永章：“云南模式”感觉还没有一个很好的概括，但是“云南现象”引起了国内外人士的广泛关注。领导的重视程度、发展速度快、发展势头好，都是云南文化产业让人注目的地方。《云南映象》马上要出国巡演400多场，对于弘扬云南文化，对于全国各省市发展文化产业起到了很好的带动作用。云南发展文化产业走在全国前面，其次是广东、浙江、四川。

记者：对于有些人说的“云南文化产业的发展是靠吆喝起来的”，甚至有人认为吆喝太多、太甚，对此您有何看法？

王永章：过去说“酒香不怕巷子深”，现在市场经济就说酒香还要常吆喝，工作和宣传是不矛盾的，尤其是文化产业，当文化产品推向市场的时候，一定要大力宣传，依靠宣传搞好营销，占领市场，让企业站住脚。

记者：云南文化产业要在国内不断创新并真正走向国际，您认为最关键的是什么？

王永章：首先是领导重视，政策扶持。其次要有自己的品牌，比如《丽水金沙》，具有浓郁的当地少数民族文化的特色，与旅游业互为促进，是一个成功的典范。最后，就是要有好的运作方式。我们现在搞文化产业，最缺乏的是经纪人，是懂得国际演出市场规则的经纪人。现在，向国外演艺界学习显得尤为重要和迫切。

（2005 年 3 月 20 日接受《云南日报》记者专访谈话要点）

要多管齐下扶持文化产业

近日，由文化部等五部委联合公布的《关于文化领域引进外资的若干意见》和《国务院关于非公有资本进入文化产业的若干决定》（以下简称《决定》）成为了媒体报道的热点。在昨天的“第二届中国（深圳）国际文化产业博览交易会”新闻发布会现场，国家文化部文化产业司司长王永章就这两个文件及中国如何解决文化产业贸易逆差等问题，接受了本报记者的专访。

《第一财经日报》：8日公布的《决定》对非公有资本进入文化产业的方式如何界定？企业应该怎么准确把握进入的度？

王永章：对于非公资本进入文化产业，以前大家可能不是很清楚哪些领域可以进入。但是这次《决定》已经明确了。

你的第二问，我认为这个度是很清楚的，哪些允许合作？哪些不可以合作？哪些可以合作但有明确限定？企业应该先对《决定》有清楚的认识。

在这里我还想说明一点，文化产业的发展与市场环境和文化企业的关系十分密切，政府服务和政策支撑很重要。文化产业的发展状况，要由具体的项目来体现，要看有多少文化企业，创造了多少增加值，在GDP中的比重占多少。

《第一财经日报》：您说到具体的项目，那么国家在财政方面对文化产业的支持是一种什么样的情况？

王永章：文化产业在中国还是不成熟的产业，是一个“弱势板块”，正处在培育、发展的阶段，但是从未来看，它的重要性是不言而喻的。所以，国家非常重视对文化领域的投入，在这方面每年都会有立项，并且呈现逐年增加的趋势。就今年而言，第一批就有250万元。

《第一财经日报》：中国的文化产业贸易逆差一直是比较严重的，您觉得我们的问题主要出在哪里？今后应该如何解决？

王永章：贸易逆差的原因很多，其中主要的有两点，其一，中国的文化产业缺少适合国际文化市场需要和国外消费需求的有竞争力的文化品牌；其二，缺乏熟悉国际文化市场、掌握国际文化市场运行规则的有实力的中介机构。

过去我们对国外文化市场关注不够，所以今后要建立国内、国外的两个市场。鉴于此，去年文化部专门成立了一个国际文化经济处，就是研究国际文化贸易，采取积极的措施将国内好的文化产品尽可能多地推进到国际市场，取得更多的市场份额。

第二点，文化产品出口需要好的政策支持，所以这几年国家给予了很多扶持和鼓励，如音像产品方面，文化部和海关总署一起对正版的音像制品给予免检。据文化部对全国29个大的音像企业统计，2003年出口额是8597万元，2004年是11692万元。这种数量的增加就反映了政策支持的重要性。

第三点，我们需要打造一些著名的文化品牌。

最后一点，要完善文化产业链，创办深圳文博会就是这个目的。

《第一财经日报》：日本的动漫产业和韩国的影视业在中国的发展势头很猛，文化部孟晓驷副部长也希望我们能借鉴日韩两国的成功经验。我们应该怎么保证在引进日韩文化成果并吸取他们经验的同时，防止国内的产业受冲击？

王永章：由于我们的文化产业是“弱势板块”，所以我们对日本和韩国的经验非常重视。我们经常会派团到这些国家去进行考察。今年11月初还将在成都举办由我们发起的第四届中日韩文化产业论坛。在这个论坛上，我们会进行更广泛的交流和合作。

但是，我们不能把日本和韩国文化产业在中国的发展视为对我们本土产业的冲击，因为它们要进入我们的市场，以及怎么进入和进入多少，我们是可以控制的。只要国家政策加以调整，就可以防止你所说的问题。任何一个国家，比如法国等西方国家在WTO框架下对本国文化领域都有自我保护政策。

（2005年8月12日接受《第一财经日报》记者专访谈话要点）

促进文化产业新格局形成的又一利好政策

这是一份很可能引发文化产业量变乃至质变的文件。

2005年8月8日，《国务院关于非公有资本进入文化产业的若干决定》（以下简称《决定》）由新华社全文播发后，可谓“一石激起千层浪”，业界振奋之辞不绝于耳。

据业内人士分析，《决定》是继今年年初“非公36条”颁布后，国务院首次出台的关于非公有资本进入文化产业的相关政策，也是国家对民营资本进入文化产业领域的进一步明确与落实。

“《决定》是我国经济发展进入新的阶段，经济结构和所有制结构调整向文化领域深入的必然结果，也是我国文化产业自身发展壮大的必然要求。”文化部文化产业司司长王永章在接受采访时说：“《决定》的出台是我国文化产业发展进程中一件具有标志性意义的大事，它有助于进一步促进以国有文化企业为主导、多种所有制经济共同参与、投资主体多元化、融资渠道社会化、投资方式多样化、项目建设市场化的文化产业发展新格局的形成。”

问：过去我们经常在经济领域的改革和发展中谈非公有资本，而《决定》第一次对非公有资本进入文化产业的一系列问题做了明确规定。您认为《决定》出台的背景是什么？

王永章：从我国整体的经济发展趋势来看，有关统计数据显示，改革开放20多年来，我国经济持续增长，国民经济年增长率达到9.4%，2004年的GDP达到13.65万亿元，人均GDP突破1万元，提前一年实现了“十五”规划，而其中，非公有制经济创造的增加值年均增长率达到了20%以上。从全国来看，目前非公有制经济已经占国内生产总值的1/3以上，每年GDP增长的七成依靠非公有制经济的增长拉动。在解决就业方面，全国私营企业就业人数已超过8000多万，加上三资企业、乡镇企业，整个非公有制经济的就业人数达到2亿多人。可以看出，以民营经济为主体的非公有制经济已经成为中国市场经济中最具活力的组成部分。

从我国文化产业发展的现状来看，自从党的十六大之后，我国文化产业逐步进入了一个快速发展的历史阶段。有关统计数据表明：我国文化系统的文化产业增加值1998年为207.62亿元，2001年为210.68亿元，这3年的增长速度为1.47%，而2002年就发展到了250亿元，比2001年增长18.66%，2003年又增加到307.20亿元，增长速度高达22.88%。

实际上，非公有资本在20世纪90年代中期甚至更早些时候就开始进入文化产业领域，并在我国国民经济中所占比重逐年上升，已成为发展我国文化产业一支不可缺少的力量。据2004年统计，我国文化系统的文化产业，非公有资本所创造的文化产业增加值，已占到全部文化产业增加值的一半以上，就业人数占到2/3。

从行业分布来看，特别是演出、文化娱乐、音像、图书报刊、网络文化等行业发展相当迅速。从全国来看，到2004年年底，国有和集体文艺表演团体为2587家，民间职业剧团则达到5077家。如北京市2003年国有文艺表演团体和社会力量演出团体数量各半，但是在演出场次和收入上，后者已经超过了前者。从区域角度看，浙江省通过“参股经营、租赁经营”等途径，全省民营文化企业已发展到4万多家，投资总量达230亿元，总收入达300亿元以上，从业人员50多万人。

因此，在文化产业领域内，非公有制经济在调整所有制结构、解放文化生产力、满足人们精神文化需求、缓解社会就业压力、促进经济发展等方面已经发挥了重要作用。这表明，《决定》不仅是我国经济发展进入新的阶段，经济结构和所有制结构调整向文化领域扩大和深入的必然结果，也是我国文化产业自身发展壮大的必然要求。

问：通过您的阐述，我们可以得出这样的判断，促进非公资本进入文化产业领域，必将有利于扩大和改善我国文化产业领域的资本容量和市场结构。

而这个过程对于推进我国文化体制改革又有什么意义呢？

王永章：大家知道，我国正在深入进行的文化体制改革的基本思路，就是围绕繁荣和发展社会主义先进文化这一中心，坚持“两手抓”“两加强”，一手抓文化公益事业，完善公共文化服务体系；一手抓文化产业，发挥市场机制对文化资源配置的重要作用。

这样做最终是为了解放和发展文化生产力。发展文化产业，主要依靠文化企业，文化企业才是文化市场的主体。而目前我国具有国际竞争力、影响力的大型国有文化骨干企业还比较少，其整体实力和竞争力还需要进一步增强。因此，打破所有制界限，消除体制性障碍，按照“谁投资、谁决策、谁收益、谁承担风险”的原则，积极吸引社会力量发展文化产业，盘活存量，扩大增量，成为当前促进文化产业发展的一项重要任务。

为了实现这个目标，党的十六大以来，国务院的文化和其他相关行政管理部门以及一些地方政府，都相继出台了一系列政策和措施，鼓励、支持和引导非公有资本进入文化产业领域。如，2003 年文化部文化产业司编辑出版了《中国文化产业典型案例选编》一书，其中既有国有企业的典型代表，也有民营文化企业的佼佼者；2004 年 10 月 18 日，文化部又下发了《关于鼓励、支持和引导非公有制经济发展文化产业的意见》，把引导和规范非公有资本进入文化产业领域作为一项重要工作来抓；2004 年 11 月 16 日召开的第一次全国文化系统文化产业工作会议上，文化部又命名了 42 个文化产业示范基地，其中民营文化企业占 1/3，等等。

相比各地区、各部门颁布的相关规定，《决定》具有更权威的效力和更明确的范围，充分显示出国家加快文化产业发展的决心，同时从宏观上引导民营资本合理有序地进入，为文化产业发展增加新的活力。它有利于优化调整文化产业所有制结构，促进公有制的多种实现形式；有利于推进投融资体制改革，广泛吸纳社会资金发展文化产业；有利于推动经营性文化事业单位转企改制，实现股份制改造；有利于解放文化生产力，创造就业机会，拉动内需，增加城乡居民收入，多元化、多渠道地为广大群众提供丰富多彩的文化产品和文化服务。

问：除了鼓励、支持和允许进入文化产业领域外，《决定》也在部分领域对非公资本设置了明确的禁令，并强调有关部门要严格资质认定和审批程序，加强监管和规范，取缔违法违规经营。对此，您怎么看？

王永章：《决定》对非公有资本进入文化产业，分鼓励、限制和禁止三种情况，对非公有资本进入文化产业有很强的指导性和明确的可操作性。在放开投资准入领域，鼓励非公有资本进入文化产业的同时，体现了规范和引导，加强市场监管，促使我国文化产业有序、健康发展的意图。

据了解，目前在我国持币观望的社会闲置资本达到10万多亿元，《决定》在鼓励、促进非公有资本进入文化产业领域的同时，对部分领域设限，有利于投资者形成明确的市场预期，对行业的稳定发展有积极作用。对于进入文化产业领域的非公企业来说，需要对《决定》进行充分研究和具体应用，及时调整以适应这种产业政策的变化。

非公有企业追求经济效益是理所当然的事情，但是文化领域与经济领域不同，作为文化企业，在依法经营、照章纳税的同时，必须坚持把社会效益放在第一位，力争两个效益的统一，这也是贯彻发展先进文化的要求。

问：作为一个政策性文件，《决定》对文化产业管理的职能部门提出了明确的要求，包括依法清理和修订与本决定相抵触的规定，制定具体实施办法，明确投资指导目录等。您认为今后文化行政主管部门应该发挥怎样的作用和影响？

王永章：《决定》实际上潜含着一个政府职能转变的问题。我们必须清醒地意识到，促进非公有制经济发展文化产业是一个较长时期的任务。目前在文化市场开放过程中，既存在政府主管部门职能交叉和以往限制性文件尚未清理等监管不规范的问题，还要避免非公有资本一哄而上、盲目投资的现象。作为政府职能部门也必须认真学习领会《决定》精神，进一步解放思想，更新观念，转变工作作风和工作方式，从行业管理的角度，加强对文化产业的宏观调控和服务。我认为，首先要转变对非公文化企业的认识，坚持对国有和非公有经济一视同仁、同等待遇的原则，要把鼓励、支持和引导非公有制经济发展文化产业作为一项重要任务纳入工作的议事议程，大力营造非公有制经济发展文化产业的良好政策环境和市场环境。

其次，转变工作作风，为非公有制文化企业提供全面有效的服务。及时发布文化产业政策、发展规划和市场供求等方面的信息，帮助非公有制文化企业随时了解国内外的技术、人才、市场、资源、资金等状况，逐步建立有利于非公有制文化企业创业的人才交流、技术和政策咨询、信息查询、高新技术产品和项目孵化、银行信贷担保等社会化服务体系。

最后，加强行业协会建设，充分发挥行业协会自我管理、自我约束的自律作用，和联系市场主体与政府的桥梁作用，以及维权协调服务的功能；完善文化市场管理机制，不断提高市场监管水平，加大市场执法力度，严厉查处和制裁各种违法违规行为，依法保护知识产权权利人的合法利益，逐步形成统一开放、竞争有序的市场体系。

（2005 年 8 月 19 日接受《中国文化报》记者专访谈话要点）

促进我国演艺市场健康有序发展

——在北方剧院联盟成立仪式上的讲话

同志们：

在2005中国东北文化产业博览会开幕的日子里，中国北方剧院联盟又宣布成立了，真是喜上加喜，好事成双。为此，我代表文化部文化产业司对剧院联盟的成立表示热烈祝贺！

大家知道，经过20多年的改革开放，我国演艺业日益繁荣，剧场作为演艺产业的终端，在满足群众精神文化需求、实现文化服务的最终价值、丰富完善文化产业链、推动演艺产业快速发展方面，具有不可替代的作用。

今年9月1日正式实施的《营业性演出管理条例》及其实施细则，对促进我国演艺市场健康有序发展，使之逐步走上法制化、制度化、规范化的轨道，有着十分重要的意义。但是，我们必须看到，随着市场准入的不断放宽和非公资本的大量进入，演艺业的竞争将会更加激烈，市场对文化企业的要求将会更高。面对这种新的形势和挑战，北方剧院联盟应运而生，这既是文化体制改革不断深化的必然产物，又充分反映了联盟策划者与组织者的应变能力、超前意识和创新精神。对此，我表示由衷的敬佩。

中国北方剧院联盟的成立不仅为整合与开发东北地区剧院资源、全面提升国有文化企业竞争力创造了新的发展空间，而且对全国剧院搞好经营、加强管理和改善服务，提供了一种新的发展模式。我们衷心祝愿，联盟成立后全体成员单位能够按照联合宣言的精神和约定，同心同德，开拓创新，携手共进，做大做强，为繁荣活跃东北地区的演出市场，为促进我国演艺产业的快速发展，为满足人民群众日益增长的精神文化需求，为构建社会主义和谐社会做出积极的贡献。

最后，祝联盟一路走好，事业和财源更加红火！

（2005 年 9 月 23 日于沈阳）

两岸四地文化产业领域合作前景广阔

——在海峡两岸文化产业发展论坛上的发言

尊敬的各位来宾，女士们、先生们：

今天，有机会向各位来宾和朋友介绍大陆文化产业的发展情况，我感到很高兴。同时，我也期望通过这次论坛，特别是与在座各位的直接交流，进一步加强两岸四地在文化产业领域的合作。

近几年来，文化产业作为一个新兴产业得到政府的高度重视。自2002年政府提出大力发展文化产业的战略任务后，经过各方共同努力，文化产业开始进入快速发展阶段，呈现出蓬勃发展的新气象。文化产业在满足人民群众精神文化需求和促进人的全面发展方面的积极作用得到有效发挥；在推动结构调整、扭转粗放增长方式、促进经济协调发展、构建和谐社会方面的重要作用日益凸现。一个以国有文化企业为主导、多种所有制经济共同参与的文化产业发展新格局正在逐步形成。具体表现在：

一、文化产业粗具规模，增长速度明显高于经济增长速度，开始对国民经济运行产生深刻影响

据大陆统计部门测算，2003年，大陆文化及相关产业有从业人员1274万人，占城镇从业人员的5.0%，实现增加值3577亿人民币，占GDP的3.1%。其中直接从事文化活动的文化服务各行业共有从业人员645万，占城镇从业人员的2.5%，实现增加值1718亿元人民币，占GDP的1.5%。从就业总量而言，文化服务业就业人员规模已经高于“批发和零售业”；从经济总量而言，文化服务业的经济总量与“房地产业”大体相当。北京、上海等大城市

的文化产业发展较快，北京市2003年文化产业增加值占全市GDP的比重已达到6.7%，计划到2008年增长到9%。上海市2004年文化产业增加值占全市GDP的比重为6%，计划近几年每年递增1个百分点。大陆文化系统文化产业的发展速度也十分可观，文化产业的增加值2002年比2001年增长了18.66%，2003年又比2002年增长了22.88%，总量达到307亿人民币。

二、文化产业政策体系不断完善，为文化产业快速发展提供了强有力的支撑

2003年9月，文化部制定下发了《关于支持和促进文化产业发展的若干意见》。2004年10月，制定下发了《关于鼓励、支持和引导非公有制经济发展文化产业的意见》。2005年4月和7月，国务院以及相关部门先后下发了《关于非公有资本进入文化产业的若干规定》《关于文化领域引进外资的若干意见》等一系列重要文件。去年3月和今年1月，国家统计局还先后下发了《文化及相关产业分类》和《文化及相关产业指标体系框架》两个文件，将文化产业发展情况统计列入国民经济的统计框架体系，为今后全面把握文化产业的发展趋势和速度，科学规划、有效管理、正确指导文化产业健康发展，提供了权威、准确的统计数据。

三、积极推进文化体制改革，不断增强国有文化企业活力

过去在计划经济条件下，我们只讲文化事业，不讲文化产业。随着市场经济体制的不断完善，通过深化改革，现在我们将文化建设分为公益性的文化事业和经营性文化产业两大类，同时采取分类指导的方式。公益性文化事业单位的改革以增加投入、转换机制、增强活力、改善服务为重点；经营性文化企业单位的改革以创新体制、转换机制、面向市场、增强活力为重点。为培育市场主体，增强微观活力，我们鼓励支持一部分国有文化单位分期分

批转制为企业，使其成为有竞争力的市场主体，逐步建立政府管理、行业自律、企事业单位依法运营的文化管理体制和富有活力的文化产品生产经营机制。

四、不断扩大对非公有资本和外资的开放，逐步形成多元化的文化产业投资格局

中国加入 WTO 以后，特别是今年以来，文化产业领域对非公有资本和境外资本的市场准入程度越来越高。目前，在大陆文化部门管理的文化产业中，非公有制经济所创造的文化产业增加值已占到全部文化产业增加值的一半以上，就业人数占到2/3。仅浙江省就有民营文化企业4 万多家，投资总规模达230 亿元，总收入在300 亿元以上，从业人员50 多万人。民营文化企业已成为大陆发展文化产业中一支不可缺少的力量。另外，新的规定允许外商以独资或合资、合作的方式设立包装装潢印刷、书报刊分销、可录类光盘生产、艺术品经营等企业。在大陆方控股 51% 以上或大陆方占有主导地位的条件下，允许外商以合资、合作的方式设立出版物印刷和只读类光盘复制等企业。在不损害大陆审查音像制品内容的权利的情况下，允许外商以合作且大陆方占有主导地位的方式设立除电影之外的音像制品分销企业。在大陆方控股51% 以上或大陆方占有主导地位的条件下，允许外商以合资、合作的方式设立和经营演出场所、电影院、演出经纪机构、电影技术等企业，参与国有书报刊音像制品发行企业股份制改造。

允许香港和澳门的服务提供者在内地设立合资、合作、独资经营的演出场所，设立演艺经纪公司分支机构，设立合资、合作经营的演出经纪机构，设立由内地控股的互联网文化经营机构和互联网上网服务经营场所，设立不超过 70% 股权的音像制品分销合资企业和不超过 70% 权益的音像制品分销合作企业，以独资形式新建、改建电影院，在内地试点设立发行国产影片的独资公司。

五、积极扶持与高新技术密切相关的新兴文化产业发展

现代科技进步的突飞猛进，信息技术、网络手段、数字化趋势给文化产业的发展带来革命性变化。我们十分注重运用高新技术和适用技术改造传统文化产业，培植开发新兴文化产业。鼓励开发具有世界先进技术水平、自主知识产权和民族特色的高科技文化内容产品。目前，大陆网络文化、动漫游戏、休闲娱乐、文化旅游、广告会展等文化行业所创造的增加值已接近新闻、出版、广电和文化艺术等传统文化产业部门，其从业人员已接近传统文化产业的两倍。据统计，2004 年大陆生产的动漫达到 2. 8 万分钟，加上为其他国家代加工的 3 万多分钟，总产量在 6 万分钟左右，约占世界年产量的 1/3。今年，大陆有关部门已经批准了 20 多万分钟的动漫节目生产。大陆动漫产业的市场规模每年将达到 200 多亿元人民币，衍生产品市场在 100 亿元人民币左右。大陆网络游戏的潜力巨大。据测算，今年年底大陆互联网用户将达到 1. 2 亿人，成为仅次于美国的世界第二大网络市场。庞大的用户群为网络游戏的发展提供了坚实的市场基础，催生了一批具有市场竞争力的网络游戏企业。

六、鼓励和支持大陆文化企业“走出去”，主动参与国际竞争

目前，大陆社会经济尚处在从计划经济向市场经济转轨的过程中，文化企业相对比较弱小，要走出国门、参与国际竞争还有一定困难。为鼓励和支持大陆文化企业“走出去”，今年年初，大陆文化部制定下发了《关于促进商业演出展览文化产品出口的通知》和《商业演出展览产品出口指导目录管理办法》，使具有出口优势的项目优先得到海外市场信息和销售渠道，并相继推出一批在国际文化市场上能够站住脚的品牌文化项目。今年 4 月，文化部、财政部还专门设立了支持国产音像制品走出去的专项资金。据对大陆 29 家音

像企业调查显示，其出口金额逐年增长，2002 年达到 8373 万元人民币，2003 年达 8597 万元人民币，2004 年达 1.1692 亿元人民币，分别比上年增长 3.92%、36.01%。其中出现一批音像出口额超过 1000 万元人民币的公司。三辰卡通集团有限公司以“蓝猫”为形象的卡通节目，在不到 5 年的时间里，外销到美国、韩国、印度尼西亚、以色列等 13 个国家，输出节目 6.6 万多分钟，版权收益高达 213 万美元。

七、充分发挥政府公共服务职能，为文化产品和文化服务搭建交易平台

为不断完善文化产业链，给文化企业搞好服务，我们以举办各类文化产业博览会为切入点，积极搭建文化产品交易、文化信息交流和文化项目合作的平台。目前，已经举办了中国（深圳）国际文化产业博览会、中国国际音像博览会、中国国际网络文化博览会、中国国际艺术博览会、中国东北文化产业博览会等。特别需要指出的是，创办于 2004 年的中国（深圳）国际文化产业博览会是大陆第一个国际化、国家级、综合性的文化产业博览会，明年 5 月 18 日将举办第二届。今年 12 月 8 日至 11 日，文化部等部门将在云南省昆明市举办首届中国西部（昆明）文化产业博览会。另外，明年下半年湖北省还将承办首届中国中部文化产业博览会。届时，我们热忱欢迎香港、澳门、台湾的朋友来大陆参加博览会，洽谈业务，采购大陆的文化产品，投资大陆的文化产业项目。

总的看，目前大陆文化产业发展势头很好，已经成为国民经济一个新的增长点，还将可能发展成为支柱产业。现在，我们正在着手制定大陆的《文化建设第十一个五年规划（2006—2010 年）》。2006 年至 2010 年期间，大陆文化产业发展的基本思路和目标是，以文化资源为依托，以结构调整为主线，以体制创新和机制改革为突破口，大力发展文艺演出业、艺术培训业、休闲娱乐业、广告会展业、艺术品业等传统优势产业，积极扶持以文化创意、动

漫游戏、影视音像、网络文化为代表的新兴文化产业。文化产业年增长速度在15%以上，文化消费在居民日常消费中所占的比例达到5%以上。

各位来宾，2002年春天，我曾随大陆文化访问团考察过台湾、香港、澳门的文化产业，你们促进文化产业发展的一些做法和经验，给我留下了深刻的印象。我认为，两岸四地在文化产业领域有很强的互补性，合作前景十分广阔。因此，我们殷切希望能够通过这次论坛进一步密切两岸四地之间的合作与交流，互利互惠，优势互补，共同推动海峡两岸文化产业繁荣发展，共同把中华民族文化产品和服务推向世界。

（2005年10月22日于上海交通大学）

互利互惠　优势互补　共同推动三国文化产业繁荣发展

——在第四届中日韩文化产业论坛上的发言

尊敬的各位部长，女士们、先生们：

借此机会，我想着重向各位来宾介绍一下自去年第三届中日韩论坛以来中国文化产业发展的一些新举措、新态势、新构想和新建议。期望通过与在座各位的相互沟通，进一步加强中日韩三国在文化产业领域的交流与合作。

一、中国政府发展文化产业的新举措

（一）中国政府充分认识到发展文化产业的战略意义，已将文化产业纳入国家发展规划和统计指标体系

近几年来，中国政府对发展文化产业越来越重视，特别是去年以来，国家将大力发展文化产业列入重要议事议程，文化产业步入了一个新的发展阶段。在国家顺利完成国民经济和社会发展“十五”计划之后，文化部等相关部门正在深入调研的基础上，着手制定文化产业发展“十一五”（2006—2010年）规划。另外，2004年3月和今年1月，我国先后下发了《文化及相关产业分类》和《文化及相关产业指标体系框架》两个文件，将文化产业发展情况统计列入国民经济的统计框架体系，为今后全面把握文化产业的发展趋势，科学规划、有效管理、正确指导文化产业健康发展，提供了权威、准确的统计数据。

（二）不断完善文化产业政策体系，为文化产业快速发展提供强有力的支撑

2004 年 10 月，文化部制定下发了《关于鼓励、支持和引导非公有制经济发展文化产业的意见》。今年 4 月和 7 月，国务院以及相关部门先后下发了《关于非公有资本进入文化产业的若干规定》《关于文化领域引进外资的若干意见》等一系列重要文件。国家发展与改革委员会与商务部联合公布了新的《外商投资产业指导目录（2004 年修订）》。国家广播电视总局与相关部门先后发布《关于促进广播影视产业发展的意见》《关于发展我国影视动画产业的若干意见》《中外合资、合作广播电视节目制作经营企业管理暂行规定》等。国家还将网络游戏产业列入 2004 年电子信息产业发展基金重点招商项目。

（三）积极稳妥推进文化体制改革，不断增强国有文化企业活力

为培育市场主体，增强微观活力，我国进行了新一轮的文化体制改革，鼓励支持一部分国有文化单位分期分批转制为企业，使其成为真正有竞争力的市场主体，逐步建立政府管理、行业自律、企事业单位依法运营的文化管理体制和富有活力的文化产品生产经营机制。公益性文化事业单位的改革以增加投入、转换机制、增强活力、改善服务为重点；经营性文化企业单位的改革以创新体制、转换机制、面向市场、增强活力为重点，通过深化改革，推动中国文化事业和文化产业走上良性循环、健康发展的轨道。两年多的改革实践，使国有文化企事业单位的活力和竞争力大大增强。

（四）加大对非公有资本和外资的开放力度，逐步形成多元化的文化产业投资格局

中国加入 WTO 以来，特别是去年以来，我国文化产业领域对非公有资本和外资的市场准入程度越来越高，为非公有资本和外资提供了难得的发展机

遇。文化部等5部委发布的《关于文化领域引进外资的若干意见》规定，允许外商以独资或合资、合作的方式设立包装装潢印刷、书报刊分销、可录类光盘生产、艺术品经营等企业。在中方控股51%以上或中方占有主导地位的条件下，允许外商以合资、合作的方式设立出版物印刷和只读类光盘复制等企业。在不损害我国审查音像制品内容的权利的情况下，允许外商以合作且中方占有主导地位的方式设立除电影之外的音像制品分销企业。在中方控股51%以上或中方占有主导地位的条件下，允许外商以合资、合作的方式设立和经营演出场所、电影院、演出经纪机构、电影技术等企业，参与国有书报刊音像制品发行企业股份制改造。

（五）不断加强知识产权保护力度，严厉打击侵权盗版行为

近二十年来，中国政府十分重视知识产权保护工作，特别是去年以来取得了重大进展，走过了发达国家通常需要几十年甚至逾百年的历程。一是基本建成了行政法规与部门规章相结合的较为完备的知识产权保护体系。国务院相继颁布了音像、演出、娱乐、电影、互联网等方面的行政法规，文化部分别制定了配套的部门规章，为打击侵权盗版奠定了坚实的法律基础。二是基本建立了专项治理与长效管理相结合的较为有效的知识产权保护机制。三是基本确立了行政执法和刑事司法相结合的较为健全的知识产权保护模式。对于达到刑事犯罪追诉标准的案件，坚决依法追究其刑事责任。2005年4月，国家知识产权局等9部委共同举办了“保护知识产权宣传周”，并在北京召开了“中国知识产权与经济发展高级研讨会”。仅2004年一年全国就查缴销毁各类违法音像制品1.54亿张（盘）。在中国这样一个市场体系还不完善、经济发展水平还不高的发展中国家，下这样大的气力打击盗版违法犯罪活动，在世界范围内，也是不多见的。

（六）鼓励和支持中国文化企业“走出去”，主动参与国际竞争

目前，我国社会经济尚处在从计划经济向市场经济转轨的过程中，本土

文化企业相对比较弱小，要走出国门、参与国际竞争还有一定困难。为鼓励和支持中国文化企业“走出去”，今年年初，文化部制定下发了《关于促进商业演出展览文化产品出口的通知》和《商业演出展览产品出口指导目录管理办法》，使具有出口优势的项目优先得到海外市场信息和销售渠道，相继推出一批在国际文化市场上能够站住脚的品牌文化项目。2005 年4 月，文化部、财政部还专门设立了支持国产音像制品走出去的专项资金。

（七）充分发挥政府公共服务职能，为文化产品和文化服务搭建交流交易平台

为不断完善文化产业链，给文化企业搞好服务，我们以举办各类文化产业博览会为切入点，积极搭建文化产品交易、文化信息交流和文化项目合作的平台。目前，已经举办的有中国（深圳）国际文化产业博览会、中国国际音像博览会、中国国际网络文化博览会、中国国际艺术博览会、中国国际数码互动娱乐产品及技术应用展览会、中国东北文化产业博览会等等。正在筹办的有中国西部文化产业博览会、中国中部文化产业博览会。特别需要指出的是，创办于2004 年的中国（深圳）国际文化产业博览会是我国第一个国际化、国家级、综合性的文化产业博览会，2006 年5 月18 日还将举办第二届。另外，2006 年下半年四川省将承办第二届中国西部文化产业博览会。届时，我们欢迎韩国、日本的朋友积极参加招商招展，投资中国的文化产业项目。我们相信，你们会有回报，而且一定会有很好的回报。

（八）加快文化产业人才培养体系建设，为文化产业发展提供人力支持

文化产业的发展必须要有大量的文化产业经营管理人才来支撑。为解决快速发展的文化产业与文化产业人才缺乏之间的突出矛盾，我们十分重视加强文化产业人才的培养工作。在北京和上海分别建立了国家文化产业创新与发展研究基地，在研究国内外文化产业发展情况和趋势的基础上，着重探讨和建立专门培养文化产业方面各类人才的教育培训体系。为重点解决我国西

部欠发达地区文化产业经营管理人才缺乏的状况，我们举办了多期专门培训西部落后地区文化产业人才的培训班。为鼓励社会力量积极参与文化产业人才培养，我们与社会力量合作在北京建立了第一个国家文化产业人才培养基地。目前已经有许多综合性大学纷纷开始关注针对文化产业领域的人才教育和培养，有一些大学已经设立了专门的文化产业专业，文化产业专门人才的培养正逐步开始纳入正规的高等教育体系。

二、中国文化产业发展的新态势

（一）文化产业已成为一个新的经济增长点

目前，我国文化产业增长速度明显高于国民经济增长速度。如全国文化系统的文化产业增加值，2002 年比 2001 年增长了 18. 66%，2003 年又比 2002 年增长了 22. 88%。再以北京、上海为例，北京市 2003 年文化产业增加值占全市 GDP 的比重已达 6. 7%，计划到 2008 年增长到 9%。上海市 2004 年文化产业增加值占全市 GDP 的比重为 6%，计划今后每年递增 1 个百分点。由此可见，我国文化产业已经粗具规模，并对国民经济开始产生深刻影响。

（二）新兴文化产业发展迅猛

目前，新兴起的网络文化、动漫游戏、休闲娱乐、文化旅游、广告会展等文化行业所创造的增加值已接近新闻、出版、广电和文化艺术等传统文化产业部门，其从业人员已接近传统文化产业的两倍。据中国动画学会统计，2004 我国生产的动漫达到 2. 8 万分钟，加上为其他国家代加工的 3 万多分钟，总产量在 6 万分钟左右，约占世界年产量的 1/3。今年，我国有关部门已经批准了 20 多万分钟的动漫节目生产。中国动漫产业的市场规模每年将达到 200 多亿元，衍生产品市场在 100 亿元左右。中国网络游戏的潜力巨大。据测算，今年底中国互联网用户将达到 1. 2 亿，成为仅次于美国的世界第二大网络市场。庞大的用户群为网络游戏的发展提供了坚实的市场基础，催生了一批具有市场竞争力的网络游戏企业。

（三）民间资本和外资进入文化产业的步伐明显加快

中国严格履行入世的有关承诺，文化产业领域对外资进一步开放。中国文化市场蕴藏的巨大商机和不断出台的利好政策，吸引了越来越多的民间资本和外资进入。目前，在我国文化部门管理的文化产业中，非公有制经济所创造的文化产业增加值已占到全部文化产业增加值的一半以上，就业人数占到2/3。仅浙江省就有民营文化企业4万多家，投资总规模达230亿元，总收入在300亿元以上，从业人员50多万人。在电影制作方面，近两年我国社会资金和外资参与拍摄的电影占总产量的80%以上。目前，民营文化企业已成为发展文化产业的一支不可缺少的力量。

（四）涌现出一大批骨干文化企业

通过文化体制改革，从中央到地方涌现出许多像中国对外文化集团公司、北京儿艺股份有限公司、北京歌剧舞剧院、沈阳杂技团等这样的大中型国有或国有控股文化企业。这些公司在促进文化产业发展方面起到了示范带头作用。国家采取的一系列鼓励非公资本发展文化产业的政策，培育出许多像上海盛大、浙江宋城集团、北京麦乐迪等在全国影响较大的民营龙头文化企业。目前，以国有文化企业为主导、多种所有制经济共同参与、投资主体多元化、融资渠道社会化、投资方式多样化、项目建设市场化的文化产业新格局正在逐步形成。

（五）实施文化产业“走出去”战略初见成效

在政府政策引导和支持下，一批有实力的文化公司积极开拓国际文化市场，取得可喜的成绩。据文化部对29家音像企业调查显示，其出口金额逐年增长，2002年达到8373万元，2003年达8597万元，2004年达11692万元，分别比上年增长3.92%，36.01%。其中出现一批音像出口额超过1000万元的公司。三辰卡通集团有限公司以“蓝猫”为形象的卡通节目，在不到5年的时间里，外销到美国、韩国、印度尼西亚、以色列等13个国家，输出节目6.6万多分钟，版权收益高达213万美元。2004年底，中国东方歌舞团在日本47个都道府县演出《华彩唱风流》138场。上海城市舞蹈有限公司投资制作的舞剧《霸王别姬》和杂技剧《天鹅湖》与海外签订了商业巡演合同。在未来5年内，该公司还将向国际市场推出10台具有中国特色的原创舞台剧目。天创国际演艺制作交流有限公司投资制作的武术剧《功夫传奇》，今年8月已赴美国、加拿大巡演，到年底预计将演出210场。

三、促进我国文化产业快速发展的新构想

（一）制定“十一五”规划，明确文化产业发展的基本思路和目标

目前，我们正在着手制定《文化建设“十一五”规划（2006—2010年）》。“十一五”期间，我国文化产业发展的基本思路和目标是，以文化资源为依托，以结构调整为主线，以体制创新和机制改革为突破口，大力发展文艺演出业、艺术培训业、休闲娱乐业、广告会展业、艺术品业等传统优势产业，积极扶持以文化创意、动漫游戏、影视音像、网络文化为代表的新兴文化产业。文化产业年增长速度在15%以上，文化消费在居民日常消费中所占的比例达到5%以上。

（二）进一步培育市场主体，充分发挥典型示范作用

发展文化产业靠文化企业，文化企业才是市场主体。目前我国文化系统内真正具有国际竞争力的大型国有文化骨干企业还比较少，我们决定从深化文化体制改革入手，以创新体制和机制为重点，进一步培育市场主体，增强微观活力。同时结合结构调整，积极推进国有经营性文化单位转企改制，培

育一批自主经营、自负盈亏、自我发展、自我约束、有竞争力、有影响力的大型国有或国有控股文化企业和企业集团。为扶持民营文化企业发展，我们将本着一视同仁，平等相待的原则，使其在项目审批、资质认定、融资、人才聘用、土地使用等方面与国有企业享受同等待遇。2004 年，文化部命名了 42 家国家文化产业示范基地，明年准备再命名一批。充分发挥这些基地的示范、窗口和辐射作用，推动我国文化产业快速发展。

（三）加大知识产权保护力度，规范文化市场秩序

为给文化产业发展创造一个优良的外部环境，中国政府将进一步加强执法、厉行监管，全力加强知识产权保护工作。目前，我们正在进一步整顿和规范音像市场秩序，深入开展净化网络游戏工作，严厉打击利用“私服”“外挂”等形式擅自经营网络游戏的侵权行为。针对盗版音像制品在市场上受到严厉打击后，其传播渠道出现了新的动向，通过网络盗版侵权的问题开始突出的情况，最近国家有关部门又联合发出通知，要求在全国范围集中开展一次打击网络侵权盗版行为的专项行动。这充分显示了中国政府采取有力措施保护知识产权的决心。今后还将进一步加强文化市场执法队伍建设，建立完善统一开放、竞争有序的文化市场体系。

（四）切实转变政府职能，不断提高公共服务水平

在社会主义市场经济条件下，政府的职能是有限的，政府部门的管理方式也必须由指挥经济变为服务经济。我们将认真贯彻落实国家《行政许可法》，逐步完善公共服务体系，努力为文化企业、社会组织和公民提供优质的公共服务。2003 年，文化部文化产业司创办了中国文化产业网，随时发布文化产业政策、动态、发展规划和市场供求等方面的信息，为文化企业及时了解国内外的技术、市场、资源、资金等信息提供便利。

（五）充分发挥行业协会作用，保护文化企业的合法权益

我国在建设公共服务型政府的过程中，将更加重视发挥行业协会的作用，

实现政府与社会的合理分权，把一些权力下放给社会。同时，将进一步健全行业协会的自律机制，强化自律管理和监督的有效性，保护协会成员的合法权益，使其在建立从业规范、强化资格管理、开展自律监管、维护运行机制、推进行业制度和服务创新等方面，发挥重要作用，为政府转变职能提供支撑。

四、加强中日韩文化产业领域合作的新建议

中日韩三国在文化产业领域有很强的互补性，合作前景十分广阔。我们希望能够通过这次论坛进一步密切三国之间的合作，互利互惠，优势互补，共同推动三国文化产业繁荣发展。为此，提出以下几点建议：

（一）进一步扩大经贸往来和相互投资

充分利用和发挥中日韩文化产业论坛的机制与作用，按照三国共同协商的成果，深入挖掘三国文化产业领域经贸合作潜力、不断提升合作水平、扩大合作的广度和深度。既要开展文化产品和文化服务贸易，更要共同开发大型文化产业投资项目。三国政府应鼓励和扶持本国的文化企业加强联系，开展合作，为他们进行跨国投资，做好信息、融资、技术、人才等方面的服务。

（二）加强人才培养方面的相互合作

人才缺乏仍是制约文化产业发展的一个关键因素。三国应采取切实措施，积极组织技术及管理人才、研究人员、教师和学生进行大规模的交流与互访。现在，我国已经在北京建立了国家文化产业人才培养基地，今后根据文化产业的人才需求，还准备再筹建若干个国家文化产业人才培养基地。我们希望在基地的建设方面能得到韩国、日本的大力支持。

（三）促进技术领域的交流与合作

近几年来，虽然东亚地区的文化在全球的影响力不断提升，但与美国相

比，中日韩的技术开发力量相对还比较薄弱。美国依然占据着文化产业技术开发的高端。因此，中日韩三国应该加强合作，取长补短，努力提高文化产业领域的技术开发和应用水平，努力缩小与美国的差距。

朋友们，中日韩三国扩大交流，加强合作，促进繁荣，是三国文化发展的迫切需要，也是三国人民的共同愿望。中国正处在全面建设小康社会的重要战略机遇期，我们认为也是三国密切合作、共同发展的机遇期。我们深信，中国的文化产业发展不仅将带动我国经济的腾飞，而且将会给韩国和日本的文化企业创造良好的商机。让我们携起手来，精诚合作，为三国文化的共同发展，为亚洲文化的辉煌未来努力奋斗！

谢谢大家！

（2005 年 11 月 1 日于成都）

中国发展文化产业面临的机遇与挑战
——在《人民日报》第三届全球化论坛上的发言

各位来宾，女士们、先生们：

今天，能够出席第三届全球化论坛，与大家共同讨论世界文化多样性的问题，我感到很荣幸。为此，我对主办方的邀请表示诚挚的感谢！同时根据会议的安排，我想着重谈谈中国发展文化产业所面临的机遇与挑战。

文化产业作为一个新兴产业，近几年来得到中国政府的高度重视和社会各方面的广泛关注。随着我国进入21世纪头二十年重要的战略机遇期，中国文化产业也步入一个新的历史阶段，面临着极好的发展机遇。

第一，社会主义市场经济体制的不断完善，为文化产业发展创造了良好的外部环境。

过去，在计划经济条件下，我们只讲文化事业，不讲文化产业，政府把文化艺术作为单纯的宣传教育和公益性事业来看待，而对其所具有的商品属性和服务功能认识不足。随着市场经济体制的不断完善，我们逐步认识到，文化不仅具有意识形态属性，而且具有经济属性和商品属性；不仅具有公益事业的属性，而且具有服务业生产经营的特征。现在，我们将文化分为公益性的文化事业和经营性文化产业两大类，采取了分类指导的方针。通过深化文化体制改革，促使部分国有文化单位分期分批转制为企业，逐步发展成为有竞争力的市场主体；通过扩大开放，吸引大批非公有资本和外资进入文化产业领域；通过有效的市场竞争机制，使文化生产资源得到重新配置和优化，刺激并推动了文化产业的快速发展。

第二，国民经济持续增长、城乡居民消费水平不断提高是文化产业发展的内在动力。

改革开放27年来，我国经济持续增长。2004年，国内生产总值达到13.65万亿元，人均达到1270美元。据国家统计局资料显示，全国人均收入在3000美元以上的约占1/10，也就是说中国已有1.3亿人口、大约4000多万个家庭步入中等收入国家的水平。随着家庭和个人收入的不断提高，城乡居民的消费结构发生了根本性变化，人们的精神文化需求日益增长，呈现出多层次、多元化和多样性的消费趋势。据测算，2005年中国文化产品的潜在消费能力已近7000亿元。文化消费需求在整个居民消费结构中的大幅度上升和文化产品市场需求规模的急剧扩大，有效地拉动了我国文化产业的发展。

第三，经济结构调整和增长方式转变，使文化产业成为一个新的经济增长点。

以前，我国的经济增长在很大程度上是依靠粗放的增长方式，单位能量消耗较高，对生态环境影响较大。当前，政府强调要坚持以人为本、全面协调可持续的科学发展观，而文化产业这一“无污染、低消耗、高效益”的无烟产业，恰恰适应了产业结构调整和增长方式转变的要求。据国家统计部门测算，2003年，我国文化及相关产业已有从业人员1274万人，占城镇从业人员的5.0%，实现增加值3577亿人民币，占GDP的3.1%。从就业总量而言，文化服务业就业人员规模已经高于“批发和零售业”；从经济总量而言，文化服务业的经济总量与“房地产业”大体相当。北京、上海等大城市文化产业发展较快。北京市2003年文化产业增加值占全市GDP的比重已达到6.7%。上海市2004年文化产业增加值占全市GDP的比重为6%。全国文化系统文化产业的发展速度也十分可观，文化产业的增加值2002年比2001年增长了18.66%，2003年又比2002年增长了22.88%，总量达到307亿人民币。

第四，政府高度重视和文化产业政策不断完善是文化产业发展的重要保证。

近几年来，中国政府将文化产业纳入了国民经济和社会发展规划，并作为建设先进文化、构建和谐社会的支柱产业来培育。在顺利完成国民经济和社会发展“十五”计划之后，目前，文化部等相关部门正在着手制定文化产业“十一五”发展规划。为从政策上鼓励扶持文化产业发展，2003 年 9 月，文化部制定下发了《关于支持和促进文化产业发展的若干意见》。2004 年 10 月，制定下发了《关于鼓励、支持和引导非公有制经济发展文化产业的意见》。2005 年 4 月和 7 月，国务院以及相关部门先后下发了《关于非公有资本进入文化产业的若干规定》《关于文化领域引进外资的若干意见》等一系列重要文件。2004 年 3 月和今年 1 月，国家统计局还先后下发了《文化及相关产业分类》和《文化及相关产业指标体系框架》两个文件，将文化产业情况统计列入国民经济的统计框架体系，为今后全面把握文化产业的发展趋势和速度，科学规划和有效管理文化产业，提供了权威、可靠的统计数据。

第五，加入世界贸易组织，为中国文化产品积极参与国际市场竞争提供了有利的条件。

中国历史悠久，文化资源丰富，具有独特的发展优势。但是由于历史和现实的原因，我们不得不承认中国的文化产品和文化服务在国际市场上所占的份额还很少。加入世界贸易组织，为我们学习发达国家的先进技术和管理经验，开拓国际市场，参与国际文化竞争，以及与其他国家开展多种形式的合作，创造了有利的环境。为鼓励和支持文化企业“走出去”，2005 年年初，文化部制定下发了《关于促进商业演出展览文化产品出口的通知》，使具有出口优势的项目优先得到海外市场信息和销售渠道，并相继推出一批在国际文化市场上能够站住脚的文化品牌项目。今年 4 月，文化部、财政部还专门设立了支持国产音像制品走出去的专项资金。据对大陆 29 家音像企业调查显示，音像出口金额逐年增长，2003 年为 8597 万元人民币，2004 年达到 1.1692 亿元人民币，比上年增长 36%。

第六，现代科技进步，有力促进了文化产业的快速发展。

当前，信息技术、网络手段、数字化趋势给文化产业发展带来革命性变化。我国十分重视与高新技术密切相关的新兴文化产业发展，注重运用高新技术和适用技术改造传统文化产业，扶持培植新兴文化产业。鼓励开发具有世界先进技术水平、自主知识产权和民族特色的高科技文化内容产品。目前，全国网络文化、动漫游戏、休闲娱乐、文化旅游、广告会展等行业所创造的增加值已接近新闻、出版、广电和文化艺术等传统文化产业部门，从业人员已近传统文化产业的两倍。今年，国家有关部门批准了20多万分钟的动漫节目生产，全年动漫产业的市场规模将达到200多亿元人民币，衍生产品在100亿元人民币左右。另据测算，全国互联网用户将达到1.2亿，庞大的用户群为网络游戏的发展提供了坚实的市场基础，催生了一批具有市场竞争力的网络游戏企业。

总的来看，目前中国文化产业势头很好，完全可能发展成为一个支柱产业。“十一五”期间，我国文化产业发展的基本思路和目标是，以文化资源为依托，以结构调整为主线，以体制创新和机制改革为突破口，进一步完善文化产业政策，努力培育市场主体，大力发展文艺演出业、艺术培训业、休闲娱乐业、广告会展业、艺术品业等传统优势产业，积极扶持以文化创意、动漫游戏、影视音像、网络文化为代表的新兴文化产业。力争文化产业年增长速度在15%以上，文化消费在居民日常消费中所占的比例达到5%以上。

要实现上述目标，还面临许多问题与挑战，主要表现在：

一、文化产业基础比较薄弱，存在一些影响发展的突出问题

从整体上看，我国文化产业仍处于起步阶段，与发达国家相比还有很大差距。一是人们对发展文化产业的重要性认识不足，思想观念不能适应社会主义市场经济的发展要求；二是文化产业政策体系尚不尽完善；三是专业人才缺乏，成为制约文化产业发展的“瓶颈”；四是市场取向的文化体制改革滞后，文化产业结构调整乏力；五是部门分割和行业垄断现象严重，难以形成统一开放、竞争有序的市场体系；六是文化产品科技含量低，创新能力不足。

二、对外开放不断加快，使中国文化产品和文化服务面对激烈的市场竞争

中国加入世界贸易组织后，随着市场的不断开放和准入门槛的降低，大量外国文化产品和文化服务，以及部分跨国文化产业集团进入中国市场。由于他们经验比较丰富，资金投入较大，加上运用大量的高新技术，文化产品的娱乐性、观赏性，明显好于我国的文化产品和文化服务，使国内文化企业面临着强大的压力，市场竞争更加激烈，生产经营更为困难。

三、违法经营手段越来越隐蔽，加大了文化市场管理难度

经济全球化和科学技术的迅猛发展使文化产业领域的知识产权保护面临新的挑战。目前，在中国部分地区和领域侵犯知识产权行为依然存在。一些盗版贩卖者仍在非法兜售各种非法音像制品、电子出版物；以“私服”“外挂”等形式擅自经营网络游戏的侵权行为仍然严重；利用互联网非法传播、下载、交换影视音乐的状况还在加剧；擅自篡改剧本或节目内容，侵犯表演者形象及权益等问题也时有发生，文化市场管理任务十分艰巨。

四、文化产业快速发展对政府管理职能提出新的要求

新形势要求我国政府部门进一步转变工作作风，提高服务水平，强化政策调节、市场监管、公共服务和社会管理职能，逐步实现从计划经济管理向市场经济管理转变，从“办文化”向“管文化”转变，从管理政府文化单位向管理整个文化行业转变。按照政企分开原则，建立符合现代行政制度和市场经济发展要求的新型政企关系。完善行政审批制度，压缩行政审批项目。建立健全文化产业行业协会，充分发挥行业协会的作用。

五、日趋激烈的国际文化竞争，给国家文化安全造成一定威胁

当今世界日趋激烈的综合国力竞争，越来越突出地表现在知识力量和文化力量的竞争上。蓬勃发展、潜力巨大的文化产业是当代及未来综合国力的重要组成部分，其竞争力的强弱直接关系到国家整体实力的高低。加入世贸组织后，随着外国文化产品和文化服务的进入，西方国家的价值观念不可避免地要给我国意识形态带来一定的负面影响。如把握不好，将直接影响我国的文化主权与文化安全。

综上所述，进入21世纪后，中国的国内国外环境发生了深刻变化。尽管在发展文化产业的同时，还面临着种种挑战，但总的看，机遇大于挑战，前景非常可观。只要政府和企业精诚合作，积极应对，扬长避短，趋利避害，就一定能够迎来中国文化产业跨越式发展的大好局面，一定能够为中华民族伟大复兴乃至世界文化繁荣发展做出应有的贡献！

谢谢大家！

（2005年11月8日于杭州）

西部地区发展文化产业具有得天独厚优势

——在中国西部文化产业发展论坛上的致辞

尊敬的各位领导、各位嘉宾：

今天，在首届中国西部（昆明）文化产业博览会隆重开幕的日子里，西部文化产业发展论坛如期召开了。在这里，我代表文化部对论坛的举办表示诚挚的祝贺!

众所周知，十六大以来，文化产业作为一个新兴产业，得到党和国家的高度重视。现在，随着我国进入21世纪头二十年的重要战略机遇期，文化产业也步入新的历史阶段，出现蓬勃发展的新局面。在社会各界的共同努力下，一个以国有文化企业为主导、多种所有制经济共同参与的文化产业格局和民族文化为主体、吸收外来有益文化的文化市场格局正在逐步形成。

近几年来，在中央西部大开发战略的指引下，中国西部已成为我国国民经济和社会发展最活跃的地区之一。西部，幅员辽阔、环境优美、物产富饶、民族众多，有着悠久灿烂的历史文化和丰富多彩的产业资源，发展文化产业具有得天独厚的自然资源和人文资源优势。目前，西部地区虽然与东部沿海发达地区相比，总体实力还比较弱，但是在大力推进文化产业发展方面，西部多数省、市、自治区的工作一点也不落后。特别是云南、四川、陕西、广西、青海等地起步早，行动快，思路清晰，措施有力，取得了明显的成绩，在全国都产生一定影响；而贵州、内蒙古、新疆、西藏、宁夏、甘肃、重庆等地虽然起步较晚，但立足点很高，展现出巨大的发展潜力。

面对区域经济一体化潮流的兴起和国际竞争的日趋激烈，当前区域间的理论交流、贸易来往与项目合作日益频繁。各种资源的流动与共享，为文化产业带来极好的商机和发展空间。首届中国西部文化产业博览会的举办，为西部各省打造了一个理论交流、项目合作、产品交易的平台，同时也为全国乃至世界进一步了解西部、投资西部、建设西部提供了一个窗口。我们相信，西部各省、市、自治区能够充分利用这个平台和窗口，进一步发挥西部文化资源与自然资源的整体优势，密切配合，通力合作，携手共进，把西部独具特色的民族民间文化产品和文化服务推向全国，推向世界，在促进西部文化产业快速健康持续发展的同时，带动整个西部的经济腾飞、文化建设和社会发展。

我们衷心希望，本次文化产业发展论坛能够广开言路，集思广益，开成一个加快西部文化产业发展的献计献策会，为今后西部各省、市、自治区文化产业发展提供强大的精神动力和智力支持。

（2005 年 12 月 8 日于昆明）

国家政策大力扶持文化产业发展

2005年12月8日至11日，由文化部、广电总局、新闻出版总署和云南省人民政府共同主办，由四川、重庆、贵州、内蒙古、广西、甘肃、青海、宁夏、新疆等西部其他11省、市、自治区人民政府协办的首届中国西部文化产业博览会将在云南省昆明市举行。

近年来，我国政府出台了一系列促进文化产业发展的举措，也取得了明显的成果，而西部文化产业博览会的召开正是其成果之一。我国政府为什么对文化产业如此重视？此次博览会的构想是怎样的？政府的相关文化产业政策现状如何？就此，记者于近日采访了文化部文化产业司王永章司长。

一、构想：打造文化产业合作平台

为什么要举办文化产业博览会？王永章认为，举办博览会的目的是打造一个文化产品展示、文化项目交易和文化信息交流的平台，完善文化产业链，促进文化产业更快发展。

据王永章介绍，在文化部的统筹规划中，首届西部文化产业博览会只是全国四大文化产业博览会中的一个。最早筹办的是首届深圳国际文化产业博览会。2004年11月，深圳文博会举办时，参观的总人数超过47.7万人。各类文化产品交易成果显著，意向合同与成交合同额达上百亿元。仅16部影视剧本和小说影视剧改编权就成功拍出11部，成交额为594.5万元。古玩城艺术品共拍卖成交336万元，名家书画拍卖总成交额为9200多万元人民币。大芬油画村分会场还成交3.043亿元。以后深圳文博会每年5月都要举办。王永章认为，博览会需要政府的引导，但更重要的是它是一个市场的产物，必须按经济规律办事，不能过多过滥。因此，为加强对举办展会的宏观调控，文化部确定今后国际性的文化产业展会，就扶持深圳这一个。同时，根据中央开发西部、振兴东北、中部崛起的发展战略，又筹划了西部文化产业博览会、东北文化产业博览会和中部文化产业博览会等几个面向国内的会展平台。其中深圳和西部的展会，由文化部与相关部门合办，东北和中部的展会由文化产业司牵头办，时间与地域合理安排，互不冲突。2005 年 9 月 27 日，首届东北文博会在沈阳落下帷幕。展会销售额达到 8200 万元，推出文化产业投资项目 102 个，总投资额 80. 5 亿元，现场成交 11 项，签约额 1. 2 亿元，接待参观者 30 余万人次。明年下半年，在湖北武汉举办首届中部文化产业博览会。

王永章强调，近年来，云南通过全省上下的不断探索和努力，在文化产业方面取得了突出成就。文化产业的“云南现象”已经在国内外产生广泛的影响。首届西部文化产业博览会花落云南，既有中央各部门的大力支持，也是云南自身工作和积极努力的结果。

就此次文博会本身而言，王永章指出，它的定位就是充分利用西部的资源优势，努力发展西部特色文化产业。为了展示西部地区丰厚的民族文化资源和文化产业发展成就，推动西部地区文化产业项目的招商引资，为西部文化产业发展提供更为广阔的交流合作平台，首届西部文化产业博览会将遵循专业化、市场化、国际化的办展原则，实行“政府支持、市场运作、社会参与、规范管理”的运作方式，突出文化产品交易、文化新理念传播、文化产业前景展示。主办方将会着力打造一个国家级的文化产业盛会和一个具有世界影响力的文化品牌，与中国（深圳）国际文化产业博览会、东北文化产业博览会、中部文化产业博览会一道，形成东西南北交相辉映的良好发展态势，共同壮大和增强我国文化产业的整体实力和竞争力。

二、背景：发展文化产业是大势所趋

究竟什么是文化产业？我国文化产业的现状如何？王永章侃侃而谈，介绍了许多情况。

文化产业是指从事文化产品生产和提供文化服务的经营性行业。当前，我国文化产业的发展受到党和国家的高度重视，也得到社会各方面的密切关注。党的十六大提出要积极发展文化产业。十六届四中全会在强调不断提高党建设社会主义先进文化的能力时，提出要深化文化体制改革，解放和发展文化生产力，促进文化事业全面繁荣和文化产业快速发展。今年温家宝总理在政府工作报告中再次强调要加快文化事业和文化产业发展。国家进入全面建设小康社会的重要战略机遇期后，把发展文化产业摆在文化建设的重要位置来抓，是国家文化发展和产业结构调整的战略选择。

在交谈中，王永章着重强调了发展文化产业的重要意义。首先，发展文化产业是市场经济条件下，繁荣社会主义文化，满足人民群众精神文化需求的重要途径，也是我国国民经济和社会发展到新的历史阶段的必然要求。改革开放 20 多年来，我国经济持续快速增长，经济总量已居世界第七位，初步达到小康水平。2004 年我国人均国内生产总值已达到 1200 美元。从国外的发展经验看，当一个国家人均 GDP 超过 1000 美元时，城乡居民的消费结构就会发生根本性的变化，精神文化消费支出的增长将会大大高于物质消费支出的增长。正是这种多样化、多层次的精神文化需求的日益增长，有力地拉动了我国经济结构转型升级，推动着我国文化产业快速发展。发展文化产业的根本目的，正是为了不断满足人民群众这种日益增长的精神文化需求，最终促进人的全面发展。

其次，发展文化产业是深化文化体制改革、解放和发展文化生产力的重要目标。发展文化产业靠什么？靠文化企业，文化企业才是市场主体。目前我国文化系统内真正具有国际竞争力的大型国有文化骨干企业还比较少，要大力发展文化产业、应对加入 WTO 后的挑战，必须按照十六届四中全会的要求，从深化文化体制改革入手，以创新体制和机制为重点，培育市场主体，增强微观活力。要结合结构调整，积极推进国有经营性文化单位转企改制，培育一批自主经营、自负盈亏、自我发展、自我约束、有竞争力、有影响力的大型国有或国有控股文化企业和企业集团。通过一年多的文化体制改革试点，从中央到地方涌现出中国对外文化集团公司、北京儿艺股份有限公司、北京歌剧舞剧院、沈阳杂技团等一批大中型国有或国有控股文化企业。这些单位“身份”一变，立即取得了明显的进步。而国家采取的一系列鼓励非公有制经济发展文化产业的政策措施已培育出许多像上海盛大、浙江宋城集团、北京麦乐迪等在全国影响较大的民营龙头文化企业。目前，以国有文化企业为主导、多种所有制经济共同参与、投资主体多元化、融资渠道社会化、投资方式多样化、项目建设市场化的文化产业新格局正在逐步形成。

三、现状：文化产业政策体系日益完善

由于文化产业涉及意识形态和服务业两个领域，所以国家政策走向在其发展过程中发挥着极其重要的作用。关于这一点，王永章很肯定地告诉记者：近几年来，国家的文化产业政策体系日臻完善，为文化产业快速发展提供了强有力的支撑。

2001 年，文化部下发了《文化产业发展第十个五年计划纲要》，确定了“十五”期间中国文化产业发展的基本方针、主要目标和任务。2002 年，根据我国加入世贸组织所做出的承诺，对部分文化项目和文化产品经营，实行程度不同的开放，出台了一批行政规章。制定了文化部《互联网上网服务营业场所管理条例》《中外合作音像制品分销企业管理办法》，与广电总局联合制定了《中外合资影院管理办法》。修订补充了《音像制品批发、零售、出租管理办法》《音像制品进口管理办法》和《营业性演出管理条例实施细则》等。

党的十六大以后，根据形势的发展，2003 年 9 月 4 日，文化部又专门下发了《关于支持和促进文化产业发展的若干意见》（以下简称《若干意见》）。全面阐述了发展文化产业的战略意义，分析了我国文化产业的现状和问题，提出发展文化产业的指导思想、基本思路以及十一条具体措施。《若干意见》

还特别强调，要积极吸收民营资本、境外资本和国外资本参与我国文化产业发展。降低门槛，吸引外资参与艺术品经营、音像制品分销、大众娱乐项目的经营以及文化设施的建设、改造和经营。凡是鼓励和允许外资进入的文化领域，均鼓励和支持国内资本，特别是民营资本以独资、合资、合作、联营、参股、特许经营等方式进入，鼓励和允许上市公司以资产重组或增发新股方式进入。非国有经济投资的文化产业项目和建设的文化场馆，在市场准入、土地使用、信贷、税收、上市融资等方面，享受与国有经济投资相同的待遇。2004 年 10 月 18 日，又制定下发了《文化部关于鼓励、支持和引导非公有经济发展文化产业的意见》。这一系列重要文件，受到各个方面的广泛欢迎。

2005 年以来，国务院以及相关部门先后下发了《关于非公有资本进入文化产业的若干规定》《关于加强文化产品进口管理的办法》《关于文化领域引进外资的若干意见》等重要文件。在文化体制改革方面，今年 3 月，财政部、海关总署、国家税务总局专门下发了《关于文化体制改革中经营性文化事业单位转制为企业的若干税收政策问题的通知》和《关于文化体制改革支持文化产业发展若干税收政策的通知》。特别值得一提的是，国家在文化产业统计方面取得重大突破，继去年 3 月出台《文化与相关产业统计分类》后，今年 1 月又发布了《文化与相关产业指标体系框架》，为科学规划、管理、指导文化产业，准确把握文化产业发展的状况，提供了有力的帮助。

随着各项政策的逐步落实，我国文化产业发展迅速，许多地方政府纷纷把文化产业纳入当地国民经济发展与改革总体规划，因地制宜地推进文化产业发展。如北京、上海、江苏、浙江、安徽、河南、湖北、湖南、贵州等地制定了文化产业发展规划，天津、河北、辽宁、吉林、黑龙江、福建、江西、山东、重庆、四川、云南、甘肃、青海等省和内蒙古、西藏、宁夏、新疆等自治区也都就文化产业发展出台了一系列重要政策。到目前为止，已经有广东、广西、山西、陕西等 17 个省、自治区、直辖市提出了建设文化大省、文化强省、民族文化大区的口号。无疑，这一系列政策的逐步落实，将对全国文化产业发展起到积极的指导促进作用。

四、关键：人才是关键性因素

当谈到制约文化产业发展的问题时，王永章不假思索地告诉记者：制约文化产业发展的因素很多，但关键的因素还是人才缺乏。他说，目前最缺的并不是资源，也不是资金。我国的文化资源非常丰富，同时全国还有约10多万亿的社会资本没有合适投向。现在发展文化产业最缺的是人才，特别是有文化、懂经营、会管理的复合型人才。有好的人才，就会有好的创意，有好的创意，就会有好的项目。“超女”现象充分证明人才与创意的巨大作用。所以，要加快发展文化产业，必须实施“人才兴文”战略，大力培养人才，积极引进人才，合理使用人才。近几年来，各级文化产业管理部门组织了多种形式的人才培养活动，举办了一些有针对性的专题人才培训班。通过不懈努力，文化产业专门人才缺乏、从业人员素质不高的状况有所改善，但总的来看，我国文化产业的人才仍十分短缺。

理念已经普及，政策已经到位，资金不是问题，平台正在搭建。相信经过扎扎实实的工作和艰苦不懈的努力，在不久的将来，实现我国文化产业的全面繁荣是完全可能的。

（2006年1月接受《中华英才》第一期专访谈话要点）

实现文化产业突破性发展

“好雨知时节，当春乃发生”。2006年2月14日至15日，文化部文化产业司在西安曲江新区召开全国文化系统文化产业处长会议期间，三秦大地的第一场春雨，为会议平添了生机和活力。无论是大会发言，还是小组讨论，无不洋溢着对“十一五”期间文化产业实现突破性发展的热情。借此，记者就当前文化产业发展中的一些全局性问题采访了文化产业司司长王永章。

《文化产业周刊》：王司长您好，感谢您在繁忙的会务间隙接受采访。从分组讨论的热烈情况看，经过“十五”期间的发展，文化产业已经成为整个社会所关注的热点，对此，您如何评价？

王永章：“十五”时期是文化产业被正式纳入国家经济社会发展战略的一个重要时期。如果说党的十六大召开后的头两年是起步阶段的话，那么刚刚过去的2005年就是加速之年。5年来，文化部始终把文化产业放在整个文化建设的全局来加以谋划，置于整个国民经济结构调整和产业结构升级换代的战略高度来加以研究，既考虑到满足群众多元化、多层次、多样性精神文化的需求，又兼顾到国家推进经济结构调整和增长方式扭转的需要，坚持不懈，狠抓不放，使文化产业取得长足发展，为文化艺术繁荣增添了新的活力，为国民经济发展培育了新的增长点。正如孙家正部长所说，文化产业形势是蓬勃发展，方兴未艾。现在，各级党委和政府对发展文化产业越来越重视；国家文化产业政策体系日益完善；文化产业对于经济发展的拉动作用逐步凸现。许多地方把发展文化产业纳入地方经济和社会发展的总体规划，有的还成立了文化产业工作领导小组，制定了当地文化产业发展规划和具体意见，使发展文化产业成为上下一种普遍共识和社会高度关注的投资热点。

“十五”期间，文化部先后出台了一系列促进文化产业快速发展的政策措施。召开了第一次全国文化系统文化产业工作会议，命名了首批42个各具特色的国家文化产业示范基地，举办了首届中国（深圳）国际文化产业博览交易会等一系列展会，连续参与筹办了四届中日韩文化产业论坛，依托国家文化产业创新与发展研究基地和国家文化产业人才培训基地，推动了文化产业理论研究和人才培训，等等。目前，一批国有、民营龙头文化企业迅速成长，以公有制为主体、多种所有制共同发展的文化产业格局正在初步形成。这些都为“十一五”期间实现文化产业突破性发展奠定了坚实的基础。

《文化产业周刊》：“十一五”期间文化产业要有突破性进展，具体有什么样的目标和要求？

王永章：从目前文化产业的发展势头看，“十一五”期间我国文化产业实现突破性发展是完全可能的。对此，我们充满信心。记得2001年制订“十五”文化产业发展计划时，许多专家学者提出应该有量化的指标性要求，可惜当时的条件还不成熟。经过这5年的发展，在制定“十一五”规划时，我们提出“十一五”期间文化产业年增长速度达到15%以上，到2010年城乡居民人均文化娱乐服务消费支出占居民整个消费支出的比重达到5%左右。

这两个具体指标，是在对我国文化产业发展状况进行全面分析和对今后5年文化产业发展趋势科学预测的基础上提出来的。从文化部的统计数据来看，“十五”前4年文化系统文化产业增加值年平均增长12.2%。目前不少省市的“十一五”规划把文化产业增加值的发展速度定在15%以上，有的甚至作为本地的支柱产业来培育。提出城乡居民人均文化娱乐服务消费支出占居民整个消费支出的比重达到5%左右，主要是这个指标反映了群众文化消费的满足程度，也反映了扩大文化消费的情况。根据国家统计局2003年的统计数据，2003年我国城镇居民人均用于娱乐教育文化服务支出占全部支出的14.35%，农村居民人均用于娱乐教育文化服务支出占全部支出的12.13%。其中教育支出占了比较大的部分，尤其是农村教育支出占的比重更大。当然了，衡量“十一五”期间我国文化产业是否实现突破性发展，不仅仅依靠几组数字来说明，实际上文化产业对社会进步和经济发展的影响是反映在多方面的。

《文化产业周刊》：从文化产业司的工作来说，2006 年具体有哪些计划？

王永章：2006 年，是实施“十一五”规划的开局之年，也是文化产业发展的提速之年，同时还是全面进行文化体制改革的第一个年头。做好 2006 年的工作，对于实现“十一五”规划提出的奋斗目标至关重要。文化产业司将重点抓好以下十个方面的工作：

一是启动文化产业项目服务工程，建立全国文化产品和服务以及文化产业投融资项目库；二是加强调查研究，组织力量进行设立国家文化产业专项资金可行性研究和中国文化产品和服务“走出去”情况、民营文化企业发展状况的专题调研；三是在四川召开第一次全国文化系统文化产业工作现场经验交流会，通过典型引路，推动各地文化产业深入开展；四是出台《国家文化产业示范基地评选命名管理办法》，命名第二批国家文化产业示范基地，协同中国美协命名第二批文化（美术）产业示范基地；五是办好第二届中国（深圳）国际文化产业博览交易会、第二届中国西部（成都）文化产业博览会、首届中国中部（武汉）文化产业博览会。举办首届中国东盟（广西）文化产业发展论坛和中国国际文化产业论坛；六是命名一批国家文化产业研究中心，联合原有的国家文化产业创新与发展研究基地，推动文化产业理论研究向纵深发展；七是发挥国家文化产业人才培训基地的作用，加快人才培养步伐，重点抓好文化产业经营管理人才培训；八是编辑出版第二本《中国文化产业典型案例选编》和《文化产业政策汇编（修订本）》；九是实施“走出去”发展战略，采取各种措施，依靠国家文化产品出口示范基地与重点出口项目的带动作用，扶持更多的文化产品和文化服务走向国际市场；十是抓好文化产业政策和文化建设“十一五”规划的宣传、贯彻与落实工作。

《文化产业周刊》：此次会议期间，代表们围绕“深化文化体制改革”“实施‘走出去’战略”“扶持民营文化企业发展”“文化产业政策体系建设”以及“培育自主创新文化品牌”等一系列问题展开了热烈讨论，对此，您可否作进一步的阐述和说明？

王永章：会议集中讨论的这几个问题，都是当前事关文化产业快速发展的关键问题。文化体制改革与文化产业发展有着密切的联系。

文化体制改革的最终目的是通过体制机制的创新，进一步解放和发展文化生产力，增强我国文化的整体实力和文化产业的竞争力，进而促进文化建设与经济建设、政治建设、社会建设的协调发展。从推动文化产业发展的角度来说，深化文化体制改革必须从推进国有经营性文化单位转企改制入手，积极调整结构，培育市场主体，增强微观活力，发展一批自主经营、自负盈亏、自我发展、自我约束、有竞争力、有影响力的大型国有或国有控股文化企业和企业集团。只有这样，才能使我国文化产业保持强大的后劲，逐步实现突破性发展。否则，没有真正意义的市场主体，发展文化产业只能是一句空话。

为整合文化部各司局的力量，实施“走出去”发展战略，春节前，文化部党组决定将外联局的国际文化经济处划转到文化产业司，成立对外文化产业处。今后，按照部领导的要求，在外联局的大力支持下，文化产业司要把对外文化产业作为一项重要任务来抓。认真研究扶持中国文化产品和服务出口的具体政策措施，重点扶持大型国有文化企业的对外文化贸易，赋予有条件的各类文化企业外贸自营权，鼓励其扩大文化产品和服务出口，做强做大对外贸易的文化品牌，扩大我国文化产品和服务在国际市场的份额。同时，积极配合文化体制改革，推动现有对外文化交流机构的改革和重组，培育大型文化中介机构，逐步形成一批经营文化产品和服务的跨国公司。鼓励有条件的文化企事业单位以独资、合资或合作的方式，在境外兴办文化实体、合作演出和展览，不断扩大我国文化产品和服务在国际上的覆盖面和影响力。具体来说，今年将重点通过文化产业项目服务工程向海外推荐全国各地的优秀文化产品和文化产业投融资项目。

随着市场准入政策的放宽和政府扶持力度的加大，民间资本进入文化产业的步伐明显加快。目前，非公有制经济在演出、文化娱乐、音像、图书报刊、网络文化等行业发展相当迅速。全国已建成的文化基础设施，社会自筹资金兴建的占40%以上。作为政府主管部门必须跳出小圈子思考问题，从行业管理、转变职能的角度研究工作，充分发挥经济调节、市场监管、社会管理和公共服务的职能作用。满腔热情、真心实意地为民营文化企业搞好服务，关心民营文化企业的成长，做民营文化企业的“贴心人”，努力创造有利于民营文化企业健康发展的外部环境。

发展文化产业，最重要的是为文化产业提供强有力的政策支撑。去年一年，是中央和地方文化产业政策出台最多的一年。我们粗算了一下，从中央到地方省一级新出台的各类文化产业政策近50个。可以说，从国家层面上，降低的、开放的、进来的、出去的，方方面面的政策文件基本都涉及了。当前，要强调下大气力抓好各项文化产业政策的贯彻落实。决不能没有政策要政策，有了政策不落实。特别要注意结合本地的情况，积极推进配套政策的制定，不断完善文化产业政策体系。

前不久，胡锦涛总书记在全国科技大会上的讲话中强调，要发展创新文化，努力培育全社会的创新精神。文化产业本身是一个内容产业，创新是源头，人才是关键。回顾“十五”时期，凡是做得好、影响较大的文化产业项目，如《印象·刘三姐》、女子十二乐坊、《时空之旅》《风中少林》等无不体现了创新精神。加快发展文化产业必须大力倡导创新精神，积极培育各地具有核心技术和自主知识产权的文化产业品牌，将优质资产、优秀人才等资源向成长性好、市场前景广的文化产业集聚。

《文化产业周刊》：当前文化产业在成为社会热点的同时也有人提出要警惕泡沫化倾向。对此，您怎么看?

王永章：总的来看，我国文化产业的发展形势是好的，但是，我们必须清醒地看到，在推进文化产业发展的过程中也出现了一些值得警惕的问题。文化产业属于意识形态范畴，又具有经济属性和服务业生产经营的特征。发展文化产业必须贯彻发展先进文化的要求，把社会效益放在第一位，同时又要遵循市场经济发展规律，注意分析市场需求和人们的消费心理，研究投入与产出的关系，决不能单凭热情、凭干劲、凭良好的主观愿望，更不能搞突击，搞“大跃进”，搞形式主义。现在个别地方的领导，一讲发展文化产业，就说我能干什么，我想干什么，唯独不考虑市场是否需要什么。我们多次强调发展文化产业要充分考虑地区之间的文化差异和经济不平衡性，善于发掘利用当地文化资源，发展优势文化产业和特色文化产业，但目前有的地方急于求成、盲目跟风、脱离实际、照抄照搬，致使个别产业门类出现过多过滥、互相冲击的现象。这些问题如不加以注意，发展下去有可能影响整个文化产业的大局。

今年是“十一五”规划的第一年，我们的工作任务十分繁重。既要增强事业心和责任感，以百倍的热情做好自己的工作，又要树立科学的发展观，保持清醒的头脑，认清形势，乘势而上，力求使我们的工作做得更完善、更圆满一些，争取开好局、起好步，使全国文化产业工作再上一个新的台阶。

（2006 年 2 月 24 日接受《中国文化报》的《文化产业周刊》专栏记者专访谈话要点）

发展文化产业　促进中部崛起

——在中原崛起与文化产业开放论坛上的发言

各位领导、同志们：

在河南省委、省政府的关心领导下，经过各方面的积极准备，今天，中原崛起与文化产业开放论坛顺利开幕了。这是河南文化产业发展史上的一件大事，为此，我代表文化部文化产业司对本次论坛的举办表示祝贺！

2006 年 3 月 14 日，全国十届人大四次会议批准的我国“十一五”规划纲要，明确提出实施促进中部地区崛起的战略。3 月 27 日，中央政治局专门召开会议研究促进中部地区崛起工作。3 月 28 日至 30 日，中央又刚刚召开了全国文化体制改革工作会议，对深化文化体制改革、推动文化产业发展做出全面部署。在这样一种形势下，作为中部地区重要省份之一的河南省，适时地举办了以中原崛起和文化产业开放为主题的论坛，这充分反映了河南省委、省政府对文化建设在中部崛起中地位与作用的深刻重视，说明河南省委、省政府对发展文化产业认识到位，工作超前，善于抓住机遇，寻求发展。

据我们了解，近几年来，河南省委、省政府把发展文化产业列入重要议事议程，采取强有力的措施，已经取得很好的效果。省委、省政府专门召开工作会议研究部署文化产业发展，省里各相关厅局纷纷出台支持文化产业发展的政策文件，这在全国都是不多见的。对河南省的文化产业发展，文化部也非常关注。2004 年春天，我们在河南郑州召开了全国文化产业处长会议。去年我司关于河南文化产业发展的几期文化信息和文化要情，都引起中央领导同志的注意。我们衷心希望，河南省能够抓住中央实施中部地区崛起战略的机遇，以这次文化产业开放论坛为契机，把全省的文化产业推向一个新的高潮，取得更大的发展与进步。借这个机会，我想谈几点意见和建议：

一、充分发掘和利用河南丰富的文化资源，把资源优势适时地转化为产业优势

河南地处中原，历史悠久，文化积淀深厚，是中华民族的发祥地之一，发展文化产业有着得天独厚的资源优势、区位优势和市场优势。河南的地下文物、馆藏文物、历史文化名城、重点文物保护单位数量均居全国第一，全国八大古都河南有四个，老子、庄子、张衡、杜甫、岳飞等历史文化名人均出自河南，龙门石窟、白马寺、少林寺、开封相国寺等名胜古迹闻名遐迩，少林功夫和太极拳等传统武术名扬四海。河南地处我国承东启西、连贯南北的重要位置，存在巨大的发展潜力。河南是全国第一人口大省，具有广阔的文化消费空间。这些优秀的文化资源、旺盛的消费需求和众多的消费群体，都是河南发展文化产业的有利条件。

但是，我们必须了解，文化资源不等于产业资源，也不同于矿产资源。矿产资源是有形的，而文化资源是无形的。对文化资源来说，谁率先将它开发成产品，谁才掌握了它的主动权。丰富的文化资源只能说是发展文化产业的一个必要的条件，要使资源优势转化为产业优势，必须大力提高文化资源的“开采能力”。

二、努力完善产业政策，为文化产业发展提供强有力的政策支撑

发展文化产业最重要的是政策扶持，否则，发展文化产业只能是一句空话。多年来，文化部非常重视政策的制定工作。2001 年 10 月我部下发了《文化产业第十个五年计划纲要》。2003 年 9 月，制定下发了《文化部关于支持和促进文化产业发展的若干意见》。2004 年 10 月 18 日，又制定下发了《文化部关于鼓励、支持和引导非公有经济发展文化产业的意见》。去年一年，也是国家文化产业政策出台最多的一年。4 月 13 日，国务院下发了《关

于非公有资本进入文化产业的若干决定》，4 月 28 日，中宣部、文化部、国家广电总局、新闻出版总署、商务部、海关总署联合下发了《关于加强文化产品进口管理的办法》，7 月 6 日，文化部、国家广电总局、新闻出版总署、国家发改委、商务部下发了《关于文化领域引进外资的若干意见》。7 月 14 日中央办公厅和国务院办公厅印发了《关于进一步加强和改进文化产品和服务出口工作的意见》。11 月 4 日，文化部、财政部、人事部、国税总局又联合下发了《关于鼓励发展民营文艺表演团体的意见》。12 月 23 日，中央和国务院下发了《关于深化文化体制改革的若干意见》。为配合文化体制改革，2005 年 3 月 29 日，财政部、海关总署、国家税务总局还专门下发了《关于文化体制改革中经营性文化事业单位转制为企业的若干税收政策问题的通知》和《关于文化体制改革中支持文化产业发展的若干税收政策问题的通知》。应该说，从国家层面上，降低的、开放的、进来的、出去的，去年一年，各个方面的文件基本都出齐了。2004 年，文化产业司专门编印了文化产业《政策汇编》一书。今年正在编修订本，总共 112 个文件，新增了 48 个文件。

我们希望河南省能够扎扎实实地把这些政策落到实处。决不能没有政策要政策，有了政策不落实。同时，应结合河南的实际，积极推进配套政策的制定，不断完善文化产业政策体系。

三、大力培育文化市场主体，使我国文化产业保持强大的发展后劲

前不久，在全国文化体制改革会议上，刘云山提出“五个重点”，其中第二个重点就是以推进经营性文化单位转企改制为重点，着力培育新型文化市场主体。为什么？文化产业的发展关键在于文化企业的培育，没有文化企业的壮大，文化产业谈何发展。目前我国文化系统内具有国际竞争力的大型国有文化骨干企业还比较少，必须从推进国有经营性文化单位转企改制入手，培育一批有自主创新能力、有知名品牌、有自主知识产权的文化企业和企业集团。同时，还要采取措施鼓励非公有制经济发展文化产业。目前，从全国

文化系统文化产业看，非公有制经济所创造的文化产业增加值已占全部增加值的一半以上，就业人数占2/3。民营文化企业已成为发展文化产业的一支不可缺少的生力军。我们必须消除体制性障碍，坚持谁投资、谁决策、谁受益、谁承担风险。另外，政府部门要认认真真、诚心诚意地为民营文化企业搞好服务，关心他们的成长，做他们的"贴心人"，使其在项目审批、资质认定、融资、人才聘用、土地使用等方面与国有企业享受同等待遇。

为指导文化企业健康发展，2003年，我们编辑出版了《中国文化产业典型案例选编》，收集整理了各个不同门类的60个典型案例，在全国引起强烈反响（连印三版）。今年准备编辑第二本。希望河南多提供一些典型。在2004年召开的第一次全国文化系统文化产业工作会议上，文化部命名了42个国家文化产业示范基地。今年已出台了《国家文化产业示范基地评选命名管理办法》，准备在全国文化产业现场经验交流会上命名第二批。另外，目前文化部正在组织全国民营文化企业发展状况的专题调研。这一切都是为促进文化市场主体的健康发展。

四、切实转变政府职能，积极打造面向市场、面向国际的文化产业服务平台

2004年11月，文化部与广电部、新闻出版总署、广东省政府、深圳市政府共同举办了首届中国（深圳）国际文化产业博览交易会。李长春批示：在广东搞国际文化产业博览会的创意很好，望加强协调指导。建议搞成全国性的，展出产品是我国的，客户是中外的，类似广交会。现在，正在积极筹备第二届，中宣部为此下发了通知。同时，为加强对举办文化产业展会的宏观调控，文化部今年年初专门下发通知（西部文博会、东北地区文博会、中部文博会）。另外，根据温总理关于坚决把不该由政府管理的事交给市场、企业、社会组织和中介机构的要求，最近，我们正在将中国文化产业网和全国文化产业项目服务工程整合在一起，打造信息交流、产品交易和项目合作的

综合平台，发挥整体优势，设立政府对外的服务窗口。希望河南能够充分利用这个窗口，把本地优秀的文化产品和服务项目以及投融资项目推向市场、推向世界。

五、实施“走出去”发展战略，把中华文化推向世界

目前，我国文化贸易进出口逆差严重。2003 年，胡锦涛总书记在全国宣传思想工作会议上就指出：“大力发展涉外文化产业，积极参与国际文化竞争。”去年以来，中央领导多次批示，要求积极实施“走出去”的发展战略，大力开拓国外市场，把中国的文化产品更多地打入国际市场。2005 年 12 月 23 日下发的《中共中央、国务院关于深化文化体制改革的若干意见》强调，重点扶持大型国有文化企业的对外文化贸易，赋予有条件的各类文化企业外贸自营权，鼓励其扩大文化产品和服务出口，做强做大对外贸易的文化品牌，扩大文化产品和服务在国际市场的份额。

实施“走出去”的发展战略，不能空喊，必须有实际举措。今年，文化部党组决定把外联局的国际文化经济处划转到我司，成立对外文化产业处。我认为，“走出去”一是要有政策支持。如音像制品出口的政策。2004 年国产音像制品出口已超过 1 亿元，但只占进口的 1/10，版权贸易的逆差为 15:1。25 家企业海关免检，文化部与财政部设立国产音像制品出口专项资金，主要用于奖励音像制品出口。另外，对重点出口文化服务项目给予补贴；二是要有一定知名度的文化品牌。知名品牌具有强大的市场扩张能力和辐射带动作用。一部电影《少林寺》使藏在深山无人识的河南少林寺名扬四海。一部电视连续剧《乔家大院》给山西晋中地区带来旅游热潮。所以品牌是文化企业非常重要的无形资产，也是安身立命之本。现在，我国文化企业的品牌意识越来越强，涌现出一批像《云南映象》、杂技芭蕾《天鹅湖》这样在国内外有影响的剧节目。郑州歌舞团《风中少林》已与美国的蓝马克公司达成合作意向，我们期待着该剧早日走向国际市场；三是要有一定的营销手段。四

是要从长计议。走出去受各种因素影响。如我国 2004 年引进了韩国 20 多部电视剧，而韩国五年时间只买了中国五六部电视剧，并且不是在电视台播放，仅是音像制品，价值几十万美金。实际上，我们有些电视剧并不比韩剧差。

河南地处内地，改革开放以来相对于沿海地区的经济和社会发展来说，还是有一定差距。但是文化产业与经济发展并不是同步的。即便是经济欠发达地区，只要认识对头，措施得当，文化产业发展照样可以走在前列。云南、四川等地的实践都已充分证明了这一点。我们相信，在中央关于中部崛起战略的指引下，在河南省委、省政府的领导下，经过广大文化工作者的积极努力，河南省一定能够根据自身优势，走一条适合自己特点的文化产业发展之路，不断增强河南文化的总体实力，提高河南文化产业的竞争力。

最后，祝本次论坛取得圆满成功！

（2006 年 4 月 13 日于郑州）

义乌要把文博会继续办下去

2006年4月8日，文化部产业司司长王永章一行来义乌调研文化产业发展及文博会举办情况。市人大常委会党组书记、副主任吴荣川，市委常委、宣传部长陈秀仙陪同调研。

王永章在认真听取与会人员的发言后谈了自己的感受。他说，从目前状况看，不少地方举办展览会有过多过滥的现象。但义乌举办文博会有得天独厚的优势。利用小商品这个优势，加上市场和企业的支撑，义乌文博会肯定能办成功，而且会有极强的生命力。同时他建议，义乌不要叫文化产业博览会，就叫文化产品交易会，把义乌自身的特点体现出来。义乌要把文博会继续办下去，并且办出特色、办出成效。文化产业要开拓新思路，打自己的品牌，做大做强，并在国外找准有实力的中介机构，实现“走出去、走进去、走上去”的发展目标，将国内好的文化产品尽可能多地推到国际市场，取得更多的市场份额。

（刊登于2006年4月8日义乌新闻网）

架起文化产业项目与投资资本之间的桥梁

为方便海内外投资者在中国的文化产业发展中寻求商机，文化部5月19日在第二届深圳文博会上发布了《中国文化产业2006投融资项目手册》。该手册集中了921个文化产业投融资项目，总价值700多亿元。据悉，这是文化部首次发布此类《手册》。

文化部文化产业司司长王永章说，我国启动文化体制改革以来，社会资本进入很快，文化产业发展局面为之一新。但由于政府相关的社会服务还不到位，很多地方都出现了文化产业项目找不到资金、资金找不到合适的项目的问题。文化部发布《中国文化产业2006投融资项目手册》，就是希望每一个热心于中国文化产业的投资者，都能够从中找到自己感兴趣的合作项目，从而能在项目和资本之间架起桥梁，最终推动我国文化产业的发展。

据悉，《中国文化产业2006投融资项目手册》是从征集到的2076个项目中精选出来的，共涉及全国20多个省、自治区和直辖市，分为出版发行、影视传媒、演艺娱乐、工艺美术、文化旅游等七大类。

（刊登于2006年5月22日新华网）

文化：打造21世纪的黄金产业

从20世纪末开始，在整个世界范围内兴起了一场对于政治、经济、军事、文化力量和发展的深刻反思。从政治地位、军事实力、经济发展观，环境和资源的可持续发展观，最后到文化的可持续发展，各个国家都逐渐认识到，文化，是一个国家最根本、最持久的发展力量，是最具竞争性的“软实力”。与此同时，作为体现国家文化实力的重要组成部分，文化产业是今天真正占主导地位的资源以及绝对具有决定意义的生产要素。

有一组数字值得我们重视：2005年我国城镇居民的文化娱乐服务支出增长52%，在城镇居民所有消费支出项目中居首位，文化娱乐消费总量达7000亿元左右。这是中国社会科学院日前发布的文化蓝皮书《2006年：中国文化产业发展报告》中披露的数据。

据有关方面的统计，1993—2005年我国文化建设投资年均增长18.6%，2002年我国城乡居民文化消费约5300亿元人民币，2003年为5830亿元人民币。我国已经成为亚洲乃至世界文化产业增长最快的国家之一。

不要说20年前，即使在五六年前，有人说唱歌、跳舞、音乐是经济的一个组成部分，那简直是天方夜谭；如果有人提出以文化产业为地方经济的龙头产业或支柱产业，也无异于痴人说梦。但在今天，以音乐磁带、激光唱盘、MTV、电影、电视、录像为代表的娱乐文化已经成为当代世界经济中的新兴产业。文艺演出、电影电视、图书音像、文化娱乐、文化旅游、图书报刊、动漫游戏、艺术培训、艺术品生产经营等多种文化活动已全面融入现代社会生活，文化产业在国民经济中的地位越来越重要，它已成为中国经济一个新的增长点。资料显示，1997年世界超大企业500强中，科技、文化、信息产业越来越多，娱乐产业迪斯尼，其产业规模及赢利稳入世界前十强。风靡世界的好莱坞电影《泰坦尼克号》一度创下十几个亿美元的票房价值，仅一部影片即可与我国几大产业的利润相敌，美国《读者文摘》已发展成年收入25亿美元的国际性大企业。至于高科技高文化附加值的计算机信息产业，更是来势凶猛。据称，美国的视听产品已经成为仅次于航空航天的主要换汇产品。毫无疑问，在21世纪的发展过程中，文化毫无疑义地被放在更为重要的位置，被赋予更加崇高的使命。各个国家都尽快调整产业思路，将文化产业作为综合国力的一个主要表达方式。2003年，全球文化产业生产总值约为1万亿美元。

中国的文化产业，大体经历了20世纪80年代的自发萌动、20世纪90年代的起步探索和21世纪的培育发展三个阶段。党的十六大以来，我国政府明确将发展文化产业作为新时期建设中国特色社会主义先进文化的重要任务。经过几年的整合与发展，我国文化产业进入了一个新的历史发展阶段，文化产业已经粗具规模，文化系统的产业门类比较齐全，对国民经济的运行开始产生深刻的影响。

就现阶段中国文化产业发展政策及出路，记者采访了文化部文化产业司司长王永章。

记者：文化产业被誉为21世纪的黄金产业、朝阳产业，是经济、社会和文化发展到一定阶段的结果。发展文化产业，对于提升综合国力，促进国家经济、社会与文化的协调发展，具有重大而深远的战略意义。但是，相对西方发达国家来说，我们对文化产业的认识较晚，发展较慢，请谈谈当前我国文化产业工作面临的任务和形势。

王永章：大家知道，党和政府历来重视文化建设。十六大以来，党和国家对文化建设的重视程度达到前所未有的高度。特别是坚持公益性文化事业和经营性文化产业“两手抓、两加强”，促进文化事业和文化产业的全面协调发展的战略思路，为我国文化建设创造了一个更为宽广的发展空间。中国的文化产业是在社会主义市场经济体制逐步完善、国家经济持续增长的背景下展开的。发展文化产业是市场经济条件下繁荣社会主义文化、满足人民群众精神文化需求的重要途径，必须既遵循社会主义精神文明建设的规律和特点，又适应社会主义市场经济体制的要求。我们的任务是，一方面要从加强整个民族的思想道德建设和提高全民族科学文化素质出发，大力发展公益性文化事业、构建公共文化服务体系、维护人民群众公平享受文化成果的基本权利；另一方面要大力发展文化产业，完善文化产业政策，加快文化市场体系的建设，不断增强我国文化产业的整体实力和竞争力。只有公益性文化事业和经营性文化产业全面协调发展的中国文化才是社会主义文化繁荣的题中之意。

记者：当前，全国正在深入进行的文化体制改革，是中央作出的一项关系社会主义现代化建设全局的重大决策，也是当前宣传文化系统的一件大事。请问，文化体制改革对大力发展文化产业意义何在？

王永章：改革本身不是目的，改革只是手段，推进文化建设与满足人民群众的精神文化需求才是目的。如果把我国文化产业比作成一艘即将启航的远洋巨轮的话，那么文化体制改革就是这艘远洋巨轮的强大“助推器”。因为只有通过文化体制改革，创新文化的体制和机制，才能为文化产业发展注入新的生机与活力；只有通过文化体制改革，培育出一批具有自主创新能力和竞争力的国有文化企业，才能使我国文化产业保持快速健康发展的势头；也只有通过文化体制改革，实现了文化事业与文化产业的全面协调发展，才能达到大幅度提高我国文化总体实力和文化产业竞争力的目的，把中华文化推向世界。改革开放20多年了，文化赖以发展的经济基础、体制环境、社会条件发生了深刻变化，可是我国的文化体制基本是计划经济条件下形成的，国有文化结构也是几十年“一贯制”。我们现阶段所进行的文化体制改革，是历史的必然选择，是中国文化发展与变革的唯一途径。与经济体制改革相比，文化体制改革可能更复杂一些，因为它有一定的特殊性，必须把文化艺术自身的发展规律与社会主义市场经济体制的规律有机地结合起来，从某种意义上讲要困难得多。但是只要我们坚决按照中央确定的改革方向，严格遵循中央提出的“区别对待、分类指导、循序渐进、逐步推开”的方针，从本地区本部门的实际出发，积极稳妥地推进，就一定能够达到改革的预期目的。

记者：文化企业是文化产业发展的基石，目前我国文化企业中还存在着哪些问题呢？

王永章：从总体上看，我国文化企业还存在着不少问题，较为突出的是：一些掌握大量文化资源的国有文化企业，游离于社会主义市场经济体制之外，思想观念、管理体制、内部机制、运行方式适应不了市场经济的发展要求，缺乏活力和竞争力，在多种所有制共同发展的情况下，有些被边缘化，有的甚至难以生存；新成立的民营文化企业和股份制文化企业，资源短缺，不能与国有文化企业享受同等待遇，许多管理水平较低，处于粗放阶段，尚未找到快速发展的途径和方式；与世界发达国家的文化企业相比，我国文化企业普遍规模不大，手段落后，竞争力差，影响力弱，熟悉国际文化市场，能够“走出去”并占有一定市场份额的企业就更少了；文化企业发展的市场环境、政策环境还不尽完善，存在许多影响制约企业发展的外部因素。

记者：文化产业作为国民经济的一个新的增长点，其中非公有经济制的积极参与功不可没。请谈谈非公有制经济在文化产业发展的地位和作用。

王永章：近年来，全国文化产业各个行业门类中非公有制经济所占的比重，呈快速上升趋势，有的门类如文化娱乐业、网络文化业等，非公有制经济已经占据了主体地位，并出现上海盛大网络发展有限公司、横店集团控股有限公司、雅昌企业（集团）公司、北京麦乐迪公司等一大批在全国影响较大的民营龙头企业。非公有制经济的积极参与，打破了计划经济条件下公有制经济一统天下的格局，大大增强了文化产业的经济活力，为我国文化产业发展起到了巨大的推动作用。从文化行政部门管理的文化产业看，全国非公有制经济所创造的文化产业增加值占全部文化产业增加值的一半以上，就业人数占 2/3，非公有制经济已成为发展文化产业的一支重要的力量。现在，我们正在组织全国民营文化企业发展状况的专题调研，在调研的基础上，进一步加强对民营文化企业的管理和扶持。

记者：2004 年，文化部在深圳全国文化系统文化产业工作会议上命名了 42 家国家文化产业示范基地。今年 5 月，文化部又命名了第二批国家文化产业示范基地。请问，命名和扶持这些基地对发展文化产业有何意义？

王永章：文化产业是一个宏观的概念，其细胞是文化企业。文化产业发展的关键在于文化企业的培育，没有文化企业的壮大，文化产业的发展就是一句空话。目前我国具有自主创新能力、有知名品牌、有自主知识产权的文化企业和企业集团还比较少。为了培育市场主体、增强微观活力，引导推动文化企业加快发展，2004 年文化部在深圳召开的全国文化系统文化产业工作会议上命名了 42 个国家文化产业示范基地。去年下半年，文化部对这些基地组织了一次巡检。从检查的情况来看，普遍发展状况很好，较好地发挥了国家基地的示范、窗口和辐射作用。近两年来，随着文化产业的深入发展，又涌现出一大批优秀企业。今年 5 月，在四川召开的全国文化系统文化产业现场会上文化部又命名了 33 个国家文化产业示范基地。今后，我们将采取更多的措施，支持帮助示范基地加强自主创新和品牌建设，依靠国家文化产业示范基地的榜样力量，带动全国文化产业健康快速持续发展。

记者：在文化产业发展进程中，各级政府主管部门应该扮演什么样的角色？要为发展文化产业做好哪些工作？

王永章：在市场经济中，政府应把自身职能从根本上转变到政策调节、市场监管、社会管理和公共服务上来。发展文化产业必须面向市场，但对市场经济不能过于理想化。我国稚嫩的文化产业如果离开政府的支持，单纯依靠市场发展，将会面临很多困难。各级政府文化主管部门应切实转变政府职能，努力为文化产业发展创造良好的法治环境、政策环境和市场环境，为文化企业提供优质的服务。近几年来，特别是去年一年，文化部、广播电影电视总局、新闻出版总署等部门先后出台了一系列鼓励支持文化产业发展的文件，为文化产业发展提供了强大的政策支撑。今年，针对文化产业项目投融资渠道不够畅通，出现有产业项目的找不到投资商、有资本的投资商找不到合适产业项目的问题，为促进投资便利化，在国家财政部的大力支持下，文化部决定启动全国文化产业资源库工程，建立国家文化产业投融资项目和文化产品和服务项目库。我司和深圳文博会有限公司的同志先后从全国征集到 2076 个文化产业投融资项目，涉及金额 700 多亿元，然后从中选录了 921 个项目编印了《中国文化产业 2006 投融资项目手册》，在第二届中国（深圳）国际文化产业博览交易会上发放后引起了强烈反响。下一步，我们准备将全国文化产业资源库工程、中国文化产业网站、深圳文博会整合成一个平台，设立政府统一对外的服务窗口，在文化产业投融资项目与社会资本之间、文化产品生产企业与采购商之间、文化服务项目与消费者之间搭建一座沟通的桥梁，打造一个永不落幕的文化产业博览交易会。

记者：中国的文化产业在世界文化市场上占有怎样的份额？如何提高文化产业的发展速度？

王永章：从整体上看，我国文化产业仍处于起步阶段，总量规模小，科技含量较低，创新能力不足，核心竞争力不强，与发达国家相比还有很大差距。据国家统计局最新公布的数据，美国文化产业增加值占 GDP 的比重为 5.83%，英国 7.61%，加拿大 3.8%，而 2004 年，我国文化产业实现增加值 3440 亿元，仅占 GDP 的 2.15%。进入新世纪以来，现代科技进步突飞猛进，信息技术、网络手段、数字化趋势给文化产业发展带来革命性变化，不仅产生了许多新型的产业形态，而且使传统文化产业有了新的生产手段，生产方式不断改进，科技含量不断增加，经济效益和附加值不断提升。要尽快增强我国文化产业的整体实力和竞争力，不断提高我国文化产业的数量和质量，我们必须一方面改造提升传统的文化产业，促其“升级换代”；另一方面积极推进与高新技术联系密切的产业门类的发展，鼓励自主创新，以科技进步、数字化、信息化带动文化产业的快速发展。尤其是要大力发展文化创意、文化博览、动漫游戏、数字传输等新兴产业。在高新技术开发区、经济技术开发区的建设中注重培育文化创新产业，形成一批特色鲜明的文化创新集聚区，大幅度提高我国文化产品的科技含量和文化产业的科技水平。

记者：我们留意到，我国文化进出口贸易还存在着严重的逆差，如何缩小我们的文化贸易逆差？

王永章：实施“走出去”的发展战略，大力开拓国外市场，把更多的中国文化产品打入国际市场，是我们工作的一个重点。为加强这方面的工作，在部领导的支持下，我司增设了对外文化产业处。现在，我们正在对我国文化产品和服务出口情况进行调研。我们将采取各种措施，扶持文化企业的对外文化贸易，鼓励他们扩大文化产品和服务出口，做强做大对外贸易的文化品牌，扩大我国文化产品和服务在国际市场的份额。一是要有政策扶持。文化部与财政部已经设立了国产音像制品出口专项资金，主要用于奖励音像制品出口。今后还要出台一些政策；二是要有知名品牌。品牌是文化企业非常重要的无形资产，也是安身立命之本。我们已经有了《云南映象》、杂技创新剧目《天鹅湖》等一批在国外产生很大影响的品牌剧目。近几年，我们将再着力打造扶持一批文化出口品牌项目和品牌企业；三是要有熟悉国际市场运行规则的中介机构；要培育一批大型跨国文化中介机构和文化产品经营公司。鼓励有条件的文化企业以独资、合资或合作的方式，在境外兴办文化实体，合作演出和展览；四是不仅要走出去，而且要走进去，走上去。要努力创作一大批既反映中国文化艺术最高水准、又适合国际市场消费要求的优秀剧节目和文化产品，真正进入国外的主流市场和主流社会。

记者：中国是文明古国，文化资源大国，具有得天独厚的丰富资源。但是，如您所说，我国的文化产业起步较晚，与西方发达国家相比，还面临着很多问题，具体说来，我国发展文化产业认识上存在哪些不足？

王永章：一是政府长期把文化艺术作为单纯的宣传教育和公益性事业看待，而对其所具有的商品属性和服务功能认识不足，习惯于用计划经济的手段管文化、办文化，把经营性文化产业混同于公益性文化事业。结果造成应该由政府主导的公益性文化事业投入不足，应该由市场主导的经营性文化产业依赖政府，严重影响和束缚了文化生产力的解放与发展；二是有的文化干部“等、靠、要”思想严重，完全依赖政府财政办文化，对发展文化产业缺少紧迫感和使命感；有的政府官员在知识结构上存在“天然缺陷”，缺乏市场意识，往往习惯于从政治上考虑问题，不善于从经济的角度分析问题和研究问题。至今有的地方一说发展文化产业，只想我想干什么，我能干什么，唯独不研究市场是否需要这个；三是只管“脚下”不问“天下”，一说到文化，就以为文化部门所管辖的范围就是文化，缺乏大文化的观念和社会管理的意识，没有认识到发展文化产业必须善于依靠和利用社会力量与民营资本。四是把文化产业完全当作商业，片面强调经济效益，主张由市场决定一切，忽视了文化的社会责任。这些问题如不及时解决，都将成为制约文化产业发展的“观念障碍”。

记者：“十一五”期间文化产业要有突破性进展，具体有什么样的目标和要求？

王永章：从目前文化产业的发展势头看，“十一五”期间我国文化产业实现突破性发展是完全可能的。记得2001年制定“十五”文化产业发展计划时，许多专家学者提出应该有量化的指标性要求，可惜当时的条件还不成熟。经过这五年的发展，在制定“十一五”规划时，我们提出“十一五”期间文化产业年增长速度达到15%以上、到2010年城乡居民人均文化娱乐服务消费支出占居民整个消费支出的比重达到5%左右。

这两个具体指标，是在对我国文化产业发展状况进行全面分析和对今后五年文化产业发展趋势科学预测的基础上提出来的。从文化部的统计数据来看，“十五”前四年文化系统文化产业增加值年平均增长12.2%。目前不少省市的“十一五”规划把文化产业增加值的发展速度定在15%以上，有的甚至作为本地的支柱产业来培育。提出城乡居民人均文化娱乐服务消费支出占居民整个消费支出的比重达到5%左右，主要是这个指标反映了群众文化消费的满足程度，也反映了扩大文化消费的情况。根据国家统计局2003年的统计数据，2003年我国城镇居民人均用于娱乐教育文化服务支出占全部支出的14.35%，农村居民人均用于娱乐教育文化服务支出占全部支出的12.13%。其中教育支出占了比较大的部分，尤其是农村教育支出占的比重更大。当然了，衡量“十一五”期间我国文化产业是否实现突破性发展，不仅仅依靠几组数字来说明，实际上文化产业对社会进步和经济发展的影响是反映在多方面的。

（2006年6月21日接受《中国文化报》记者专访谈话要点）

中国文化产业及演艺市场发展状况

——在中澳表演艺术经纪人研讨会上的发言

各位嘉宾，女士们、先生们：

今天，我和我的同事有机会来到美丽的澳大利亚，在世界知名的悉尼歌剧院，与各位朋友就中澳两国演艺业的发展与合作交换看法，感到非常高兴。从夏季的北京来到正值冬季的澳大利亚，虽然还有点不适应，但澳洲同行周密细致的工作安排和热情周到的会议服务，使我们觉得温暖如春。在此，我谨代表中国文化部和我的同事们，对澳大利亚娱乐业协会和中国驻澳大利亚使馆文化处表示衷心的感谢！

据了解，澳大利亚政府是从1994年开始实施“创造之国度”文化政策的，并将文化产业定义为一种经济性质的文化活动。中国文化部是1998年成立的文化产业司，2002年文化产业被正式纳入国家的发展规划。在我国，文化及相关产业的概念是“为社会公众提供文化、娱乐产品和服务的活动，以及与这些活动有关联的活动的集合”。文化及相关产业的范围包括：提供文化产品、文化传播服务和文化休闲娱乐的活动，以及与文化产品、文化传播服务、文化休闲娱乐活动有直接关联的用品、设备的生产和销售活动以及相关文化产品的生产和销售活动等。

据中国国家统计局统计，2004年我国共有文化产业单位34.6万个，个体经营户36.2万户；从业人员996万人，占城镇从业人员的3.8%；文化产业年增加值3440亿元，占GDP的2.15%。目前，文化产业已经成为中国国民经济一个新的增长点，一个以国有文化企业为主导、多种所有制经济共同参与的文化产业发展新格局正在逐步形成。

表演艺术历来是文化产业的重要组成部分之一。它是人类社会文明发展过程中历史传统积淀最深厚的文化产品，也是现代社会文化中最具多元发展和产品衍生能力的原创性门类，在促进文化产业发展中有着不可替代的作用。演艺业的产业链包括表演艺术生产机构、演出行业中介机构、剧场管理经营机构，以及最终的消费群体。据2004年底的统计数字，我国共有国有文艺表演团体2759家，全年演出场次46.2万场，演出收入9.8亿元人民币（约合1.23亿美元）；演出经纪机构642家，从业人员6340人，注册资本7.2亿元人民币（约合9000万美元），营业收入10.7亿元人民币（约合1.3亿美元）；专业演出场所1928家，全年演出9.2万场，演出分成收入3.1亿元人民币（约合3876万美元）。此外，还有民营文艺表演团体5000多家，其演出收入尚无法准确统计。

中国演艺业的发展主要有以下几个特点：

一、城市居民文化娱乐消费的不断增长，为演艺业发展创造巨大的市场空间

随着我国改革开放的深入发展，广大人民群众的生活水平不断提高，文化消费需求呈现多层次、多样性、多元化的趋势。现在，休闲时间观看文艺演出、欣赏音乐舞蹈已成为人们精神文化生活不可缺少的内容。据分析，中国未来五年包括演艺业在内的文化产业年增长速度将保持在15%左右，城乡居民人均文化娱乐消费支出占日常消费支出的比重将达到5%以上。文化消费水平的提高拉动了国内对外来演艺产品的需求。仅2004年一年，经文化部审批的进口商业性演出项目就达639项，另外还有参加艺术节和交流活动的非商业性演出项目267项。我认为，中国北京、上海等大城市的观众可能是世界上最幸运的观众。他们不仅能够欣赏到像柏林爱乐、维也纳爱乐、以色列爱乐等一流交响乐团，欣赏到俄罗斯芭蕾舞团、法国国家歌剧院芭蕾舞团、英国皇家芭蕾舞团、蒙特卡罗芭蕾舞团等一流芭蕾舞团和阿尔文·艾利舞蹈团、兰伯特舞蹈团等一流现代舞团的表演，而且可以观看到百老汇《狮子

王》《歌剧魅影》《猫》《芝加哥》、英国莎士比亚话剧团原汁原味的莎翁名剧，观看到德国纽伦堡歌剧院的瓦格纳四联歌剧《尼伯龙根的指环》、意大利实景歌剧《图兰多》《阿依达》等精彩演出。所有经营运作这些演艺项目的经纪公司，无不名利双收、满载而归。据悉，南澳交响乐团今年 5 月访问过中国，悉尼交响乐团、詹姆斯·莫里森爵士乐团近期也有访华的意向。我相信，你们一定会对中国演艺市场的巨大消费潜力会作出客观的判断。

二、中国丰富多彩的历史文化资源，是艺术表演产品创作与生产的不竭源泉

中国有着五千年、延绵不断、一脉相承的悠久历史。从闻名遐迩的长江、黄河、长城、兵马俑，到家喻户晓的梁山伯与祝英台、红楼梦、花木兰，从充满东方智慧的老子、庄子、孔子的哲学思想，到中国的古琴、昆曲、新疆木卡姆和蒙古族长调等世界口头和非物质文化遗产，这些深厚的文化积淀和丰富的文物遗存，都为演艺创作提供了取之不尽的素材。目前，中国演艺市场已经出现多元共荣的发展格局，交响乐、歌剧、芭蕾、现代舞蹈和音乐剧，民族戏剧、民间歌舞、杂技、曲艺、木偶、皮影和通俗流行的爵士摇滚乐，以及夜总会、卡拉 OK 厅等娱乐场所的歌舞音乐表演等，精彩纷呈，竞相斗艳。

多彩的中国文化元素也为世界表演艺术生产做出突出的贡献。如普契尼的歌剧《图兰朵》、马勒的声乐交响作品《大地之歌》、雷哈尔的歌剧《微笑的国度》、克莱斯勒的小提琴作品《中国花鼓》，无不受到中国文化素材的影响。美国迪斯尼根据中国历史故事花木兰改编的动画片，韩国媒体公司根据中国历史名著《三国志》制作的网络游戏软件，也都取得不凡的业绩。“只有民族的才是世界的”，我们期待着独具慧眼的澳大利亚演出商、经纪中介机构和艺术编导们能够到中国来，与我们共同研发生产中国元素的演艺产品，深度开发中国的演艺市场。

三、中国文化体制改革的深入进行，使我国演艺企业的实力得到不断壮大

20 世纪 50 年代以来，我国的文化体制基本是计划经济条件下形成的。应该由政府主导的公益性文化事业长期投入不足，应该由市场主导的经营性文化产业长期依赖政府。一些掌握大量文化资源的国有文化单位，长期游离于市场经济之外，缺乏活力和竞争力。当前，根据改革开放的发展要求，我国正在对全国文化体制包括国有艺术表演团体和经纪中介机构进行深化改革。对体现民族特色和国家水准的艺术院团，重点是加大扶持，转换机制；对国家办的艺术研究机构、艺术学校等公益性文化事业单位，重点是增加投入，转换机制，增强活力，改善服务；对国办的演出中介机构和一般性的艺术院团等经营性文化事业单位，重点是创新体制，面向市场。同时，通过资源整合、强强联手，培育一批代表国家艺术水平的文艺团体和中介机构。如把文化部直属的中央实验话剧院和中国青年艺术剧院合并为国家话剧院；把东方歌舞团和中国歌舞团合并组建国家歌舞团；将中国对外演出公司与中国对外展览中心合并为中国对外文化集团等。这一系列举措大大提升了中国演艺机构的整体实力和市场竞争力，有利于演艺产品的生产和演艺人才的培养。另外，我们还对演出经纪人的资格提出专业要求，规范演艺经纪机构的经营，促使中国演艺市场出现一批资信可靠、运作专业、有能力经营涉外演出业务的演艺经纪机构。

四、各类国际国内的艺术节活动，为中国演艺产业迅速发展打造了宽阔的舞台

目前，在中国由国家文化部参与主办的重大文化节庆活动主要有：一年一度的“相约北京”国际大联欢活动、中国上海国际艺术节、北京国际音乐节、南宁国际民歌节、中国吴桥杂技艺术节、中国武汉杂技艺术节等。在举办过程中，我们注意学习借鉴包括澳大利亚阿德雷德艺术节、悉尼艺术节和墨尔本国

际艺术节等国际上享有盛名的艺术节的成功经验，采取了中央、地方政府资助与商业化运作相结合的模式，既给承办商和举办城市带来十分可观的经济效益和社会效益，又为各类优秀艺术演出项目和演艺经纪机构提供了展示和交易的平台，从而带动了中国演出市场的繁荣与发展。此外，中国演艺产品，在参与国际双边、多边事务时发挥着越来越重要的作用。中国的演艺机构通过官方或民间渠道，走出国门，积极参与海外各类艺术节、艺术比赛和演艺交易会，使中国演出团体和演艺经纪机构的国际竞争力不断增强。每年5月中旬在深圳举办的中国国际文化产业博览交易会，演艺产品交易是展会的重要组成部分。

中国政府高度重视演艺业的发展，积极推进中外演艺业的合作与交流，具体采取了如下举措：

（1）加强官方文化交流活动，鼓励演艺产品商业化运作。

近几年来，中国与世界各国的文化交流越来越频繁。除每年举办的20多个国家参与的“亚洲艺术节”外，2004—2005年，由中法两国元首倡导举办了“中法文化年”，主题活动多达700余场，囊括了中法表演艺术的精华。2005年10月，中国文化部与美国肯尼迪表演艺术中心在华盛顿合作举办了“中国艺术节”，演职人员近900人，共推出24台文艺演出和8项视觉艺术展示，是中美建交以来中国表演艺术在美国规模最大的一次集中展示。今年，“中俄国家年”和“中意国家年”分别在中国、俄罗斯和中国、意大利举办，“阿拉伯文化年”活动也正在北京等城市顺利进行。尤其值得一提的是，在这些大型官方文化交流活动中，我们越来越多地采用符合市场规律的商业化运作方式，如将项目通过招标交给演出团组和演出经纪机构承办，在对方国家举办的演出活动尽量委托对方国家主流演出机构市场化运作。今天举办的中澳表演艺术经纪人研讨会，是“2006中国文化澳洲行”系列活动的一个重要内容。此前在澳演出的中国芭蕾舞团的《大红灯笼高高挂》、中央民族乐团的“盛装民乐”，悉尼交响乐团演出的中国音乐家谭盾的多媒体交响乐《地图》、北京现代舞团的演出，以及春节期间悉尼的中国盛装游行和北京庙会等，大部分都是采取商业化形式运作的，并取得圆满成功。

（2）完善政策服务体系，吸引国外演艺产品走进来，支持中国演艺产品走出去。

中国政府于2005年发布了新修订的《营业性演出管理条例》，简化审批手续，放宽演出经营资格要求，取消了演出经纪机构涉外与非涉外的资格区分。此外，中国政府规定“在中方控股51%以上或中方占有主导地位的条件下，允许外商以合资、合作的方式设立和经营演出场所、演出经纪机构”，为外国演出商在华投资敞开了大门。在演艺产品出口方面，我们正积极探索有力的扶持渠道，通过我驻外机构加强对海外演艺市场的调研，为国内演艺机构提供咨询和指导，创造中外演艺机构交流与合作的机会，鼓励支持更多的优秀中国文化产品走进国际市场。今天我们来参加这个研讨会，就是抱着这样一个愿望而来的。

（3）适应国际文化市场的消费需求，努力打造兼具艺术水准和商业价值的品牌演艺产品。

在座的各位澳大利亚同行们也许对中国的演艺产品并不陌生。近年来，中国对外文化集团推出的功夫剧《少林雄风》、上海东方青春舞蹈团编导的舞剧《野斑马》和甘肃歌舞剧院的舞剧《大梦敦煌》，都在澳洲进行过商业演出。2004年，北京红樱束女子打击乐团还应邀参加了堪培拉国家多元文化节。最近，上海城市舞蹈有限公司正与澳大利亚悉尼舞蹈团联合编排舞剧《花木兰》。这些都是我国重点推出的文化品牌节目之一。目前中国拥有自主版权、较高艺术水准和商业化运作前景的演艺产品日益增加。北京天创国际演艺制作交流有限公司与加拿大杰出艺术家公司联合制作的功夫剧《功夫传奇》，2005年在北美演出150场，观众11万人，演出收入300万美元。今年下半年还将在北美巡演。2006年5月，由上海城市舞蹈有限公司推广、广州杂技团的杂技版芭蕾舞《天鹅湖》，在俄罗斯莫斯科和圣彼得堡演出引起强烈反响，莫斯科的票价最高卖到8000卢布（约合300美元）一张。东方歌舞团的歌舞晚会《华彩唱风流》，2005年在日本演出128场，收入逾百万美元。上述演艺产品已被列入文化部2005—2006年度国家商业演出展览指导目录，从我们带来的两张 DVD 中，大家可以欣赏到其精彩的片断。此外，值得推荐的还有原生态歌舞《云南映象》、梦幻杂技舞剧《时空之旅》、交响乐京剧《图兰朵》、舞剧《霸王别姬》等剧目。另外，一些经典戏剧也有其独特的艺术魅力。如中国京剧院的《杨门女将》在英国演出被业界评为“五星级”。昆曲《牡丹亭》《赵氏孤儿》和北京人民艺术剧院的话剧《茶馆》《雷雨》等，都曾在海外实现票房收入和舆论评价的双丰收。

（4）加强与海外主流演艺机构的联系，建立长期有效的合作机制。

这次研讨会为中澳双方演艺界的同行提供了面对面交流沟通的机会。通过这次研讨会，大家不仅可以成为志同道合的朋友，而且可以成为项目合作的伙伴。我们欢迎澳洲的同行能够把你们的演艺产品带往中国，积极参与制作和经营中国的演艺产品，同时采取合资、合作的方式投资中国的演艺市场，共同谋求在国际演艺市场上的大发展。我们还希望，通过此次研讨会，能够在我驻澳使馆文化处的积极支持下，与澳大利亚演出协会建立长期有效的合作机制，保持畅通的联络渠道和共享的信息资源，为促进两国演艺业界的合作共赢搭建一座友谊的桥梁。

各位嘉宾，女士们、先生们，在即将结束演讲的时候，我不由想起澳大利亚的一个童话故事。说的是，有一个澳大利亚的小男孩，在家中的花园里挖了一个洞，洞越挖越深，越挖越远，洞的那一头会是一个怎样的世界呢？好奇的小男孩一直坚持挖下去，结果终于挖到了出口。爬出洞口的小男孩又惊又喜，原来他来到了神秘的国度——中国。中国和澳大利亚虽然相距遥远，但同为环太平洋国家，是重要的文化贸易伙伴。我深知在座的各位都对中国的演艺市场满怀期待，我认为今后我们无须采取打洞的办法，完全可以借助文化交流和文化贸易，来积极促进两国演艺事业的共同繁荣和发展，不断加深中澳两国人民的友谊和了解。

预祝研讨会取得圆满成功！

（2006 年 8 月 1 日于澳大利亚悉尼）

精心打造具有国际影响的文化会展品牌

——在西安曲江新区会展业发展论坛上的发言

会展业在中国并不是一个新兴产业，历来就有，但对会展业采取产业化、市场化、规模化方式发展，并将其作为新的经济增长点来培育，是近几年的事情。现在全国的会展业发展非常快，包括我们文化系统也出现了许多文化产业博览会。今年8月5日，中央办公厅、国务院办公厅批准下发的《国家“十一五”时期文化发展规划纲要》明确提出，把文化会展业作为文化产业发展的九大重点行业之一，强调要发展各类综合及专业文化会展，重点扶持覆盖全国并具有国际影响的文化会展，使文化会展业成为促进我国文化产业发展的重要平台。

曲江新区管委会在相继打造推出文化旅游和影视制作两大品牌之后，又把会展业作为文化产业的发展重点，这完全符合中央和国家的要求，也充分反映出曲江新区管委会党政领导的远见卓识和战略投资的前瞻性。通过参加今天上午的揭牌仪式，我们高兴地看到了曲江人的雄心大志，看到了陕西省各级领导对文化产业的高度关注，更看到了西安市曲江新区会展业光辉灿烂的明天。

曲江作为文化部命名的第二批国家文化产业示范基地之一，近几年来在促进文化产业快速发展方面，发挥了很好的示范带动作用。今后文化部将一如既往支持曲江新区文化产业的发展，包括为会展业发展提供全面有效的服务。另外，借此机会，我想提几点不成熟的建议：

第一点，在坚持走市场化发展道路的同时，坚持差异化发展战略，切忌会展项目同质化。目前，全国每年大型的展会就有3000多个，在这种情况下，曲江会展业怎样才能脱颖而出？2004年，文化部联合国家广电总局、新闻出版总署打造了中国（深圳）首届国际文化产业博览交易会。深圳文博会的成功举办，大大激发了各地举办文化产业博览会的热情，2005年开始，许多省市纷纷要求举办文化产业博览会。我们认为，在产业发展的初期，政府出面打造几个交易平台是可以的，但是博览会归根结底是市场的产物，必须按经济规律办事。同质化的文化产业博览会不能过多过滥，互相冲击。为此，文化部专门下发通知要求加强宏观调控，规范文化产业博览会的举办。所以，西安曲江国际会展中心建成之后，要在对全国各类展会分类排队、精心研究的基础上，确定主攻方向，突出自己的特色，发挥自己的优势，走出一条适合自身特点、并具西安特色的会展产业的发展道路。

第二点，起点要高，眼界要开阔，精心打造具有国际影响的文化会展品牌。我认为，西安曲江国际会展中心的设计在国内是一流的，在国际上也不落后。但是这些硬件设施仅仅是打造会展品牌的重要载体，而不是全部。品牌是一个企业的安身立命之本，也是会展业持续发展的生命力所在。我们希望西安曲江国际会展中心建成之后，能够面向全国，面向世界，多打造推出一些品牌会展项目，使西安会展业真正成为中国会展业的“第四极”。

第三点，希望能与国际会展机构、会展商建立长期的合作关系，学习借鉴国际会展业的先进经验，使西安会展业一起步就能与国际接轨，处于一个高层次、高水平上。应该说，这些年我国的会展业发展速度非常快，几乎每年都以20%的速度增长，但是我们也不得不承认，中国的会展业与国际会展业相比，无论是在市场化、专业化、产业化程度方面，还是在运作经验方面，都存在相当大的差距。所以我们在发展过程中，要善于学习借鉴国际会展业成功的经验，真正使曲江新区的会展业能够成为西安经济发展的支柱产业。

现在，大唐芙蓉园已经成为陕西省一颗新的文化明珠，曲江已经成为西安市一张新的城市名片。我们相信，在不久的将来，经过各方面的共同努力，曲江的会展业一定会成为吸引全国乃至全球注意力的新焦点，一定会为推进西安经济、政治、社会、文化协调发展做出新的贡献，也一定能够为促进全国文化产业的健康持续快速发展做出重大贡献！

（2006年8月31日于西安）

中国文化产业的起飞及与东盟各国的合作展望

——在中国—东盟文化产业论坛上的演讲

女士们、先生们，朋友们：

金秋九月，天高气爽。在这美好的时节里，非常高兴能与大家在繁花似锦的南宁市见面。今年是中国和东盟开启对话15周年，也是举办“中国－东盟博览会”的第三个年头。在中国与东盟各国政治关系发展顺利、双边经贸合作取得很大进展的形势下，中国文化部文化产业司与广西壮族自治区文化厅征得东盟各国政府相关部门的支持，决定举办中国—东盟文化产业论坛，共商中国与东盟各国的文化产业发展问题，这是一件十分有意义的事情。

从世界范围看，文化产业作为一个新兴产业已得到各国政府的高度重视。文化产业的迅速发展对于繁荣社会文化、满足人们精神文化需求，对于调整优化产业结构、培育新的经济增长点，对于促进政治、经济、社会、文化全面协调发展、构建和谐社会都具有重要的作用。

借此机会，我想向各位简单介绍一下中国文化产业发展状况及与东盟各国合作发展的一些想法。

在中国，国家统计局将“文化及相关产业”界定为：为社会公众提供文化、娱乐产品和服务的活动，以及与这些活动有关联的活动的集合。文化及相关产业分为核心层、外围层和相关层。核心层包括新闻服务、出版发行和版权服务、广播电视电影服务、文化艺术服务；外围层包括网络文化服务、文化休闲娱乐服务、其他文化服务；相关层包括文化用品、设备及相关产品的生产，文化用品、设备及相关产品的销售。据统计，2004年，我国共有文化产业单位34.6万个，个体经营户36.2万户；从业人员996万人，占城镇从业人员的3.8%；文化产业实现增加值3440亿元人民币，占GDP的

2.15%。目前，一个以国有文化企业为主导、多种所有制经济共同参与的文化产业发展新格局正在初步形成，文化产业作为国民经济新的增长点的作用正在日益凸现，中国文化产业发展呈现出以下一些特点：

一、文化产业政策体系逐步完善，为文化产业发展提供了强有力的政策支撑

自从2002年国家提出发展文化产业的战略任务以来，我们始终把制定政府政策作为扶持文化产业发展的主要手段。2003年9月，文化部下发了《关于支持和促进文化产业发展的若干意见》。2004年10月，下发了《关于鼓励、支持和引导非公有经济发展文化产业的意见》。2005年4月，国务院制定发布了《关于非公有资本进入文化产业的若干决定》，7月，文化部、国家广电总局、新闻出版总署等部门下发了《关于文化领域引进外资的若干意见》。11月，文化部、财政部、国税总局等下发了《关于鼓励发展民营文艺表演团体的意见》。今年8月5日，国务院还出台了《国家“十一五”时期文化发展规划纲要》，其中大篇幅地强调发展文化产业。这一系列政策措施有力地推动了我国文化产业的快速发展。

二、文化体制改革不断深化，涌现出一大批骨干文化企业

近几年来，通过深化文化体制改革，我们逐步明确了新形势下国家文化建设的方针。对公益性文化事业和经营性文化产业，政府采取不同的管理方法。公益性文化事业单位坚持以政府为主导，增加投入，转换机制，增强活力，改善服务，努力实现和保障广大人民群众的基本文化权益；经营性文化企业坚持以市场为主导，创新体制，转换机制，面向市场，壮大实力，努力满足人民群众多方面、多层次、多样性的精神文化需求。改革之后，从中央到地方涌现出许多像中国对外文化集团公司、北京儿艺股份有限公司等大中

型国有或国有控股文化企业和一大批民营龙头文化企业。这些企业在促进文化产业发展方面发挥了很好的示范带头作用，大大增强了我国文化产业的竞争力。

三、对非公有资本和外资的开放力度加大，多元化的文化产业投资格局初步形成

加入 WTO 以来，我国文化产业领域不断降低对非公有资本和外资的市场准入门槛，为非公有资本和外资投资文化产业创造了有利的条件。特别是国务院关于非公有资本进入文化产业的若干决定下发之后，大大调动了社会力量发展文化产业的积极性。目前，据不完全统计，在文化部门管理的文化产业中，非公有制经济所创造的文化产业增加值已占全部文化产业增加值的一半以上，就业人数占到 2/3。民营文化企业已成为我国发展文化产业的一支不可缺少的重要力量。另外，外资进入我国文化产业领域和境外资本投资大陆文化产业的势头也非常看好。

四、新兴文化产业发展迅猛，促进了整个产业水平的提升

现代科技突飞猛进，信息技术、网络手段、数字化趋势给文化产业发展带来革命性变化。我国抓住机遇，乘势而上，积极推动文化产业与高新技术的结合，以数字化、信息化带动产业化，以产业化促进数字化、信息化，大力扶持发展电子娱乐业，鼓励开发具有民族特色、地方特色、健康向上和技术先进的新兴娱乐方式，创新娱乐业态，同时运用高新技术改造传统文化业态，大大提升了文化产业的整体水平。目前，新兴文化产业所创造的增加值已接近传统文化行业部门，从业人员已是传统文化产业部门的两倍。

五、政府服务水平有所提高，文化产业链日趋完善

近几年来，政府不断转变职能，由直接参与型政府逐步转变为管理服务型政府。为推进文化产业从原创、生产、销售、消费形成一个完整链条，政府出面着力打造文化产业的交易平台。2004 年，文化部联合广播电影电视总局、新闻出版总署等部门创办了国家级、综合性、国际化的中国（深圳）国际文化产业博览交易会。而后，根据国家开发西部、振兴东北、中部崛起的发展战略，又分别打造了中国西部文化产业博览会、中国东北文化产业博览会、中国中部文化产业博览交易会等几个面向国内市场的展会。这些展会目前已成为文化信息交流、文化产品交易和文化项目合作的重要平台。为此，《国家“十一五”时期文化发展规划纲要》决定文化会展业作为文化产业发展的九大重点之一。

六、积极培育文化品牌，把中华优秀文化产品推向世界

文化是不同国家、不同民族之间心灵沟通、加强合作的重要纽带与桥梁。为使世界各国人民更好地了解中国文化，近年来，我们努力打造具有中华民族特色的著名文化品牌，并采取各种措施将其推向国际市场。去年年初，文化部制定下发了《关于促进商业演出展览文化产品出口的通知》和《商业演出展览产品出口指导目录管理办法》，使具有出口优势的文化项目优先得到海外市场信息和销售渠道，相继推出一批适合国际文化市场需求的品牌文化项目。去年 4 月，文化部、财政部还专门设立了支持国产音像制品走出去的专项资金，引导支持有实力的文化公司开拓国际市场。广西壮族自治区桂林广维文华旅游文化有限公司运作的大型实景梦幻剧《印象・刘三姐》和台商在桂林投资建设的“愚自乐园”都是文化部命名的国家文化产业示范基地，也是我们重点推介的文化品牌项目。论坛期间，我们将安排各位代表前去参观

考察，希望多提宝贵意见和建议。

女士们、先生们，中国与东盟各国是友好邻邦。多年来，我国不仅与东盟各国保持着良好的外交关系，而且在经贸、科技、文化诸方面都有着非常密切的交流与合作。中国十分重视与东盟各国的文化合作。我们之所以提议举办这次论坛，目的是为了更好地贯彻落实《中国与东盟文化合作谅解备忘录》的精神，在“10+3”和“10+1”框架内寻找与东盟各国合作发展文化产业的重要途径；我们之所以选择在广西首府举办这次论坛，是因为广西是中国唯一与东盟各国既有陆地接壤又有海上通道的省区，地处中国—东盟自由贸易区的中心位置，同时已连续成功举办了两届中国—东盟博览会。我们想在此基础上再搭建一个中国与东盟各国整合文化资源、加强项目合作、促进文化繁荣、共谋产业发展的平台。

我们认为，中国和东盟各国在文化产业发展方面密切合作、互利共赢的条件已经成熟，今后关键在于大家的共同努力。为此，我想提以下几点建议：

（1）逐步实现区域间文化信息与资源的共享。

中国和东盟各国在历史上有着荣辱与共的经历；在文化上有着对东方文化价值观的认同。同时，各个国家都拥有独具特色、丰富多彩的民族文化，这是发展文化产业所必需的取之不尽、用之不竭的资源。为促进各国文化产业发展，政府部门应为投资文化产业的企业家主动介绍本国的投资环境、文化政策、产业发展情况以及项目投资信息。要通过政府网站和各国的产业博览会、中国—东盟文化产业论坛等渠道，及时发布最新文化产业信息和投资指南，使中国—东盟各国能够共同分享文化产业信息资源和产业资源，不断寻找新的合作项目和途径。

（2）合作开展文化产业人才培训。

目前，文化产业发展程度不同，各有各的优势，但人才缺乏是大家共同关心的问题。人才是文化产业发展中最具活力的要素，人才问题解决不好将成为制约产业发展的“瓶颈”。因此，我们希望今后应从各国的实际情况和需要出发，加强国与国之间人才培养方面的合作。市场发展水平较高、人才资源储备充分、国际营销能力强的国家，应通过举办培训班、组织人才研修等多种形式，帮助其他国家加快各类文化产业急需人才的培养，切实做到取长补短、优势互补，为中国和东盟各国文化产业合作提供强有力的人才支撑。

（3）大力推进文化产业项目合作。

反映中国与东盟各国文化产业合作是否成功的一个重要标志，是各国之间是否有具体的产业项目在进行实质性运作。如果产业合作仅仅停留在论坛上和书面中，那是毫无意义的。我们高兴地看到，目前中国各个地区特别是广西、云南和泛珠三角地区，都对与东盟各国的文化产业合作十分感兴趣。在论坛期间，我们将亲自见证广西与越南亚龙湾项目合作意向的签署。今后中国与东盟国家在演艺、展览、影视、音像、艺术品、出版物等传统领域，以及动漫、网络游戏等新兴领域都有广阔的合作前景。随着时间的推移和工作的深入，这种互利共赢的合作项目将会越来越多，并一定会取得丰硕的成果。

（4）完善中国—东盟文化产业论坛合作机制。

目前，中日韩文化产业论坛已经成功举办了四届，而且届届都有新进展。此次中国—东盟文化产业论坛是第一届。我们想通过本届论坛的举办，听听各国与会代表的意见。如果大家都有继续办下去的愿望和要求，我们将把论坛作为中国－东盟博览会的重要组成部分，进一步总结经验，完善机制，本着求真务实的态度坚持办下去。如果各国代表希望能够在各国轮流举办，我们也将尊重大家的意见，积极当好参与国。总之，我们希望，经过几年的努力，真正把论坛办成一个中国与东盟各国文化产业相互对话磋商、相互交流合作、并具有一定权威的区域性文化论坛，为加快中国与东盟各国文化产业发展，为促进亚洲地区的经济发展和文化繁荣，为维护世界的和平与稳定做出应有的贡献。

女士们、先生们，中国有一首著名的歌曲，其中一句歌词是：我们的家乡，在希望的田野上。我们认为，中国和东盟各国人民所居住的这片土地，就是充满希望的土地，我们所从事的文化产业，就是充满希望的产业。让我们携起手来，共同为这片充满希望土地的文化产业发展贡献出我们的智慧和力量，一起走向光辉灿烂的明天。

祝中国—东盟文化产业论坛圆满成功！

（2006 年 9 月 18 日于南宁）

为什么要筹办中部文化产业博览会

记者：在我国已有常设于深圳的全国性文化产业博览交易会的同时，再举办中部文博会，有什么特别意义？尤其是文化产业蓬勃兴起与中部崛起的关系是怎样的？

王永章：近几年来，国家举办的各类文化产业展会对促进我国文化产品交易、产业项目合作和文化产业发展起到了积极作用。特别是连续两届中国（深圳）国际文化产业博览交易会的成功举办，得到中央领导的充分肯定，在社会上产生强烈反响，同时也激发了各地政府和宣传文化部门举办文博会的热情。为加强宏观调控，统筹规划文博会的布局，2006 年 1 月，文化部办公厅专门下发了《关于举办文化产业展会有关事项的通知》，提出文化部除重点扶持每年一届的中国（深圳）国际文化产业博览交易会外，根据中央开发西部、振兴东北、中部崛起的战略部署，再参与筹办中国西部文化产业博览会、中国东北（沈阳）文化产业博览会、中国中部（武汉）文化产业博览交易会等几个主要面向国内市场的博览会。其中，中国西部文化产业博览会每年一届，由具备条件的西部十二个省、自治区、直辖市轮流举办；中国东北（沈阳）文化产业博览会和中国中部（武汉）文化产业博览交易会每两年举办一届。首届中国东北（沈阳）文化产业博览会和首届中国西部（昆明）文化产业博览会，已分别于 2005 年 9 月和 12 月举办并取得丰硕成果。今年的 10 月 27 日至 29 日，首届中国中部（武汉）文化产业博览交易会将在湖北省武汉市举办。另外，由北京市政府提议，文化部、国家广电总局、新闻出版总署又参与主办了 2006 年 12 月 10 日至 14 日的北京国际文化创意产业博览会。

根据我国文化产业的发展现状，我们认为，以上展会完全可以满足目前文化产品与服务项目博览与交易的需要。我们想通过这种合理布局，努力形成文化产业“东、中、西”相互拉动、优势互补、相互促进、有序竞争、共同发展的局面。文化产业博览会既要保证国家级的权威性，防止过多过滥，又要保持适度竞争，避免“单打一”。关键是要按市场经济规律办事，充分发挥市场配置资源的基础性作用，使博览会保持旺盛的生命力，做到可持续发展。

实施中部崛起战略，加快中部发展，是党中央高瞻远瞩，把握大局，审时度势作出的一个重大战略决策。中部崛起是综合性的系统工程，包括政治、经济、文化、社会等各方面全方位的崛起。现在，文化产业对于政治、经济、社会的拉动作用日益凸显，我们支持中部地区创办文博会的主要目的就是贯彻实施中央中部崛起战略，通过国家政府部门的大力支持，依靠中部六省的共同努力，打造一个中部地区文化产业交流与交易的重要平台，开发和拓展中部地区的文化市场，进一步弘扬中部地区优秀的地域文化和民族文化，促进文化产业快速发展，推动中部地区政治、经济、文化、社会全面协调发展。作为中部地区的文化产业工作部门一定要抓住这个机遇，以高度的责任感、使命感和紧迫感，勇于探索，大胆实践，真正办出特色，办出水平，通过文博会让人们更多地了解中部地区，不断扩大中部地区优秀文化的影响力和覆盖面。

记者：中部文博会选择在湖北举办，基于怎样一些考虑？

王永章：实际上，中部六省都具备举办文化产业博览会的条件，我们之所以选择在湖北举办中部文博会，并决定长期落户武汉，主要考虑到以下因素：

一是因为湖北省是中部崛起的战略支点，而武汉市又是中部崛起的龙头城市。据有关方面调查显示，2005 年武汉市的综合实力在中部地区名列前茅，人均 GDP 超过 3000 美元。经济发展水平是文化产业发展的重要基础。

二是“茫茫九派流中国，沉沉一线串南北”。武汉是我国市域面积最大的都市，坐落在国域的中心，东西南北中多样性文化自然交汇于此。其特殊的地理位置和独具魅力的文化特色，既有利于各类文化的相互交流，又有利于将资源优势转化为产业优势，在武汉举办中部文博会具备明显的区位优势。

三是近年来，湖北省委、省政府和武汉市委、市政府对发展文化产业高度重视，湖北的文化产业和文化市场已粗具规模，且发展势头强劲，这是办好中部文博会强有力的政治保障和必不可少的外部条件。今年以来，湖北省委、省政府的领导同志带领宣传文化部门的同志，多次到北京向文化部、广电总局、新闻出版总署的领导汇报工作，争取支持，使首届中部文博会的筹备工作得以顺利进行。

四是2004年湖北省曾在武汉市举办过一次规模较大的文化产业博览会，并取得丰硕的成果，积累了一定的办展经验，集聚了一批会展人才，为首届中部文博会的成功举办奠定了很好的基础。

记者：首届中部文博会的参与省份有六家，文化部对这六省目前的文化事业及文化产业发展状况怎样评价？对中部地区文化建设有哪些期望？

王永章：党的十六大以来，随着我国国民经济第十个五年规划的顺利贯彻实施，我国文化建设出现蓬勃发展的新局面，公益性文化事业和经营性文化产业都取得长足的发展。但是，由于我国幅员辽阔，区域之间的经济基础和市场成熟度不同，各地对发展文化产业的认识水平和重视程度差异较大，使得目前各省文化产业发展处于不平衡状态。为贯彻落实科学的发展观，促进区域间文化产业均衡发展，进而推动文化的繁荣，我想谈这样几点建议：

第一，中央中部崛起的发展战略提出之后，中部地区正以更加开放、更有活力的姿态步入发展的新境界，其优势和潜力得到充分显示。中部地区的地理位置决定了这片土地既是东部地区谋求发展的腹地，又是西部地区经济开放的前沿，占据天时地利优势，可以在东西互动中实现快速发展。借助中部地区的区位优势和经济活动的辐射范围，来谋求中部地区文化产业的快速发展，应是中部地区文化产业发展的应有之义。从本区域发展的角度，可以以中部六省中心城市为核心，加快产业整合，重点扶持，率先发展。通过中心城市的辐射功能，扩大发展空间，逐步梯度推进，最后达到增强文化整体实力和提高文化产业竞争力的目的。

第二，中部崛起呼唤着中部文化的创新精神，呼唤着中部地区敢于创新、勇于实践的文化氛围。文化产业是内容产业，内容产业的核心或源头就是创新。创新应成为中部地区文化产业发展的不竭动力。因此，中部地区文化行政管理部门，要树立创新意识，促进观念创新、体制创新、机制创新、业态创新、科技创新、经营创新和管理创新，形成文化创新的浓厚氛围。鼓励文化工作者和文化企业经营管理人员大胆创新，积极培育一批有自主创新能力、有知名品牌、有自主知识产权的文化企业和企业集团，多创作生产一些原创性的具有民族特色和适应市场需求的优秀文化产品和剧节目。

第三，在中国历史发展的长河中，中部六省有着丰厚独特的文化资源。大家所熟知的中原文化、楚文化、革命历史文化、徽商、晋商、龙门石窟、云冈石窟、黄山、庐山、井冈山、五台山、古城开封、瓷都景德镇等，还有历史名人老子、庄子、华佗、屈原等，可以说不胜枚举。这些丰富的文化遗存既是中部地区发展文化产业的重要资源，也是中部地区文化产业发展的坚实基础。从某种意义上说，也是中部地区文化产业发展的后发优势。中部地区要努力提高自己文化资源的“开采能力”，尽快把中部地区的文化资源优势转化为产业优势，转变为现实的文化生产力。

第四，据统计，中部地区六省的农村人口大约2.44亿，占全国农村总人口的近1/3。可以说加强中部地区的农村文化建设，发展农村文化事业和文化产业对于贯彻落实科学发展观、推动全面协调可持续发展至关重要。在促进中部地区文化产业发展的过程中，要根据农村的实际，鼓励农民发展文化产业。借鉴四川、河南等地农村发展文化产业的经验，积极探索本地区农村文化产业发展的突破点和有效途径，为增加农民收入、改善农民生活、建设社会主义新农村做出贡献。

记者：文化部对中部文博会今后的发展如何支持，在时机成熟后是否有可能进一步扩大中部文博会的规模？

王永章：2000年8月5日，中央办公厅、国务院办公厅批准下发的《国家“十一五”时期文化发展规划纲要》明确提出，把文化会展业作为文化产业发展的九大重点行业之一，强调要发展各类综合及专业文化会展，重点扶持覆盖全国并具有国际影响的文化会展，使文化会展业成为促进我国文化产业发展的重要平台。文化部作为国家文化主管部门，又是中部文博会的主办单位之一，今后一定会全力支持中部文博会的举办。当然，中部六省也要形成合力，优势互补，携手共进，努力打造中部地区文化产业博览与交易的重要平台。这里特别需要指出的是，文博会归根结底是市场的产物。在文化产业发展的初期，政府部门出面适当引导扶持一下是可以的。从长远看，文博会必须要按市场经济规律办事，向市场要规模、要效益。所以，首届中部文博会结束之后，要及时总结经验，努力规范完善办展规则和运行机制，不断提高展会的专业化水平，逐步进入市场化、社会化的办展轨道。要最大限度地汇集人流、物流、信息流和资金流，通过文博会取得最佳的经济效益和社会效益，并采取一切措施拉动相关产业发展，延长文化会展的产业链，使其真正成为中部地区区域经济发展的强大助推器。

（2006 年 10 月 12 日接受《长江日报》记者专访谈话要点）

培育文化绿色生产力

我国文化产业正处于全面提速的阶段，而在这个反映国家软实力的领域，国内文化产品市场存在数千亿元的市场空白，文化贸易的进出口比例大约为10:1。

日前，在湖北省举办的首届中国中部（武汉）文化产业博览交易会上，就如何开发文化这一问题众多又充满希望的产业，我们专访了文化部文化产业司司长王永章。

《第一财经日报》：现在将发展文化产业与转变经济增长方式联系一起，如何理解两者的关系？

王永章：文化产业在我国是一个朝阳产业，也是一个绿色产业。最新调查显示，最近五年，中国居民的文化购买力超速发展，文化产品消费增长超过物质产品消费16个百分点。文化产业已成为中国经济新的增长点，目前全国2/3的省份提出建立文化大省，几乎所有省份都把文化产业列为发展重点。

另一方面，文化产品的生产可以重复使用文化资源，对周围环境造成的污染等负效应微乎其微。

尽管文化产业作为一个新兴领域，在我国已呈现出蓬勃发展的态势，但与欧美国家相比仍存在着不小的差距。美国文化产业年经营总额达几千亿美元，占国内生产总值的21%，日本文化产业也占GDP的18.5%。

因此，“十一五”期间，我们希望文化产业增长速度每年能达到15%以上，争取使居民的文化消费在整个消费结构中能占到5%以上，实现一个突破性的发展。

《第一财经日报》：我国在全球文化产品贸易中，出版物、影片、文化演出等大部分类别的文化产品均处于逆差状态，这些逆差是怎样产生的，如何来填补？

王永章：在传统的文化产业资源配置机制下，我国文化体制与传统工业经济管理体制有共同特点，即以一定级别的行政机构为“上级单位”，建立在其财政拨款的基础上，一旦形成既不能淘汰也不能重组，新的需求产生于新的行政机构。

这样体制下的文化生产不能满足市场的精神需要，因而形成巨大的市场空白，客观上为外国文化产业提供了进入我国市场的空间。目前在国际传媒文化集团的重压下，我国文化产业市场的现状确实不乐观。

但是，文化产业不同于其他经济领域，填补或拉近国内、国外的空白与逆差的过程中，盲目学西方模式，不考虑国人精神需求，这样的发展模式是不现实不可取的。因此，当前的思路是，对于企业而言需要开拓创新，寻求品牌、产品的市场竞争力；在政府层面，要考虑怎样恰如其分地支持企业，做到到位又不越位。

我们也在向文化产业各类型的企业征集实实在在的想法，希望能够摸索出适合于我国的发展模式。

《第一财经日报》：文化产业现在也逐渐发展到投融资领域，机遇之外也存在相当风险，从政府层面而言，如何帮助投资者规避风险，以鼓励文化产业的投资信心。

王永章：文化产业也是一个投资风险比较高的行业。它跟传统产业不一样，传统产业投资即使失败，至少还能留下一部分厂房、设备等固定资产；而文化产业主要投资所形成的是知识产权，依靠人力资源，一旦失败，投资者面临一无所有的景况。

政府可以鼓励文化产业的延伸发展，比如支持为投资服务的文化市场调研、项目可行性论证等一批中介机构在内的延伸产业。另外，在财力上，对一些好的文化创意项目，从项目的孵化，到风险资本进入，到最后产业化运作，整个过程，政府应有必要的资金投入。

总之，我们的文化产业还处在培育阶段，需要政府“扶一把、送一程”。

（2006 年 10 月接受《第一财经日报》记者专访谈话要点）

四川独特的文化资源是发展文化产业不可缺少的条件

——在成都文化产业发展论坛暨首届四川文化产业项目推介会上的致辞

尊敬的各位来宾，女士们、先生们：

在四川省委、省政府的关心支持下，经过各方面的积极准备，今天，成都文化产业发展论坛暨首届四川文化产业项目推介会顺利开幕了。来自各地的政府官员、专家、学者以及文化企业家济济一堂，共商文化产业发展大计，共同寻求产业项目合作，这是四川文化产业发展史上的一件大事。为此，我代表文化部文化产业司对本次活动的成功举办表示诚挚的祝贺！

大家知道，党的十六大以来，特别是党的十六届四中、五中全会以来，文化产业作为一个新兴产业，已经开始进入快速发展的新阶段，呈现出蓬勃发展的新局面。各级领导对文化产业的认识更加深刻，文化产业政策体系日益完善，非公资本进入速度加快，市场主体不断巩固发展。文化产业在繁荣社会主义文化、满足人民群众文化需求方面的重要作用得到初步发挥；在推进结构调整、扭转增长方式、促进经济全面协调可持续发展方面的现实作用日益凸现。一个以国有文化企业为主导、多种所有制经济共同参与的文化产业发展格局和民族文化为主体、吸收外来有益文化的文化市场新格局正在逐步形成。

素有“天府之国”美誉的四川省，文化底蕴深厚，历史传统源远流长，是中华民族的重要发源地之一。四川独特的民族民间文化资源是发展文化产业不可缺少的条件，给四川文化产业创造了巨大的发展空间。我们欣喜地看到，近几年来，在党的十六大精神的指导下，四川省委、省政府高度重视文化建设和文化产业发展，不仅坚持从四川的实际出发，提出“壮大文化产业，建设西部文化强省”的奋斗目标，而且以创新体制和机制为切入点，把文化产业作为新的经济增长点来精心培育，在挖掘文化资源，发展特色产业，扶持市场主体，增强微观活力，打造交易平台，促进项目合作等方面做了大量卓有成效的工作，有力地提升了四川文化产业的整体实力和竞争力，在全国产生了较大影响。前不久，文化部刚刚在成都圆满举办了第四届中日韩三国文化产业论坛，四川省繁荣活跃的文化产业和极为丰富的历史文化资源给与会代表留下深刻的印象。另外，文化部已基本确定明年将在四川召开全国文化系统文化产业工作现场会，向各地推广四川促进文化产业快速发展的做法和经验。我们相信，这一系列的重要活动，将给四川的文化产业带来新的发展机遇，将对实现建设西部文化强省的奋斗目标起到积极的推动作用。

本届文化产业发展论坛暨文化产业项目推介会，为四川打造了一个理论交流、项目合作、产品交易的坚实平台，为各地进一步了解四川、投资四川、建设四川提供了一个对外“窗口”。我们衷心希望，这次文化产业发展论坛能够集思广益，开成一个为加快四川文化产业发展出主意、想办法的献计献策会。同时，我们也希望四川文化产业项目推介会能够取得丰硕的成果。

最后祝论坛和推介会取得圆满成功！

（2006 年 11 月 29 日于成都）

利用行政手段为各类资本进入文化产业领域提供有效服务

为整合全国文化产业资源，打造文化产业信息交流、项目合作、产品交易的综合平台，文化部16日在深圳启动全国文化产业项目服务工程，中国文化产业网新版也同时启动。

文化部文化产业司司长王永章说，随着我国文化产业的深入发展和市场主体的不断壮大，目前，文化产品和服务的供货商和采购商以及文化产业项目的投融资商，迫切需要一个良好的市场环境和顺畅的流通渠道。全国文化产业项目服务工程即是利用政府的行政手段，为各类资本依法进入我国文化产业领域提供全面、简捷、有效的服务。

王永章介绍，全国文化产业项目服务工程包括五方面的内容：一是建立国家文化产品和服务项目资源库，包括适合国内市场和适合国际文化市场的两大类；二是建立国家文化产业投融资项目资源库，包括非公有资本投融资项目、外资投融资项目和港澳台投融资项目三大类；三是在中国文化产业网站上设立政府统一对外的服务窗口，同时利用中国（深圳）国际文化产业博览交易会、中国西部文化产业博览会等多种渠道，向海内外推介我国的文化产业项目；四是建立以政策咨询、信息服务、产业指导为主体的文化产业服务体系；五是逐步建立投资预警机制，防止重复建设，减少盲目投资，提高文化资源和资本的使用效率。

服务工程将采取网上运行和网下服务相结合的方式。网上运行主要依托中国文化产业网站，建立集工作平台、检索服务为一体的文化产业信息服务体系。网下服务主要是履行政府行政部门为社会提供政策调节、信息服务的职能。

（2006年12月16日新华社发稿）

我国发展文化产业的指导思想和基本思路

——2006 年 10 月 28 日在上海交通大学浙江宣传文化干部培训班上的讲话提纲

今天，有机会给在座的各位领导介绍我国文化产业发展的有关情况，我感到很高兴。我主要想谈两个方面的问题，一是谈谈我国发展文化产业的指导思想，二是谈谈我们工作中的一些基本思路：

一

在谈这两个问题之前，必须先把文化产业产生的背景及其内涵给大家做一些简单的介绍。文化产业究竟是什么时候产生的？有人考证，“文化产业”这个词最早出现在 20 世纪 30 年代德国瓦尔特·本亚明的《技术复制的年代》一文中。20 世纪 40 年代，在文化产品工业化生产逐渐增加的情况下，德国法兰克福学派第一次提出“文化工业”的理论。这个学派主要是从艺术和哲学价值的角度，对“文化工业”予以否定。他们认为，文化工业受商业力量所操纵，以娱乐消遣为目的，丧失了艺术的本质；艺术技巧依赖于机械技术，作品内容和风格雷同，没有艺术价值等。“文化产业”是 20 世纪 80 年代从东亚传入我国的。关于什么是文化产业，学术界的说法很多。前几年比较流行的是，大家习惯于引用联合国教科文组织的一句定义：文化产业就是按照“工业标准”，生产，再生产，储存以及分配文化产品和服务的一系列活动。为什么讲“按工业标准”？有的专家认为，文化产业具有复制性、批量化、标准化的特点。

2002 年十六大召开前，文件起草组的同志向我要关于文化产业的名词解释，我们准备好并经部领导同意后，报了上去。形势发展得很快，人们的认识也在不断深化。2003 年 9 月 4 日，文化部制定下发了《关于支持和促进文化产业发展的若干意见》（以下简称《若干意见》），这是我国第一个有关文化产业发展的重要文件。文件对文化产业的概念又重新做了界定。“文化产业是指从事文化产品生产和提供文化服务的经营性行业。文化产业是与文化事业相对应的概念，两者都是社会主义文化建设的重要组成部分。文化产业是社会生产力发展的必然产物，是随着我国社会主义市场经济的逐步完善和现代生产方式的不断进步而发展起来的新兴产业。”《若干意见》将文化产业的范围界定为演出业、影视业、音像业、文化娱乐业、文化旅游业、网络文化业、图书报刊业、文物和艺术品业以及艺术培训业等九大行业门类，现在发展了应该包括动漫业、网络游戏业、广告业、会展业等。

最近一段时间，媒体上又在宣传炒作“创意产业”的概念，我个人认为应该慎重。因为从世界各国的情况来看，文化产业与创意产业本质上没有太大区别，所表述的是同一概念。如美国没有文化产业的提法，他们一般说是文化娱乐业和信息服务业，日本政府认为，凡是与文化相关联的产业都属于文化产业，他们称之为内容产业。韩国所说的文化产业，主要指与文化内容产品开发、制作、生产、流通、消费有关的服务业。而英国、加拿大、新加坡和巴西等国家则称文化产业为“创意产业”。

前些年，正是综合考察了世界各国的情况之后，又考虑到中国的国情，我国决定将“文化产业”这一概念写入党的十六大报告，并作为文化建设的一个战略目标提出来。这是我们党在文化理论建设上的重大突破。十六大以来，党和国家始终在强调大力发展文化产业，而且经过几年的努力，文化产业作为一个新兴产业已逐步为社会各方面所接受。在这种情况下，再模仿英国等国家的做法，推出“创意产业”的新概念，并将其与文化产业相提并论，既容易把领导和群众的思想搞乱，又不利于政策的稳定和产业的发展。现在，不少人经常询问：究竟“创意产业”与“文化产业”是什么关系，有哪些区别？

实际上，目前媒体所宣传的“创意产业”与我国界定的“文化产业”在内容范围上基本是交叉的。“创意产业”指“源自个人创意、技巧和才华，通过知识产权的开发和运用，具有创造财富和就业潜力的产业”。包括广告、设计、艺术品和古董及文物交易、数码娱乐、电影与录像、音乐、表演艺术、出版、软件及计算机服务、电视广播等。我国文化产业的范畴也基本是这些内容，只是没有包括设计。随着形势的发展，如认为有必要，完全可以在完善我国文化及相关产业统计分类时加以解决。

另外，文化产业本身就是内容产业，其核心是文化，源头是创意。文化产业和创意发展并不矛盾。但文化产业的内涵和外延更准确、更宽泛、更全面，涵盖得更广，既包括传承与弘扬中华优秀民族文化精神，又包括宣传教育群众、提高全民族的思想道德素质等要求，当然也包括文化的创意。在国家大力提倡自主创新、建设创新型国家的形势下，发展文化产业强调创意是毫无疑义的，问题是应该把文化创意包含在文化产业这个大概念内，而不应该另起炉灶，炒作新概念。

二

谈谈我国发展文化产业的指导思想。现在党和国家对文化产业工作越来越重视。党的十六大提出发展文化产业的战略任务后，几乎每次会议都要强调文化产业工作。2006 年 3 月 5 日，温总理在政府报告中提出：深化文化体制改革，发展文化事业和文化产业。为什么要大力发展文化产业，发展文化产业需要遵循哪些原则、达到什么目的？随着工作的不断深入，党和国家发展文化产业的指导思想越来越清晰，我把它归纳为五句话，即“确立两个目标、遵循两个规律、坚持两个原则、树立两个意识、达到两个目的”。

（一）确立两个目标

一个目标是满足人民群众日益增长的精神文化需求。近几年来，文化产业成为社会各个方面关注的一个热点问题，原因很多，但主要的原因有两个，一是市场经济的不断完善，二是国家经济的迅速发展。改革开放27年来，我国经济持续增长。据国家统计局1月25日宣布，2005年我国国内生产总值为182321亿元，按可比价格计算，比上年增长9.9%，折合22257亿美元，人均达到1703美元。由世界第七上升到第四，先后超过意大利、法国、英国。按照经济学家的说法，人均GDP超过1千美元之后，城乡居民的消费结构就会发生很大的变化。国际上一般用恩格尔系数来反映。恩格尔系数是1857年德国统计学家恩斯特·恩格尔发现的一个定律：随着家庭和个人收入的增加，收入中用于食品方面的支出比例将逐步减少。根据联合国粮农组织的标准，恩格尔系数在59%以上的为贫困，50%~59%为温饱，40%~50%为小康，30%~40%为富裕，低于30%为最富裕。近几年来，我国恩格尔系数逐年降低，1978年恩格尔系数城乡居民分别是57.5%和67.7%，2004年，城镇居民家庭的恩格尔系数降到37.7%，而农村居民家庭的恩格尔系数降到47.2%，已经分别达到富裕和小康水平。当然，恩格尔系数也不是绝对的。相关结果表明：广州2005年恩格尔系数是37.31%，而山西2003年就达到33.5%，宁夏城镇2004年降到36%。实际上这两个地方都没有广州富裕。总之，现在人们用于文化教育的消费支出越来越多，这是一种历史性的进步。发展文化产业首先是满足人民群众日益增长的多样性、多元化、多层次的精神文化需求。

另一个目标是努力使文化产业成为一个新的经济增长点。对这个问题，特别是领导的思想观念要转变。改革开放以来，我国所取得的巨大经济成就举世瞩目，不容置疑。但是我们应该看到，我们的经济增长很大程度上是依靠“高消耗、高排放、低效益”的粗放增长方式取得的。据有关方面测算，20世纪90年代中期，我国的经济增长有2/3是在对生态环境透支的基础上实现的。2003年，我国是世界上产值能耗最高的国家之一，消耗了世界钢铁总量的21%、水泥总产量的40%、煤炭总产量的31%，石油大约7.4%，而GDP仅占世界的4%。经济学家吴敬琏说，我国资源的特点是，人力资源丰富，自然资源贫乏，资本资源紧缺，生态环境脆弱。发展重化工业恰恰是“扬短避长”。正因为如此，党的四中全会强调要坚持以人为本、全面协调可持续的科学发展观，提出“五个统筹”，提出要促进结构调整，转变增长方式。我认为，文化产业就是一种新的经济增长方式。文化产业在我国既有很大的市场潜力空间，又有众多的消费群体，基本属于“无污染、低消耗、高效益”的无烟产业、朝阳产业。发展文化产业对于全面落实科学发展观、促进和谐社会发展，将起到越来越重要的作用。

日本、美国等发达国家的成功经验已经告诉我们，文化产业完全可以成为支撑一个国家经济发展的支柱产业。2002 年，日本推销到美国的动画片及相关产品的总收入高达 43.6 亿美元，动画片形象权收益 39 亿美元，动画片对美出口收入是钢铁出口收入的四倍。中央提出要解放和发展文化生产力。文化生产力就是指生产文化产品和提供文化服务的能力。2004 年 11 月21 日，李长春同志在深圳大芬村说，现在看来，有三个经济增长点，一是高新技术产业，一是现代物流业，一是文化产业。现在各地很重视，北京已经制定了文化产业发展规划。2004 年，北京市文化产业创造增加值 290 亿，占 GDP 的 6.8%。规划到 2010 年达到 660 亿，占 GDP 的比重达到 10% 以上。上海市 2004 年文化产业增加值占 GDP 的 6%，计划今后几年每年增长一个百分点。广东 7%、浙江 6%。深圳提出重点发展四大支柱产业，高新技术、金融、物流、文化产业，并成立文化产业办公室，五年不少于 3 个亿的扶持资金。云南省委丹增副书记说，发展文化产业不破坏自然生态，不污染环境，自然资源越开发越少，而文化资源越开发越多，何乐而不为呢。

（二）遵循两个规律

一是遵循社会主义精神文明建设的特点和规律。任何文化产品与精神创造都属于精神文明建设的范畴，决不能以牺牲精神文明为代价去换去一时的经济增长；发展文化产业不等于牺牲文化的本质与精神的高度去迎合市场，完全由市场去决定一切。建川实业集团董事长樊建川是四川省著名的民营企业家和收藏家，他个人收藏了大量有关抗日战争内容的藏品。为配合抗日战争胜利60周年活动，该集团一期投资2.8亿元，建了4个与抗战有关的博物馆。2004年6月和2005年7月，我部有关同志在对建川实业集团进行考察时，曾严肃提醒过：关于抗战的历史和“文革”的历史，不是一个文化企业所能评价和定位的。今后博物馆展出的物品和内容，特别是在广场上搞抗日200壮士的雕像，涉及蒋介石和国民党的将领，一定要慎重，必须经党委宣传部门审查。

二是遵循社会主义市场经济的发展规律。过去我们把文化艺术作为单纯的宣传教育和公益性事业看待，而对其所具有的商品属性和服务功能认识不足。现在我们认识到，文化不仅具有意识形态属性，而且具有经济属性和商品属性；不仅具有公益事业的属性，而且具有服务业生产经营的特征。第三产业我国原先是31.9%，经济普查后上升到40.7%。发达国家，美国75.3%、日本68.1%、韩国55.1%、法国72.4%、英国72.6%、德国69.2%；发展中国家，印度尼西亚39.9%、印度51.2%、马来西亚41.8%、菲律宾53.2%、泰国46.3%。世界低收入国家平均大约45%。

首先要增强市场意识。既然文化产业是在市场经济条件下进行的，就必须面向市场。美国魔术师大卫·科波菲尔2004年第二次到中国巡演，中方经纪公司开始建议去7个城市，但他对当地演出市场和场地有严格要求。在对各候选城市长达两年的技术和市场考察后，最终确定了5个城市。目前，文化系统的同志往往习惯于从政治上考虑问题，不太善于从经济角度上去分析问题和研究问题，更缺乏市场观念。有的地方一说发展文化产业，只想我想干什么，我能干什么，唯独不研究市场是否需要这个。现在，各地的市场意识好多了。多媒体梦幻舞台剧《时空之旅》截至今年3月25日，181天演了200场、18万观众、票房收入2200万元。这就是商业运作。

其次要提高市场运作能力。前些年，文化系统出现“以文养文、以文补文”的情况。我部原来创办的几个公司的经营情况，就可以充分说明这个问题。仅凭简单的热情和机关的作风，不可能搞好文化产业。正如家正部长所说的，文化人“一签合同就上当，一打官司就赔钱”。这个教训非常深刻。要大力发展文化产业，必须彻底扭转这种被动局面。

再次要加强市场管理。文化产业存在的重要外部条件是市场，文化企业只有通过市场的具体运作，实现了文化产品和文化服务的经济价值，才会有生命力。市场管理不到位，直接影响文化产业的发展。如音像盗版问题，2005 年全国查缴各类违法音像制品 1.66 亿张（盘）。

（三）坚持两个原则

一是贯彻发展先进文化的原则。文化产品和文化服务承载着一定的文化精神和文化传统。加入 WTO 后，由于西方国家对我国实施“西化”“分化”的方针始终没有改变，特别是美国近年来一直企图通过“文化渗透”，用自己的政治理念、价值观念和生活方式影响其他国家。去年联合国教科文组织通过世界文化多样性公约，148 个国家赞同、4 个弃权，只有美国和以色列坚决反对。布什说，担心其他国家以多样性为理由抵制美国影片。2005 年 11 月 11 日，在广东佛山举办的首次亚洲文化部长论坛上，新加坡文化部长李文献说，亚洲国家在经济全球化过程中的确获得了贸易自由和跨边界投资的许多益处，文化生活也在全球化影响中得到极大丰富。然而这种丰富却让人感到不安。在现代科技发达的今天，西方文化通过广播、影视、网络等传媒手段进入我们的家庭，全天 24 小时地渗透，侵蚀到传统的文化遗产和艺术形式的各个角落。这种冲击不仅使不少年轻人丧失了文化归属感，同时也为恐怖主义的猖獗埋下了祸根。连法国人都认为美国输出的不仅仅是电影。希拉克总统发誓要对美国的文化统治发起一场新的“反攻”。2005 年 3 月 16 日召见文化部部长雷诺，准备争取英国、德国、西班牙政府的支持，耗资数百万欧元，将整个欧洲的文学作品搬上网络。这方面国际间的斗争非常激烈。如韩国为能与美国顺利展开有关自由贸易协定（FTA）的谈判，今年 1 月 26 日其副总理兼财政经济部长迫于美国的压力，宣布从 7 月 1 日开始，将规定电影院每年放映本土电影的天数从 146 天减少到 73 天，在国内引起轩然大波。

2005年，允许外资进入我国文化产业领域的文件下发后，有的地方感到不过瘾，要求进一步开放，12月1日，李长春同志批示："当前不是研究文件是否再放宽的问题，而是原原本本落实现文件，注意发现新问题。既要重视解放和发展生产力，又要重视监督管理和文化安全问题。"2006年1月29日国务院公布的《娱乐场所管理条例》提出"歌舞娱乐场所所使用的歌曲点播系统不得与境外的曲库联接"。同时，正在制作《全国卡拉OK数字娱乐运营服务管理系统》。

二是坚持把社会效益放在第一位的原则。

文化产品和文化服务只要走向市场，为大众所消费，就不可避免地要对人们的思想、意识、观念、心理、行为带来潜移默化的影响。这种影响可能是积极的，也可能是消极的。因此，文化产品的生产者和文化服务的提供者必须以对社会高度负责的态度，重视加强文化产品和文化服务所产生的正面效益，努力减少或避免文化产品和文化服务所带来的负面效益。当然，如果只强调社会效益，而忽视经济效益，文化产业也发展不起来。有人说，占领市场就是占领意识形态领域。

（四）树立两种意识

一是改革创新意识。目前文化发展滞后，主要是改革意识不强，安于现状，不求进取。2005年12月，中共中央、国务院下发了《关于深化文化体制改革的若干意见》。今年3月28至30日，中央专门召开了全国文化体制改革会议。深化文化体制改革是当前宣传文化系统的一件头等大事。实际上，文化改革不是从现在才开始的。改革开放20多年来，文化系统一直在不断的改革。问题是，以前的改革只涉及人事、分配制度、内部机制等，没有触动文化体制这个根本。这次改革比较彻底，是一次全面的改革，既有内部机制的改革，又有文化体制的改革。

全国文化体制改革试点工作从2004年6月就开始了。有北京、上海、重庆、广东、浙江、深圳、沈阳、西安、丽江等九个城市，还有新闻出版、广播影视和文艺系统35个试点单位。我个人感觉，中央在指导改革上越来越成熟，越来越实事求是。如试点工作连续推了两次。开始强调重要性、必要性较多，现在同时强调复杂性和艰巨性。

那么，为什么要进行文化体制改革？因为我们现在的文化体制基本是计划经济条件下形成的。改革开放20多年了，文化赖以发展的经济基础、体制环境、社会条件发生了深刻的变化，如果我们的思想观念仍停留在计划体制下办文化的基础上，我们的文化结构再不进行改革和调整，根本满足不了群众日益增长的精神文化需求。2004年12月25日，我随孟部长访日与浅利庆太进行了会谈。日本四季剧团有8个专用剧场、演职人员1100多人。每年大约演出3000多场、观众260万人次，演出收入190亿日元，约合人民币13亿。这是什么概念？相当于我们全国国有和集体的2587家文艺表演团体，2001年演出总收入5.7亿元的2.3倍。其成功的经验为：剧团企业化、演员专业化、演出产业化、售票商业化。而我们“政府是投资主体，领导是基本观众，获奖是唯一目的，仓库是最后归宿”。你说，不改革行吗？

当然，改革必须从实际出发。中央提出十六字方针，即区别对待、分类指导、循序渐进、逐步推开。孙家正部长在传达会议精神时，把全社会文化单位和文化机构大体分为六类：第一类，国有公益性文化单位，增加投入，转换机制，增强活力，改善服务；第二类，国有经营性文化单位，逐步转为企业，创新体制、转换机制、面向市场、壮大实力；第三类，带有经营性质同时具有民族特色、国家水准的文化单位，保留事业单位性质，政府扶持、转换机制、面向市场、增强活力；第四类，民营文化企业，和国有文化企业一视同仁，享受同等待遇，同时加强管理；第五类，民营的带有公益性质的文化机构，积极支持，可采取民办公助的办法，鼓励其服务基层、服务群众；第六类，外资参与的文化企业，遵守WTO的有关规定，保护其合法权利，同时加强管理，积极支持有利于中国文化产品走向国外的文化企业。对待不同的类别，采取不同的指导方针和办法。所谓循序渐进，逐步推开，就是李长春同志讲的，可有先有后，不搞一刀切。“试点地区在巩固已有成果基础上，逐步全面推开；其他省、自治区、直辖市要先确定一批地区和文化单位作为试点；少数条件尚不成熟的地区可根据自身实际情况，深入调查研究，积极创造条件，为下一步改革做好思想准备和工作准备，也可以选择一些有条件的单位先行试点，探索积累经验。”

那么，文化体制改革与发展文化产业究竟是什么关系呢？应该说，文化体制改革与文化产业发展有着密切的联系。因为与其他改革一样，文化体制改革本身不是目的，改革只是手段，繁荣才是目的，发展才是目的。前几天，有记者采访我时，我说，如果把我国文化产业比作一艘即将启航的远洋巨轮的话，那么文化体制改革就是这艘巨轮的“强大助推器”。目前文化滞后，主要是改革意识不强，安于现状，不求进取。文化体制改革首先是思想观念的改革。

同时，文化产业是一项全新的产业，国外的做法不能照抄照搬，前人又无成功的经验可以借鉴。只有创新才能实现文化产业快速发展，创新是文化产业发展的核心。有一次，飞利浦总裁柯慈雷在清华大学对 MBA 学生演讲时说：“要么创新，要么死亡！”广西阳朔的大型实景演出剧《印象·刘三姐》，2004 年 3 月 20 日正式上演。“五一”期间场场爆满，晚上 12 点排队买票。阳朔的旅游和过夜人数分别增加 11% 和 16%。到 2004 年底接待游客 40 多万，票房收入约 4000 万元。我国的创新情况：2003 年国际上申报的发明创造专利是 11 万件，其中，美国占 35.7%，日本占 15.2%，德国占 12.7%，英国占 5.5%，法国占 4.3%，五大国合计约 73%。中国虽有数量庞大的科研院校、研究队伍和在校大学生，申报件数仅占 1%。多落后啊！韩国排在第 6 位，中国排在第 10 位。所以，胡锦涛总书记提出要走中国特色自主创新道路，建设创新型国家。

发展文化产业就是要积极推进与高新技术联系密切的产业门类的发展。现代科技进步的突飞猛进，信息技术、网络手段、数字化趋势给文化产业的发展带来革命性变化。如日本卡拉 OK 的发明与普及，带动了许多相关产业的发展。

网络游戏也是一个新兴产业。上海盛大网络1999年11月成立，开始不景气。但现在有2800名员工，2001年8月他们以30万美元入门费和27%的运营分成的代价从韩国引进《传奇》游戏，不断翻番。2004年营业收入13.67亿元人民币，利润6.9亿元，比上年增长133%。2005年营业收入突破18亿，利润在七八亿元左右。目前拥有注册用户4.6亿户，最多同时在线用户人数超过250万，市场占有率达到70%以上，是世界上用户规模最大、收益额位居前列的网络游戏企业。2003年盛大互动娱乐有限公司签订协议，以7亿元收购韩国一家网络公司29%的控股权。

据有关研究机构发布，2005年底，中国互联网用户达到1.2亿，成为仅次于美国的世界第二大网络市场。2004年中国网络游戏市场规模约为35亿元，2005年为55.4%亿元，今年预计为83.4%亿元。有人担心青少年的网瘾问题，其实“网络既不是天使也不是魔鬼”。去年11月22日，中国青少年网络协会公布，对30个城市调查显示，有网瘾的青少年占13.2%。文化部也正在采取一系列措施。

二是求真务实意识。求真，即积极探索文化产业的发展规律。人们的认识在不断深化。2003年，党的十六届三中全会和全国宣传思想工作会议提出实现文化产业跨越式发展，我认为，作为一个工作目标或者发展战略提出来很有必要，但是，在进行跨越式发展前，我认为应该有一个过渡阶段或者说起步加速阶段。文化产业更重要的是一个经济运行的概念，不能搞突击，也不能搞“大跃进”。必须按市场经济规律和文化规律办事。在条件不成熟的时候盲目发展是要摔跟头的。我想文化产业起步加速阶段大约需要几年的时间，然后，文化产业才能进入跨越式发展阶段。现在提出促进文化产业快速发展和加快文化产业发展，这种提法就比较切合实际。

务实就是不搞形式主义，不搞花架子，扎扎实实地做，实实在在地干。特别强调要充分考虑地区之间的文化差异和经济不平衡性，因地制宜地发展文化产业，利用当地文化资源，发展优势文化产业和特色文化产业。河南宝丰县只有48万人口，近年来就是发展民间演出。现有魔术、小品、杂技、歌舞、武术、气功等表演团体1200家，从业人员5万多人。每年外出演出收入2.86亿元，占当地农民人均纯收入的70%以上，3.2万农民甩掉了“穷帽子”。

（五）达到两个目的

一是达到增强我国文化总体实力的目的。过去在计划经济体制下，我们只讲文化事业，现在我们讲文化建设。文化建设既包括公益性的文化事业又包括经营性的文化产业。现在强调发展文化产业，决不能忽视文化事业。全国文化体制改革会议强调的第一个重点就是激发文化事业单位的活力，以政府为主，逐步建立覆盖全社会的公共文化服务体系，维护全体公民的基本文化权利。强调文化事业和文化产业要全面协调发展。从总体上看，国家对文化事业的投入还是偏低的。2004年，全国文化事业财政拨款为113.66亿元，比上年增长了20.8%，但全国人均文化事业费大约8.74元。据2002年统计，教育人均205.93元，卫生49.44元，科技21.01元，全国文化事业费仅占国家财政总支出的0.4%。在争取资金上，我们要理直气壮。然而，仅仅依靠国家投入，文化建设不可能做大做强，只有大力发展文化产业才能使我国文化的总体实力得到增强。

二是达到提高我国文化产业竞争力的目的。我国是一个文化资源大国，但是与西方发达国家相比，我们不得不承认，在文化产业方面仍是一个弱国。我国文化产业基本处于起步、探索、培育、发展阶段，发展水平比较低，竞争力比较弱。我国与西方发达国家文化产业之间的差距到底有多大。我谈一组数据。我们文化产业增加值仅占GDP的3.1%。而美国的文化娱乐业年收入4000亿美元，为美国第二大产业，文化产业占GDP的1/5。日本2004年文化产业总值达13.3兆亿日元，占国内生产总值的18.5%，成为仅次于制造业的国民经济的第二大支柱产业。韩国自称为“世界第五文化生产大国”。以前，我们总为我国文化资源丰富沾沾自喜，其实文化资源不等于产业资源，也不同于矿产资源。矿产资源是有形的，而文化资源是无形的。对文化资源来说，谁率先将它开发成产品，谁才掌握了它的主动权。丰富的文化资源只能说是发展文化产业的一个必要的条件，要使文化资源转化为产业资源，必须大力提高文化资源的“开采能力”。

这里我再讲一个例子。大家都知道美国出版的《哈利·波特》这本少儿读物。这本书是英国一个30多岁的单亲妈妈罗琳写的。罗琳受过高等教育，出身于中产阶级家庭，离婚、失业、带着一个女儿靠救济金生活。1995年这个书稿送到英国十几家出版商都被拒绝。1996年，英国布鲁姆斯伯里出版社同意出版，第二年只印了500本。1997年美国学者出版公司的副董事长莱文从意大利的一个儿童书展上得到这本书，在飞机上粗粗一翻，马上通知公司买下该书的版权。当时，花了10.5万美元，而前三册就卖了4.8亿美元。美国华纳兄弟公司发现商机很好，用50万美元买下电影及相关产品版权，投资1.25亿美元拍电影，带来10亿美元的经济效益。前三部片子总共赚了25亿美元。2005年7月16日，第六册《哈利·波特与混血王子》在全球发行，创出一次印刷1080万册，24小时卖出690万册的世界纪录。平均8秒卖一本。出版公司准备加印到1350万册。在全球译成63多种语言，总印数突破3亿册，在200多个国家发行，总共创收30亿美元。2005年11月18日，第四部电影《哈利·波特与火焰杯》在我国放映。一周全球票房总收入1.8亿美元，收回它的全部成本1.4亿美元。第二周达到4.08亿美元。当然，作者也摆脱了穷困潦倒的生活。2003年，罗琳的年收入达到4800万英镑，被英国《星期日邮报》评为收入最高的女性。个人资产10亿美元，比英国女王还富有。11岁的男主角丹尼尔·雷德克里夫前四集赚了1700美元，第五册签约涨到1440万美元，这就叫产业运作。第五册的电影《哈利·波特与凤凰社》也放出风来，计划2007年7月15日放映。这本书使我国人民文学出版社至少赚了2400万。

我国人均出版物消费是10.44公斤，美国是146公斤，日本是118公斤。李长春同志2003年3月18日曾在一份关于出版业情况的资料上批示“美国是文化资源的小国，为什么其文化能输出到世界各国，而我们是文化资源大国，古代文化在东方也有很大影响，现代文化的影响力似不如古代。我想，其中有个重要原因就是，在现代市场经济形势下，文化和经济紧密融合以产业的形式迅猛发展，在这种形势下，传统的文化小国能够成为大国，传统的文化大国可能成为文化小国。望中宣部、社科院要研究这种国际现象，推动人们的思想观念与时俱进，善于通过发展文化产业加快发展先进文化，使我国成为现代文化大国”。我们与发达国家的差距悬殊，只有实现文化产业的快速发展才能尽快缩小这个差距。

三

第四个部分，我想谈谈工作层面的问题。文化部是1998年在机构改革时成立的文化产业司。八年来，在部党组的领导下，我们的工作思路越来越清楚，我也把它概括为五句话“打好两个基础、完善两个体系、突出两个重点、打造两个平台、面向两个市场”。

（一）打好两个基础

一是理论基础。理论是行动的指南，没有理论指导的行为是盲目的。1999年和2002年，文化部依托上海交通大学和北京大学成立了两个国家文化产业创新与发展研究基地。上海交通大学和中国科学院合作每年编撰出版一本《中国文化产业蓝皮书》，北京大学基地从2004年开始每年出一本《中国文化产业年度发展报告》。我们组织了各种研讨会，今年文化部准备再命名一批国家文化产业研究中心。

二是统计基础。文化产业具有意识形态的属性，但更多是经济的属性。反映文化产业的状况不是看你组织了多少活动，有多少观众，而是看有多少文化企业、多少就业人数、创造了多少增加值、上交了多少税收、占GDP的比例，等等。文化产业的统计工作是最基础的工作。

从2002年开始，我司就呼吁尽快确定我国文化产业的范围和统计标准。

2003 年 7 月，中宣部牵头成立了文化产业统计研究课题领导小组和工作小组，现在，经过努力国家统计局已经搞了两个文件，一个是《文化及相关产业统计分类》，于 2004 年 3 月 29 日下发；一个是《文化及相关产业指标体系框架》，于 2005 年 1 月 6 日下发。

这两个文件，有这么几点给大家说明一下：第一，标题是"文化及相关产业"而不是文化产业，这是因为在统计分类中，行业与产业的概念是等同的，英语中都译为"industry"。国际上的有关分类一般翻译为"产业"，而我国相对应的分类叫"行业"。它对"文化及相关产业"的概念的界定是：为社会公众提供文化、娱乐产品和服务的活动，以及与这些活动有关联的活动的集合。第二，"文化及相关产业"既包括公益性的文化单位，又包括经营性的文化单位。范围包括：提供与文化产品、文化传播服务和文化休闲娱乐活动有直接关联的用品、设备的生产和销售活动以及相关文化产品的生产和销售活动，具体划分为"核心层""外围层"和"相关层"。三是按文化及相关产业分部门列示，是文化部、国家广播电视总局、新闻出版总署和国家文物局。四是在确定文化产业范围时，有关方面提出将教育、体育和自然科学研究也纳入进去。最后的意见是，这些部门与文化有密切关系是无可争议的，但它们在国民经济活动中具有举足轻重的作用，并已形成自己完整的科学体系，如果将其列入文化产业，有可能削弱整体分类的文化特征。

据国家统计局测算，2003 年，我国文化及相关产业从业人员有 1274 万人，占城镇从业人员的 5.0%，全部就业人员的 1.7%，实现增加值 3577 亿元，占 GDP 的 3.1%。从就业总量而言，文化服务业就业人员规模已经高于批发和零售业；从经济总量而言，文化服务业的经济总量与房地产业大体相当。可以看出，我国文化产业发展已粗具规模，并对国民经济运行开始产生影响。

（二）完善两个体系

一是完善文化产业政策体系。发展文化产业最重要是为文化产业提供强有力的政策支撑。2001 年 10 月我部下发了《文化产业第十个五年计划纲要》。2003 年 9 月，制定下发了《文化部关于支持和促进文化产业发展的若干意见》。2004 年 10 月 18 日，又制定下发了《文化部关于鼓励、支持和引导非公有经济发展文化产业的意见》。2005 年是文化产业政策出台最多的一年，4 月 13 日，国务院下发了《关于非公有资本进入文化产业的若干决定》，4 月 28 日，中宣部、文化部、国家广电总局、新闻出版总署、商务部、海关总署联合下发了《关于加强文化产品进口管理的办法》，7 月 14 日中央办公厅和国务院办公厅印发了《关于进一步加强和改进文化产品和服务出口工作的意见》，7 月 6 日，文化部、国家广电局、新闻出版总署、国家发改委、商务部下发了《关于文化领域引进外资的若干意见》。为配合文化体制改革，去年 3 月 29 日，财政部、海关总署、国家税务总局还专门下发了《关于文化体制改革中经营性文化事业单位转制为企业的若干税收政策问题的通知》《关于文化体制改革中支持文化产业发展的若干税收政策问题的通知》。11 月 4 日，文化部、财政部、人事部、国税总局又联合下发了《关于鼓励发展民营文艺表演团体的意见》。目前，从国家层面上进口、出口文化产品等各个方面的文件基本出齐了，这一系列政策有力地推动了我国文化产业的快速发展。2004 年，我们编写了《政策汇编》一书。今年正在编修订本，大约 112 个文件，新增了 48 个文件。

二是完善人才培养体系。当前发展文化产业最缺的是人才。要实施人才兴文战略，建立一支有文化、懂经济、会管理的文化产业人才队伍。前些年，杭州市面向全国公开选拔 150 名处级以上领导干部，7 天中共有 5236 人报名，其中一个职位就有 154 人报名，可是杭州大剧院总经理的职位竟无一人应聘。这足以说明，文化系统和社会上的文化经营人才是何等缺乏。

发挥上海交通大学和北京大学两个国家文化产业创新与发展研究基地和国家文化产业人才培训基地的作用，培养人才。连续举办了两期西部文化产业经营管理人才培训班。2005 年 7 月还组织到美国进行培训。今年准备继续办。另外，各地文化产业管理部门也组织了多种形式的人才培养活动，举办了一些有针对性的专题人才培训班。通过不懈的努力，文化产业专门人才缺乏、从业人员素质不高的状况有所改善。现在，全国40多所大学开办了文化产业专业、面向全社会招生。我们准备与中国社科院研究生院合作举办公共管理硕士文化产业管理方向学位班。

（三）抓好两个重点

一个重点是积极培育市场主体。这次在全国文化体制改革会议上，刘云山同志提出“五个重点”，其中第二个重点就是以推进经营性文化单位转企改制为重点，着力培育新型文化市场主体。为什么？文化产业发展的关键在于文化企业的培育，没有文化企业的壮大，文化产业的发展就是一句空话。目前我国文化系统内具有国际竞争力的大型国有文化骨干企业还比较少，必须从推进国有经营性文化单位转企改制入手，培育一批有自主创新能力、有知名品牌、有自主知识产权的文化企业和企业集团。目前，通过文化体制改革试点，从中央到地方涌现出中国对外文化集团公司、北京儿艺股份有限公司、北京歌剧舞剧院等一批大中型国有或国有控股文化企业。如北京儿艺2003年才收入77万元，2005年年底总收入达到5000多万元。李长春同志讲，这是文化体制改革的中心环节。实践证明，哪里有改革，哪里就有大发展。

应对国外竞争，促进文化产业发展仅仅依靠国有资本不行，还要有一个过程，必须吸引社会力量参与发展文化产业。为此，我们采取了一系列政策措施鼓励非公有制经济发展文化产业。从文化系统文化产业看，全国非公有制经济所创造的文化产业增加值已占全部增加值的一半以上，就业人数占三分之二。浙江比较突出，全省民营文化企业已有4万多家，投资总规模达230亿元，总收入达300亿元以上，从业人员50多万人。目前，民营文化企业已成为发展文化产业的一支不可缺少的生力军。如2002年生产的100部电影中有70部是国营厂拍的，可到了年底评审，最差的10部全是国家电影制片厂生产，最佳的10部全是民营影视机构生产。现在，政策一放开，2003年生产了140部，2004年达到212部，其中70%是民营影视机构生产的，总票房收入突破15亿元。2005年260部，票房收入20亿，海外电影16.5亿，电视11.5亿元，综合收入48亿，比去年增长12亿。正如胡锦涛同志所说，要消除体制性障碍，坚持同等待遇，谁投资、谁决策、谁受益、谁承担风险。

第二个重点是切实转变政府工作职能，不断提高服务和管理水平。作为政府主管部门要认认真真、诚心诚意地为文化企业服务，特别是搞好为民营文化企业服务。要关心它们的成长，做它们的“贴心人”。今年文化产业司组织了全国民营文化企业发展状况的专题调研。为指导文化企业健康发展，2003年，我们编辑出版了《中国文化产业典型案例选编》，收集整理了各个不同门类的60个典型案例，在全国引起强烈反响，供不应求，连印三版。2006年准备编辑第二本。在2004年召开的第一次全国文化系统文化产业工作会议上，文化部命名了42个国家文化产业示范基地。今年出台了《国家文化产业示范基地评选命名管理办法》，准备在四川成都召开的全国文化产业经验交流现场会上再命名第二批国家文化产业示范基地。今年还计划启动全国文化产业项目服务工程，充分发挥政府社会管理和公共服务职能，促进投资便利化。

我认为，宏观调控也是服务。刘云山同志谈的第四个重点是以创新文化管理体制为重点，不断完善文化领域的宏观调控。我经常讲，发展文化产业决不能单凭热情、凭干劲、凭良好的主观愿望，更不能搞突击，搞“大跃进”，搞形式主义。注意分析市场需求和人们的消费心理，研究投入与产出的关系。目前有的地方急于求成、盲目跟风、脱离实际、照抄照搬，致使个别产业门类出现过多过滥、互相冲击的现象。这些问题如不加以注意，发展下去有可能影响整个文化产业的大局。如对动漫产业我们就比较担忧。动漫业被人们认为是21世纪最有开采价值的“金矿”。据有关方面公布，2004年全球动画2200亿美元加衍生产品的产值高达5000亿美元，仅次于IT产业。韩国一个动画《流氓兔》，四年时间形成一个超过10亿美元的大产业。2002年韩国网络动漫产业市场已近50亿美元。2003年，全球共19万分钟。2004年我国总产量在 6 万分钟左右，国产动漫达 2. 8 万分钟，加上为他国代加工的 3 万多分钟，约占世界年产量的三分之一。2004 年广电总局规划了 20 万分钟。去年第一批批准立项的动画片剧目共 164 部、24244 集、长 226585 分钟。这个数字已经超过了 2004 年全世界动画片的总时长。据了解，全国 10 多个省市、63 个地级市、1000 多家企业在搞动漫，还有不少地方还要上。我们多次呼吁，在国家准备出台的扶持意见上，要加上加强宏观调控、防止盲目发展的内容。

（四）打造两个平台

一个平台是产品交易平台。为打造一个面向市场、面向国家的文化产品交易与合作的平台，2004 年 11 月，文化部与广电部、新闻出版总署、广东省政府、深圳市政府联合举办了首届中国（深圳）国际文化产业博览会。李长春 2004 年 5 月 21 日批示：在广东搞国际文化产业博览会的创意很好，望加强协调指导。建议搞成全国性的，展出产品是我国的，客户是中外的，类似广交会。现在，各地举办博览会的积极性很高，但我们认为，博览会不能过多过滥，要加强宏观调控，现在文化部已经专门下发了文件，今后国际性文化产业博览会就扶持深圳文博会这一个，然后根据中央开发西部、中部崛起、东北振兴的发展战略，再筹办西部文博会、东北地区文博会、中部文博会等几个国内文化产业展会，并且把时间相互错开。

一个平台是信息交流平台。2004 年 7 月 1 日，文化部开通了中国文化产业网。根据温总理的要求，坚决把不该由政府管理的事交给市场、企业、社会组织和中介机构。我们已经与深圳方面签订了合作协议，主办单位不变，但承办单位委托深圳国际文博会股份有限公司。另外，今年计划启动全国文化产业项目服务工程，主要内容是把各地的文化产品和服务项目以及投融资项目整合在一起，打造政府对外的服务窗口。把深圳文博会、文化产业网、项目服务工程三个平台整合在一起，发挥其整体优势。

（五）面向两个市场

一个市场是国内市场。国家统计局2003年的统计数据显示，2003年我国城镇居民人均用于娱乐教育文化服务支出占全部支出的14.35%，大约是934.38元，其中文化娱乐用品和文化娱乐服务占6.07%。农村居民人均用于文化教育娱乐用品及服务支出占全部支出的12.13%，教育支出占绝大部分。随着居民收入的增长，免费义务教育的实施，文化娱乐消费的比重还会上升。我国文化产业的实际需求量很大，有着广阔的市场发展空间。国内市场是文化产业发展的主体市场。

另一个市场是国际市场。目前，我国文化贸易进出口逆差严重。2003年，胡锦涛总书记在全国宣传思想工作会议上就指出："大力发展涉外文化产业，积极参与国际文化竞争。"2005年以来，中央领导多次批示，要求积极实施"走出去"的发展战略，大力开拓国外市场，把中国的文化产品更多地打入国际市场。

实施"走出去"的发展战略，不能空喊，必须有实际举措。文化部2002年创办中日韩文化产业论坛，去年在成都成功举办了第四届。今年，部领导决定把外联局的国际文化经济处划转到我司，成立对外文化产业处。我认为，"走出去"一是要有政策支持。如音像文化部与财政部设立国产音像制品出口专项资金，主要用于奖励音像制品出口，2004年国产音像制品出口已超过1亿元。2005年7月14日，中办、国办印发了《关于进一步加强和改进文化产品和服务出口工作的意见》，确定25家文化企业海关免检。二是要有一定知名度的文化品牌。品牌是文化企业非常重要的无形资产，也是安身立命之本。1981年5月11日，新伦敦剧院创作了《猫》剧，后来搬到美国百老汇，到2000年9月10日又回到英国，走了26个国家300多个城市以10多种语言演出。美国百老汇音乐剧《悲惨世界》，连续16年常演不衰、巡演34个国家，累计收入18亿美元。这些都充分显示了文化品牌的力量和效益。美国百老汇音乐制作人罗柏·阿佩尔在接受记者采访时说，美国人之所以在文化产业方面能够取得成功，关键的一点是能够把艺术思路与商业思路有机地结合在一起。现在，我国好多了。东方歌舞团创收已超过亿元。《云南映象》、杂技芭蕾《天鹅湖》等效益也很好。三是要有一定的营销手段。四是要从长计议，不能着急。走出去，各种因素在起作用。如我国2004年引进了韩国20多部电视剧，而韩国五年时间只买了中国五六部电视剧，并且不是在电视台播放。实际上，我国有些电视剧并不比韩剧差，主要受对方政策的限制。

以上概括的十句话，不知是否恰当，仅供参考。

大陆文化产业的发展态势

——与台湾大陆参访团会谈时的讲话

今天，有机会给在座的各位介绍一下有关文化产业的情况，我感到很高兴。近两年，大陆与台湾文化产业方面的交流越来越频繁。我查阅了一下：2005 年 10 月，在上海交通大学举办了海峡两岸文化交流与文化产业合作论坛；2006 年 5 月 29 日至 6 月 7 日，应台湾沈春池文教基金会邀请，中华文化联谊会组派大陆文化行政与文化产业参访团一行 8 人赴台交流访问；8 月 15 至 25 日，中华文化联谊会邀请台湾玮氏传播事业有限公司组织台湾创意文化园区参访团一行 15 人来北京、上海、广州访问考察；12 月 9 至 19 日，中华文化联谊会又邀请唐龙艺术经纪有限公司组织台湾文化产业参访团一行 16 人来北京、上海、福建等地交流访问。

我本人曾于 2002 年 5 月 31 日至 6 月 14 日，随团到台湾进行了为期半月的考察；2005 年 10 月 22 日，在上海交通大学参加了海峡两岸文化产业发展论坛，并在会上介绍了情况。下面，我主要想给大家介绍以下几个方面的情况：

一、大陆为什么要发展文化产业

近几年来，文化产业作为一个新兴产业得到政府的高度重视。自 2002 年政府提出大力发展文化产业后，文化产业逐步进入快速发展的阶段。各位知道，过去大陆实行的是计划经济，我们是不提文化产业的，只讲文化事业。自 2002 年开始，我们讲文化建设。文化建设既包括公益性的文化事业又包括经营性的文化产业。为什么？我认为，主要出于这样两个方面的考虑：

一是为了满足人民群众日益增长的精神文化需求。改革开放27年来，大陆经济持续增长（1979至2004年GDP年增长率为9.6%）。据国家统计局2006年8月30日公布的初步核实数据，2005年国内生产总值为183085亿元，增长10.2%，人均达到1700多美元。由世界第六上升到第四，超过法国、英国。2006年突破20万亿已成定局。最近北京市公布2006年人均GDP突破6000美元，已经达到发达国家中等以上水平。按照经济学家的说法，人均GDP超过1千美元之后，城乡居民的消费结构就会发生很大的变化。国际上一般用恩格尔系数来反映。大陆的恩格尔系数1978年城乡居民分别是57.5%和67.7%，2005年，城镇居民家庭降到36.7%，农村居民家庭降到45.5%，已经分别达到富裕和小康水平。北京市分别是31.8%、32.8%。总之，随着生活水平的提高，现在人们用于文化消费的支出越来越多，这是一种历史性的进步（人类社会消费三部曲：吃饭阶段；吃药阶段；吃文化阶段）。发展文化产业首先是为了满足人民群众日益增长的多样性、多元化、多层次的精神文化需求。

二是文化产业可以成为一个新的经济增长点和支柱产业。改革开放以来，大陆所取得的巨大经济成就不容置疑。但是我们也逐渐看到，我们的经济增长很大程度上是依靠“高消耗、高排放、低效益”的粗放增长方式。2003年，大陆消耗了世界钢铁总量的21%、水泥总产量的40%、煤炭总产量的31%，石油大约7.4%，而GDP仅占世界的4%。正因为如此，强调要坚持以人为本、全面协调可持续的科学发展观，提出“五个统筹”（统筹城乡发展、区域发展、经济社会发展、人与自然和谐发展、国内发展和对外开放），提出促进结构调整、扭转增长方式。我认为，文化产业就是一种新的经济增长方式。文化产业在大陆既有很大的市场潜力，又有众多的消费群体，基本属于“无污染、低消耗、高效益”的无烟产业、朝阳产业，对于落实科学发展观、促进和谐社会发展将起到重要的作用。

同时，美国、日本、韩国等发达国家的经验也告诉我们，文化产业完全可以成为支撑一个国家经济发展的支柱产业。现在大陆提出要解放和发展文化生产力，就是指生产文化产品和提供文化服务的能力。现在各地很重视，云南省比较突出。2005 年文化产业增加值为 183. 58 亿元，比 2002 年增长 1. 4 倍，占全省 GDP 的 5. 29%，年均增长 27. 52%。还有深圳市 2005 年将文化产业定为继高新技术、金融、现代物流之后的第四大支柱产业之后，成立文化产业办公室，五年不少于 3 个亿的扶持资金。全市文化及其相关产业的增加值超过 300 亿元人民币，占 GDP 的比重达到 6. 1%，按可比价格计算，比 2004 年增长 16. 2%；2006 年上半年，文化产业增加值占 GDP 的比重又增长到 6. 66%。北京 10. 2%，上海 5. 6%，下面我还要说明。

当然，发展文化产业还有提高国家的软实力、维护国家文化安全等重要作用，但最主要是以上两条。

二、大陆关于文化产业的界定与范围

对什么是文化产业，过去学术界的说法很多。2002 年前，我们一般习惯于引用联合国教科文组织的一句定义：文化产业就是按照“工业标准”，生产、再生产、储存以及分配文化产品和服务的一系列活动。2003 年 9 月，文化部制定下发的《关于支持和促进文化产业发展的若干意见》，将文化产业界定为：“从事文化产品生产和提供文化服务的经营性行业。文化产业是社会生产力发展的必然产物，是随着市场经济的逐步完善和现代生产方式的不断进步而发展起来的新兴产业。”将演出业、影视业、音像业、文化娱乐业、文化旅游业、网络文化业、图书报刊业、文物和艺术品业以及艺术培训业等九大门类列入文化产业的管理范围。

我们认为，文化产业具有文化的属性，但更多的是经济属性。反映文化产业的状况不是看你组织了多少文化活动，有多少观众，而是看有多少文化企业、多少就业人数、创造了多少增加值、上交了多少税收、占 GDP 的比例等。文化产业的统计工作是最基础的工作。

从 2002 年开始，我司就呼吁尽快确定我国文化产业的范围和统计标准。

2003年7月，大陆成立了文化产业统计研究课题工作小组，现在，国家统计局已经下发了两个文件，一个是2004年3月29日下发的《文化及相关产业统计分类》，一个是2005年1月6日下发的《文化及相关产业指标体系框架》。

按文化及相关产业分部门列示，是文化部、国家广播电视总局、新闻出版总署和国家文物局。在确定文化产业范围时，有关方面提出将教育、体育和自然科学研究也纳入进去。最后的意见是，这些部门与文化有密切关系是无可争议的，但它们在国民经济活动中又具有举足轻重的作用，并已形成自己完整的科学体系，如果将其列入文化产业，有可能削弱整体分类的文化特征。

国家统计局对“文化及相关产业”的界定是：为社会公众提供文化、娱乐产品和服务的活动，以及与这些活动有关联的活动的集合。文化产业的范围，分为“核心层”“外围层”和“相关层”。核心层包括新闻、书报刊、音像制品、电子出版物、广播、电视、电影、文艺表演、文化演出场馆、文物及文化保护、博物馆、图书馆、档案馆、群众文化服务、文化研究、文化社团、其他文化等；外围层包括互联网、旅行社服务、旅游景点文化服务、室内娱乐、游乐园、休闲健身娱乐、网吧、文化中介代理、文化产品租赁和拍卖、广告、会展服务等；相关层包括文具、照相器材、乐器、玩具、游艺器材、纸张、胶片胶卷、磁带、光盘、印刷设备、广播电视设备、电影设备、家用视听设备、工艺品的生产和销售等。

2006年8月5日，印发的《国家“十一五”时期文化发展规划纲要》则进一步明确影视制作业、出版业、发行业、印刷复制业、广告业、演艺业、娱乐业、文化会展业、数字内容和动漫产业为重点发展的文化产业。

三、关于文化体制改革

前几天，《人民日报》记者采访我时，问我发展文化产业与文化体制改革究竟是什么关系？我说，如果把文化产业比作成一艘即将启航的远洋巨轮的话，那么文化体制改革就是这艘巨轮的“强大助推器”。大陆2005年12月下发了《关于深化文化体制改革的若干意见》。2006年3月，专门召开了文化体制改革会议。为什么要进行文化体制改革？改革开放20多年了，文化赖以发展的经济基础、体制环境、社会条件发生了深刻变化，可是我们的文化体制基本是计划经济条件下形成的，文化结构也是几十年不变。应该由政府主导的公益性文化事业长期投入不足，应该由市场主导的经营性文化产业长期依赖政府。一些掌握大量国有文化资源的文化单位，游离于社会主义市场经济体制之外，缺乏活力和竞争力，在多种所有制共同发展的情况下，有些国有文化单位被“边缘化”，有的甚至难以为继。2004年10月，我随孟部长访日，与浅利庆太进行了会谈。日本四季剧团有8个专用剧场、演职人员1100多人。2001年大约演出3000多场、观众260万人次，演出收入190亿日元（约合人民币13亿）。这是个什么概念？相当于2001年我们大陆国有和集体的2587家文艺表演团体，演出总收入5.7亿元的2.3倍（2005年，上升到9.8亿，四季剧团20多亿人民币，是日本演艺界前十位纳税大户之一）。其成功的经验为：剧团企业化、演员专业化、演出产业化、售票商业化。而我们“政府是投资主体，领导是基本观众，获奖是唯一目的，仓库是最后归宿”。你说，不改革行吗？

文化事业和文化产业的改革方向和目标：公益性文化事业单位要深化劳动人事、收入分配和社会保障制度改革，加大国家投入，增强活力，改善服务；经营性文化单位要创新体制，转换机制，面向市场，壮大实力。当然，改革必须从实际出发。我们提出十六字方针，即“区别对待、分类指导、循序渐进、逐步推开”。所谓“区别对待、分类指导”，文化部把全社会文化单位和文化机构细分为七类：第一类是国家办的公益性文化事业单位，如图书馆、博物馆、文化馆（站）、艺术研究机构、艺术学校等，重点是增加投入，转换机制，增强活力，改善服务；第二类是国办的经营性文化事业单位，如演出公司、电影公司、中介机构等，重点是创新体制，面向市场；第三类是体现民族特色和国家水准的艺术院团，重点是加大扶持，转换机制；第四类是现有的国办文化企业，重点是建立现代企业制度；第五类是民办公益性或具有部分公益服务功能的文化机构，如民办图书馆、民办博物馆，农村地区文化大院、农民书屋等，重点是政策引导和扶持；第六类是民营文化企业，包括民营艺术院团，重点是鼓励、引导和监管，落实国民待遇；第七类是引入外资的文化企业，重点是引导和管理。对待不同的类别，采取不同的指导方针和办法。

目前，通过文化体制改革，从中央到地方涌现出了中国对外文化集团公司、北京儿艺股份有限公司、北京歌剧舞剧院等一批大中型国有或国有控股文化企业。改制三年来，北京儿艺实现了两个飞跃：演出场次由原来每年的100多场上升到400多场；总收入由2003年的77万元上升到2005年的5000多万元。2006年1至10月，演出收入3594.25万元。中国对外文化集团公司自转企改制以来，积极探索企业运营方式，着力打造对外文化品牌。2006年，先后派出演出团体78个，出访31个国家，演出5730场，观众996万人次。实践证明，哪里有改革，哪里就有大发展。2007年要求加大力度，加快进度。

四、文化部的工作重点

八年来，文化部主要抓了以下工作：

（一）加强基础理论研究

理论是行动的指南，没有理论指导的行为是盲目的行动。1999年和2002年，文化部依托上海交通大学和北京大学成立了两个国家文化产业创新与发展研究基地。上海交通大学和中国社科院合作每年编撰出版一本《中国文化产业蓝皮书》，北京大学基地从前年开始每年出一本《中国文化产业年度发展报告》（大学的情况）。2006年12月又命名6个国家文化产业研究中心，进一步推动文化产业理论研究工作。

（二）完善文化产业政策

发展文化产业最重要是为文化产业提供强有力的政策支撑。2001 年 10 月，文化部下发了《文化产业第十个五年计划纲要》。2003 年 9 月，制定下发了《文化部关于支持和促进文化产业发展的若干意见》。2004 年 10 月 18 日，又制定下发了《文化部关于鼓励、支持和引导非公有经济发展文化产业的意见》。2005 年是文化产业政策出台最多的一年。4 月 13 日，国务院下发了《关于非公有资本进入文化产业的若干决定（国发〔2005〕10 号）》，4 月 28 日，中宣部、文化部、国家广电总局、新闻出版总署、商务部、海关总署联合下发了《关于加强文化产品进口管理的办法（中宣发〔2005〕15 号）》，7 月 14 日中央办公厅和国务院办公厅印发了《关于进一步加强和改进文化产品和服务出口工作的意见（中办发〔2005〕20 号）》，7 月 6 日，文化部、国家广电局、新闻出版总署、国家发改委、商务部下发了《关于文化领域引进外资的若干意见（文办发〔2005〕19 号）》。11 月 4 日，文化部、财政部、人事部、国税总局又联合下发了《关于鼓励发展民营文艺表演团体的意见》。

2006 年主要是两个文件。8 月 5 日，国务院下发了《国家“十一五”时期文化发展规划纲要》。2006 年 11 月 5 日，国务院办公厅又转发文化部等八部门的《关于鼓励和支持文化产品和服务出口若干政策》。目前，从国家层面上进口出口文化产品等各个方面的文件基本出齐了，这一系列政策有力地推动了我国文化产业的快速发展。

（三）积极培育市场主体

文化产业的发展关键在于文化企业的培育，没有文化企业的壮大，文化产业的发展就是一句空话。目前，大陆文化系统内具有国际竞争力的大型国有文化骨干企业还比较少，必须深化文化体制改革，从推进国有经营性文化单位转企改制入手，培育一批有自主创新能力、有知名品牌、有自主知识产权的文化企业和企业集团。同时培育市场主体，仅仅依靠国有资本不行，必须吸引社会力量参与发展文化产业。为此，近几年我们采取了一系列政策措施鼓励非公有制经济发展文化产业。据统计，2004 年，文化部门管理的文化产业中，民营文化企业（不包括个体经营户）已经占了产业活动单位数的 2/3，其从业人员占 2/5，资产约占 1/4，创造的增加值和营业收入约占 1/3。目前，民营文化企业已成为发展文化产业的一支不可缺少的生力军。如演出民间职业剧团已达到 5077 家、收入 4 亿元。

再以电影为例，2002 年 100 部中 70 部是国营厂拍的；最差的 10 部是国营厂的、最好的 10 部是民营的。观念解决之后，2003 年 140 部，2004 年达到 212 部，70% 是民营公司拍的，总票房收入突破 15 亿元。2005 年 260 部，票房收入 20 亿，海外电影 16. 5 亿，电视 11. 5 亿元，综合收入 48 亿，比去年增长 12 亿。2006 年 330 部，综合收入达到 57. 3 亿，国内票房为 26. 2 亿，海外销售 19. 1 亿。国内市场国产电影份额占 55. 03（《满城尽带黄金甲》到 1 月 3 日就达到 2. 7 亿）。胡锦涛主席说，消除体制性障碍、同等待遇；谁投资、谁决策、谁受益、谁承担风险。

随着一系列政策措施的出台，一些社会资本开始进入大陆文化产业领域。数据显示，2004 年，在法人单位中，大陆单位占了单位数的 96%，港澳台商投资单位占 2%，外商投资单位占近 2%；内资单位占从业人员的 75%，而港澳台商投资单位和外商投资单位占从业人员的 15% 和 10%。从文化产业实现的增加值和营业收入来看，大陆单位分别占 72% 和 63%，而港澳台商投资单位占 12% 和 15%，外商投资单位占 16% 和 22%。

为指导市场主体健康发展，2003 年，我们编辑出版了《中国文化产业典型案例选编》，在全国引起强烈反响（连印三版）。2006 年，我们又编辑出版了第二辑《中国文化产业典型案例选编》，收集了 60 个典型案例，内容更丰富。在 2004 年召开的第一次文化系统文化产业工作会议上，文化部命名了 42 个国家文化产业示范基地。2006 年 5 月 29 日，在文化系统文化产业现场会上又命名了第二批 33 个国家文化产业示范基地。大家到桂林考察的《印象 · 刘三姐》和愚自乐园（台资）都是我们的示范基地。我们作为政府主管部门要认认真真、诚心诚意地为民营文化企业搞好服务。要关心它们的成长，做它们的“贴心人”。

（四）抓紧培养各类人才

当前发展文化产业最缺的是人才。要实施人才兴文战略，建立一支有文化、懂经济、会管理的文化产业人才队伍。发挥上海交通大学和北京大学两个国家文化产业创新与发展研究基地和国家文化产业人才培训基地的作用。连续举办了三期西部文化产业经营管理人才培训班。还组织两批经营管理人员到美国进行培训。2007 年与中国社科院研究生院合作举办公共管理硕士（MPA）文化产业管理方向学位班。另外，各地文化产业管理部门也组织了多种形式的人才培养活动，举办了一些有针对性的专题人才培训班。通过不懈的努力，文化产业专门人才缺乏、从业人员素质不高的状况有所改善。

（五）培育新的文化业态

特别是鼓励支持与高新技术联系密切的文化产业门类的发展。现代科技突飞猛进，信息技术、网络手段、数字化趋势给文化产业的发展带来革命性变化。我们的要求是：“适应现代科学技术迅猛发展的新形势，大力推动现代科技在文化领域的广泛运用”。一方面“改造提升传统文化产业，催生新的文化品种，培育新的文化业态”；另一方面“积极发展文化创意、文化博览、动漫游戏、多媒体技术等新兴文化产业，形成一批具有自主知识产权的文化品牌”，提高文化产业发展质量和效益，推进文化产业转型升级。动漫产业、游戏产业、手机信息、网络歌曲下载等都属于新兴产业。现在大陆比较关注的是动漫产业。动漫业被人们认为是 21 世纪最有开采价值的“金矿”。同时与对未成年人的思想道德教育有关（大陆日韩动漫占 60%，欧美动漫占 20%，大陆和港台原创动漫仅占 11%）。2006 年 4 月 25 日，财政部、文化部等十部门下发《关于推进动漫产业发展的若干意见》。

一抓就见效。2003 年，大陆国产动画片总产量为 1.2 万分钟，2004 年为 2.18 万分钟，2005 年为 4.27 万分钟，2006 年达到 8.1 万分钟，四年间，几乎每年产量翻一番。据不完全统计，到 2006 年 10 月，大陆 20 多个省市、60 多个地级市共有动漫制作机构 5473 家，447 所大学设立了动漫专业，1230 所大学开办了涉及动漫专业的院系。如湖南三辰卡通集团制作的科普动画《蓝猫淘气 3000 问》，至今已完成 5 个系列 1700 多集。挂上“蓝猫”形象的有图书、音像、文具、玩具等十几个行业的 6600 多种产品。“蓝猫”品牌不仅整合了传统行业，而且吸纳了软件、动画、游戏等新兴行业，形成一个比较完整的产业链。但目前对动漫的发展我个人还是比较担忧。要加强宏观调控，防止盲目发展。有人说，政府很热，企业很急，市场很大，品牌很少。

还有游戏产业也在这里说一下。据有关研究机构发布，2005 年底，大陆互联网用户大约 1.2 亿，成为仅次于美国的世界第二大网络市场。而当年，网络游戏用户达 2634 万，比上一年增长 30% 以上；市场实际销售收入比上一年增长 52.6%。该年网络游戏产业带动电信业务的直接收入达 173 亿多元，IT 行业由此产生的直接收入达 71 亿多元，出版和媒体行业由此产生的直接收入达 37 亿多元。2006 年大陆网络游戏市场规模为 65.4 亿元人民币，比 2005 年增长 73.5%。而就在 5 年前，大陆网络游戏的市场规模仅为 3.1 亿元人民币。预计 2011 年大陆网络游戏出版市场销售收入将达到 244.3 亿元人民币。

还有一种好的趋势，大陆自主研发的民族原创网络游戏已成为游戏市场的主导力量。2005 年，大陆从事游戏自主研发的团队由 2004 年的 73 家增长到 120 多家，增幅达 37%；游戏研发从业人员数已增至 12600 人；2006 年，大陆自主研发的原创民族网络游戏数量为 218 款，较 2005 年度的 192 款增加了 26 款，增长了 13.5%；2006 年大陆民族网络游戏实际销售收入为 42.4 亿元人民币，占实际总销售收入的 64.8%，比 2005 年的 22.6 亿元增长了 87.4%。大陆游戏产业已经实现了由引进代理向自主创新的重大转折。有人担心青少年。文化部正在采取一系列措施（审查、限时游戏等），健康益智、休闲游戏的开始增多。

现在，经营方式日趋现代化，集约化水平不断提高，连锁化、品牌化、规模化成为文化企业发展的新趋势。在文化休闲娱乐、文化产品流通等领域表现尤为明显，越来越多的文化企业更加注重采用现代流通组织形式，积极推进连锁经营、电子商务、物流配送等现代流通方式。近年来，电影院线、量贩式KTV、音像、网吧企业的连锁经营取得很大发展，出现了一大批具有影响力和品牌效应的大型连锁企业。

（六）打造交易平台和政府服务平台

2004年11月，文化部与广电部、新闻出版总署、广东省政府、深圳市政府联合举办了首届中国（深圳）国际文化产业博览交易会，2006年举办第二届。另外还有西部文博会、东北地区文博会、中部文博会、北京国际文化创意产业博览会。若博览会过多过滥、互相冲击，发展下去可能会影响整个文化产业的大局。（会展业已成为我国服务业的主要内容2006年大陆举办各类国际性展览3800个，会展收入140多亿）。由于大陆文化产业尚处于起步阶段，产业链条不够健全，市场体系不尽完善，政府服务没有到位，文化产业项目的投融资渠道还不够畅通，致使许多地方出现有文化产业项目的找不到投资商、有大量资本的投资商找不到合适的文化产业项目的情况。2006年12月16日，在财政部的积极支持下，文化部启动了文化产业项目服务工程。利用政府行政手段，整合全国文化资源，在中国文化产业网站上设立了统一对外的服务窗口，建立国家文化产品、服务项目和投融资项目库，为民营资本、境外资本和外资依法进入大陆文化产业领域，提供全面、便捷、有效的政府服务，打造一个永不落幕的文化产业信息交流、产品交易和项目洽谈的博览会。

（七）扩大大陆文化产品出口

目前，大陆文化产品进出口严重不平衡。近几年来，大陆要求培育一批有名品牌、有国际竞争力的大型文化企业和企业集团，努力扩大出口，逐步改变文化产品进出口的严重不平衡的局面。我们重点扶持大型国有文化企业的对外文化贸易，赋予有条件的各类文化企业外贸自营权，鼓励其扩大文化产品和服务出口，做强做大对外贸易的文化品牌，扩大大陆文化产品和服务在国际市场的份额。改革和重组现有对外文化交流机构，培育大型文化中介机构，形成一批经营文化产品的跨国公司。鼓励有条件的文化企事业单位以独资、合资或合作的方式，在境外兴办文化实体，合办报刊、频道、栏目和节目，合作演出和展览。扩大大陆文化产品和广播影视节目在国际上的覆盖面和影响力。

自2002年以来，中日韩文化产业论坛已连续举办了五届。2006年7月28至8月10日，我们组织了中澳、中新论坛。去年10月，还举办了东盟文化产业论坛。为扶持大陆音像制品出口，25家企业海关免检，文化部与财政部设立国产音像制品出口专项资金（200万增至500万）。

目前大陆文化产品出口势头很好。仅2003年至2005年底，云南省就先后派出300多个（次）艺术团、1万多人次演员，在世界30多个国家和地区演出了1000余场。大型原生态歌舞《云南映象》在灯光、舞美方面按照国际化标准进行包装，改名为《香格里拉传奇》，于2005年11月推向美国市场，与《狮子王》《剧院魅影》等百老汇经典剧目一起参加了在辛辛那提市举办的美国戏剧节。12天演出了16场，场场爆满，欧洲演出公司承诺，每年举办不少于20周的商业演出，截至2010年将演出近千场。2006年3月17日至23日，由上海城市舞蹈有限公司制作、中国广东杂技团演出、融合了西方芭蕾和东方杂技的创新剧目《天鹅湖》，在莫斯科和圣彼得堡演出5场，观众2.5万余人，每场我方收入2.5万美元，7月至9月又赴日本演出22场，每场演出收入达到3万美元，创下大陆艺术团体国外商演的最高纪录。再如舞剧《霸王别姬》于2005年9月赴日本名古屋参加“爱知世博会”后，在日本商业巡演20场，每场收入2.1万美元。功夫舞台剧《纯一：功夫传奇》，于2005年8月至2006年1月赴加拿大和美国巡演150场，观众达11万人次，总收入突破300万美元。还将赴北美地区进行为期20至30周的第二轮巡演。

2004 年 8 月至 12 月，东方歌舞团编排的音乐舞蹈节目《华彩唱风流》在日本各地演出 128 场，收入超过 100 万美元，创下了大陆音乐舞蹈出国商演的最高纪录。今年，我们准备对好的给予奖励，还准备命名一批出口品牌文化产品和文化企业。

国产音像制品出口稳步增长，发展势头良好。文化部对 29 家音像企业的调查显示，国产音像制品出口金额逐年增长。2002 年达到 8373 万元，2003 年达 8597 万元，2004 年达 11692 万元，2003 年和 2004 年分别比上年增长 3.92% 和 36.01%。2005 年，大陆国产音像制品出口金额再次创下新高。版权交易从东南亚等地扩展到美国、欧洲、非洲、中东等国家和地区。

五、大陆文化产业的发展态势

去年年底，部里总结工作，我讲大陆文化产业已经从起步、探索、培育、发展的初级阶段，开始步入快速发展的轨道。孙家正部长说，近几年文化产业形势可以说朝气蓬勃、方兴未艾，文化产业司的工作渐入佳境，已经走出泥泞探索的道路，开始踏上开拓创新的坦途。

据国家统计局最新发布的统计数据：2004 年，大陆共有属于文化产业的单位 34.6 万个，个体经营户 36.2 万户；从业人员 996 万人，占我国全部从业人员（7.52 亿人）的 1.3%，占城镇从业人员（2.65 亿人）的 3.8%。文化产业当年实现增加值 3440 亿元，占 GDP 的 2.15%。2006 年，据估计大陆文化产业实现产值 4000 亿元，比 2005 年增长 10% 左右。大陆演出市场空前活跃。据不完全统计，2006 年，城市、农村各类演出达 300 多万场，观众超过 24 亿人次。通过不断完善文化产业政策、深化文化体制改革，大陆涌现出一大批适应市场需求、赢得观众喜爱的文艺节目，丰富活跃了演艺市场。如云南省丽江市丽水金沙演艺有限责任公司编排的展示云南民族风情的歌舞晚会《丽水金沙》，自 2002 年 5 月正式开演以来，演出场次从每天 1 场，增加到 3 至 4 场，演出收入过亿元。广西桂林市阳朔由民营企业投资运营的大型山水实景演出《印象·刘三姐》，自2004年3月正式演出以来，观众超过上百万人次，演出收入近亿元，有力地拉动了当地旅游经济的发展。天创国际演艺制作交流有限公司出品的《纯一：功夫传奇》，自2004年7月在北京红剧场试演以来，每天两场一直保持着80%以上的上座率。由著名舞蹈家杨丽萍担任艺术总监并领衔主演的大型原生态歌舞《云南映象》，2005年一年的收入达到1000余万元。中国对外文化集团与上海文广集团、上海杂技团共同打造的大型多媒体梦幻剧《ERA——时空之旅》，自2005年9月27日首演到2006年年底，连续演了460天、演出500多场，观众30多万，其中外国观众超过13万人次，占全部观众三分之一，票房净收入5000多万元，还开发销售衍生产品近200万元。尤其需要指出的是，伴随着大陆旅游业的迅速发展，近年来市场对旅游演艺产品的需求急剧增长，定点定时演出已成为大陆国内演艺市场的一大特色，有力地促进了旅游业与演艺业的良性互动。

六、一点建议

我认为，海峡两岸同宗同祖，同属炎黄子孙；文化同根同源，同是华夏文明。中华民族传统文化资源为两岸炎黄子孙所共同拥有。开发利用五千年中华文明的优秀成果，积极参与世界文化市场的竞争，实现中华民族的复兴，应是全体炎黄子孙的神圣使命。另外，两岸在文化产业领域有很强的互补性，合作前景十分广阔。我们希望能够通过这次交流，能够进一步密切两岸之间文化产业方面的合作，加深了解，扩大交流，优势互补，合作双赢，共同推动海峡两岸文化产业繁荣发展，把中华民族文化产品和服务推向世界。

最后，祝你们在京期间工作顺利，身体健康，精神愉快！

（2007年1月22日于北京）

文化产业佳境渐显　管理思路愈加清晰

在刚刚过去的2006年，我国文化产业呈现出良好的发展势头：市场主体不断壮大、产业发展环境日趋良好、区域推动力量不断显现。值得注意的是，经过多年的实践，作为目前我国文化产业发展的主导推动力量，政府部门对文化产业进行宏观调控、社会管理的思路逐渐清晰，特别是在政策引导、搭建平台、提供服务等方面所做的努力，更让我们看到了政府部门在转变职能、推动产业发展时所具有的能力和服务意识。

对此，在2月6日、7日于北京召开的全国文化厅局长会议暨全国深化文化体制改革经验交流会上，文化部部长孙家正表示："政府对文化产业的管理和服务已经基本走出摸索的阶段，抓住调查研究、政策制定、推广典型、打造平台、提供服务等重要环节，工作思路逐渐清晰，力度不断加大。"会议期间，本报记者就当前我国文化产业发展的现状以及政府管理、扶持、引导产业发展等问题，采访了文化部文化产业司司长王永章。

《文化产业周刊》：首先请您介绍一下去年我国文化产业发展的现状，以及对目前我国文化产业所处发展阶段的判断。

王永章：2006年是"十一五"规划的开局之年，也是文化产业发展的提速之年。这一年，正如孙家正部长在全国文化厅局长会议上所概括的，"各地普遍重视发展文化产业，文化产业发展势头良好，多数省区的文化产业增长率达到两位数，新兴文化产业发展势头强劲。""各地通过整合文化资源，调整结构，推进文化产业的规模化、集约化和专业化发展，积极支持和引导社会资本进入政策许可的文化领域，涌现出一批规模大、效益好的国有和民营文化企业，形成了以公有制为主体、多种所有制共同发展的文化产业格局。"

从总体发展状况来看，在国家政策的指引和文化体制改革的推动下，我国文化产业呈现出了朝气蓬勃的良好局面。可以说，经过近几年各个方面的共同努力，我国的文化产业已经从起步、探索、培育、发展的初级阶段，开始步入快速发展的阶段。文化产业渐入佳境，逐步走出艰难探索的泥泞道路，踏上开拓创新的发展坦途。

《文化产业周刊》：过去的一年中，在转变政府职能、加强宏观调控、提升管理和服务水平方面，政府部门都做了哪些工作？

王永章：我认为，作为政府职能部门，必须找准位置、明确方向，围绕政策调节、市场监管、社会管理和公共服务这四个主要方面开展工作，要把不应该由政府管理的事情，坚决交给市场、企业、社会组织和中介机构去做。去年，本着突出重点、力求创新、转变职能、搞好服务的原则，我们着力抓了以下几项工作：

一是制定政策，抓好落实，为文化产业发展提供政策支撑。党的十六大以来，国家和政府相关职能部门把完善文化产业政策作为重中之重来抓，先后制定出台了近20个鼓励、引导、扶持文化产业发展的政策文件。去年上半年，我们编辑出版了《文化产业政策汇编（增订本）》，收集了国家和各地有关文化产业发展的112份文件。要求各地文化部门熟知政策、掌握政策、贯彻政策、运用政策，真正把文化产业的各项政策落到实处。

二是抓点带面，典型引路，引导培育市场主体健康成长。文化部曾于2004年命名了第一批42个国家文化产业示范基地，这些示范基地对引导帮助各地文化企业开阔思路、加快发展具有重要作用。去年，在制定出台《国家文化产业示范基地评选命名管理办法》的基础上，我们又总结了一批在实践中发展壮大起来的国内文化企业和单位的先进经验，并在5月份召开的第一次全国文化系统文化产业工作现场会上进行了推广，同时文化部命名了第二批33家国家文化产业示范基地。为加大对示范基地的宣传力度，扩大示范基地的社会影响，在第二届中国西部文化产业博览会上还专门设置了国家文化产业示范基地展区，目前正在编印国家文化产业示范基地大型宣传画册。去年下半年，还编辑出版了《中国文化产业典型案例选编》第二辑。

三是加强调控，合理布局，搭建文化产业交易平台。自首届中国（深圳）国际文化产业博览交易会成功举办以来，各地申办文化产业博览会的情况越来越多。我们认为，在文化产业发展的初期，由政府出面搭建几个平台是完全可以的，但博览会终究是市场的产物，应当按照经济规律运作，不宜过多过滥，互相冲击。为此，去年年初，文化部专门下发通知，对举办全国性文化产业博览会进行了统一协调与规划。强调除重点办好面向国际市场的中国（深圳）国际文化产业博览交易会外，按照国家的发展战略部署，再举办几个面向国内市场的西部地区、东北地区、中部地区的文化产业博览会，在布局上拉开，在时间上错开。

四是转变职能，搞好服务，创造发展文化产业的良好环境。去年年底，为整合资源，优势互补，打造一个永不落幕的文化产业博览交易会，文化部决定将中国文化产业网委托给深圳报业集团和深圳文博会有限公司承办，使之与中国（深圳）国际文化产业博览交易会相配套。同时，与在财政部的支持下建立的国家文化产品和服务以及投融资项目资源库整合在一起，在网站上设立了政府统一对外服务的专门窗口。新版中国文化产业网运营 1 个多月以来，访问量和客户注册数明显上升，访问量累计达 80 多万次，独立 IP 数 19 万多，使过去许多地方有文化产业项目找不到投资商、有资本的投资商又找不到合适投资项目的情况有所改变。

五是加大力度，扩大队伍，把文化产业人才培养和理论研究工作引向深入。去年 4 月和 9 月，我们分别在国家文化产业人才培训基地举办了两期国家文化产业示范基地高层管理人员研修班。同时，组织了第二批表演艺术和文化中介机构经营管理人员赴美国肯尼迪艺术中心进行艺术管理培训。为提升我国文化产业的整体理论研究水平，文化部又命名了清华大学、南京大学等 6 所高等院校的文化产业研究机构为国家文化产业研究中心，壮大了我国文化产业研究和人才培养的力量。

六是加强力量，强化措施，推动中国文化产品和服务走出去。去年，文化部在文化产业司专门设立了对外文化产业处，积极参与了国家文化产品和服务出口政策的制定与调研。与此同时，充分利用国际文化产业论坛机制，加强了国际交流与合作，先后参与了第五届中日韩文化产业论坛、筹备举办了首届中国——东盟文化产业论坛等活动，组织了中国和澳大利亚、中国和新西兰演艺界的对口交流，制定推广了《国家商业演出展览文化产品出口指导目录》，有力地推动了中国文化产品和服务走向世界。

七是搞好调研，摸清情况，增强工作指导的科学性。去年，我们组织力量，围绕设立国家文化产业发展专项资金可行性研究、民营文化企业发展状况及对策以及中国文化产品和文化服务出口状况及对策等涉及文化产业发展的全局性、战略性、前瞻性问题进行了深入调查研究。与此同时，各省、自治区、直辖市文化部门也围绕上述选题组织了本地的文化产业调研。通过调研，掌握了大量第一手资料，为今后加强对全国文化产业的科学指导提供了重要依据。

《文化产业周刊》：请您谈一下对去年工作的估价和明年政府部门推动和管理文化产业发展的工作思路与重点。

王永章：去年，在文化部党组的领导下，文化产业司积极创新、开拓进取，为促进文化产业发展做了一点工作，取得了一点成绩，但我们的工作做得还很不够，离部党组的要求和形势的发展还有很大差距。这里，我特别想说的是，我们这一代人是中国文化产业开拓创业的一代人，既感到光荣自豪，又倍感责任重大。

自 1998 年成立至今，文化产业司已经步入第九个年头。9 年，对一个人的成长来说还显得比较稚嫩，但对一个部门来讲应该逐步进入成熟期。对自己所担负的工作，我们不敢有丝毫懈怠。

在新的一年里，我们将认真学习贯彻党的十六届六中全会精神，以满足人民群众多层次文化需求、构建社会主义和谐社会为奋斗目标，以落实《国家“十一五”时期文化发展规划纲要》和《文化建设“十一五”规划》为主要任务，进一步厘清工作思路，不断增强宏观调控的综合性、预见性、针对性和有效性；进一步转变政府职能，不断提高政策指导水平和服务水平；

进一步优化产业结构，不断促进区域文化产业协调发展；进一步总结办展经验，不断形成布局合理、效益突出的文化产业展会格局；进一步培育出口品牌，不断增强中国文化产品的国际竞争力；进一步发挥理论研究基地和中心的作用，不断促进文化产业理论研究向纵深发展；进一步解放思想，更新观念，不断探索文化产业的规律与特点，逐步走出一条中国特色的文化产业发展道路。

（2007年2月9日接受《中国文化报》的《文化产业周刊》专栏记者专访谈话要点）

中国文化产业网为何落户深圳

中国文化产业网属于政府部门网站，由国家文化部文化产业司主办，为什么由深圳报业集团和深圳国际文化产业博览会有限公司联合建设和运营？

对于中国文化产业网缘何落户深圳，在中国文化产业网新版启动仪式上，国家文化部文化产业司司长王永章解释说，把中国文化产业网站和国家文化产业项目资源库委托给深圳报业集团和深圳国际文化产业博览会有限公司承办，主要是看中了中国（深圳）国际文化产业博览交易会这个重要平台，以及深圳报业集团和深圳国际文化产业博览会有限公司的实际运作能力，目的是进一步整合资源，做到优势互补、互惠互利、合作共赢。中国文化产业网以贯彻党和国家关于文化产业发展的各项方针、政策和原则，促进中国文化产业快速发展为目标，成为融文化产业信息发布与交流、资源和项目展示、政策咨询与服务、产品和服务发布与交易、文化产业项目投融资、文化产业内容资讯服务等于一体的综合性行业门户网站，致力打造中国权威的、国家级的文化产业门户网站。

王永章评价说，中国（深圳）国际文化产业博览交易会目前已经成为我国一个具有重要影响的国家级、国际化、综合性的文化产品和产业项目交易合作的平台，而深圳报业集团是年收入过25亿元人民币的国有新闻出版传播媒体，深圳国际文化产业博览会有限公司则是由深圳报业集团、深圳广电集团、深圳发行集团三家出资成立的股份有限公司。王永章说，将中国文化产业网站和国家文化产业项目资源库一并交给深圳报业集团和深圳国际文化产业博览会有限公司承办，既可以充分发挥深圳报业集团在办网站方面人力、物力、财力、技术等方面的优势，很好地把握中国文化产业网的舆论导向，又可以借助中国文化产业网站这个信息平台，进一步扩大文博会的影响，使文博会真正成为一个永不落幕的博览交易会。

中国文化产业网包括六个方面的基本内容：

一，三种版本。即简体中文版、繁体中文版和英文版。

二，三大内容板块。分别为文化产业资讯、项目投融资、文化产品服务交易。

三，十大资讯频道。包括今日要闻、产业政策、影视音像、传媒出版、动漫游戏、娱乐演艺、工艺美术、文化科技、风云人物和独家策划。

四，五大专业数据库。具体为三大投融资专业项目数据库（非公有资本投融资项目、外资投融资项目、港澳台投融资项目）和两大文化产品与服务交易专业数据库（国内文化产品和服务项目、出口文化产品和服务项目）。

五，九个买卖实体平台。即书画艺术、工艺美术、文化旅游、教育培训、创意设计、传媒出版、影视音像、动漫游戏、演艺娱乐平台。

六，一个网上商务平台。网站将引进新技术，为文化产业项目产品交易提供科学、便捷、安全、可靠的网上支付服务体系。

中国文化产业网新版呈现出四个基本特点：

一，全国文化产业项目服务工程唯一的发布平台。

二，打造中国文化产业权威门户网站。中国文化产业网是中国文化产业的唯一官方门户网站。它产业资讯全面，商机领先，紧抓实效，是非常注重商业诚信的文化产业交易平台。它以强大的政府资源为背景，加上灵活的市场手段，面向海内外的文化产业领域提供专业、诚信的商业服务。

三，国内唯一专注于文化内容产品、服务、项目交易的网络平台。与常见的工业实体产品交易相比，文化内容产品、服务、项目的交易具有其特殊性，网上交易难度大。中国文化产业网则依托政府资源优势，面向广大市场资源，针对文化内容产品的特殊属性，量身定做，专门开发出适合上述属性特点的交易系统。

四，永不落幕的网上文博会。

（2007年3月24日中国文化产业网发稿）

“文化产业”与“创意产业”探析

最近一个时期，“创意产业”的概念，在各类媒体上频繁出现，而且成为2006年上半年出现频率最高的10个词汇之一。那么，文化产业与创意产业究竟是什么关系？其所产生的时代背景及其内涵与外延有何不同？

第一，文化产业所产生的时代背景。据说，20世纪40年代，在文化产品的工业化生产逐渐增加的情况下，德国法兰克福学派第一次提出“文化工业”的理论。这个学派主要是从艺术和哲学价值的角度，对“文化工业”予以批判。但是，也有人考证，“文化产业”这个词最早出现在20世纪30年代德国瓦尔特·本亚明的《技术复制的年代》一书中。“文化产业”的说法，大约在20世纪80年代左右从东亚传入中国。

第二，关于什么是文化产业，学术界的说法很多。2003年9月，文化部制定下发的《关于支持和促进文化产业发展的若干意见》，将文化产业界定为：“从事文化产品生产和提供文化服务的经营性行业。文化产业是与文化事业相对应的概念，两者都是社会主义文化建设的重要组成部分。文化产业是社会生产力发展的必然产物，是随着我国社会主义市场经济的逐步完善和现代生产方式的不断进步而发展起来的新兴产业。”2004年，国家统计局对“文化及相关产业”的界定是：为社会公众提供文化、娱乐产品和服务的活动，以及与这些活动有关联的活动的集合。

第三，关于文化产业的范围。文化部《关于支持和促进文化产业发展的若干意见》将演出业、影视业、音像业、文化娱乐业、文化旅游业、网络文化业、图书报刊业、文物和艺术品业以及艺术培训业等九大行业门类纳入文化产业的管理范围。国家统计局2004年3月29日下发的《文化及相关产业统计分类》文件，确定文化及相关产业的范围分为“核心层”“外围层”和

"相关层"。核心层包括新闻、书报刊、音像制品、电子出版物、广播、电视、电影、文艺表演、文化演出场馆、文物及文化保护、博物馆、图书馆、档案馆、群众文化服务、文化研究、文化社团、其他文化等；外围层包括互联网、旅行社服务、旅游景点文化服务、室内娱乐、游乐园、休闲健身娱乐、网吧、文化中介代理、文化产品租赁和拍卖、广告、会展服务等；相关层包括文具、照相器材、乐器、玩具、游艺器材、纸张、胶片胶卷、磁带、光盘、印刷设备、广播电视设备、电影设备、家用视听设备、工艺品的生产和销售等。去年8月5日，中央办公厅和国务院办公厅印发的《国家"十一五"时期文化发展纲要》则进一步明确影视制作业、出版业、发行业、印刷复制业、广告业、演艺业、娱乐业、文化会展业、数字内容和动漫产业为重点发展的文化产业。

第四，十六大提出"文化产业"的概念是我们党在文化建设理论上的重大突破。过去在计划经济体制下，我们只讲文化事业，现在我们讲文化建设。文化建设既包括公益性的文化事业，又包括经营性的文化产业，犹如车之双轮、鸟之两翼。经过几年的努力，这个观点已为社会各个方面所接受，坚持"两手抓、两加强"已成为全国宣传文化系统的普遍共识和文化体制改革的发展方向。

第五，本来世界各国对文化产业就没有一个统一的说法。美国没有文化产业的提法，他们一般说是文化娱乐业和信息服务业。日本政府则认为，凡是与文化相关联的产业都属于文化产业。除传统的演出、展览、新闻出版外，还包括休闲娱乐、广播影视、体育、旅游等，他们称之为内容产业。韩国所说的文化产业，主要指与文化内容产品开发、制作、生产、交流、消费有关的服务业。而英国、加拿大、澳大利亚、新加坡和巴西等国家则称文化产业为"创意产业"。

第六，1998年，我国文化部适应中国文化发展的要求，借鉴世界各国特别是东亚国家的做法，新设立了文化产业司。据我驻英使馆文化处所提供的资料，英国也在1998年正式推出创意产业这一概念。据英国文化新闻体育部发布的文件，创意产业的定义为："那些出自个人的创造性、技能及智慧和通过对知识产权的开发生产可创造潜在的财富和就业机会的活动。"英国创意产业包括广告、建筑、艺术和文物交易、手工艺品、（工业）设计、时装设计、电影和录像、互动性娱乐软件、音乐、表演艺术、出版、电脑软件及电脑游戏、广播电视等13个行业。

第七，从英国所界定的创意产业范围来看，除建筑与设计外，其他门类与我国文化产业所界定的范围基本是一致的。

第八，在党的十六大提出大力发展文化产业的战略，并逐步形成比较完整的产业理论体系、制定比较完善的统计分类标准的情况下，按说不应再照抄照搬英国等国家的做法，推出"创意产业"的新概念。我前年曾出访过新加坡，去年又参与接待过巴西的文化部长，对方都直言不讳地说，我们所讲的"创意产业"实际上就是贵国所倡导的"文化产业"。

第九，"创意产业"之所以在短时间内引起人们的广泛关注，并得到上述少数地方党委、政府的支持，主要与其迎合了国家大力提倡自主创新、建设创新型国家的要求有关。其实，文化产业与创新发展并不矛盾。创新是一切产业的生命所在，更何况文化产业本身就是内容产业，其核心或源头就是创新。美国华盛顿于2001年制定了《创意城市草案》，日本大阪于2005年成立了"日本创意城市交流协会"，联合国教科文组织于2004年成立了"创意城市交流协会"，但都没有刻意改变原有的产业模式。

第十，严格地说，"创新"与"创意"的含义在中文表述上是不能够相互替代的。英语的"创造"与"创意"的词根是一样的，只是动词为"create"，名词为"creation"，形容词为"creative"。而我国学者取其形容词，将其翻译为"创意产业"。而"创新"，英语为innovation。如一个人就某件事或某项设计出了一个好主意或好"点子"，可以泛指为"创意"，但好的"创意"不一定就是"创新"。现在，有的媒体将"创意"混同于"创新"是不准确的。从某种意义上说，鼓励自主创新、建设创新型国家的意义要远远大于发展创意产业，决不能以发展创意产业来替代倡导各行各业自主创新。

第十一，有人说，创意产业是文化产业的重要组成部分。这在理论上是说不通的，因为创意产业的外延显然要大于文化产业；还有人说创意产业包括文化产业，那在逻辑上也不对，因为创意产业与文化产业的绝大部分内容是交叉的。严格地说，如果剥离了目前我国所涉及的文化产业的内容，创意产业的内容所剩无几。事实上，目前媒体宣传的语言逻辑已经出现了混乱。如南方某著名报刊在一篇刻意宣传创意产业的文章中有这样一段话："我们应该大力发展以文化建设为依托的创意产业，将文化产业作为重点扶持的行业优先发展。"该文究竟强调发展的是创意产业还是文化产业？创意产业与文化产业之间是一种什么样的关系？这种逻辑上的混乱也频频出现在一些创意产业论坛的发言中。

第十二，尽管文化产业与创意产业所涉猎的范围基本是一致的，但我们所要强调发展的"文化产业"与英国倡导的"创意产业"还是有以下区别的：一是出发点不同。二是主体不同。三是性质不同。四是管理部门不同。五是理论基础不同。

第十三，目前，我国一些大城市在产业统计方面已经出现了混乱。如上海市原先公布2004年文化产业增加值占全市GDP的6%。提出发展创意产业后，又说2005年全市创意产业增加值达到549.4亿元，占全市GDP的6%。前不久，上海市新闻办公室又公布，2005年全市文化产业增加值达到529亿元，占全市GDP的5.6%。从这几组数字分析，两个产业所涉及的范围显然是重叠的。

第十四，我认为，在国家提出建设创新型国家的形势下，强调发展创意产业有一定积极意义，但由于创意产业与我国所要发展的文化产业在内容上基本是重合的、且与倡导自主创新不完全一致，在这种情况下，再模仿英国极力推崇创意产业，不符合我国的国情，也不利于政府部门的统一管理。目前，北京市提出发展"文化创意产业"的概念，把创意产业中涉及的设计部分纳入文化产业之中，并命名了若干个文化创意产业基地。尽管这一表述在逻辑关系上还存在一些相互矛盾的地方，但在目前的形势下，为妥善处理好与文化产业的关系，仍不失为一种较好的办法。

第十五，另外，关于“文化创意产业”的表述，最近已经得到《国家“十一五”时期文化发展纲要》（以下简称《纲要》）的认可。《纲要》在强调优化文化产业布局和结构时，提出以建设文化创意产业中心城市为核心，加快产业整合，加快文化创意产业园区建设，使之成为文化创意产业的孵化器；在强调文化创新时，提出培育文化创意群体和内容供应商；在强调推动文化企业成为文化创新主体时，提出促进文化创意企业发展。既然国家已经将文化创意产业纳入文化产业的管理范围，今后，各地应将宣传口径统一到中央、国务院的文件上来。同时，进一步加强对文化产业与创意产业的关系以及文化创意产业的理论研究，厘清它们之间的本质区别，弄清各自归属的产业边界，以廓清理论上和思想认识上的误区。

第十六，综上所述，我并不是反对“创意产业”本身，而是从政府管理工作的层面，认为在一定时期内，必须保持国家重大决策的一贯性、连续性和稳定性，不能隔几年就推出一个新的口号或概念。这样既容易把领导和群众的思想搞乱，又不利于政策的制定和产业的发展。今后，凡涉及国家大政方针和产业分类等重大政策的宣传要十分慎重。一个新的概念如仅限于内部理论研讨是可以的，但要在社会上全面推出，尤其是纳入政府的决策层面，必须经专家科学论证和认真听取各方面意见。否则，将产生无法预料的后果。

（刊登于2007年3月29日《中国文化报》，2007年《中国文化产业蓝皮书》采用）

我国文化产业政策的现状与展望

——在中国文化发展战略与和谐文化建设学术研讨会上的发言

女士们、先生们、朋友们：

很高兴能参加由中国艺术研究院主办的“中国文化发展战略与和谐文化建设”学术研讨会。借此机会，我想给各位介绍一下有关我国文化产业政策的一些情况。

一、文化产业政策是文化产业发展的强大推动力

文化产业政策是国家宏观经济政策在文化领域的具体体现，同时又是促进文化产业又好又快发展的重要手段。

近几年来，韩国文化产业之所以有如此巨大的影响，首先得益于9年前韩国政府确立的“文化立国”战略，以及以后采取的一系列文化产业政策。自1998年起，韩国政府陆续出台了《国民政府的新文化政策》《文化产业发展五年计划》《二十一世纪文化产业的设想》《文化产业促进法》等一系列文件和法规。这些文件明确了文化产业的优先发展地位，为产业发展提供了强大的政策支撑。如政府每年拿出5000万美元的资助经费，支持韩国文化产业振兴院在洛杉矶、伦敦、北京等地，设立了兼具政府机构和民间企业服务性质的代表处。还通过设立出口奖励制度、建立海外营销网络、承担韩国电影参加世界电影节所有费用等政策，推动本国文化产品的国际传播。2004年，韩国文化产业的市场销售额达到50万亿韩元（按当年汇率约合437亿美元），约占当年韩国GDP的6%。文化产业已经成为韩国仅次于汽车产业的第二大

出口创汇产业。

十六大以来，党和国家始终把完善文化产业政策作为发展文化产业的重要环节来抓，有力地推动了我国文化产业的快速发展。如为调动社会力量积极发展文化产业，2004 年文化部制定下发了《关于鼓励、支持和引导非公有制经济发展文化产业的意见》，2005 年国务院发布了《国务院关于非公有资本进入文化产业的若干决定》，通过贯彻落实均收到明显成效。据统计，2004 年，仅文化部门管理的文化产业中，民营文化企业（不包括个体经营户）就占产业活动单位总数的三分之二，从业人员占五分之二，资产约占四分之一，创造的增加值和营业收入约占三分之一。以演艺界为例，浙江省共有民间职业剧团 485 家，全年为农村演出 17 万场，观众达 1.7 亿人次，营业额达 3.88 亿元。2004 年以前，辽宁省沈阳市仅有民营演出团体 40 余家，2006 年年底发展到 95 家；抚顺市民营演出团体从 10 余家发展到 55 家，2006 年演出了 2950 场，观众 70 万人次；铁岭市近两三年，涌现出 12 家民营文艺表演团体，年演出 1300 场。目前，民营文化企业已成为我国发展文化产业的一支不可缺少的重要力量。

二、我国现行文化产业政策及简要评价

近几年来，我国政府和部门出台了一系列促进文化产业发展的政策性文件。除以上谈到的两个文件外，2003 年 9 月，文化部发布了《关于支持和促进文化产业发展的若干意见》；12 月，国务院办公厅下发了《关于文化体制改革试点中支持文化产业发展和经营性文化事业单位转制为企业的两个规定的通知》。2005 年初，文化部下发了《关于促进商业演出展览文化产品出口的通知》和《商业演出展览产品出口指导目录管理办法》；3 月，财政部、海关总署、国家税务总局下发了《关于文化体制改革试点中支持文化产业发展若干税收政策问题的通知》；7 月，文化部、国家广电总局、新闻出版总署等部门联合发布了《关于文化领域引进外资的若干意见》；11 月，文化部、财

政部、国税总局等部门发布了《关于鼓励发展民营文艺表演团体的意见》。2006年8月，国务院出台了《国家“十一五”时期文化发展规划纲要》；10月，《中共中央关于构建社会主义和谐社会若干重大问题的决定》又强调，要“加快发展文化事业和文化产业，满足人民群众文化需求”。

这一系列政策措施，为我国文化产业快速发展提供了强有力的政策支撑。一是加大了对非公有资本和外资的开放力度，逐步形成多元化的文化产业投资格局。二是鼓励和支持中国文化企业“走出去”，主动参与国际竞争，推出了一批在国际文化市场上叫得响、站得住的品牌文化项目。三是提出一些具体经济政策，如在文化体制改革中，对政府鼓励新办的文化企业，自工商注册登记之日起，免征3年企业所得税；对生产重点文化产品进口所需要的自用设备及配套件、备件等，按现行税收政策的有关规定，免征进口关税和进口环节增值税；对从事数字广播影视、数据库、电子出版物等研发、生产、传播的文化企业，凡符合国家现行高新技术企业税收优惠政策规定的，可统一享受相应的税收优惠政策，等等。在国家文化产业政策的引导下，近几年来，我国文化产业从探索、起步、培育的初级阶段，开始进入快速发展的新时期，呈现出朝气蓬勃、方兴未艾的新局面。正如文化部孙家正部长今年在全国文化厅局长会议上所说的，“各地普遍重视发展文化产业，文化产业发展势头良好，多数省区的文化产业增长率达到两位数。新兴文化产业发展势头强劲。”

当然，与迅猛发展的文化产业势态相比，与文化企业的期望相比，我国文化产业政策体系仍存在许多不尽如人意的地方，突出反映在两个方面：一是宏观指导政策较多，具体经济政策太少。缺乏扶持文化企业发展的包括资金支持、税收征收、银行信贷、土地使用等方面的具体经济政策。有的文化企业经营者反映：“其他经济门类在发展过程中，几乎都享受到了诸多的政策优惠。这些年发展文化产业呼声很高，但文化企业所享受到的政策优惠却很少。”二是对比发达国家，我国财政扶持力度尚不够大。这些年，为支持文化产业发展，国家和部分地方财政先后列支部分专项资金，对音像、动漫等重点行业给予积极扶持，收到很好的效果。但总的看来，与发达国家相比，政府对文化产业的资金支持力度还不够大。如韩国政府文化产业预算由1998年的168亿韩元增加到2003年的1878亿韩元，占文化建设总预算的比例由3.5%增长到17.9%。另外，韩国还设立了文化产业振兴基金、文艺振兴基金、电影振兴基金、出版基金等多种专项基金，用以扶持文化产业发展。今后，我国应加大财政支持力度，通过贷款贴息、资助、奖励等方式，扶持重大文化产业项目和优秀品牌文化产品，吸引更多的民间资金进入文化产业领域，鼓励支持我国文化企业走向国际市场。

三、对未来文化产业政策的几点思考

（一）今后完善文化产业政策的着力点

1. 加快培育市场主体，优化文化产业结构

目前，我国文化产业结构不尽合理，其中规模化、专业化、集约化程度较低的问题尤为突出。从文化部对全国民营文化企业的调查数据来看，我国文化企业普遍规模较小，效益偏低。从注册资本来看，2004年，民营文化企业（不包括个体经营户）注册资本在50万元以下的占到94.34%，5000万元以上的仅占0.01%，其中，注册资本在5000万元至1亿元的仅有12家，1亿元以上的只有3家。今后几年，要培育一批实力雄厚、具有较强竞争力和影响力的大型文化企业和企业集团，使其做强做大，成为文化市场的主导力量和文化产业的战略投资者，这既是应对全球化背景下国际文化竞争的必然要求，也是促进文化产业持续快速健康发展的迫切需要。要打破地区分割和行政壁垒，鼓励和支持各种所有制文化企业跨地区、跨行业、跨媒体经营，引导实力雄厚的非文化企业参与文化产业的发展。综合运用财政、税收、金融、土地等各种经济政策，通过促进内容原创水平、增强技术开发实力和提升市场营销能力，使文化产业上规模、上水平、出质量、出效益，进一步增强我

国文化产业的整体实力。

2. 大力推进文化创新，增强文化企业的核心竞争力

重视创新是经济发展和市场竞争的必然要求。要从根本上改变我国文化产业核心竞争力不强的状况，走出受制于人的困境，必须立足于自主创新，形成一大批拥有自主知识产权和核心技术的创新型文化企业，让自主创新成为产业发展的最重要的发动机。要加大对自主创新的扶持力度，对原创性强、技术先进、能形成自主知识产权、产业化前景良好的文化企业，政府应给予重点支持。要加强对知识产权的保护，积极鼓励和支持原创，大力发展自主知识产权，增强文化企业的核心竞争力。

3. 实施文化走出去战略，积极培育国际知名文化品牌

目前，我国文化产品进出口严重不平衡。近几年来，尽管我们相继推出了杂技芭蕾舞蹈剧《天鹅湖》、民族舞蹈《云南映象》、女子十二乐坊、蓝猫卡通等一批品牌文化产品，但从总体上看，涉外文化企业的规模还普遍偏小，知名度不高，品牌经营水平较低，距时代华纳、迪斯尼这样的世界品牌还有相当大的差距。要扭转这种被动局面，必须积极实施走出去发展战略。加大政策支持力度，通过贴息、资助、奖励优秀企业和产品等方式，培育一批有实力的外向型文化企业和文化贸易中介机构，鼓励它们以各种形式走出去。同时，鼓励企业、艺术家参加和举办国际性文化展销活动，加快培养对外文化传播的各类人才，帮助文化企业建立国际营销网络，等等。

4. 保护知识产权，加强文化市场管理

近年来，政府相关部门在保护知识产权、规范文化市场秩序方面做了大量工作，但侵犯文化企业知识产权的行为依然存在。今后，应进一步完善相关法律制度，增强全社会的知识产权保护意识，依法严厉打击各种侵犯知识产权的行为，保证文化产业的持续发展和良性循环。要认真落实进口网络游戏内容审查和国产网络游戏内容备案管理制度，严把网络游戏产品进口关。规范网络游戏市场秩序、打击违法游戏经营活动。要采取措施依法保护动漫产品的知识产权，加强对动漫运营市场的监管，严厉打击各种走私、侵权和

盗版动漫产品的行为，营造良好的市场环境。

5. 不断转变政府职能，努力完善文化产业服务体系

随着文化产业的深入发展和市场主体的不断壮大，文化企业迫切希望政府部门能够提供更多更好、更加规范的服务。因此，要着重完善人才培训、信息服务、项目指导、企业信用评级标准等方面的政策。加快实施文化产业项目服务工程，为市场主体提供全面、便捷、有效的服务。进一步发挥国家文化产业创新与发展研究基地、国家文化产业研究中心、国家文化产业人才培训基地的作用，加快文化产业人才培养步伐。鼓励发展信用担保机构，通过市场化运作，为文化企业提供更好的担保服务。根据文化企业有形资产少、无形资产多的特点，建立科学合理的信用评级标准，努力解决文化企业贷款难的问题。

（二）完善文化产业法律法规体系

近几年来，国家和政府部门所出台的一系列有关文化产业的政策，其重要作用不可忽视，但市场经济最终是法制经济，文化产业只有真正纳入法制的轨道，才能保证持续快速健康发展。特别是当前文化产业的战略地位、发展原则、扶持政策等，还没有从国家法律层面上得到确认。今后要逐步把行之有效的文化产业政策，上升为国家法律制度。要通过加快文化产业立法进程，完善文化产业法律法规体系，为文化产业发展提供重要的法律保障，依法促进文化产业又好又快发展。今年《文化产业促进法》的立法研究工作已经被列入我们的议事日程。

（三）保持国家政策的一贯性和稳定性

最近一个时期，“创意产业”“文化创意产业”等概念，在各类媒体上频繁出现。在国家提出建设创新型国家的形势下，强调创意有一定积极意义，但由于创意产业、文化创意产业与我国所要发展的文化产业在目标、性质、侧重点等各方面有所不同，内容基本上是重叠的，与我们所倡导的自主创新

也不完全一致。在这种情况下，再模仿英国推出创意产业及文化创意产业的概念，既不符合我国国情，也不利于政府部门的统一管理。既容易把领导和群众的思想搞乱，又不利于政策的制定和产业的发展。我们认为，在一定时期内，必须保持党和国家重大决策的一贯性、连续性和稳定性，不能隔几年就推出一个新的口号或概念。今后，凡涉及国家大政方针和产业分类等重大政策的宣传要十分慎重。一个新的概念如仅限于内部理论研讨是可以的，但要在社会上全面推出，尤其是纳入政府的决策层面，必须经专家科学论证并认真听取各方面意见，否则，将产生无法预料的后果。

（2007 年 5 月 9 日于北京）

深圳文博会生命力旺盛　将会越办越好

作为文博会发展的亲历者，在第三届深圳文博会举办期间，文化部文化产业司司长王永章对深圳文博会给予了高度评价："深圳文博会一届比一届完善，一届比一届成熟，一届比一届办得好。"

王永章说，国家相关部委当初选择在深圳举办文博会，一是因为深圳是我国对外开放的窗口、改革开放的前沿城市，地理位置十分优越，经济生活活跃，市场化程度高；二是因为深圳市委、市政府主要领导思想敏锐，前瞻性强，对发展文化产业有大思路和战略眼光；三是因为深圳的广大干部具有创新意识和"敢为天下先"的精神。实践证明这个选择是十分正确的。"深圳市委、市政府这样下大力气抓文化产业发展，值得称道。"

王永章认为本届文博会"国际化、专业化、市场化、规范化、精品化"特色越来越鲜明，至少有七大亮点。这七大亮点包括：一是文博会被批准为UFI认证展会，国际性文化展会的地位得到了确定；二是商务部正式加盟文博会，强化了文博会的国际交易功能；三是展会招商招展工作进展顺利，各项指标全面完成；四是新增国际演艺馆，推动中国演艺产品走向世界；五是加大海外招商招展力度，体现了展会的国际化要求；六是网上博览交易会建设开局顺利，取得突破性进展。七是启用统一的文博会形象识别系统，打造文博会品牌形象。

王永章指出，现在全国各类博览会较多，文化产业博览会要有生命力，关键在于要有自己的特色，要办出水平、办出质量、办出效益，当初决定在深圳筹办我国第一个文化产业博览会的初衷就是希望能够按照文化产业的发展规律，不断完善我国文化产业链条，打造一个信息交流、产品销售、项目合作的平台。现在看来，深圳文博会的文化贸易和出口平台作用开始凸显，正逐步成为把中华优秀文化产品推向世界的重要渠道。深圳文博会不负重托，不辱使命，达到了预期目的，为促进我国文化产业快速发展发挥了重要作用。他希望深圳文博会继续发挥好交易合作平台作用，为推动中国文化产业快速发展、带动中国文化产品和服务出口做出积极贡献。

本届文博会设置了17个分会场，是否会很难让观展者全部参观？王永章就此谈了自己的看法。他说："文博会设置了这么多分会场，大家肯定不可能把每个分会场都给跑遍，但每个分会场都有它的专业性和侧重性，有些人对这些会场感兴趣，而另外一些人又对那些会场感兴趣，它满足了大多数人的不同需求，同时也为专业人士提供了市场。"

记者在与王永章对话时，有人插话，提及"深圳是个'文化沙漠'"，王永章反问："深圳是'文化沙漠'吗？近年来深圳市通过加大文化产业园区建设力度，有力地带动了全市文化产业快速发展。截至2007年3月，深圳市已建和待建文化产业园区达到30个，其中华侨城、大芬油画村和雅昌企业集团已先后被文化部命名为国家文化产业示范基地。这些数据已经说明了一切。"

王永章最后说，文化产业园区建设是我国当前发展文化产业的一个重点，文化部下一步准备在命名国家文化产业示范基地的基础上，为扶持各地文化产业园区建设采取一些必要措施，希望深圳市的产业园区能够创造出更多的新鲜经验，为全国文化产业园区建设发挥示范和带动作用。

（2007年5月18日新华网广东频道发稿）

文博会助推文化产业腾飞

深圳与文博会结缘于2004年春，从那时起，深圳文化产业一路疾行，驶出一片靓丽风景。今天，文化部文化产业司司长王永章在接受本报记者采访时，盛赞文博会对深圳乃至全国文化产业发展所发挥的“引擎”作用。

一、搭建一个平台

王永章是文博会发展的亲历者，评价3年来文博会的成长，他说：“深圳文博会一届比一届完善，一届比一届成熟，一届比一届办得好。”

“当初决定在深圳筹办我国第一个文化产业博览会的初衷就是希望能够按照文化产业的发展规律，不断完善我国文化产业链条，打造一个信息交流、产品销售、项目合作的平台。”王永章说，现在看来，深圳文博会不负重托，不辱使命，达到了预期目的，为促进我国文化产业快速发展发挥了重要作用。

以第二届深圳文博会为例，王永章认为文博会已充分体现出文化产业信息交流、产品交易、项目洽谈的平台作用。“第二届文博会合同成交额比首届增加了两倍多。参加文博会的各省、市、自治区代表团纷纷满载而归。仅7项拍卖交易活动总成交额就高达6963万元。”

王永章说，深圳文博会的文化贸易和出口平台作用开始凸显，正逐步成为把中华优秀文化产品推向世界的重要渠道。

第三届文博会开幕在即，王永章认为，本届文博会肯定会朝着“国际化、专业化、市场化、规范化、精品化”的方向迈进，整体水平将得到进一步提升。

“第三届文博会至少有七大亮点：一是文博会被批准为UFI认证展会，国际性文化展会的地位得到确定；二是商务部正式加盟文博会，强化文博会的国际交易功能；三是展会招商招展工作进展顺利，各项指标全面完成；四是新增国际演艺馆，推动中国演艺产品走向世界；五是加大海外招商招展力度，体现了展会的国际化要求；六是网上博览交易会建设开局顺利，取得突破性进展；七是启用统一的文博会形象识别系统，打造文博会品牌形象。”

“现在全国各类博览会较多，文化产业博览会要有生命力，关键在于要有自己的特色，要办出水平、办出质量、办出效益。”王永章希望深圳文博会继续发挥好交易合作平台作用，为推动中国文化产业快速发展、带动中国文化产品和服务出口做出积极贡献。

二、创立一批品牌

“深圳文博会还为全国文化产业培育了一批具有带头示范意义的文化品牌，比如大芬油画村。”从 2004 年 6 月起，王永章先后十余次造访大芬村，是大芬村唯一的“荣誉村民”。

像大芬油画村这样由文博会“孵化”出来的文化品牌还有很多，如深圳华侨城、中国观澜版画生产基地、深圳古玩城、雅昌企业集团等。“如去年作为文博会分会场的水贝珠宝基地，仅 5 月 19 日一天，就签订了 173 份合同，实际成交额达 3.057 亿人民币，其中南非一个商团就签订了上亿元的采购合同。”

“深圳市委、市政府这样下大力气抓文化产业发展，值得称道。”王永章表示，当初国家相关部委之所以选择在深圳举办文博会，一是因为深圳是我国对外开放的窗口、改革开放的前沿城市，地理位置十分优越，经济生活活跃，市场化程度高；二是因为深圳市委、市政府主要领导思想敏锐，前瞻性强，对发展文化产业有大思路和战略眼光；三是因为深圳的广大干部具有创新意识和“敢为天下先”的精神。实践证明这个选择是十分正确的。

王永章说，深圳在 2005 年把文化产业列为第四大支柱产业，2006 年专门成立了文化产业发展办公室，设立了发展文化产业专项资金。2005 年当年文化产业增加值占 GDP 的比重就达到 6%，2006 年上半年又增长到 6.66%。由此可见，深圳市对文化产业的高度重视，同时也可以看出文化产业的确是一个新的经济增长点。

“随着文化产业的深入发展和市场主体的不断壮大，文化企业迫切希望政府部门能够转变职能，在人才培训、产品研发、技术创新、市场开拓、信息交流等方面，为文化企业提供更多更好、更加规范的服务，帮助文化企业提高自身素质和自我发展能力。”王永章说，文化部决定将中国文化产业网站委托深圳报业集团和深圳文博会公司承办就是这个目的。希望深圳市委、市政府能够对中国文化产业网站的发展给予更大支持，为扶持市场主体和培育深圳文化品牌提供更多服务。

三、建设一些园区

“特别值得一提的是，深圳市委、市政府将文化产业园区建设与文博会分会场建设紧密地结合在一起，这符合国家以重大项目带动文化产业发展和提高集约化发展水平的战略要求。”王永章对深圳通过产业园区建设不断丰富文博会内容、促进文化产业发展的做法表示赞赏。

他说，近年来深圳市通过加大文化产业园区建设力度，有力地带动了全市文化产业快速发展。截至 2007 年 3 月，深圳市已建和待建文化产业园区达到 30 个，其中华侨城、大芬村和雅昌企业集团已先后被文化部命名为国家文化产业示范基地。

“深圳市文化产业园区重点围绕设计、动漫、游戏、印刷、珠宝、工艺礼品、软件开发等行业进行规划和开发建设。”王永章说文化产业园区遍布深圳六区：罗湖区重点开发珠宝首饰和工艺礼品市场交易平台，聚集了大量珠宝加工企业，引领了全国饰品文化潮流；南山区重点发展数字娱乐、动漫游戏行业，聚集了以腾讯科技、A8 音乐集团、环球数码等为代表的企业；福田区重点打造设计和工艺礼品市场等文化产业园区，在环境改造、配套设施完善、政府资金扶持等方面做了大量工作，取得实质性进展；宝安区重点打造工业设计和工艺美术产业聚集区；龙岗区对其传统的优势行业如油画、水晶、玉石加工等，由政府主导整体进行了园区规划；盐田区重点打造海滨主题公园和休闲娱乐场所聚集区等。

文化产业园区建设是我国当前发展文化产业的一个重点，文化部下一步准备在命名国家文化产业示范基地的基础上，为扶持各地文化产业园区建设采取一些必要措施，希望深圳市的产业园区能够创造出更多的新鲜经验，为全国文化产业园区建设发挥示范和带动作用。

（2007年5月18日接受《深圳特区报》记者专访谈话要点）

西部文化产业将获资金支持

西部发展文化产业潜力巨大，但仍受政策、资金和观念意识困扰。文化部有关负责人日前表示，国家开发银行等已表示欲介入文化产业，国家发改委也已安排专项资金。

文化部文化产业司司长王永章日前表示，西部发展文化产业的潜力比东部大，但目前仍有三大难点困扰着西部———政策、资金和观念意识。其中的资金之困正渐渐拨云见日。

王永章介绍，国家开发银行表示有意介入文化产业，准备重点扶持一些文化产业项目的开发，其中就包括西部地区。国家发改委也设立了专项资金，准备利用中小企业发展资金扶持完善文化产业发展。

此外，近年来党中央、国务院和国家各部委出台各方面重要文件大约有20多个。商务部也作为2007年中国文化产业博览会的主办单位，而且利用商务参赞的作用引进外资。

据了解，目前我国文化产业对西部地区GDP的贡献水平参差不齐，略显捉襟见肘，有些省市地区已经出现转机和突破。重庆市文化产业增加值为66.6亿元，占GDP的2.2%，略低于全国水平。发展较好的云南省，从2003年的69亿元增长到2005年的183亿元，年增长27.53%。王永章透露，广西壮族自治区的《印象·刘三姐》一年收入9000万元，今年很可能突破1亿元。

（2007年6月27日接受《西部时报》记者专访谈话要点）

加强合作　共谋发展

——在第五届亚洲合作论坛上的演讲

尊敬的各位来宾、各位朋友：

这次我受文化部领导的委托前来参加第五届亚洲合作论坛感到十分高兴。在这里，我谨代表文化部对论坛的举办表示衷心的祝贺！并向各位与会代表和为筹办此次论坛付出辛勤努力的香港特区的朋友们致以诚挚的问候！

自2003年至今，亚洲合作论坛已成功举办了四届。事实证明，论坛的举办对促进香港特区与中国内地以及亚洲区域的文化交流和合作发挥了积极作用。我认为，适逢香港回归十周年之际所举办的第五届论坛将会具有更加深远的历史意义。我们期待着，通过本届论坛与各位代表共同携手，努力促进中国内地与香港以及亚洲地区文化的大发展和大繁荣。

作为文化部文化产业主管部门的负责人，借此机会，我想向各位朋友着重介绍一下中国内地的文化产业发展情况。

近年来，文化产业作为一个新兴产业得到中国政府的高度重视以及社会各界的密切关注。短短几年时间，经过各方面的努力，中国内地文化产业已经从探索、起步、培育的初级阶段，进入快速发展的新时期，呈现出朝气蓬勃的新局面。据国家统计局公布，2006年中国内地实现文化产业增加值5123亿元，比2004年增加1684亿元，比2005年增长17.1%，超过当年GDP增长速度的6.4个百分点，对GDP贡献率为3.41%，拉动GDP增长0.36个百分点。文化产业增加值占GDP的比重为2.45%，比2004年增加0.3%。2006年，中国内地文化产业从业人员1132万人，比2004年增加136万人，提高0.16个百分点。文化产业在国民经济运行中的贡献和地位不断上升，规模持续扩大，结构进一步优化，逐步形成以公有制为主体、多种所有制共同发展的文化产业格局，整体实力和竞争力有所增强。

近年来，文化部主要抓了以下工作：

一是认真研究制定产业政策，不断完善文化产业政策体系。自国家提出积极发展文化产业的战略以来，文化部先后制定下发了《“十五”时期文化产业发展规划》《关于支持和促进文化产业发展的若干意见》《关于鼓励、支持和引导非公有制经济发展文化产业的意见》等文件。同时联合其他部委制定下发了《关于加强文化产品进口管理的办法》《关于进一步加强和改进文化产品和服务出口工作的意见》《关于文化领域引进外资的若干意见》《关于鼓励发展民营文艺表演团体的意见》《关于鼓励和支持文化产品和服务出口若干政策》等文件。2005 年，国务院还专门下发了《关于非公有资本进入文化产业的若干决定》等重要文件。这一系列政策文件，为促进内地文化产业快速发展提供了强有力的政策支撑。国有文化单位的实力不断壮大，非公有制经济所占的比重快速上升，一批民营龙头企业迅速成长。

二是努力深化文化体制改革，积极培育市场主体。为解放和发展文化生产力，最大限度地调动广大文化工作者勇于创新的积极性，推动文化事业进一步繁荣，促进文化产业快速发展，近年来，内地文化系统按照中央统一部署，积极稳妥地进行了文化体制改革。公益性文化事业单位以转换机制、增强活力、改善服务为着力点，经营性文化单位以转企改制为重点。经过四年的改革，培育出一大批有较强实力、竞争力、影响力和自主创新能力的大型文化企业和企业集团。在此基础上，文化部先后命名了两批 78 个国家文化产业示范基地和两个国家级文化产业示范园区。这些示范基地和园区为推动内地文化产业健康快速持续发展发挥了表率、辐射和带动作用。

三是加强政府部门宏观调控，精心打造文化产业交易平台。根据文化产业发展的需要，自 2004 年以来，文化部协调其他政府部门加强宏观管理、合理进行布局，先后筹备举办了中国（深圳）国际文化产业博览交易会和中国西部、中部、东北文化产业博览会等四个国家级、综合性的文化产业展会。这些展会的成功举办，有力地完善了文化产业链条，推动了文化产业发展，目前已成为在全国乃至世界具有一定影响的文化产业信息交流、产品交易和项目合作的重要平台。另外，文化部还组织举办了中国国际音像博览会、中国国际网络文化博览会等专题性文化展会。2006年，文化部又全面启动文化产业项目服务工程，在中国文化产业网站上设立了国家文化产品和服务项目、投融资项目资源库，利用政府行政手段，整合全国文化资源，为促进文化产品流通、文化资源合理配置，引导社会资本进入文化产业领域提供了全面、便捷、有效的服务。

四是采取多种措施，鼓励中国文化产品和服务走向世界。为培育一批有知名品牌、有国际竞争力的大型文化企业和企业集团，扩大中国文化产品和服务出口，近年来政府不仅在政策上积极鼓励，而且在资金上大力扶持，支持文化企业走出国门，尽可能把更多的中国优秀文化产品和服务推向国际文化市场。据统计，2006年中国内地核心文化产品进出口总额突破百亿美元，比上年增长23.3%，是2001的2.9倍，内地文化产品进出口不平衡的局面有所改观。

五是适应现代科技发展新形势，大力培育新的文化业态。现代科技突飞猛进，信息技术、网络手段、数字化趋势给文化产业发展带来革命性变化。我们积极推动现代科技在文化领域的广泛运用，不断改造提升传统文化产业，催生新的文化品种，培育新的文化业态。鼓励发展文化创意、文化博览、动漫游戏、多媒体技术等新兴文化产业，形成一批具有自主知识产权的文化品牌。同时，在文化休闲娱乐、文化产品流通等领域，鼓励采取连锁化、品牌化、规模化的经营手段，积极推进电子商务、连锁经营、物流配送等现代流通方式。近年来，电影院线、量贩式KTV、音像、网吧企业的连锁经营取得突破性进展，出现一批具有影响力和品牌效应的大型连锁企业。

六是利用多种渠道，抓紧培养文化产业人才。积极实施人才兴文战略，建立一支有文化、懂经济、会管理的文化产业人才队伍，是近年来我们所抓的一项重点工作。先后命名上海交通大学、北京大学等九所大学为国家文化产业创新与发展研究基地、国家文化产业研究中心和国家文化产业人才培训中心。除充分利用这些基地和中心培养各类文化产业人才外，我们还举办了多期西部文化产业经营管理人才培训班，组派两批演艺经营管理人员赴美国肯尼迪文化艺术中心进行集中培训。另外，各地文化产业管理部门也组织了多种形式的人才培养活动，举办了许多有针对性的专题培训班。经过多年的不懈努力，内地文化产业专门人才缺乏、从业人员素质较低的状况有所改善。

总的来看，随着形势的发展，中国内地文化产业将逐步成为提供就业机会的国民经济重要行业、产业结构优化的主导行业和国民经济增长的重要支柱产业。当然，大力发展文化产业并不意味着可以忽视文化事业。近年来，中国内地始终强调“两手抓两加强”，坚持一手抓公益性文化事业，一手抓经营性文化产业。特别是为切实保障人民群众的文化权益，高度重视公共文化服务体系建设。现在国家财政对文化事业的投入逐年增加。据统计，2000—2006 年，内地文化事业费累计达到 652. 75 亿元，比“九五”期间的总投入增加 398. 3 亿元，增长了 156. 5%，内地人均文化事业费由 2001 年的 5. 7 元增加到 11. 91 元，增长了一倍多。2001—2005 年，中央和地方财政累计对农村投入 134. 23 亿元，年均增幅为 16. 5%；累计对西部地区投入 107. 64 亿元，年均增长 15. 4%。另外，文化基础设施建设突飞猛进。2001—2005 年，内地共完成基建投资 136. 4 亿元，比“九五”时期增加了 37. 61 亿元，增长 38. 1%，不仅完成了国家大剧院等重大文化设施建设项目，还基本实现了县县有图书馆、文化馆的目标。同时，各地对文化的投入也都在增长。

各位来宾、各位朋友，香港回归祖国十年来与内地的交流合作在不断深入，亚洲区域各国经过连续六年的中日韩文化产业论坛和去年创办的中国—东盟文化产业论坛，也建立起十分密切的合作关系。今后香港将会从内地得到更为强劲的支持，也将会在国家与亚洲各国进行文化产业交流与合作方面发挥重要的纽带和桥梁作用。这里我想提以下几点建议：

一、完善文化产业论坛机制，争取区域间文化信息与资源共享

中国内地与香港特区及亚洲各国在文化价值观上有着相对认同，同时又

各自有积淀深厚、独具风采的文化资源。这是合作发展文化产业取之不尽、用之不竭的源泉和基础。目前，中日韩文化产业论坛已成功举办了五届，2007 年 9 月底 10 月初，将在日本大阪举办第六届。2005 年 11 月首届中国—东盟文化产业论坛在广西桂林成功举办，今年 11 月还将如期举办第二届。我们希望，经过多方努力，能够不断完善文化产业论坛机制，真正把这些论坛办成亚洲相关国家和地区能够相互对话磋商、交流合作，并具有一定权威的区域性文化论坛，使各国和地区共同分享文化产业信息和产业资源，共同寻找合作项目和发展途径。

二、合作培训文化产业人才，协力创造文化产业发展的人才优势

目前，亚洲各国文化产业发展程度不同，各有各的优势，但人才缺乏是大家共同关心的问题。人才是文化产业发展中最具活力的要素，人才问题解决不好将成为制约文化产业发展的“瓶颈”。我们希望，今后应从各国的实际需要出发，切实加强中国内地与香港特区以及亚洲各国之间人才培养方面的合作，做到取长补短、优势互补，为亚洲区域文化产业合作和发展提供强有力的人才支撑。

三、推进文化产业项目合作，实现文化产业共同繁荣发展的目标

反映亚洲各国和地区文化产业合作是否成功的一个重要标志，就是相互之间有无具体的产业项目在进行实质性运作。如果产业合作仅仅停留在论坛发言中和书面报告上，那么内容再精彩也是毫无意义的。香港特区和亚洲各国在演艺、展览、影视、音像、艺术品、出版物等传统领域，以及动漫、网络游戏等新兴领域都有广阔的合作前景。随着时间的推移和工作的深入，这种互利共赢的合作项目将会越来越多，并一定会取得丰硕的成果。我们期望通过大批重大文化产业合作项目的带动，使香港特区和亚洲各国文化产业得

到共同繁荣，共同发展。

最后需要指出的是，香港背靠内地，面临国家文化产业快速发展的良好机遇，具有得天独厚的有利条件。我们迫切希望以本届论坛为契机，进一步加强与香港特区政府在文化产业方面的合作，今后能够经常组织两地的文化产业考察团相互学习观摩、切磋交流。我们期待着近期能在北京接待来自香港的朋友，也盼望着再次相聚在东方之珠。

谢谢大家！

（2007 年 7 月 22 日于香港）

我国文化产业的发展成就与主要经验

——2007年9月7日在全国文化产业处长座谈会上的讲话

一、十六大以来我国文化产业发展成就

党的十六大提出了积极发展文化产业的战略任务，指出发展文化产业是市场经济条件下繁荣社会主义文化、满足人民群众精神文化需求的重要途径，强调要完善文化产业政策，支持文化产业发展，增强我国文化产业整体实力和竞争力。几年来，在党和国家的高度重视下，广大文化工作者在各级党委政府的直接领导下，解放思想、勤于实践、奋力开拓、不断创新，使我国文化产业得到迅猛发展，正在迅速成长为新的国民经济支柱产业，成为中国特色社会主义和谐文化建设的重要内容。一个以公有制为主体、多种所有制共同发展的文化产业格局正在快速形成。

（一）文化产业快速增长，在部分地区已经成为促进经济结构调整的新兴支柱产业

据统计，2006年我国文化及相关产业实现增加值5123亿元，比2005年增长17.1%，增长速度高出同期GDP年增长速度6.4个百分点，高出同期第三产业年增长速度6.8个百分点。2006年文化产业增加值占GDP的比重为2.45%，比2004年提高了0.3个百分点，文化产业对GDP增长的贡献率为3.41%，拉动GDP增长0.36个百分点。各地文化产业发展势头良好。如云南省2005年文化产业增加值为183.58亿元，比2002年增长1.4倍，占全省GDP的5.29%，年均增长27.52%。上海市2005年文化产业实现增加值

509.23亿元，按可比价格计算，比上年增长13.2%，文化产业增加值占全市GDP的5.6%。深圳市将文化产业定为继高新技术、金融、现代物流之后的第四大支柱产业，2006年该市文化及相关产业的增加值为381.96亿元，比上年增长25.9%，占全市GDP的比重达6.7%。

（二）文化产业政策体系日益完善，为文化产业快速发展提供强大支撑

2003年9月，文化部发布了《关于支持和促进文化产业发展的若干意见》。2004年10月，文化部发布了《关于鼓励、支持和引导非公有制经济发展文化产业的意见》。2005年3月，财政部、海关总署、国家税务总局下发了《关于文化体制改革试点中支持文化产业发展若干税收政策问题的通知》；4月，国务院出台了《关于非公有资本进入文化产业的若干决定》，对非公有资本进入文化产业做了进一步的引导和规范；7月，文化部、国家广电总局、新闻出版总署等部门联合发布了《关于文化领域引进外资的若干意见》；11月，文化部、财政部、国税总局等部门发布了《关于鼓励发展民营文艺表演团体的意见》。2006年8月，国务院出台了《国家"十一五"时期文化发展规划纲要》，其中专章就文化产业进行了规划。这一系列指导意见和政策措施，为我国文化产业的快速发展提供了全面而较为完善的政策支撑体系。

（三）催生出一批有较强实力、竞争力、影响力和自主创新能力的大型文化企业和企业集团

五年来，在政策引导和推动下，全国各地涌现出许多像中国对外文化集团公司、北京儿童艺术剧院股份有限公司、北京歌舞剧院有限责任公司等大中型国有或国有控股文化企业以及上海盛大网络发展有限公司、云南丽水金沙演艺有限公司、北京麦乐迪餐饮娱乐管理有限公司、浙江宋城集团控股有限公司等一大批民营龙头文化企业。2004年和2006年，文化部分两批命名了包括上述企业在内的78家国家文化产业示范基地。目前，这些示范基地普遍发展状况良好，在促进文化产业发展方面发挥了很好的示范带头作用，大大

增强了我国文化产业的竞争力。

与此同时，我国文化企业的创新能力也得到明显提高。特别是中央提出走中国特色自主创新道路、建设创新型国家的目标以来，我国文化企业的创新意识大大增强。如中国对外文化集团公司与上海文广集团、上海杂技团共同打造的大型多媒体梦幻剧《ERA——时空之旅》坚持艺术创新，将传统表演与高科技多媒体技术相结合，融杂技、舞蹈、戏剧、音乐等综合艺术元素为一体，使传统杂技获得了脱胎换骨的改造。到今年 6 月 28 日，《ERA——时空之旅》已 21 个月连续演出 700 场，创造了中国舞台演出史上的新纪录，不仅提前收回了 3000 万元投资，也使来自 20 多个国家和地区的、超过 65 万人次的观众欣赏到了这台精彩演出。

（四）非公有资本进入步伐加快，文化产业多元化投资格局快速形成

近年来，我国努力为非公有资本和外资投资文化产业创造有利条件，大大调动了社会力量发展文化产业的积极性。目前，民营文化企业已成为我国发展文化产业的一支不可缺少的重要力量。以艺术表演团体为例，目前，全国有国有艺术院团 2886 个，而全国民营文艺表演团体已超过 7000 家。据统计，浙江全省目前共有民营文化企业 4 万多家，投资总规模 230 亿元以上，总收入超过 300 亿元，从业人员 50 余万人，涉及影视、印刷、演艺、娱乐、艺术品、文化旅游、广告、会展等 10 多个行业。在浙江，民营剧团已呈“星火燎原”之势，全省目前有民营文艺表演团体 485 家，从业人员 1.5 万余人，全年演出近 20 万场，观众 1.9 亿人次，营业额达 38.8 亿元。2006 年，辽宁省文化产业共创造增加值 50.3 亿元，其中民营文化产业创造的增加值占到 81%。辽宁全省民营演出团体发展迅速。2004 年以前，沈阳市有民营演出团体 40 余家，现已发展到 95 家；铁岭市也在两三年时间里，涌现出 12 家民营文艺表演团体，年演出 1300 场。

（五）新兴文化产业发展迅猛，提升了整个文化产业发展水平

现代科技突飞猛进，信息化、网络化、数字化趋势给文化产业发展带来

革命性变化。目前，我国新兴文化产业方兴未艾。2006 年我国网络游戏市场规模已达到 65.4 亿元人民币，与 2005 年相比，发展增速高达 73.5%，中国网络游戏市场已经成为全球最具发展潜力的市场。游戏产业为相关行业带来的直接收入达 333.2 亿元，是网络游戏市场规模的 5.1 倍。2003 年以来，国产动画片产量每年翻近一番。2003 年我国动画片总产量仅为 1.2 万分钟，2004 年达到 2.2 万分钟，2005 年增长到 4.3 万分钟，2006 年产量超过 8.1 万分钟。

（六）产业集聚效应明显增强，规模化、集约化、专业化水平不断提高

近年来，我国文化产业集群化发展趋势日益明显，产业聚集效应初步显现。为加快文化产业规模化、产业化发展，文化部于 2007 年 6 月将西安曲江新区和华侨城集团公司命名为国家级文化产业示范园区。西安曲江新区挖掘历史文化资源，突出盛唐文化主题，打造了中国最大的唐文化展示区。2003 年以来，曲江新区先后建成大唐芙蓉园、大雁塔景区和曲江海洋世界，而已经或将要开工的曲江池—寒窑遗址公园、大唐不夜城、法门寺景区等大型文化旅游项目，将使曲江新区成为一个包括娱乐、旅游、影视、动漫、出版、会展、广告等行业在内的文化产业集群区。华侨城集团公司从兴建中国第一个主题公园——锦绣中华微缩景区起步，相继建成了锦绣中华、中国民俗文化村、世界之窗、欢乐谷等四大主题公园。2007 年 7 月 28 日，投资达 34 亿元，面积达 9 平方公里的深圳东部华侨城也开始试营业。目前，华侨城集团已经形成了一个集文化、旅游、娱乐、休闲、体育、购物于一体的，面积近 15 平方公里的国家级文化产业示范园区。深圳龙岗镇大芬村，在各级党委政府的引导扶持下，从一个名不见经传的小村庄一跃成为中国油画第一村，现有美术产业经营门店 700 多家，实现年产值数亿元，占领全世界 60% 的油画市场，是一个闻名遐迩的集生产、展示、交易、培训、旅游等功能于一体的国家文化产业示范基地。

（七）中国文化“走出去”初见成效，涌现出一批影响较大的出口文化品牌

近年来，在政府的引导和支持下，一批有实力的文化企业积极开拓国际文化市场，取得了可喜的成绩。目前，我国出口文化产品和服务项目不仅种类日益增多，而且培育出一批具有民族特色、自主知识产权和原创性的知名文化品牌。如上海城市舞蹈公司推出的杂技芭蕾舞剧《天鹅湖》，自 2006 年 3 月以来，先后赴俄罗斯、日本、白俄罗斯等地演出 35 场，每场演出收入平均在 26000 美元左右，创下我国舞台剧国际商业演出单场收入的最高纪录。北京天创国际演艺制作交流公司推出拥有自主知识产权的大型舞台动作剧《功夫传奇》，2005 年 8 月至 2006 年 1 月在北美演出 150 场，演出收入达 300 万美元，平均每场 2 万美元。

（八）理论研究体系初步形成，人才培养力度持续得到加强

1999 年和 2002 年，文化部分别在上海交通大学和北京大学设立了国家文化产业创新与发展研究基地，为推动我国文化产业的快速发展发挥了重要作用。为不断推动我国文化产业理论研究向纵深发展，根据文化产业发展的需要，2007 年文化部又命名了六个国家文化产业研究中心。初步形成了优势互补、各具特色的理论研究和人才培养体系。

为加大文化产业人才培养力度，2005 年文化部创建了国家文化产业人才培训基地，并在基地举办了多期文化产业高层研修班。为培育西部地区文化产业管理人才，联合西部地区举办了四期西部文化产业经营管理人才培训班。在 2005 年成功举办美国肯尼迪艺术中心中国演艺界高层管理人员培训班的基础上，2006 年又组织参加了在美国肯尼迪艺术中心举办的第二期培训班。通过不懈的努力，文化产业专门人才缺乏、从业人员素质不高的状况有所改善。

（九）政府宏观调控文化产业发展的能力不断增强，服务于产业发展的水平显著提高

为科学掌握我国文化产业发展情况，在中宣部的积极协调领导下，在文化部、国家广电总局、新闻出版总署、国家文物局、国家发展和改革委员会、财政部、国家税务总局、国家工商总局等部门的积极参与和配合下，国家统计局制定并出台了《文化及相关产业分类》和《文化及相关产业指标体系框架》两个标准文件，为完善文化产业统计制度，掌握我国文化产业发展状况奠定了坚实的基础。

为积极搭建文化产品交易、文化信息交流和文化项目合作的平台，文化部重点扶持了中国（深圳）国际文化产业博览交易会。同时，根据中央开发西部、振兴东北、中部崛起的发展战略，分别打造了中国西部文化产业博览会、中国东北文化产业博览会、中国中部文化产业博览会等几个面向国内市场的博览会，有效地解决了博览会过多过滥相互冲击而造成的资源浪费问题，形成了重点突出、布局合理、特色鲜明、实用有效的文化产业展会格局。

为加快文化管理部门职能转变，切实为市场主体服务和创造良好的发展环境，2006 年文化部启动了全国文化产业项目服务工程。服务工程的主要内容是建设国家文化产业项目资源库，在中国文化产业网站上设立政府统一对外的服务窗口。该工程的实施，将不断整合全国文化产业资源，打造一个文化产业信息交流、项目合作、产品交易的综合平台，扩大我国文化产品和服务及投融资项目的交易量，为各类资本投资文化产业提供全面、便捷、有效的服务。

党的十六大以来，文化产业作为一个新兴产业引起社会各界的高度关注。随着国家一系列鼓励发展文化产业的政策措施相继出台，各类资本发展文化产业的积极性日益高涨，大量资本和人力资源涌入文化产业领域，一个以公有制为主体、多种所有制共同发展的文化产业格局正在逐步形成。主要表现在：

1. 文化产业快速增长，在部分地区已经成为促进经济结构调整的新兴支柱产业

十六大以来，我国文化产业增长势头强劲，对国民经济发展的促进作用日益凸显。据统计，2006 年我国文化及相关产业实现增加值 5123 亿元，比

2005年增长17.1%，增长速度高出同期GDP年增长速度6.4个百分点，高出同期第三产业年增长速度6.8个百分点。2006年文化产业增加值占GDP的比重为2.45%，比2004年提高了0.3个百分点，文化产业对GDP增长的贡献率为3.41%，拉动GDP增长0.36个百分点。各地文化产业发展势头良好。如云南省2005年文化产业增加值为183.58亿元，比2002年增长1.4倍，占全省GDP的5.29%，年均增长27.52%。上海市2005年文化产业实现增加值509.23亿元，按可比价格计算，比上年增长13.2%，文化产业增加值占全市GDP的5.6%。深圳市将文化产业定位为继高新技术、金融、现代物流之后的第四大支柱产业之后，文化产业呈现出了迅猛发展的态势。2006年该市文化及相关产业的增加值为381.96亿元，比上年增长25.9%，比同年GDP增长幅度高出10.9个百分点。文化及相关产业的增加值占全市GDP的比重达6.7%，比上年提高了0.6个百分点。

现在，许多地方文化产业的增长速度远高于国民经济的整体增长速度，成为提供就业机会的国民经济重要行业、产业结构优化的主导行业和经济增长的重要支柱产业，成为满足广大人民群众多样性、多元化、多层次精神文化需求的重要渠道。

2. 催生出一批有较强实力、竞争力、影响力和自主创新能力的大型文化企业和企业集团

五年来，在政策引导和推动下，全国各地涌现出许多像中国对外文化集团公司、北京儿童艺术剧院股份有限公司、北京歌舞剧院有限责任公司等大中型国有或国有控股文化企业以及上海盛大网络发展有限公司、云南丽水金沙演艺有限公司、北京麦乐迪餐饮娱乐管理有限公司、浙江宋城集团控股有限公司等一大批民营龙头文化企业。2004年和2006年，文化部分两批命名了包括上述企业在内的78家国家文化产业示范基地。目前，这些示范基地普遍发展状况良好，在促进文化产业发展方面发挥了很好的示范带头作用，大大增强了我国文化产业的竞争力。

在不断做强做大的同时，文化企业创新能力得到明显提高。特别是中央

提出走中国特色自主创新道路、建设创新型国家的目标以来，我国文化企业的创新意识大大增强，面向市场，面向消费者，闯出一片文化创新的新天地。如中国对外文化集团公司与上海文广集团、上海杂技团共同打造的大型多媒体梦幻剧《ERA——时空之旅》坚持艺术创新，将传统表演与高科技多媒体技术相结合，融杂技、舞蹈、戏剧、音乐等综合艺术元素为一体，使传统杂技得到了脱胎换骨的改造，焕发了新的生机。到今年6月28日，《ERA——时空之旅》已21个月连续演出700场，创造了中国舞台演出史上的新纪录，不仅提前收回了3000万元投资，也使来自20多个国家和地区的、超过65万人次的观众欣赏到了这台精彩演出。

3. 非公有资本和外资进入步伐加快，文化产业多元化投资格局初步形成

近年来，我国努力为非公有资本和外资投资文化产业创造有利条件，大大调动了社会力量发展文化产业的积极性。目前，民营文化企业已成为我国发展文化产业的一支不可缺少的重要力量。从地区来看，2006年辽宁省文化产业共创造增加值50.3亿元，其中民营文化产业创造的增加值占到81%。全省民营演出团体发展迅速。2004年以前，沈阳市有民营演出团体40余家，现已发展到95家；铁岭市也在两三年时间里，涌现出12家民营文艺表演团体，年演出1300场。浙江民营剧团呈“星火燎原”之势，全省目前有民营文艺表演团体485家，从业人员1.5万余人，全年演出近20万场，观众1.9亿人次，营业额达38.8亿元。外资进入我国文化产业领域的势头也被看好。

4. 新兴文化产业发展迅猛，促进了整个产业水平的提升

现代科技突飞猛进，信息化、网络化、数字化趋势给文化产业发展带来革命性变化。我国抓住机遇，乘势而上，积极推动文化产业与高新技术的结合，以信息化、数字化带动产业化，以产业化促进信息化、数字化，大大提升了文化产业的整体水平。

目前，我国新兴文化产业方兴未艾。2006年我国网络游戏市场规模已达到65.4亿元人民币，与2005年相比，发展增速高达73.5%，中国网络游戏市场已经成为全球最具发展潜力的市场。游戏产业为相关行业带来的直接收

入达333.2亿元，是网络游戏市场规模的5.1倍。2003年以来，国产动画片产量每年翻近一番。2003年我国动画片总产量仅为1.2万分钟，2004年达到2.2万分钟，2005年增长到4.3万分钟，2006年产量超过8.1万分钟。

5. 产业集聚效应明显增强，规模化、集约化、专业化水平不断提高

近年来，我国文化产业集群化发展趋势日益明显，产业聚集效应初步显现。西安曲江文化产业投资（集团）有限公司挖掘历史文化资源，突出盛唐文化主题，打造中国最大的唐文化展示区。2003年以来，公司在曲江新区先后建成大唐芙蓉园、大雁塔景区和曲江海洋世界，而已经或将要开工的曲江池—寒窑遗址公园、大唐不夜城、法门寺景区等大型文化旅游项目，将使曲江新区成为一个包括娱乐、旅游、影视、动漫、出版、会展、广告等行业在内的文化产业集群区。深圳也产生了一批独具特色的文化产业集聚区，如华侨城集团公司从兴建中国第一个主题公园——锦绣中华微缩景区起步，相继建成了锦绣中华、中国民俗文化村、世界之窗、欢乐谷等四大主题公园，形成了一个集文化、旅游、娱乐、休闲、体育、购物于一体的，面积近6平方公里的国家级文化产业示范园区。龙岗镇大芬村在各级党委政府的引导扶持下，从一个名不见经传的小村庄一跃成为中国油画第一村，现有美术产业经营门店700多家，实现年产值数亿元，占领全世界60%的油画市场，是一个闻名遐迩的集生产、展示、交易、培训、旅游等功能于一体的国家文化产业示范基地。

6. 中国文化“走出去”初见成效，推出了一批影响较大的出口文化品牌

近年来，在政府的引导和支持下，一批有实力的文化企业积极开拓国际文化市场，取得了可喜的成绩。目前，我国出口文化产品和服务项目不仅种类日益增多，而且培育出一批具有民族特色、自主知识产权和原创性的知名文化品牌，演出收入大大提高，有些剧节目已接近或达到国际演艺产品的价格水平。如上海城市舞蹈公司推出的杂技芭蕾舞剧《天鹅湖》，自2006年3月以来，先后赴俄罗斯、日本、白俄罗斯等地演出35场，每场演出收入平均在26000美元左右，创下我国舞台剧国际商业演出单场收入的最高纪录。北

京天创国际演艺制作交流公司推出拥有自主知识产权的大型舞台动作剧《功夫传奇》，2005 年 8 月至 2006 年 1 月在北美演出 150 场，演出收入达 300 万美元，平均每场 2 万美元。

二、十六大以来我国文化产业发展的主要经验及做法

（一）党和国家以及各级党委政府高度重视是文化产业快速发展的根本原因

党的十六大突出强调了文化建设的重要性，并第一次把文化区分为文化事业和文化产业，这在文化建设理论上是一个重大的突破，是我们党在文化建设问题上思想认识的统一和飞跃。党的十六届三中全会通过的《中共中央关于完善社会主义市场经济体制若干问题的决定》，分别提出了公益性文化事业和经营性文化产业的改革任务，要求按照“创新体制、转换机制、面向市场、壮大实力”的要求，大力发展经营性文化产业，从而为文化产业的发展指明了前进的方向。党的十六届四中全会通过了《中共中央关于加强党的执政能力建设的决定》，明确把提高建设社会主义先进文化的能力，作为我党执政能力建设的一项重要任务，要求大力弘扬民族精神和时代精神，进一步深化文化体制改革，解放和发展文化生产力，不断满足人民群众日益增长的精神文化需求。2006 年 10 月，《中共中央关于构建社会主义和谐社会若干重大问题的决定》又提出，要“加快发展文化事业和文化产业，满足人民群众文化需求”。党中央的文件精神，为我们建设文化产业大国提供了坚实的理论基础，使得我国文化产业进入了一个新的发展阶段。

北京、上海、深圳等地明确提出要把文化产业作为国民经济的支柱产业来抓，并在组织领导、资金扶持、税费优惠、土地使用等方面采取了一系列政策措施。北京、江苏、云南、河南、深圳等地还设立了文化产业发展专项资金，每年安排几千万至数亿的财政资金，引导扶持文化产业发展。沈阳市设立了支持民营文艺团体演出专项资金，每年 1500 万元，用于常年在沈阳演

出的民营文艺演出团体的场租补贴。

（二）党委政府相关部门密切配合是文化产业快速发展的重要前提

推动文化产业发展是一个系统性、综合性的工作，涉及宣传、文化、经济等多个部门。十六大以来，在中宣部的积极协调领导下，文化部、广电总局、新闻出版总署等政府部门和各级党委政府相关部门通力协作，为发展文化产业做了大量工作。比如，为整合现有统计资源，充分发挥各部门文化管理的优势，2003 年 7 月，我国成立了由中共中央宣传部牵头，国家统计局、文化部、国家广电总局、新闻出版总署、国家文物局、国家发展和改革委员会、财政部、国家税务总局、国家工商总局等单位参加的“文化产业统计研究课题组”。课题组完成了《文化及相关产业分类》的研制工作，为完善文化产业统计制度，掌握我国文化产业发展状况奠定了坚实的基础。又如河南省各厅（局）出台了 22 个支持文化产业发展和文化体制改革的配套政策，在资金投入、资产处置、收入分配、劳动保障、法人登记、税收减免、人员分流、离退休人员安置等方面提供政策支持。

（三）日益完善的文化产业政策体系是文化产业快速发展的强大支撑

2003 年 9 月，文化部发布了《关于支持和促进文化产业发展的若干意见》。2004 年 10 月，文化部发布了《关于鼓励、支持和引导非公有制经济发展文化产业的意见》。2005 年 3 月，财政部、海关总署、国家税务总局下发了《关于文化体制改革试点中支持文化产业发展若干税收政策问题的通知》；4 月，国务院出台了《关于非公有资本进入文化产业的若干决定》，对非公有资本进入文化产业做了进一步的引导和规范；7 月，文化部、国家广电总局、新闻出版总署等部门联合发布了《关于文化领域引进外资的若干意见》；11 月，文化部、财政部、国税总局等部门发布了《关于鼓励发展民营文艺表演团体的意见》。2006 年 8 月，国务院出台了《国家“十一五”时期文化发展规划纲要》，其中大篇幅地强调发展文化产业。这一系列指导意见和政策措施，有力地推动了我国文化产业的快速发展。

（四）政府部门的宏观调控与公共服务能力是文化产业快速发展的必要条件

宏观调控能力的增强主要体现在对全国举办文化产业博览会的管理上。2004 年，深圳文博会的成功举办激发了各地办展会的热情，2005 年以来，许多地方纷纷向文化部申请举办文化产业博览会。文化部等部门认为，在产业发展的初期，政府适当地引导一下，打造几个平台是可以的，但是博览会最终是市场的产物，要按市场经济规律办事。特别是同类型的文化产业博览会不宜过多过滥，不能相互冲击。文化部等部门决定重点扶持中国（深圳）国际文化产业博览交易会。同时，根据中央开发西部、振兴东北、中部崛起的发展战略，分别打造了中国西部文化产业博览会、中国东北文化产业博览会、中国中部文化产业博览会等几个面向国内市场的博览会，有效地解决了博览会过多过滥相互冲击而造成的资源浪费问题。

为加快文化管理部门职能转变，切实为市场主体服务和创造良好的发展环境，2006 年文化部启动了全国文化产业项目服务工程。服务工程的主要内容是建设国家文化产业项目资源库，在中国文化产业网站上设立政府统一对外的服务窗口。该工程的实施，将整合全国文化产业资源，打造一个文化产业信息交流、项目合作、产品交易的综合平台，扩大我国文化产品和服务及投融资项目的交易量，为各类资本投资文化产业提供全面、便捷、有效的服务。

（五）不断深化的文化体制改革是文化产业快速发展的内在动力

十六大以后，我国文化体制改革步伐明显加快。党的十六大确定了我国文化体制改革的目标、任务、方针政策和具体步骤。2003 年 6 月，中央召开文化体制改革试点工作会议。2005 年 12 月，中共中央、国务院发出《关于深化文化体制改革的若干意见》，要求在试点的基础上，全面深化文化体制改革，并提出改革的中心环节和重点是推进国有经营性文化单位转企改制，培育市场主体，增强微观活力，解放和发展文化生产力。同时，对民营企业依法投资文化产业予以鼓励和支持；按照我国加入世贸组织的承诺，明确外资进入文化产业领域的范围和管理办法。五年来，随着文化体制改革的不断深入，文化市场主体的数量逐步增多、实力逐步增强，以公有制为主体、多种所有制共同发展的文化产业格局初步形成，文化产业在国民经济运行中的贡献和地位不断上升。事实证明，文化体制改革已成为推动我国文化产业迅速发展的强大动力。

（六）加强理论研究和人才培养力度是文化产业快速发展的智力支持

1999 年和 2002 年，文化部分别在上海交通大学和北京大学设立了国家文化产业创新与发展研究基地，为推动我国文化产业的快速发展发挥了重要作用。但现阶段理论研究力量不足、文化产业人才短缺依然是制约我国文化产业发展的“瓶颈”。为推动我国文化产业理论研究向纵深发展，根据文化产业发展的需要，2007 年文化部命名了六个国家文化产业研究中心，并向各国家文化产业创新与发展研究基地和国家文化产业研究中心下达了 2007 年度文化产业研究课题任务，要求就文化产业发展中的若干重大课题展开研究，为政府和企业决策提供参考。

为加大文化产业人才培养力度，2005 年文化部创建了国家文化产业人才培训基地，并在基地举办了多期文化产业高层研修班。为培育西部地区文化产业管理人才，联合西部地区举办了四期西部文化产业经营管理人才培训班。在 2005 年成功举办美国肯尼迪艺术中心中国演艺界高层管理人员培训班的基础上，2006 年又组织参加了在美国肯尼迪艺术中心举办的第二期培训班。通过不懈的努力，文化产业专门人才缺乏、从业人员素质不高的状况有所改善。

实现文化产业跨越式发展

胡锦涛总书记的十七大报告在谈到“推动社会主义文化大发展大繁荣”时对发展文化产业作了着重强调。十七大报告八次提到“文化产业”，直接涉及的文字大约240字。从中可以看到党和国家对文化产业工作越来越重视，对文化产业在文化建设乃至国民经济中重要地位和作用的认识越来越明确。

在兴起社会主义文化建设新高潮中，党和国家强调大力发展文化产业，我认为，根本性的原因有三条：

首先这是我国经济社会发展到现阶段的必然要求。改革开放29年来，我国经济持续增长。据国家统计局发布的初步数据核实，2006年我国国内生产总值为21.0871万亿元，增长速度为11.1%，折合2.65万亿美元、人均达到2075美元。根据国际经验，当一个国家人均GDP超过2000美元之后，整个社会的消费结构将发生很大的变化。人们除了解决温饱问题外，可以有更多的资金用于文化消费。据国家统计局公布，2006年我国城乡居民文化消费总量大约在5700亿元左右。而按照目前我国的GDP总量，经济学家认为2006年我国文化消费总量起码应为2万亿元左右，实际满足程度仅仅1/4多一些。同时，随着经济的发展，我国文化消费出现了许多新特点，“人民精神文化需求日趋旺盛，人们思想活动的独立性、选择性、多变性、差异性明显增强”。所以，大力发展文化产业首先是为了满足人民日益增长的多样性、多元化、多层次的精神文化需求。

其次是当前转变经济发展方式的迫切需要。改革开放以来，我国所取得的巨大经济成就举世瞩目。但是，过去我们的经济增长很大程度上是依靠“高消耗、高排放、低效益”的粗放增长方式。2006年，我国是世界上产值能耗最高的国家之一，消耗了世界钢铁总产量的30%、水泥总产量的54%、煤炭总产量的 15%，而按现行汇率测算，我国 GDP 总量仅占世界比重约 5.5%。党的十七大提出要转变经济发展方式，而文化产业恰恰是一种新的经济发展方式，是“资源消耗少，环境污染小，经济效益高”的无烟产业、朝阳产业。抓好文化产业，不仅可以满足人民的精神文化需求，丰富人们的精神世界，促进人的全面发展，而且可以优化产业结构，带动现代服务业，推动文化贸易，拉动经济增长，对于落实科学发展观、促进国民经济发展与社会和谐有着重要的作用。

最后是提高国家文化软实力的重要举措。文化产业作为文化建设的重要组成部分，其发展的好坏直接关系国家文化软实力的强弱。我国是一个文化资源大国，但与西方发达国家相比，在文化软实力方面特别是文化产业发展方面仍是一个弱国。据国家统计局公布，2004 年美国文化产业增加值占 GDP 总量的 5.83%，英国占 7.61%，加拿大占 3.8%，韩国大约 6%，而 2004 年我国文化产业增加值仅占 GDP 的 2.15%。美国一位专家评论说，“中国的软实力中文化的吸引力还相对较弱。相比较于美国的电影、音乐和其他文化产品，中国似乎没有一个突出的享誉世界的文化品牌。世界许多国家对中国的印象还很模糊并充满错觉。”所以，我们必须通过大力发展文化产业来提高国家文化软实力，逐步缩小与发达国家之间的差距。

发展文化产业应该从何抓起？我认为，一是进一步解放思想，树立创新意识。文化产业是一项全新的产业，只有创新才能实现文化产业快速发展，创新是文化产业发展的内在动力。二是坚持把社会效益放在首位，力求两个效益有机统一。发展文化产业，决不能眼睛只盯着经济利益，完全迎合市场，由市场来决定一切。文化产品的生产者和文化服务的提供者必须贯彻发展先进文化的要求，以对社会高度负责的态度，“创作更多反映人民主体地位和现实生活、群众喜闻乐见的优秀精神文化产品”。三是遵循社会主义市场经济规律。发展文化产业必须按市场经济规律办事，决不能单凭热情、凭干劲、凭良好的主观愿望，更不能搞突击，搞“大跃进”，搞形式主义。四是努力完善文化产业政策。五是实施重大文化产业项目带动战略。六是培育文化产业骨干企业和战略投资者。进一步深化文化体制改革、从推进国有经营性文化单位转企改制入手，培育一批有自主创新能力、有知名品牌、有自主知识产权的文化企业和企业集团。同时，鼓励民营企业积极参与文化产业发展。按照“加快文化产业基地和区域性特色文化产业群建设”的要求，采取各种措施，扶持鼓励国家文化产业示范基地和示范园区快速健康发展。七是推动更多中国文化产品走向国际市场。

（刊登于2007年11月29日《人民日报》）

文化走出去战略中的政府作为

近日，文化部在北京召开奖励优秀出口文化企业、优秀出口文化产品和服务项目大会，2005 年以来在国际文化市场上表现出色的 9 家文化企业和 18 个文化产品和服务项目分获 5 万元至 15 万元不等的奖励。

这是继奖励音像制品出口企业之后，文化部再次以奖励的方式鼓励文化企业出口文化产品和服务项目，也是十七大关于“推动社会主义文化大发展大繁荣”精神在文化产业领域的一次具体实践。此次奖励活动具有两个鲜明的特点：首先，奖励的对象多是商业性的演出和展览项目，这些商业项目与我国长期以来进行的由政府所主导的文化交流项目，构成了新时期我国对外文化交流的全新结构和层次；其次，获奖的企业具有代表性，在某种程度上反映了新形势下我国文化走出去骨干企业的基本面貌。由此，记者采访了文化部文化产业司司长王永章。

《文化产业周刊》：此次奖励对于推动文化走出去而言，其意义是什么？

王永章：党的十七大报告明确提出，要“加强对外文化交流，吸收各国优秀文明成果，增强中华文化国际影响力”，这是在新形势下党和政府对于中华文化走出去战略的新要求，也是关系到新时期新阶段，如何在国际上提高我国文化软实力的关键问题。

党的十六大以来，为配合国家外交战略大局，文化部门在推动中华文化走出去方面做了大量的工作，并取得积极的成效。特别值得指出的是，我国已经有部分有较强实力和竞争力的涉外文化企业在开拓国际文化市场方面取得了不错的业绩。据统计，2006 年我国核心文化产品进出口总额达 103.2 亿美元，比上年增长 23.3%，是 2001 年的 2.9 倍。这些文化企业和他们所运作的演艺、展览产品和服务项目，通过商业化的渠道和途径，扩大了中华文化在全世界范围内的影响力，丰富和拓宽了我国对外文化交流的内容和途径，与政府所主导的文化交流项目一起构成了中华文化走出去的不同结构和层次。不仅如此，这些涉外文化企业也是我国文化产业发展的中坚力量，他们在国际市场运作中所获得的经验，不仅使其自身快速成长，反过来也推动了国内文化产业的发展与成熟，加速了国内文化产业与国际文化市场的接轨。

因此，文化部决定对部分优秀出口文化企业、优秀出口文化产品和服务项目给予奖励，其目的就在于加快实施文化走出去战略，鼓励更多的中国文化企业、文化产品和服务走向世界，不断提高我国文化产品的国际竞争力，改变我国文化产品进出口不平衡的局面。今后，文化部还将继续开展类似的奖励活动，鼓励带动我国的文化企业更多地走出国门，耕耘国际市场。

《文化产业周刊》：此次奖励是如何评选出来的?

王永章：这是今年年初文化部确定的一项重点工作。今年 4 月，文化部办公厅专门下发了《关于奖励优秀出口文化企业、文化产品和服务项目的通知》，要求各省、自治区、直辖市、计划单列市文化厅局以及部直属单位推荐 2005 年以来在国际文化市场上表现出色的演出、展览类文化企业、文化产品和服务项目。截至 6 月 30 日，共有 26 个省、自治区、直辖市和部直属单位推荐了 65 个文化企业和 115 项文化产品和服务项目。评选办公室首先对上报企业和项目进行了初选，然后提交由中宣部、中国社会科学院、北京大学、中国传媒大学、中国文化报社等单位的专家、学者和文化部相关部门领导组成的专家委员会进行了评审。在认真审阅有关材料和充分讨论后，专家委员会以无记名投票的方式评出了 9 家文化企业和 18 个文化产品和服务项目，整个评审过程在中纪委驻文化部纪检组和文化部监察局的监督下进行。评审结果在《中国文化报》和中国文化产业网上公示了 10 天。此次评选以文化企业、文化产品和服务项目的出口业绩为主，同时考虑到艺术生产的特点和规律，兼顾了不同的艺术类别，并对部分中、西部地区的文化企业和产业项目给予了适当的倾斜。

《文化产业周刊》：在走出去的问题上，文化企业作为市场主体应如何与政府部门形成合力？

王永章：党的十七大报告中提出要“培育文化产业骨干企业和战略投资者，繁荣文化市场，增强国际竞争力”。这实际上是对发展文化产业的市场主体提出了新要求。在推动中华文化走出去的问题上，同样也存在着一个主体的问题，也就是培育涉外文化企业的问题。

观察国际文化市场的情况，我们可以发现，文化企业是这个市场上的竞争主体，大型的跨国文化企业和集团甚至可以主导这个市场。近几年来，我国涉外文化企业虽然已经有了一定的进步，但目前我国的涉外文化企业，一部分是由原先的文化事业单位转制而来，正处于调整适应期，企业基础较弱，经济规模较小，市场引资能力很差，还无法对文化产品进行深度开发和大规模的国际市场推销；还有一部分是近几年来随着国家政策的逐步放开新成立的民营文化企业，对外文化贸易的人才缺乏、经验不足。总体上看，我国涉外文化企业要走出国门参与激烈的国际市场竞争还需要一个培育成长过程。这中间，政府部门承担着很大的责任。

对于政府部门而言，扶持和鼓励这些优秀出口文化企业的成长，是实施文化走出去战略的关键一环。近年来，为培育涉外文化企业，文化部会同国务院有关部门先后出台了一系列的政策措施。2004 年，下发了《关于促进商业演出展览文化产品出口的通知》，制定了《国家商业演出展览文化产品出口指导目录》；2006 年，会同财政部等八个部委共同制定了由国务院办公厅转发的《关于鼓励和支持文化产品和服务出口的若干政策》；今年，会同商务部等六部委共同制定了《文化产品和服务出口指导目录》，并确定了文化出口重点企业、重点项目。包括这次对优秀出口文化企业、优秀出口文化产品和服务项目的奖励，都是为了打造一批具有国际市场竞争力的外向型骨干文化企业，培育一批实力雄厚的对外文化交流中介机构和文化经纪人，同时在文化产品的创作研发、节目编排、市场开拓、宣传推广等各个环节，给予必要的政策和资金支持。我们相信，经过几年不懈的努力，一定能够培养一批具有一定经济实力和品牌效益、在国际上具有较强竞争力的涉外文化企业和文化产品。

《文化产业周刊》：可否就十七大之后我国文化产业发展所面临的机遇和形势以及今后的工作作一下介绍呢？

王永章：党的十七大报告十分鼓舞人心。胡锦涛总书记在谈到“推动社会主义文化大发展大繁荣”时对发展文化产业做了大篇幅的表述和强调。不仅对发展文化产业的方向、重点、措施、要求做了全面阐述，而且明确提出了发展目标，即“文化产业占国民经济比重明显提高、国际竞争力显著增强，适应人民需要的文化产品更加丰富”。从中我们可以清楚地看到党和国家对文化产业工作越来越重视，对文化产业在文化建设乃至国民经济中重要地位和作用的认识更加深入。同时，使我们对新时期新阶段发展文化产业的重要意义有了更加全面、更加深刻的认识。在社会主义市场经济条件下，发展文化产业既可以满足人民的精神需求，丰富人民的文化生活，促进人的全面发展，又可以优化产业结构，拉动对外文化贸易，促进国民经济增长。党的十七大报告为我国文化产业的发展指明了方向，我作为一名文化产业战线上的文化工作者深感责任重大。

党的十六大以来，文化产业作为一个新兴产业得到各级党委政府的高度重视和社会各界的密切关注，我国文化产业已经呈现出良好的发展态势，催生出一批有较强实力、竞争力、影响力和自主创新能力的大型文化企业和企业集团，文化产业多元化投资格局初步形成，新兴文化产业迅猛发展，产业集聚效应明显增强。但是，我们必须看到，与西方发达国家相比，在文化产业发展方面我国仍是一个弱国。我们必须通过大力发展文化产业来不断增强我国文化的整体实力，提高国家文化软实力，逐步缩小与发达国家之间的差距。

当前，我们要紧紧抓住和用好重要的战略机遇期，站在时代的高起点上，以党的十七大精神为指导，探索中国特色的文化产业发展道路。进一步解放思想，转变观念，增强创新意识，推进文化产业创新，增强文化产业发展活力；坚持把社会效益放在首位，力求两个效益相统一，以社会主义核心价值体系为引领，以对社会高度负责的态度，引导创作出更多反映人民主体地位和现实生活、群众喜闻乐见的优秀精神文化产品；遵循社会主义市场经济规律和文化发展规律，增强市场意识，加强市场分析，提高市场运作能力；努力完善文化产业政策，提供产业政策支撑，营造有利于出精品、出人才、出效益的环境；实施重大文化产业项目带动战略，选准突破口，找准切入点，发展优势文化产业和特色文化产业，催生新的文化业态；培育文化产业骨干企业和战略投资者，塑造一批有自主创新能力、有知名品牌、有自主知识产权的文化企业和企业集团；加大对国家文化产业示范基地和示范园区的扶持力度，加快区域性特色文化产业群建设；采取措施，扶持鼓励更多文化企业和文化产品走向国际市场，积极打造一批出口文化品牌；建立健全政府服务体系，为文化产业健康持续发展创造良好的外部环境。

“中华民族伟大复兴必然伴随中华文化繁荣兴盛”。我们相信，在党的十七大精神指引下，经过各方面更加自觉更加主动的努力，不用很长时间，我国文化产业一定会实现跨越式发展，文化建设一定会出现大发展大繁荣的新局面，为中华民族的伟大复兴做出应有的贡献！

（2007 年 11 月 30 日接受《中国文化报》的《文化产业周刊》专栏记者专访谈话要点）

不断提高中国文化产业网的管理水平

非常感谢各位精彩的发言，经过这次座谈会，大家对中国文化产业网今后的发展和管理提出很多宝贵的建设性意见，这些意见我们会和深圳博览会公司、网站的管理人员分门别类地做一些分析。我相信，这些意见和建议经消化吸收之后，对今后中国文化产业网的功能定位、内容拓展和超越发展，将会有很大的帮助。这里，我简单讲几点：

一、文化部文化产业司是中国文化产业网的主管部门

中国文化产业网是文化产业司非典期间创办的一个网站，本来不死不活都办下去了，我们就来了点创新，与地方合办。按照温总理的要求，把不适合政府管理的事项交给社会、交给企业、交给中介机构去办。当时就这么一个指导思想，就与深圳签订了合办中国文化产业网的协议。实践证明，这个选择是对的，完全符合十七大的精神。借助深圳报业集团覆盖面广泛的传播体系和高新技术手段，中国文化产业网越办越好。

二、文化部领导对中国文化产业网非常满意，但是我们必须保持冷静的头脑

对网站的发展水平还不能估价过高，毕竟是刚刚起步，和很多实力比较强的网站相比，中国文化产业网还有很大的差距。我们要根据这次座谈会征求的建议和意见，认真加以改进，不断提高网站的质量，努力扩大覆盖面，比如有的专家提出建立市场项目评估体系的建议就非常好，再是加强对项目

的跟踪管理、动态管理，这些问题都需要很好的研究和落实。

三、网站下一步还有大量的工作要做，对信息员提出了更高的要求

办好中国文化产业网站，不仅是文化产业司的事，也不仅是深圳的事，而是大家共同的事情。网站内容的更新和项目的提供，相当一部分靠在座的各位信息员。网站报道的面要不断扩大，不一定只报道各省、市、自治区，还要扩大到省会城市、较大城市，逐步扩大到地市一级，不断拓宽信息来源，增强项目提供的多样性。希望在座的各位信息员要增强责任感。从去年开始到现在，文化产业司对各省市自治区提供的项目信息，都给予了奖励，各地之间差距很大，有的一次获得奖励四万多元，有的则一分钱没拿到。个别城市一个文化产业项目都没报，今后要加强这方面的工作。

最后一点，就是参加今天网站座谈会的还有昨天参加国家文化产业示范基地座谈会的一些企业界代表。希望你们能够利用中国文化产业网这个平台，很好地推广自己的产品，宣传企业的形象。

（2007 年 12 月 19 日中国文化产业网发稿）

实施文化走出去战略　抢占国际演出市场份额

——在中国演出走出去高峰论坛上的书面发言

在全国文化系统深入学习贯彻党的十七大精神，掀起社会主义文化建设新高潮的时候，举办这样一个高峰论坛十分必要。借此机会，我想就中国演出“走出去”问题谈一点个人的看法。

大家知道，今年11月22日，文化部专门召开一个奖励优秀出口文化企业、优秀出口文化产品和服务项目大会，对2005年以来在国际文化市场上表现出色的演艺和展览类的9个文化企业和18个文化产品和服务项目给予了奖励。尽管这次奖励政府出的钱不多，但其意义深远，表明政府实施文化“走出去”战略、对中国文化产品出口的支持，已经由政策性的扶持转变为实质性的扶持。这一举措对于鼓励我国更多的文化企业、文化产品和服务走向国际市场，提高中国文化产品竞争力，增强中华文化国际影响力将会产生深刻的影响。

近年来，党和国家对中国文化“走出去”非常关注。早在2003年，胡锦涛总书记就在全国宣传思想工作会议上强调要“大力发展涉外文化产业，积极参与国际文化竞争”。李长春同志在全国宣传思想工作会议的讲话中也指出：“要支持和鼓励我们文化产品的出口，形成一批对外文化交流中的文化品牌，不断扩大我国文化产品的国际文化市场份额，逐步改变文化产品出口严重逆差的局面。”而演艺业是中国文化“走出去”的重要内容之一，担负着不容推辞的历史性责任。

这些年文化部高度重视涉外文化产业工作，不仅把中国文化产品“走出去”作为一项长期的战略任务来抓，而且去年专门在文化产业司内设立了对外文化产业处，从组织机构上加以保证。为摸清我国文化产品和服务出口的实际状况及其问题，2006 年我司曾组织了一次较大规模的调研活动。通过调研，我们了解到，党的十六大以来，我国文化产品和服务出口虽然有了较快的发展，但文化产品进出口逆差的问题仍没有从根本上得到改变，还存在思想观念滞后、市场主体较弱、缺乏品牌产品、专门人才贫乏、政府政策缺位、统计体系不健全等诸多问题。

党的十七大提出，要“加强对外文化交流，吸收各国优秀文明成果，增强中华文化国际影响力”，增强文化产业国际竞争力。实施中国文化“走出去”战略，不仅可以促进对外文化交流，提升国家文化软实力，扩大中华文化的对外影响，而且可以优化产业结构，带动现代服务业，拉动对外文化贸易，促进国民经济增长。当前，把更多的中国文化产品特别是演艺产品推向国际市场是文化产业发展中的一项重要任务，必须着力抓好以下几点：

一、切实转变思想观念，充分认识中国文化“走出去”的重要意义

由于政府机构过去重视更多的是官方文化交流活动，因此，我国的文化部门和文化企业缺乏参与国际文化贸易的经验，思想观念普遍比较落后。为促进中国演艺“走出去”，首先要进一步解放思想，转变观念，加深认识中国文化“走出去”的战略意义。要看到，将一批具有中国民族特色和自主知识产权的演艺剧目推到国际市场上去，决不单纯是为了宣传一下中华文化，赚几个外汇，更重要的是为了增强中华文化的国际影响力，提升国家的文化软实力。随着经济全球化的不断发展，一个国家的综合国力不仅包括由经济实力、科技实力、军事实力等表现出来的“硬实力”，也包括由文化、意识形态和对外政策等表现出来的“软实力”。1992 年美国总统大选时，克林顿在一次演讲中说，苏联的解体是美国文化渗透的结果。2002 年，布什也公开讲，要用美国的观念改造世界。前不久，美国一位叫洛伦佐的专家还评论说，“中国的软实力中文化的吸引力还相对较弱。相比较于美国的电影、音乐和其他文化产品，中国似乎没有一个突出的享誉世界的文化品牌。世界许多国家

对中国的印象还很模糊并充满错觉。在这个意义上说，中国的软实力还有待加强”。所以，我们必须通过大力发展文化产业来增强我国文化的整体实力，通过实施文化“走出去”的战略来提升国家的文化软实力。

二、以战略性、前瞻性的眼光，精心研究国际文化市场发展策略

我们认为，中国文化产品和服务出口，首先应选择我国的周边地区，如日本、韩国、东南亚等地的文化市场。因为这些国家的历史文化与我国渊源较近，民众对中国艺术表演、音像制品、图书等文化产品和服务易于接受；其次要瞄准美国市场，美国文化消费群体庞大，市场化程度比较高，且与我文化贸易逆差较大，中国文化产品和服务出口可以更好地配合我对美外交工作。再次才是欧洲和其他市场。要认真研究不同国家的文化需求和市场运行规则，确定不同的市场定位和营销策略，力求创作出更多既能反映中华民族文化特色，又适应外国观众欣赏口味的高水平、高质量的演艺产品，逐步培养国外中国文化产品和服务的消费群体。

三、采取有力措施，加大对涉外市场主体的扶持力度

目前我国文化产品和服务出口企业，一部分是由原先的文化事业单位转制而来，正处于调整适应期，企业基础较弱，经济规模较小，市场引资能力较差，无法对文化产品进行深度开发和大规模的国际市场推销。还有一部分是近几年来随着国家政策的逐步放开新成立的民营文化企业，对外文化贸易人才缺乏，国际运作经验不足。总体上看，我国涉外文化企业特别是演艺企业的经济实力还比较弱，竞争力比较差，要走出国门参与激烈的国际市场竞争需要一个培育成长过程。今后，要加大对涉外市场主体的扶持力度，鼓励有实力的优秀演艺企业抢占国际文化市场份额。政府应为这些企业提供相关的金融政策服务，鼓励金融机构与它们合作，提供免息、低息贷款或出口信

用保险，允许开设经常项目外汇账户等。

四、完善产业政策，培育知名文化品牌

2006年8月，国务院下发的《国家“十一五”文化发展规划纲要》明确提出：“做大做强对外文化贸易品牌。重点扶持具有中国民族特色的文化艺术、演出展览、电影、电视剧、动画片、出版物、民族音乐舞蹈和杂技等产品和服务的出口。”目前，我国已经走到国际市场的文化产品大多处在低端市场和华人市场，能够反映中华民族文化特色、符合国际审美习惯、科技含量高和有市场前景的优秀文化品牌太少，与中国的经济地位和文化地位极不相称。品牌是文化企业重要的无形资产，也是安身立命之本，拥有了品牌，就吸引了观众，占领了市场，就能够获得经济效益和社会效益。近年来，为培育文化品牌，文化部会同国务院有关部门先后出台了一系列的政策措施。2004年，下发了《关于促进商业演出展览文化产品出口的通知》，制定了《国家商业演出展览文化产品出口指导目录》；2006年，会同财政部等八个部委共同制定了由国务院办公厅转发的《关于鼓励和支持文化产品和服务出口的若干政策》；2007年，又会同商务部等六部委制定了《文化产品和服务出口指导目录》。今年11月26日，商务部在上海召开中国服务贸易大会，与文化部、广电总局、新闻出版总署共同命名了2007—2008年度国家文化出口重点企业和重点项目，其中文化系统就有45个企业和42个项目入选。“十一五”期间，我们要努力培养一批在国际上具有较强竞争力的知名品牌文化产品。

五、健全政府服务体系，为中国演出“走出去”创造良好的外部环境

在市场经济条件下，涉外文化企业的发展主要依靠市场的调节，但政府部门的有效服务也不可缺少。政府部门和国家驻外文化机构应及时向文化企

业提供信息服务，包括国外文化市场动态、市场需求状况、相关法律法规、国际运作规则等等。要充分利用中国（深圳）国际文化产业博览交易会等文化产品交易平台，主动向海外推销我国的优秀演艺产品。明年第四届深圳文博会，我们准备集中展示今年被奖励的优秀出口文化企业和优秀出口文化产品和服务项目。此外，要组织、资助国内文化企业、专业经纪人参加美国纽约的国际演艺联盟 ISPA 演艺研讨会等在国际上有影响力的高层会议，主动到境外举办中国演艺产品交易会等。

六、加快人才培养步伐，大力扶持中介机构

文化贸易不同于商品贸易，一个从事国际文化贸易的人员，不仅要懂得国际贸易的一般规则，还需要熟悉了解海外市场，具有一定的文化造诣和对艺术品质的直接把握。目前我国对外文化贸易第一线的人员大多是原先文化单位的从业人员，知识结构单一，对国际文化贸易和市场缺乏深入了解。近几年来，为解决人才贫乏问题，文化部经常请美国、加拿大、日本等国的文化产业专家在京举办专题讲座。2005 年、2006 年连续两年，还派出两批演艺界的高层管理人员到美国肯尼迪表演艺术中心进行培训。今后，我们要通过各种途径培养一批懂文化艺术、会经营管理、熟悉国际市场运行规则的复合型人才，使他们成为从事对外文化贸易的中坚力量。除此以外，应逐步改革和重组现有对外文化交流机构，培育大型演艺中介机构，形成一批经营文化产品的跨国公司。鼓励有条件的文化企业以独资、合资或合作的方式，到境外兴办文化实体，合作进行演出。

七、推进文化创新，增强中国演艺产品的吸引力和影响力

十七大报告强调要“推进文化创新，增强文化发展活力”“在时代的高起点上推动文化内容形式、体制机制、传播手段创新，解放和发展文化生产

力”。当前推动中国演艺产品“走出去”，尤其需要发扬创新精神。上海城市舞蹈有限公司制作和广州军区战士杂技团共同创作的杂技芭蕾《天鹅湖》，去年在俄罗斯和日本演出，引起强烈反响，并创下国内艺术团体海外商演收入的最高纪录，这是创新的结果。中国对外文化集团公司与上海文广集团、上海杂技团共同打造的大型多媒体梦幻剧《ERA——时空之旅》，到今年9月，已连续演出2年、800多场，不仅收回了3000万元投资，还使来自20多个国家和地区的70多万观众观看了演出。这同样是创新的结果。因此，推动中国演艺产品“走出去”，必须把创新作为第一要务。

八、加强部门协调，完善文化产品和服务出口统计工作

统计数据是政府获得信息的重要来源，也是制定涉外文化产业政策的必要前提。今后，国家统计部门应积极协调文化、广电、出版、商务、海关等有关部门在文化及相关产业统计分类的基础上，进一步完善文化产品和服务出口统计工作，逐步建立一套比较完整的、能够比较准确反映我国文化产品特别是演艺产品出口的统计指标体系。

最后，我想借用海尔集团首席执行官张瑞敏的一段话结束今天的发言。张瑞敏去年在财富论坛上说，“尽管海尔200升以下小冰箱销售占美国35%的市场份额、海尔5公斤以下洗衣机在日本市场排到第二位，但这两个产品都是美国和日本的非主流产品。海尔想要挤进当地的大容量冰箱和洗衣机市场非常困难”。我想，连海尔这样世界著名的大企业都感到有这种压力，中国文化走出去谈何容易。因此，“走出去”不能着急，必须从长计议，稳扎稳打。张瑞敏说中国产品不仅要“走出去”，而且要“走进去”“走上去”，中国演艺产品同样需要“走出去”“走进去”“走上去”。

（2007年12月21日于北京）

加快文化产业基地和区域性特色文化产业群建设

为了深入学习和贯彻落实党的十七大精神，进一步推动我国文化产业又好又快发展，12 月 15 日，文化部文化产业司在北京召开国家文化产业示范基地座谈会。来自全国各地的 20 余家国家文化产业示范基地负责人参加了座谈。与会人士就企业目前的发展状况和面临的问题以及有关产业发展的政策和市场环境等问题进行了热烈而深入的交流和讨论，并围绕如何发挥示范基地的示范带动作用、为全面推动文化产业可持续发展创造更好的政策环境等问题，提出许多中肯的意见和建议。

文化产业司司长王永章在讲话中说，“党的十七大之后，文化部党组要求各司局在深入调查研究的基础上，提出贯彻落实十七大精神的具体举措。这次会议的主要目的是，进一步了解示范基地的发展情况，听取大家的建议和意见，站在时代的高起点上，采取更加切实可行的政策措施，推动示范基地的快速发展，从而落实党的十七大关于‘大力发展文化产业，实施重大文化产业项目带动战略，加快文化产业基地和区域性特色文化产业群建设，培育文化产业骨干企业和战略投资者，繁荣文化市场，增强国际竞争力’的战略要求”。

自 2004 年以来，文化部先后命名了两批国家文化产业示范基地，共有 78 家国有和民营文化企业以及文化体制改革中转企改制的单位获得这一称号。

对于企业而言，获得国家文化产业示范基地这块“金字招牌”使企业大大加快了发展速度。江苏省文化产业集团有限公司是首批示范基地之一，其董事长李向民说，示范基地的牌子给企业带来了无形的效益和有形的实惠，不仅赢得了上级主管单位更多的支持，也提升了社会对企业的信任度。同为第一批示范基地的深圳大芬油画村和北京麦乐迪餐饮娱乐管理有限公司介绍的数据也充分说明了这一点。深圳市龙岗区宣传部部长任晓峰说，2004年挂牌时大芬村仅有205家画廊，年销售额1.44亿美元，而目前已发展到775家，预计今年的销售收入将突破4亿美元。麦乐迪以前只有3家分店，挂牌后发展到9家分店。过去开一家分店审批往往需要几个月的时间，而挂牌后，各地政府都很支持，审批手续办起来非常顺利。

示范基地的称号在助推企业发展的同时，也给文化产业带来了越来越大的“鲶鱼效应”。从动漫业的湖南三辰、音像业的广东孔雀廊，到网游业的上海盛大；从雅昌集团的艺术指数、北京儿艺的儿童剧，到上海时空之旅文化发展有限公司的《ERA——时空之旅》；从创新传统艺术的安徽艺术五千年、河北易水砚，到演艺界的丽水金沙，各个示范基地在本行业内都发挥了巨大的示范带动作用，犹如一条红线，描摹着党的十六大以来我国文化产业快速发展的轨迹。

作为示范基地的企业深知肩上担负的重任。座谈会上，许多负责人都表达了这样的态度：示范基地对于企业来说既是荣誉，更是责任，有了这块牌子，企业的自律意识更强了。中国对外文化集团公司总经理张宇在发言中说，以点带面，有利于促进文化产业快速发展和市场主体做大做强。“示范”未必说明我们一定做得最好，但在实践中，“基地”的确为文化产业界提供了一个实验、探索、总结经验甚至汲取教训的平台。

如何进一步推进示范基地乃至文化产业的可持续发展，参与座谈会的企业反映了许多问题。其中比较集中的是企业融资难的问题。文化企业大都没有固定资产，无法抵押也就很难从银行获得贷款。河北易水砚有限公司总经理邹洪利建议政府可以通过设立创业基金、扶持基金来支持企业发展。西安曲江新区管委会副主任周冰提出，政府应设立国家文化产业发展专项资金，通过财政贴息、补息、建立风险投资基金等方式扶持文化企业加快发展。此外，不少民营文化企业代表提出，目前国家虽然为发展文化产业制定了一些优惠政策，但是一些地方根本不落实，许多企业只能是望梅止渴。

制约文化企业发展的第二大瓶颈是税收问题。有的代表认为，文化产业在我国属于新兴产业，同时也是弱势产业，发展初期需要政府“放水养鱼”，国家应在税收方面多给予优惠扶持。有的代表说，文化产业的门类很多，特别是经过近几年的发展，市场细分化程度越来越高，不同产业门类应有不同的税收标准。另外，偏高的进口税率对一些需要从国外引进先进设备或进口产品的企业来说，也是一个难题。上海盛大网络发展有限公司副总裁瞿海滨说，公司收购了韩国的一个公司，相当于盛大在海外的子公司，但从该公司引进产品仍要走一般进口产品的路子，这不利于中国文化企业的国际化。

人才短缺是影响文化产业发展的另一个关键问题。青岛市文化街的代表郑金江指出，推动文化产业发展必须要解决“人”的问题，要加强专业培训，多培养一些有文化、懂经营、会管理的复合型人才。周冰说，目前文化产业不仅缺少企业家，更缺少企业家精神。

针对上述问题，示范基地代表们建议，政府部门应根据党的十七大精神的要求，进一步完善文化产业政策，通过更加切实可行的具体措施为文化产业可持续发展创造良好的外部环境。还有的代表认为，文化产业在我国兴起的历史还不长，有必要加强对文化产业理论与实践的传播，以提高政府乃至整个社会对文化产业的认知度。同时要注意搞好调查研究，多听取文化企业的意见和呼声，提出更加科学合理的政策措施。安庆五千年工艺美术有限公司董事长朱林寿认为，最近几年文化部在命名示范基地、奖励优秀出口企业等方面，对民营企业与国有企业一视同仁，给民营企业很大的鼓舞。希望今后能够按照党的十七大关于“设立国家荣誉制度，表彰有杰出贡献的文化工作者”的要求，命名表彰一批在发展文化产业中做出突出贡献的文化企业负责人。这样不仅有助于提升市场主体的社会地位，而且有助于增强微观活力，提高文化产业的竞争力。还有的代表希望示范基地之间加强横向联系与合作，并建议尽快筹备成立中国文化产业协会或促进会。

（2007 年 12 月 27 日《中国文化报》发稿）

文化产业迎来发展机遇

党的十七大明确指出，“在时代的高起点上推动文化内容形式、体制机制、传播手段创新，解放和发展文化生产力”。这是国家文化发展战略的核心，也是提高我国文化软实力的关键。我国文化产业只有不断创新，才能增强文化发展活力。

蓬勃发展的文化产业为文化创新创造了前所未有的历史机遇。文化产业在我国是一个新事物，如果人们囿于旧的思维方式和传统观念，不可能走出一条中国特色的文化产业发展道路。同时，文化产业本身是内容产业，其核心和源头就是创新，离开创新谈发展文化产业就是一句空话。因此，创新是文化产业的灵魂，是文化产业发展繁荣的动力源泉。

我们需要把文化创新作为兴起社会主义文化建设新高潮的战略重点来抓。随着人们精神文化需求的日益旺盛，原有的艺术内容和表现形式已满足不了群众的文化需求；伴随着我国国际地位的不断提高，世界各地对中国文化的迷恋持续升温，以前在国外市场上经常露脸的杂技、武术等传统艺术形式，如不创新则难以赢得外国观众。我们需适应国内国外的文化需求，对文化的内容和形式大胆创新，增强中国文化的吸引力与国际影响力。

深入进行的文化制改革是文化创新的伟大实践。如果把我国文化产业比作一艘即将起航的远洋巨轮，那么文化体制改革就是这艘远洋巨轮的强大助推器，而这个强大助推器的原驱动力就是创新。经过短短几年的改革创新，我国文化体制发生了深刻变化。整个文化建设迸发出了勃勃生机。特别是一批通过改革体制、创新机制转制为企业的文化单位，精神面貌焕然一新，成为我国发展文化产业的龙头骨干企业。实践证明，创新就有出路，创新就有发展，创新是完成文化体制改革历史性任务、推动社会主义文化大发展大繁荣的根本途径。

政府职能部门思想观念、管理手段和服务方式的创新是文化产业持续发展的重要保证。2004 年文化部《关于鼓励、支持和引导非公有经济发展文化产业的意见》和 2005 年国务院《关于非公有资本进入文化产业的若干决定》的相继下发，使市场主体结构发生了重大变化，形成以国有文化企业为主体、多种所有制共同参与发展的文化产业格局。

去年 12 月 16 日，文化部利用政府手段，整合全国文化资源，在中国文化产业网站上，建设了一个国家文化产品、服务项目、投融资项目交易的平台。一年来，网站累计访问量达 1700 多万次，独立 IP 覆盖国内各省、自治区、直辖市和中国的香港、澳门、台湾地区，以及亚洲、欧洲、北美洲等 135 个国家和地区，已经成为一个面向社会、反应灵敏、实用便捷、高度可信的政府统一对外窗口，为各类资本投资文化产业提供了有效服务，这些都是政府职能部门工作创新的结果。

（刊登于 2007 年 12 月 29 日《人民日报》）

我国文化产业研究趋向集成化

为全面贯彻落实党的十七大精神，顺应文化产业发展要求，进一步推进理论创新，2 月 29 日，文化部文化产业司在山东省曲阜市召开国家文化产业研究机构工作会议。来自上海交通大学和北京大学两家国家文化产业创新与发展研究基地和清华大学、南京大学等 8 家国家文化产业研究中心的负责人和专家学者与会。会上，文化部文化产业司司长王永章首先传达了前不久召开的全国文化厅局长会议精神，通报了 2008 年文化产业司工作要点，总结了 2007 年国家文化产业课题研究情况。与会代表还就 2008 年文化产业课题研究进行了认真讨论。

党的十六大以来，在国家文化产业政策的积极引导和文化体制改革的有力推动下，我国的文化产业从探索、起步、培育的初级阶段，开始步入快速发展的新时期。与此相呼应，我国文化产业理论研究工作也取得积极成效，诸如社会科学院的年度文化产业蓝皮书以及部分省份和高等院校编撰的文化产业发展报告等。其中，由文化产业司主持、上述文化研究机构编撰的《国家文化产业课题研究报告》，为文化产业应用研究提供了一份很好的范本。

1999 年和 2002 年，文化部分别与上海交通大学、北京大学共同组建了国家文化产业创新与发展研究基地。2006 年，又与清华大学、华中师范大学、南京航空航天大学、中国海洋大学、云南大学、南京大学共建了国家文化产业研究中心，还与中国传媒大学、深圳特区文化研究中心组建了国家对外文化贸易研究基地。目前，这些文化产业研究机构已成为我国文化产业理论研究的一支重要力量。这支研究队伍的建立，改变了以往文化产业研究个体化、分散化的研究状况，形成了跨学科、团队化、集成化的研究模式，并根据各校的学术资源优势形成了各自的研究特色。研究基地和研究中心自成立以来，在文化部文化产业司和所在院校领导的共同指导下，不断加强自身建设，集聚了一大批具有较高学术造诣的专家学者，在文化产业理论研究、人才培养、学术交流、服务地方等方面做了大量有益的工作，为推动我国文化产业快速发展发挥了重要作用。

比如云南大学国家文化产业研究中心就根据云南文化产业发展的重点门类和理论研究的需要，成立了广播影视产业、新闻出版产业、休闲娱乐产业、民族民间工艺品产业、演出演艺产业、乡村文化产业等 10 个研究室，聘请了省内 10 位相关学科专家为研究室首席专家，以中心专职研究人员为核心，整合省内外相关专家、学者组成开放式的研究团队，搭建了创新型、交流式研究平台。

华中师范大学国家文化产业研究中心共承担文化部项目、国家艺术类基金项目以及各级政府委托项目 13 项。其中策划并组织实施的财政部、文化部重大委托项目《我国网络游戏和青少年发展调查》，整合了 8 个学科 7 个院系的研究力量，组成了近百人的队伍，深入全国 10 多个省区的市县乡的学校、网吧和文化管理部门调研，共发放问卷近 11 万份，采访学生、教师、干部、业主等九类人员，完成了 14 份调研报告和对策建议报告，为财政部和文化部制定相关政策提供了重要依据。目前该中心初步形成了文化体制改革研究、农村和农民文化研究等 6 个方面的特色研究。同时采取开放、流动、专兼职结合、责权利打包等管理运行模式。

南京航空航天大学国家文化产业研究中心与国家文化产业示范基地——江苏省文化产业集团紧密合作，走出一条产学研一体化的特色道路。中国海洋大学国家文化产业研究中心与韩国成均馆大学等知名高校建立了密切的合作关系，从而为以日韩为主的国际化文化产业研究方向奠定了基础。该中心将在 2008 年 5 月至 6 月间与韩国木浦大学国家文化产业研究中心合作举办国际大学生创意大赛活动。

上海交通大学国家文化产业创新与发展研究基地主办并出版的《中国文化产业评论》，实现了由年刊向半年刊的顺利发展。根据中文社会科学引文索引指导委员会第七次会议遴选并报教育部批准，《中国文化产业评论》被确定为2008年至2009年中文社会科学引文索引（CSSCI）集刊，这也是我国入选CSSCI源期刊的唯一的文化产业研究领域的专业学术刊物。

（2008年3月7日《中国文化报》发稿）

加强中英交流与合作　共促文化产业繁荣与发展

——在中英创意文化交流大会上的发言

女士们，先生们，朋友们：

今天，有幸与我的同事们一起参加本届中英文化产业论坛，与在座的各位专家、学者及业内人士一起，共商文化产业发展大计，共同探讨文化产业的交流与合作，我感到非常高兴。首先，我代表我的同事对论坛组织者的诚挚邀请与热情接待表示衷心的感谢！

借此机会，我想简要介绍一下我国文化产业的现状及其创新趋势。为了便于各位深入了解中国文化产业的情况，我先说明一下，中国的文化产业与贵国所倡导的创意产业，既有共通之处，又有些微区别。贵国的创意产业定义为：源自于个人的创造力、技巧和智慧，通过对知识产权的开发，可创造社会财富和提供就业机会的活动，其范围包括广告等 13 个门类。而中国的文化产业则界定为“为社会公众提供文化、娱乐产品和服务的活动，以及与这些活动有关联的活动的集合”，其中既包括“提供文化产品、文化传播服务和文化休闲娱乐的活动”又包括“与文化产品、文化传播服务、文化休闲娱乐活动有直接关联的用品、设备的生产和销售活动以及相关文化产品的生产和销售活动”。2006 年我国下发的《国家“十一五”时期文化发展规划纲要》进一步明确将影视制作业、出版业、发行业、印刷复制业、广告业、演艺业、娱乐业、文化会展业、数字内容和动漫产业等九大行业作为重点发展的文化产业。

在推动文化产业发展的过程中，我国政府十分注重创新。首先创新是一个民族进步的灵魂，是一个国家兴旺发达的不竭动力；其次文化产业本质上是内容产业，其源头与核心离不开创新；再是文化产业在中国是近几年刚刚兴起的一个新产业，需要我们以创新的思维、创新的方法来推动文化产业发展，研究解决发展中的问题，探索走出一条符合中国实际的文化产业发展道路。回顾一下这些年，我们主要从以下几个方面进行了创新：

一、产业政策创新

为体现政府对文化产业的重点扶持，自2001年以来，中国文化部和相关部门积极创新，先后出台了10多个有关文化产业发展的政策文件。2001年10月，文化部下发了《文化产业“十五”计划纲要》。2003年9月，下发了《文化部关于支持和促进文化产业发展的若干意见》。2004年10月，制定下发了《文化部关于鼓励、支持和引导非公有经济发展文化产业的意见》。2005年4月，国务院下发了《关于非公有资本进入文化产业的若干决定》。2005年7月，文化部、国家广电局、新闻出版总署、国家发改委、商务部共同下发了《关于文化领域引进外资的若干意见》。2005年11月，文化部、财政部、人事部、国税总局又联合下发了《关于鼓励发展民营文艺表演团体的意见》。2006年8月，国务院下发了《国家“十一五”时期文化发展规划纲要》。2007年4月，文化部、商务部等六部门出台了《文化产品和服务出口指导目录》，并公布了《2007—2008年度国家文化出口重点企业和文化出口重点项目》。

特别值得一提的有两个创新性文件：一是2005年4月，国务院《关于非公有资本进入文化产业的若干决定》的下发，使非公有资本进入文化产业领域的步伐大大加快，目前，民营文化企业已成为我国发展文化产业一支不可缺少的重要力量。据不完全统计，2006年，我国文化系统所管理的民营文化企业约29万个，从业人员320万人，分别是国有文化企业的5倍和5.5倍，民营文化企业所创造的文化产业增加值也大大超过国有文化企业。2007年全国共有国办艺术院团2850个，而民营文艺表演团体已超过7000家，初步形成以公有制为主体、多种所有制共同发展文化产业的格局。二是2005年7月，文化部、国家广电局、新闻出版总署、国家发改委、商务部共同下发的《关于文化领域引进外资的若干意见》，是产业政策上的重大突破。该文件允许外商以独资或合资、合作的方式设立包装装潢印刷、书报刊分销、可录类光盘生产、艺术品经营等企业；在中方控股51%以上或中方占有主导地位的条件下，允许外商以合资、合作的方式设立出版物印刷和只读类光盘复制等企业；在不损害中国审查音像制品内容的权利的情况下，允许外商以合作且中方占有主导地位的方式设立除电影之外的音像制品分销企业；在中方控股51%以上或中方占有主导地位的条件下，允许外商以合资、合作的方式设立和经营演出场所、电影院、演出经纪机构、电影技术等企业，参与国有书报刊音像制品发行企业股份制改造。这一系列举措，使外资进入我国文化产业领域的步伐不断加快。

二、文化体制创新

与改革开放之后迅速发展的国民经济相比，我国文化产业曾一度处于相对滞后的境况：应该由政府主导的公益性文化事业长期投入不足，应该由市场主导的经营性文化产业长期依赖政府。一些掌握大量国有文化资源的文化单位，长期游离于社会主义市场经济体制之外，缺乏活力和竞争力。为此，近几年来我国深入地进行了文化体制改革。经过短短几年的改革创新，现在中国文化体制发生了深刻变化，催生了一批有较强实力、竞争力、影响力和自主创新能力的大型文化企业和企业集团，形成一批知名文化品牌。整个文化建设迸发出勃勃生机。特别是一批通过体制改革、创新机制转化为企业的文化单位，精神面貌焕然一新，成为我国发展文化产业的骨干企业和生力军。如果把中国文化产业比作一艘即将启航的远洋巨轮，那么文化体制改革就是这艘远洋巨轮的强大助推器，而这个强大助推器的原驱动力就是创新。

三、文化内容创新

改革开放近30年来，我国经济持续增长。据国家统计局初步核算，2007年我国国内生产总值为246619亿元，增长速度为11.4%，折合美元约3.42万亿，人均达到2600多美元。随着人民生活水平的不断提高，我国恩格尔系数逐年降低。2006年，城镇居民家庭和农村居民家庭的恩格尔系数，由改革开放前的57.5%和67.7%，降到35.8%和43%，已分别达到富裕和小康水平。人们解决了温饱问题，有更多的资金用于文化娱乐消费，而我国原有的艺术内容和表现形式已远远满足不了人民群众对精神文化的迫切需要。同时，随着世界各国对我国经济快速发展的密切关注，对中国文化的兴趣也日益浓厚。我国原先经常在国外演出市场上出现的杂技、武术等传统艺术形式和表演手法，如不大胆创新也难以赢得市场。因此，我们要求借鉴世界文明的优秀成果，大力推进文化创新，努力创作具有中国特色、中国风格、中国气派、深受群众喜爱的文化产品，先后推出一批具有民族特色的文学、戏剧、音乐、美术、书法、摄影、舞蹈、杂技、广播、影视、动漫等文化艺术精品。如中国对外文化集团公司与上海杂技团等创新打造的多媒体梦幻剧《ERA——时空之旅》，就聘请了国外创作团队，挖掘中国杂技特有的艺术元素，利用声、光、电、多媒体等高科技手段，创作出一台精彩的演出剧目。该剧从2005年9月27日开始在上海定点演出，截至今年1月15日，连续演出916场，观众近90万人次，票房收入过亿元。

四、公共管理与服务创新

我们认为，政府职能部门管理方式和服务手段的创新是文化产业可持续发展的重要保证。文化部从加强行业管理的角度，在政府服务方面进行了一系列创新：一是适应产业发展需要，文化部与广电总局、新闻出版总署等部门共同举办了中国（深圳）国际文化产业博览交易会、中国西部文化产业博览交易会、中国中部文化产业博览会、中国东北文化产业博览交易会等四个国家级展会。自2004年以来，上述展会共举办了九届。据统计，累计参展企业大约有8500多家，现场交易6.5亿元，合同签约和意向签约3500多个，签约金额大约1800多亿。目前，这些展会已成为我国文化产业信息交流、产品交易和项目合作的重要平台。今年第四届中国（深圳）国际文化产业博览交易会将于5月16日至19日举办，我们热忱欢迎英国文化产业界的专家和企业家前来参会观摩。二是利用现代网络，建设网上文化产业交易平台。2006年12月，文化部利用政府手段，整合全国资源，在中国文化产业网上，设立了一个国家文化产品、服务项目和投融资项目交易窗口，为各类社会资本投资文化产业提供全面、便捷、有效的服务。三是积极鼓励创新。2007年，文化部与商务部等部门联合在全国评出10个中国文化产业创新奖，激励文化企业和增强个人创新意识，创造更多具有自主知识产权的知名文化品牌。四是大力培育文化产业骨干企业和战略投资者，加快文化产业基地和区域性特色文化产业群建设。2004年和2006年，文化部先后两批命名了78家国家文化产业示范基地和两个国家级文化产业示范园区。这些基地和园区在促进我国文化产业快速发展方面发挥了很好的示范、辐射和带头作用。

五、技术手段创新

截至2007年底，我国已拥有广播电视播出机构2578家，同时还有150万个网站、2.1亿户互联网网民，已成为仅次于美国的世界第二大网络市场。根据国民文化消费方式的转变，我国政府把运用高新技术创新文化生活方式，培育新的文化业态作为文化产业发展的重点来抓。2006年4月，财政部、文化部等10部门还专门下发了《关于推进动漫产业发展的若干意见》。在政府政策的扶持下，近年来，中国动漫、网络游戏等新兴文化产业发展迅猛。2003年，我国国产动画片总产量仅为1.2万分钟，2004年生产了2.18万分钟，2005 年生产了 4. 27 万分钟，2006 年达到 8. 4 万分钟，四年间，几乎每年产量翻一番。2007 年，又生产电视动画片 186 部，总产量突破 10 万分钟。另外，截至 2007 年底，中国民族原创网络游戏已占据 65% 的市场份额；原创网络游戏出口已达到 28 款，累计创汇 5500 万美元；2007 年底，中国网络游戏市场规模达到 105 亿元人民币。

六、理论研究创新

为加强对文化产业的理论指导，文化部先后与北京大学、清华大学、上海交通大学等 10 所高等院校共同组建了 10 个国家文化产业研究中心。每年下达年度理论课题研究任务，组织文化产业基础理论和重大课题研究；编撰出版了《中国文化产业蓝皮书》《中国文化产业年度发展报告》等书籍；举办了培养各类文化产业专门人才的培训班；为政府和企业提供了政策咨询和信息服务。今年 1 月，我们刚刚编辑出版了《国家文化产业课题研究报告》，该书既有《构建和谐世界与中国文化产业发展战略》《当前我国文化产业的金融环境基础建设问题与政策建议》等宏观思考，又有《长江三角洲地区区域文化市场一体化过程中市场分割与非经济壁垒》《云南民族文化生态与文化产业发展》《中国会展文化研究》《我国东部沿海城市与中西部城市文化产业发展模式比较》《中国城市文化竞争力及其评价指标》《中国文化产品出口结构分析》等微观实证性研究，为全国文化产业发展提供了强有力的智力支持。

通过坚持不懈的创新，近年来我国文化产业取得了长足的发展，已经从探索、起步、培育的初级阶段，开始步入快速发展的新时期。据国家统计局公布，2006 年我国文化及相关产业实现增加值 5123 亿元，比 2005 年增长 17. 1%，文化产业增加值占 GDP 的比重提高到 2. 45%；文化产业从业人员达 1132 万人，人均创造增加值 4. 52 万元。文化产业在繁荣社会文化、满足人民精神文化需求、优化产业结构、创造就业机会、拉动对外文化贸易、促进国民经济增长等方面的重要作用日益凸现。

面对当前迅猛发展的经济全球化和区域化合作潮流，我们希望借鉴和汲取英国等发达国家发展创意产业的经验，加强与世界各国在文化产业领域的交流与合作。2005 年，我部专门设立了对外文化产业机构，具体负责这方面的业务。近年来，我们与多国文化机构建立了密切的合作关系。自 2002 年以来，我们与日韩政府合作，已成功举办了六届中日韩文化产业论坛，今年第七届将于下半年在我国大连市举办。我们还与东盟 10 国合作在广西壮族自治区南宁市连续举办了两届中国—东盟文化产业论坛。

英国是世界创意产业的倡导者，拥有众多知名创意品牌产品和企业，在实践中积累了很多宝贵的经验。目前，我国在推进文化产业发展的过程中，个别地方也借鉴了贵国许多发展创意产业经验和做法。今后为共同促进世界文化创意产业的发展，我们愿与英国的同行们在文化产业信息共享、专业人才培训、产业项目合作等方面，进行更加深入、更为广泛的交流与合作。我们期盼着两国文化创意产业的明天更加美好，前景更加辉煌！

谢谢大家！

（2008 年 3 月 12 日于英国伦敦）

鼓励有条件的文化企业上市融资

文化部文化产业司司长王永章日前在全国文化产业处长会议上指出，今年文化部将协调有关部门尽快出台《文化产业投资指导目录》；参与协调有关金融机构，完善文化企业投融资机制，建立无形资产质押贷款、信用担保和资信评估体系；鼓励有条件的文化企业上市融资，拓宽文化企业投融资渠道；继续推动《文化产业促进法》的立法研究工作。

他表示，今年要进一步完善文化产业政策，为文化产业快速发展创造良好的政策环境。这是今年文化产业司的一项重点工作。当前，我国文化产业发展到现阶段所面临的一个很大的“瓶颈”就是企业融资问题。因为目前文化部所管理的文化企业普遍规模较小，注册资本低于50万元的占绝大多数，而且大都没有固定资产可以抵押，金融机构一般不愿意为文化企业提供贷款；截至2007年年底，全国文化企业在A股上市的仅有11家，在香港H股上市的才两家，这使得文化企业进一步提升发展遇到很大的困难。不过，今年这种状况有望得到很大改变。在中宣部的积极协调下，政府职能部门正在与国家有关经济部门与金融机构接触，制定相关的投融资政策，以扶持文化产业快速发展。

此外，今年文化部的工作重点还包括加快培育文化产业骨干企业和战略投资者，促进文化产业基地和区域性特色文化产业群建设。加大对国家文化产业示范基地和示范园区的扶持力度，计划命名第三批国家文化产业示范基地和第二批国家级文化产业示范园区。采取有力措施，培育一批实力雄厚、具有较强竞争力和影响力的大型文化企业和企业集团，做强做大市场主体，发挥文化产业园区的积聚效应，促使文化产业又好又快发展。完善文化产业交易平台，推动产权交易市场和资本运作市场建设。

（2008年3月18日《中国证券报》发稿）

文博会：文化产业快速发展的重要引擎

5 月19 日，由文化部、商务部、国家广电总局、新闻出版总署、广东省人民政府和深圳市人民政府共同主办，历时四天的第四届中国（深圳）文化产业博览交易会拉下帷幕。本届文博会有超过历届的1687 家机构和企业参展、观众268. 79 万、境外专业观众5. 36 万、合同总成交702. 32 亿元、销售金额30. 38 亿元、拍卖金额0. 08 亿元的丰硕成果，画上了一个圆满的句号。

近年来，在党和国家的高度重视下，在政府产业政策的积极引导和文化体制改革的有力推动下，我国文化产业由探索、起步、培育发展的初级阶段，开始步入快速发展的新时期。中国（深圳）国际文化产业博览交易会、中国西部文化产业博览交易会等文化展会，为推动我国文化产业快速发展发挥了重要的引擎作用。据不完全统计，自2004 年以来，我国所举办的几个国家级文化产业博览会，已先后举办了10 届，累计参展企业约10180 多家，现场交易36. 88 亿元，签订合同和意向合同金额大约2500 多亿。但是，在充分肯定成绩的同时，也必须清醒地看到，我国文博会还处于探索起步的初级阶段，与其他历史悠久、相对成熟的行业博览会相比，文化产业博览会还存在市场机制不完善、专业化程度不高等问题，今后需要不断地总结经验，逐步地加以提高。

一、要加强宏观调控，构建合理有效的文博会格局

在文化产业发展的初期，政府部门出面适当引导一下，扶持几个会展平台是可以的。但从长远看，文博会归根到底是市场的产物，必须按市场经济规律办事。从2005 年开始，文化部与相关部门积极协调，对文博会的总量加

以控制，统筹规划文博会结构布局。今后，各级政府要善于用别人的“戏台”唱自己的“戏”，主动协调组织本地的文化企业参加深圳文博会等展会，大力推介具有地方特色的文化产品和投融资项目，没有必要花费更多的人力、财力举办新的展会，造成不必要的浪费。

二、要调整政府定位，提高文博会的市场化运作水平

在我国，由于市场经济体制还不够完善，“政府搭台，企业唱戏”一直是会展业的主要模式。深圳文博会市场化运作的经验值得其他博览会借鉴。办文博会固然离不开政府的支持，但政府绝不能大包大揽。政府越俎代庖，或过于依赖政府，不仅不利于文博会做大做强，相反在很大程度上影响了文博会的健康发展。只有牢牢地植根于市场经济这片丰沃土壤，文博会才能够根深叶茂，在激烈的市场竞争中，成长为富有生命力和影响力的品牌文化展会。

三、要壮大市场主体，培育具有国际竞争力的文化会展企业

我国文化会展业刚刚起步，会展企业普遍“小、弱、散”，是制约会展业发展的因素之一。因此，加快培育文化会展企业，扶持培育一批具有较强实力和国际竞争力的会展企业，是保证文博会健康持续发展的重要环节。政府要按照市场经济规律的要求和政企分开的原则，在发展战略、规划布局、政策法规等方面多做工作，为文博会的发展创造良好的外部环境，为文化会展企业的成长搞好服务，让文化会展企业真正成为文博会的主角。同时，要鼓励有条件的文化会展企业通过兼并、收购、加盟等方式，壮大自身实力，提高专业化、规模化、规范化和国际化办展水平，不断增强我国文化会展业的整体实力。

四、要抓住关键环节，切实提高文博会的质量和效益

文博会是否成功，最终要由文化产品的交易额与产业项目的签约量来决定。办好文博会必须从招商招展抓起，把全国拥有优秀民族文化产品的品牌企业广泛吸引进来，把各地具有良好发展前景和市场优势的投融资项目尽可能多地招到展会。既要不断提高参展商的质量和专业观众的比重，积极促进参展商与采购商、投资商的有效对接，努力扩大交易量，增强文博会的实际效果，又要善于总结经验，注意积累，探索与建立文博会绩效评估体系，力争使文博会一届比一届完善，一届比一届成效显著。

我们相信，在党的十七大精神指引下，经过各部门、各地方的共同努力，我国以深圳文博会为代表的文化展会将会越办越好，越办越红火，一定会办出特色，办出水平，办出质量和效益，为促进文化产业快速发展、推动社会主义文化大发展大繁荣、掀起文化建设新高潮做出应有的贡献！

（作者撰写的评论员文章，刊登于2008年5月27日《中国文化报》）

如何将文化资源转化为产业资源

党的十七大把发展文化产业提到前所未有的重要位置。之后许多省提出由文化资源大省向文化强省跨越的奋斗目标。笔者认为，实现由文化资源大省向文化强省跨越的关键是将文化资源转化为产业资源，逐步提高文化产业在国民经济中的比重。本文结合个人的职能工作，谈谈如何将文化资源转化为产业资源的问题。

我国有着悠久的历史传统和深厚的文化积淀，各类文化资源极其丰富，数不胜数。其他的不说，据记载，中国仅戏曲就有 275 种，影响最大的有京剧、越剧、沪剧、豫剧等 10 多种。我国还拥有 35 项世界遗产，其中文化遗产 24 处、自然遗产 6 处、文化和自然双遗产 5 处，位居世界第三。这些都是发展文化产业的得天独厚的重要条件。如同工业发展离不开矿产资源一样，发展文化产业同样离不开文化资源。对文化资源来说，谁占有它并不重要，重要的是谁率先将其开发成文化产品和服务，谁才真正拥有了它，掌握了它的主动权。因此，要使文化资源转化为产业资源，第一位的任务是大力提高文化资源的“挖掘、开采、利用、再生”能力。

一、要使文化资源转化为产业资源，政府必须制订一个好的发展规划

规划决定方向，规划决定发展，规划决定效益。从某种意义上说，千资源，万资源，规划是最重要的资源。规划搞好了，可以使文化资源得到充分利用，发挥最大效益；反之，规划搞不好，则容易造成文化资源浪费，甚至破坏文化资源。

我国是一个幅员辽阔的多民族国家，各个地区有着不尽相同的文化资源，

不同民族有着独具特色、绚丽多彩的民族文化。制订规划必须充分考虑地区之间的文化差异性和经济不平衡性。既深入挖掘本地文化资源的文化内涵，充分展现和继承中华民族文化的优秀传统，又从实际出发，寻找探索最适合本地特点的文化资源开发模式，因地制宜地发展有地方特色的文化产业，真正做到人无你有、人有你优、人优你特，切忌人云亦云、盲目跟风。同时，在制定规划的基础上，要选准突破口，找准切入点，善于把深厚的文化资源做成具体的产业项目，实施重大文化产业项目带动战略。

二、自觉吸收各国优秀文明成果，推动思想观念、文化内容、表现形式和艺术手法创新

当前，蓬勃发展的文化产业为文化创新创造了前所未有的历史机遇。创新是文化产业的灵魂，是文化产业发展的动力源泉。毫无疑问，创新也是充分挖掘利用文化资源、实现文化产业快速发展的必由之路。如中国的杂技，新中国成立以来一直是活跃在国内外演出市场上的主要艺术门类。可是，部分院团由于缺乏创新意识，服饰、音乐、舞美、灯光几十年“一贯制”，致使杂技的艺术生命有所衰退，对观众的吸引力逐渐减弱。2005 年，中国对外文化集团公司与上海文广新闻传媒集团、上海杂技团共同投资 3000 多万元，聘请了国外创作团队，深入挖掘中国杂技特有的艺术元素，利用声、光、电、多媒体等高科技手段，融合音乐、舞蹈、武术等艺术形式，以“中国元素、国际制作；中国故事，国际表述”的理念，创新打造出多媒体梦幻剧《ERA——时空之旅》。该剧从 2005 年 9 月 27 日开始定点演出，截至 2008 年 1 月 15 日，连续演出 916 场，中外观众近 90 万，票房收入过亿元。

再如近年来活跃在国内外艺术舞台上的、由上海城市舞蹈有限公司制作、广州军区战士杂技团（对外称“中国广东杂技团”）演出的杂技芭蕾《天鹅湖》，也是一个很好的例证。被国外媒体称赞为“神奇精彩”“不可思议”。这些都是艺术表现形式和手法创新的结果。

三、先进的技术手段和表现技巧激活文化资源的释放力、创造力

当今世界，科技发展迅速，文化传播手段日益多样，对社会生活产生了极为深刻的影响。先进的技术手段和表现技巧可以激活文化资源的释放力、创造力，增强文化产品和服务的表现力、吸引力，创造新的文化样式，催生新的文化业态，使当代中华文化更加多姿多彩，突出地方性、保持民族性、体现时代性。

目前，与高新技术联系比较密切的有网络游戏产业。据有关方面公布，2007 年年底，中国互联网网民达到 2.1 亿，成为仅次于美国（2.15 亿）的世界第二大网络市场。预计今年将达到 2.44 亿。由于注重自主研发，民族原创网络游戏已成为中国游戏市场的主导力量。另外，近几年来，在国家的高度重视下，我国动漫产业发展迅猛，年产量几乎每年翻一番。但是，我们不得不承认，在国际国内市场上产生较大影响的优秀动漫作品还不多。这固然有我国动漫产业起步较晚等客观原因，也与我们自己的动漫脚本故事创作能力较差、科技手段运用技术落后不无关系。由此可见，仅仅拥有丰富的文化资源是不够的，还必须学习借鉴发达国家的创作经验和技术制作水平，大力提高自身的动漫原创能力。

四、发展文化产业，人才是关键

在所有外部条件如人才、资金、土地、市场、政策等方面，人才是第一位的。因为文化资源是文化产业的生产对象，是“死”的因素，而人是文化生产过程中最活跃、最重要的因素。况且，文化产业本身是内容产业，其核心和源头就是创造、创新和创意，而这一切都离不开人，离不开人的智慧、智力和技巧。所以，开发利用文化资源，必须实施人才兴文战略，多发现培养一些具有开阔视野、富有创意和创新能力的人才，逐步建立一支讲政治、

有文化、懂经济、会管理的文化产业人才队伍。

党的十六大以来，文化部命名的十多个国家文化产业研究基地、研究中心和培训基地，在人才培养方面发挥了重要作用。现在，教育部所属的19所院校开办了面向社会招生的文化产业专业，还有60多所大学有文化产业研究机构或公共文化管理的学科。通过各方面不懈努力，我国文化产业专门人才缺乏、从业人员资源开发能力不足的状况已经有了很大改观。

五、既要发挥市场机制的作用，又要贯彻科学发展观，实现可持续发展

文化资源与其他资源最大的区别是，其以精神内涵为主要存在方式，可以多次开发和重复利用。因此，在任何时候、任何情况下，都要正确处理开发利用文化资源与保护文化生态环境的关系，万万不可急功近利，对文化资源搞掠夺式开发和过度开发。因为我国发展文化产业的最终目的，是为了满足人们的精神文化生活，促进人的全面发展，使社会文化生活更加丰富多彩，使人民精神风貌更加昂扬向上。所以，每个文化企业都要增强社会责任感，把社会效益放在首位，同时追求经济效益与社会效益的最佳结合。生产的文化产品和服务必须体现社会主义核心价值观的要求，贴近实际、贴近生活、贴近群众，能够反映人民的主体地位和现实生活，增强社会主义意识形态的吸引力和凝聚力。最后还要强调的一点是，在文化资源转化的过程中，要善于把产品优势打造成品牌优势，着力打造既具民族文化特色、深刻文化内涵，又有市场影响力和国际竞争力的知名文化品牌，文化品牌是文化产业持续发展的不竭动力。

（刊登于2008年5月《人民论坛》第9期）

文化产业：中国文化大发展大繁荣的必然选择

当今世界，文化产业作为一个新兴产业在全球范围内迅速崛起。随着我国经济的快速发展，在国家产业政策的积极引导和文化体制改革的有力推动下，中国文化产业这辆高速列车也已驶过探索、起步、培育发展的初级阶段，开始进入提速发展的快车道。据国家统计局公布，2006 年我国文化产业实现增加值由2004 年的3440 亿元提高到5123 亿，连续两年全国文化产业增加值的同比增长速度在两位数以上，大大高于同期经济增长速度。文化产业对国民经济增长的贡献不断上升。许多省、自治区、市文化产业规模化、集约化、专业化水平不断提高，成为一个引人注目的新的经济增长点和支柱产业。

从 20 世纪 90 年代中期理论界的专家研讨到新世纪文化产业正式写入党的十六大政治报告，并在党的十七大被列入国家文化发展战略的战略目标，短短十几年的时间，我国文化产业出现令人如此欣喜的局面实属历史的必然。

首先，这是我国经济社会发展到现阶段的客观要求。根据国际经验，当一个国家人均 GDP 超过 1000 美元之后，整个社会的消费结构将发生很大的变化。而改革开放 30 年来，我国经济持续增长，恩格尔系数逐年降低。如按去年年底的汇率换算，2007 年全国人均 GDP 已超过 2500 美元。城镇居民家庭的恩格尔系数由 1978 年的 57. 5% 下降到 36. 3% ，农村居民家庭的恩格尔系数由 1978 年的 67. 7% 下降到 43. 1% ，分别达到富裕和小康水平。人们在解决温饱问题之后，可以有更多的资金用于文化消费。正如 2008 年 1 月胡锦涛总书记在全国宣传思想工作会议上所说，“我国进入了文化消费的快速增长期，人们的精神文化需要更加旺盛”。过去计划经济体制下，那种单纯的公益性文化事业已远远满足不了这种日趋旺盛的文化需求。我们大力发展文化产业首先是为了满足人民日益增长的多层次、多方面、多样化的精神文化需求，让群众在享受富裕生活的同时感受文化的魅力。

其次，这是当前转变经济发展方式的迫切需要。改革开放以来，我国所取得的巨大经济成就举世瞩目，不容置疑。但我们必须看到，过去我国的经济增长在很大程度上是依靠“高消耗、高排放、低效益”的粗放增长方式。据有关方面统计，2006 年我国是世界上产值能耗最高的国家之一，消耗了世界钢铁总量的30%、水泥总产量的54%、煤炭总产量的15%，而创造的 GDP 仅占世界总量的 5.5%。所以，党中央强调要坚持科学发展观，转变经济发展方式，而文化产业恰恰是一种新的经济发展方式。在我国既有潜力很大的市场空间，又有众多的消费群体，并且是“资源消耗少，环境污染小，经济效益高”的无烟产业、朝阳产业、黄金产业。近年来，我国的实践也充分证明，发展文化产业不仅可以满足人民的精神需求，丰富社会的文化生活，促进人的全面发展，而且可以优化产业结构，创造就业机会，带动现代服务业发展，拉动对外文化贸易，促进国民经济增长。同时，日本、韩国、美国等发达国家的成功经验已经告诉我们，文化产业完全可以创造出其他行业所不能创造出的效益，可以发展成为一个国家的支柱产业。

再次，这是提高国家文化软实力的重要举措。胡锦涛总书记在十七大上说，要“激发全民族文化创造活力，提高国家文化软实力”。当今世界，文化的力量深深熔铸在民族的生命力、创造力和凝聚力之中。文化与经济、政治相互交融，在社会发展中的地位与作用日益重要。这不仅是一个国家经济社会发展与文明进步的内在动力，而且是一个国家软实力和核心竞争力的重要构成。我国是一个文化资源大国，但与西方发达国家相比，我们不得不承认，在文化软实力方面特别是文化产业方面仍是一个弱国。据国家统计局公布，2004 年美国文化产业增加值占 GDP 的比重为 5.83%，英国为 7.61%，加拿大为3.8%，韩国达到了 6%。可当年我国文化产业增加值仅占 GDP 的 2.15%，2006 年才增长到 2.45%。美国、日本等国的文化产业已成为国民经济中仅次于其他行业的第二大支柱产业，而我国离这个目标还有很大差距。美国一位叫洛伦佐的专家曾评论说，“中国的软实力中文化的吸引力还相对较弱。相比较于美国的电影、音乐和其他文化产品，中国似乎没有一个突出的享誉世界的文化品牌。世界许多国家对中国的印象还很模糊并充满错觉。在这个意义上说，中国的软实力还有待加强”。因此，我们必须通过大力发展文化产业，不断增强我国文化的整体实力，提高国家文化软实力，逐步缩小与发达国家之间的差距。

在我国，文化产业是指从事文化产品生产和提供文化服务的经营性行业。国家统计局的界定是：为社会公众提供文化、娱乐产品和服务的活动，以及与这些活动有关联的活动的集合。《国家“十一五”时期文化发展规划纲要》则明确要重点发展影视制作业、出版业、发行业、印刷复制业、广告业、演艺业、娱乐业、文化会展业、数字内容和动漫产业等九大门类的文化产业。近年来，为了促进我国文化产业快速发展，党和国家及文化部等相关部门在完善产业政策、培育市场主体、搭建服务平台、创新文化业态、引导产品出口、加强理论研究等方面也做了大量工作，采取了许多行之有效的措施。

一是相继出台了一系列鼓励扶持文化产业发展的重要政策。如 2001 年文化部的《文化产业第十个五年计划纲要》。2003 年的《文化部关于支持和促进文化产业发展的若干意见》。2004 年的《文化部关于鼓励、支持和引导非公有经济发展文化产业的意见》。2005 年国务院下发的《关于非公有资本进入文化产业的若干决定》；中宣部、文化部、国家广电总局、新闻出版总署、商务部、海关总署联合下发的《关于加强文化产品进口管理的办法》；中央办公厅和国务院办公厅印发的《关于进一步加强和改进文化产品和服务出口工作的意见》；文化部、国家广电总局、新闻出版总署、国家发改委、商务部下发的《关于文化领域引进外资的若干意见》；文化部、财政部、人事部、国税总局联合下发的《关于鼓励发展民营文艺表演团体的意见》。2006 年，国务院办公厅转发文化部等八部门的《关于文化领域引进外资的若干意见》。2007 年，文化部、商务部等四部门公布的《2007—2008 年度国家文化出口重点企业和文化出口重点项目》，等等，这一切政策都为我国文化产业快速发展提供了强有力的支撑。特别是国务院《关于非公有资本进入文化产业的若干决定》，引起文化产业投资主体的深刻变化。据统计，文化部所管理的文化企业中，国有企业和民营企业的比例数已由 2004 年的 1∶1 变化为 1∶4；2007 全国国办艺术院团有 2850 个，而民营文艺表演团体已超过 6800 家，初步形成以公有制为主体、多种所有制共同发展文化产业的格局。

二是积极培育文化产业骨干企业和战略投资者。自 2004 年以来，文化部先后命名了两批 78 个国家文化产业示范基地。2007 年 6 月和今年 5 月，又分别命名西安曲江新区、华侨城集团公司、曲阜新区文化产业园和沈阳棋盘山开发区为国家级文化产业示范园区，大大加快了文化产业基地和区域性特色文化产业群建设。同时，与中国美协一起先后命名了三批 8 个文化（美术）产业示范基地。催生了一批有较强实力、竞争力、影响力和自主创新能力的大型文化企业和企业集团，在推进我国文化产业发展的过程中，有力发挥了示范、辐射和带动作用。

三是搭建文化产品和项目合作交易平台。2004 年以来，文化部、商务部、国家广电总局、新闻出版总署等部门共同举办的中国（深圳）国际文化产业博览交易会、中国西部文化产业博览会等国家级文化展会，先后举办了 10 届，累计参展企业约 10180 多家，现场交易 36.88 亿元，签订合同和意向合同金额大约 2500 多亿。文化部还于 2006 年 12 月启动了全国文化产业项目服务工程，在中国文化产业网上专门增设了国家文化产品、服务项目和投融资项目资源库，打造了一个“永不落幕”的网上博览交易会。截至 2008 年 7 月 18 日，累计点击率 4200 万、覆盖面 168 个国家和地区。平时每天点击 15 万人次，深圳文博会期间每天高达 123 万人次。去年被评为首届 10 个中国文化产业创新奖之一。

四是大力扶持新的文化业态。适应信息技术、网络手段、数字化趋势给文化产业发展所带来的变化，国家积极扶持发展与高新技术联系比较密切的动漫、网络游戏等新兴文化产业。2006 年，财政部、文化部等 10 部门下发的《关于推进动漫产业发展的若干意见》，使我国国产动画片产量大大提高。由 2003 年的年产 1.2 万分钟，发展到 2007 年的 10.19 万分钟，四年时间增长了

10 倍。2007 年，中国民族原创网络游戏占据了全国 65% 以上的市场份额，从事自主研发的企业达 126 家；新投入公测的网络游戏 76 款，其中自主研发的 53 款，占有率达到 67.9%；我国原创网络游戏出口 28 款，累计创汇 5500 万美元，比 2006 年的 2000 万美元增长 175%。

五是实施中国文化“走出去”战略。2006 年，文化部专门在文化产业司设立了对外文化产业处。筹办了中日韩文化产业论坛、中国—东盟文化产业论坛。为培育推出一批具有民族特色、自主知识产权和原创性的出口知名文化品牌，去年 11 月文化部奖励了在国际文化市场上表现出色的 9 家优秀出口文化企业和 18 个优秀出口文化产品和服务项目。今年在第四届中国（深圳）国际文化产业博览交易会上还免费设立了优秀出口文化企业和文化产品展台。并先后推出英文版《2008 文化产业投融资手册》，创办了中国文化产业网英文版面。

六是加强文化产业理论研究。为提高自觉性，避免盲目性，增强文化产业的预见性、前瞻性、科学性，文化部先后依托上海交通大学和北京大学等 10 所高等院校成立了 10 个国家文化产业创新与发展研究基地和国家文化产业研究中心。年年编撰出版《中国文化产业蓝皮书》《中国文化产业年度发展报告》等系列书籍。组织举办各类文化产业研讨会。每年下达文化产业理论课题研究任务，编辑印发《国家文化产业年度课题研究报告》。

总的看，目前我国文化产业发展趋势很好，但是我们决不能过高估计，盲目乐观。因为文化产业在中国毕竟是一个近年来刚刚兴起的新产业，发展时间比较短，规模不大，经验很少，其中许多规律性的东西我们还没有掌握。实际工作中还存在支持产业发展的具体经济政策太少、扶持力度不够大；市场主体规模偏小、创新能力不强；法律法规体系急需完善、立法工作滞后；政府管理体制有待改进、产业服务体系需要完善；中国文化产品走出去太少、国际竞争力有待提高；统计工作急需完善、口径比较混乱诸问题。对此，我们必须保持清醒的头脑，在实践中着力加以解决。

“长风破浪会有时，直挂云帆济沧海。”当前，我国文化产业面临着前所未有的大好机遇。党的十七大根据我国新时期新阶段科学发展、和谐发展、和平发展的根本要求，把文化建设摆到政治、经济、社会、文化建设“四位一体”的总体布局中的重要位置，并把大力发展文化产业作为推动文化大发展大繁荣、兴起社会主义文化建设新高潮的重要选择，明确提出实现全面建设小康社会奋斗目标之一是“文化产业占国民经济比重明显提高、国际竞争力显著增强，适应人民需要的文化产品更加丰富”。为了实现这一目标，今后，我们将进一步深化文化体制改革，认真总结近年来我国文化产业的发展经验，认真探索文化产业的自身规律，利用政策、法律、经济和行政等多种杠杆努力协调文化产业又好又快发展。进一步落实和完善国家文化产业政策，不断拓宽文化产业投融资渠道；重点培育和发展一批实力雄厚、具有较强竞争力和影响力的大型骨干文化企业与文化产业战略投资者，做大做强文化产业；大力发展具有良好前景的网络、游戏、动漫、流媒体等新兴文化产业，运用高新技术创新文化生产和传播方式，培育新的文化业态；实施重大文化产业项目战略，加快文化产业基地和区域性特色文化产业群建设，发挥文化产业的积聚效应；提高市场监管水平，规范文化市场秩序，保护知识产权，为文化产业健康发展提供良好的外部环境；积极开辟国内国外两个市场，学习和吸收国外文化的优秀成果，开展形式多样的对外文化交流活动和文化产品与服务贸易，改变文化产品进出口不平衡的状况。

中国历史悠久，文化底蕴深厚，发展文化产业有得天独厚的资源优势。我们相信，在党和国家的高度重视下，经过各个方面坚持不懈的努力和广大群众文化创造力的充分涌流，在不久的将来，我国文化产业一定会出现一个崭新的局面，一定会为实现全面建设小康社会的奋斗目标和中华民族的伟大复兴做出应有的贡献！

（2008 年 7 月中纪委专刊约稿）

中国文化产业发展及其趋势

——在第七届中日韩文化产业论坛上的发言

女士们，先生们，朋友们：

今天，有机会在风光秀丽的滨海城市大连与各位朋友见面感到很高兴。2005 年，我曾在中国成都召开的第五届中日韩文化产业论坛上，介绍了前些年中国文化产业的发展情况。现在，借助第七届中日韩文化产业论坛，我想简要介绍一下近几年来中国文化产业的发展及其趋势。

自 2005 年以来，在国家产业政策的引导支持下，中国的文化产业已经从探索、起步、培育的初级阶段，开始步入快速发展的新时期。据国家统计局公布，2004 年，我国文化产业实现增加值 3440 亿元，占 GDP 的比重为 2.15%；文化产业从业人员 996 万人。而 2005 年，文化产业实现增加值比 2004 年增长了 18.7%。2006 年又比 2005 年增长 17.1%，实现文化产业增加值 5123 亿元，占 GDP 的比重提高到 2.45%；文化产业从业人员达到 1132 万人，人均创造增加值 4.52 万元。文化产业不仅在繁荣社会文化、满足人民精神文化需求、促进人的全面发展方面发挥了重要作用，而且在优化产业结构、创造就业机会、带动现代服务业，拉动对外文化贸易、促进国民经济增长等方面的作用日益凸显。

目前，中国政府对文化产业高度重视。2006 年，国务院出台的《国家“十一五”时期文化发展规划纲要》，明确要求抓好文化产业体系建设，重塑市场主体，优化产业结构，形成以公有制为主体、多种所有制共同发展的文化产业格局，并把影视制作业、出版业、发行业、印刷复制业、广告业、演艺业、娱乐业、文化会展业、数字内容和动漫产业九大门类作为产业发展的重点。去年，十七大又把文化产业摆在前所未有的重要位置，要求加快发展。

按照国家“十一五”文化规划和十七大的要求，文化部作为政府职能部门，近年来协调国家商务部、广播电影电视总局、新闻出版总署等相关部门，在完善产业政策、培育市场主体、打造服务平台、鼓励产品出口、加强理论研究等方面做了大量工作，并取得显著的成效。具体表现在：

一、文化产业政策日益完善

在推进文化产业发展的过程中，国家强调要“完善发展文化产业、鼓励文化创新的政策，营造有利于出精品、出人才、出效益的环境”。2006 年以来，文化部与商务部、广播电影电视总局、新闻出版总署等部门，先后制定下发了《关于推动我国动漫产业发展的若干意见》《关于鼓励和支持文化产品和服务出口的若干政策》《文化产品和服务出口指导目录》《关于鼓励发展民营文艺表演团体的意见》《关于进一步加强网吧及网络游戏管理工作的通知》《关于构建合理演出市场供应体系、促进演出市场繁荣发展的若干意见》等一系列政策措施，使我国政府出台的引导支持文化产业发展的政策文件达到近 20 个。这些文件为我国文化产业快速发展提供了强有力的政策支撑

二、一批文化企业和企业集团迅速成长

大力培育文化产业骨干企业和战略投资者，加快文化产业基地和区域性特色文化产业群建设，是近几年我们抓的一项重点工作。2004 年以来年，文化部先后命名了三批 137 个国家文化产业示范基地和 4 个国家级文化产业示范园区。这些基地和园区为促进我国文化产业快速发展发挥了很好的示范、辐射和带头作用。

三、公共管理和服务手段有所创新

适应产业发展需要，近几年，文化部与广播电影电视总局、新闻出版总

署等部门共同举办了10届中国（深圳）国际文化产业博览交易会、中国西部文化产业博览交易会、中国东北文化产业博览交易会等国家级展会。这些展会累计参展企业1万多家，现场交易36.88亿元，合同金额2000多亿。最为突出的是中国（深圳）国际文化产业博览交易会。2008年5月第四届深圳文博会总成交702.32亿元人民币，接待观众268.79万人次，包括来自46个国家和地区的境外专业观众5.36万人次，已成为我国文化产业信息交流、产品交易和项目合作的重要平台。另外，2006年12月，文化部在中国文化产业网上启动了国家文化产品和投融资项目服务工程，在网站上设立了投融资项目交易平台，为各类资本投资中国文化产业提供便捷、有效的服务。该服务工程启动一年半时间，网站累计点击率达4200万人次、覆盖面168多个国家和地区。文博会期间每天点击123万人次。

四、中国文化产品和服务开始走向国际市场

据统计，2007年我国文化产品进出口贸易总额达到166.4亿美元，比上年增长26.6%。但总体上与韩国、日本等发达国家相比还有很大差距。按照十七大关于“加强对外文化交流，吸收各国优秀文明成果，增强国际文化影响力”的要求，去年文化部对近年来在国际文化市场上表现突出的9个优秀出口文化企业和18个优秀出口文化产品和服务项目进行了奖励，还与商务部等部门公布了国家扶持的142家文化出口重点企业和文化出口118个重点项目，鼓励我国的文化企业虚心学习借鉴发达国家的成功经验，积极开辟国际文化市场。

五、文化产业理论研究不断深入

为加强对文化产业的理论指导，文化部先后与北京大学、清华大学、上海交通大学等10所高等院校共同组建了10个国家文化产业研究中心，组织文化产业基础理论和重大课题研究。近年来先后编撰出版了六册《中国文化

产业蓝皮书》、四册《中国文化产业年度发展报告》和《国家文化产业课题研究报告》等书籍，为全国文化产业健康持续发展提供了有力的理论指导和智力支持。

在不断探索中国特色文化产业发展道路中，目前我国文化产业呈现以下发展趋势：

（一）在高新技术的支撑下新的文化业态发展迅速

现代科技突飞猛进，信息技术、网络手段、数字化趋势给我国文化产业带来革命性变化，网络文化、动漫游戏、流媒体等新兴文化产业蓬勃兴起。截至2007年底，我国已拥有广播电视播出机构2578座，同时还有150万个网站。截至2008年7月，中国互联网网民发展到2.53亿，已成为世界第一大网络市场。2007年我国制作完成动画电影6部，国产动画片186部，共计101614分钟，出口电视动画片30部2244集。另外，到2007年底，中国网络游戏市场规模达到105亿元人民币，比2006年增长61.65%，网络游戏用户数已达到4017万。中国原创网络游戏已占65.1%的市场份额；原创网络游戏出口已有28款，累计创汇5500万美元，比2006年增长175%。

（二）演艺、影视等传统文化产业朝规模化、集约化方向发展

随着经济的持续增长，我国进入了文化消费的快速增长期，人们的精神文化需要更加旺盛，给传统文化产业带来巨大的市场空间。除在国内外产生一定影响的杂技芭蕾《天鹅湖》、原生态舞蹈《云南映象》外，近年来，在演艺界涌现出一大批与旅游紧密结合、深受观众喜爱的优秀剧目。如多媒体梦幻剧《ERA——时空之旅》、大型山水实景演出《印象·刘三姐》《印象·西湖》《禅宗少林》、原创音乐剧《蝶》《金沙》等，都给观众带来极大的视觉冲击和心灵震撼。2008年8月8日，北京呈献给世人的第29届奥运会开幕式文艺演出集中展示了中国传统文化与当代文化的无穷魅力。近年来，我国影视产业发展迅猛，民营影视制作经营机构达到2247家。2007年生产电影

402 部，综合效益达到 67.26 亿元，国内票房连续五年超过进口影片。电影出口由 2003 年的 25 部上升到 2007 年的 78 部，电视剧由 2541 部（集）增加到 3740 部（集）。由吴宇森执导，投资 8500 万美元拍的华语电影《赤壁》，国内上映仅半个多月，票房收入就达 2 亿多元。

（三）民间资本进入文化产业领域的步伐不断加快

在政府产业政策的鼓励引导下，近年来我国投资主体发生了很大变化。据统计，文化部管理的文化企业，国有和民营的比例已由 2004 年的 1∶1 发展到 1∶4；2007 全国共有国办艺术院团 2850 个，而民营文艺表演团体已超过 6800 家。初步形成以公有制为主体、多种所有制共同发展的格局。

朋友们！

当今世界，文化与经济、政治相互交融，在社会发展中的地位与作用日益重要。文化的力量深深熔铸在民族的生命力、创造力和凝聚力之中，是一个国家经济社会发展与文明进步的内在动力。韩国和日本拥有众多知名文化品牌和企业，在实践中积累了很多宝贵的经验。面对当前迅猛发展的经济全球化和区域化合作潮流，我们真诚希望通过中日韩文化产业论坛这个平台，虚心学习借鉴韩国、日本两国的成功经验，积极促进与世界各国特别是韩、日两国在文化产业领域的交流与合作。为此，2005 年，文化部专门在文化产业司设立了对外文化产业机构，具体负责这方面的业务。我们相信，只要遵循本届论坛所倡导的“加强沟通：在交流与合作中追求双赢”的原则，经过坚持不懈的努力，今后我们一定能够与世界各国建立密切的联系。我们愿与韩、日两国的同行共享文化产业信息、人才、资金、技术的资源，共同推动包括动漫、游戏、演艺、音乐、电影在内的文化产业领域的交流与合作，携手创造东北亚地区文化产业更加辉煌灿烂的明天！

谢谢大家！

（2008 年 9 月 17 日于大连）

西部文博会为何永久落户西安

昨日下午，出席第四届西部文化产业博览会的国家有关部委、各省区代表云集西安古城，国家文化部文化产业司司长王永章接受了本报记者的专题采访。“组委会的精心安排给我们留下了很深的印象”。见到记者，王永章第一句话就说，看过了本届文博会的布展，听了筹备情况，他对本届文博会的成功举办充满信心。

王永章说，相较于深圳文博会，西部（西安）文博会更有“地方特色”：“深圳文博会是国家级、国际化、综合性的产业博览会，定位是面向国际，把中国有特色的产业推向国际，更多面向国际参展商，而西部文博会更多的是立足于西部、立足于本地，更多的具有地方特色、民族特色、民俗特色。”他说，西部地区文化资源极其丰富，文博会将提供一个充分尽情展示西部文化的独特魅力的平台。从2005年开始，西部文博会已分别在昆明、成都、呼和浩特成功举办了三届，展会内容丰富、参与广泛、反响巨大，对促进东西部文化交流，加快文化产业发展，吸引国内外投资起到了极大的推动作用。王永章认为，西部文博会正在成为促进西部文化大繁荣、产业大发展的重要平台。“通过集中展现西部文化产业的核心内容，彰显西部文化风采，引导和培育文化市场，让更多的西部文化由此走向世界大舞台。从过去三届的举办效果来看，文博会已经对举办地在各个不同的领域产生了很大的推动作用。它已经成为国内众多客商越来越关注的展会之一。”“西部地区文化产业的基础条件非常充分：历史悠久、地域辽阔，不仅具有发展文化产业得天独厚的自然资源，而且有着丰富的人文资源、优秀的文化传统和良好的工作基础，也面临着许多难得的机遇。”说起西部地区的文化产业，王永章认为西部地区的文化产业发展具有极大的优势和潜力。“地形地貌多种多样，自然景观丰富多彩，有辽阔的草原、茫茫的森林、浩瀚的沙漠、神奇的温泉、迷人的地质奇观等等。对于这些多姿、神奇的自然资源，只要我们用文化的眼光、文化的观念去审视，深入挖掘其文化内涵，进行文化提升和包装，并用产业的理念去经营，用市场的手段去推动，就会成为重要的极具潜力的文化产业。”

“合作、创新、发展、繁荣”，这是第四届西部文博会的主题，西部文博会在展示西部璀璨辉煌的历史文化、鲜活多样的民族文化、丰富多彩的旅游文化、与时俱进的现代文化的同时，以促进文化产品交易和项目合作、激励文化创新、推动西部文化产业大发展大繁荣、掀起社会主义文化建设高潮为目标，积极打造政府主导、市场化运作的西部文化产业合作交流平台。

王永章介绍说，经三部委共同研究，委员会共同决定西部文博会不再采取轮流举办的方式，永久落户西安。“前三届的举办对提高各承办地党委政府对文化产业的认识，推动文化产业发展发挥了重要积极的作用，但由于办一届换一个地方，西部文博会永远形不成品牌，而且政府部门参与过多，办展成本大，不利于文博会的市场化运作；西部文博会落户在一个地方，承办方可以积累经验，锻炼队伍，建立长效机制，走市场化运作路子，有利于打造会展品牌，提高会展质量。”王永章认为西安具有诸多有利条件：地理位置优越，基本处于全国中心；具体承办的曲江新区是全国首批两个国家级示范基地之一，近年来文化产业发展迅速，经济实力强，在全国知名度很高；曲江国际会展中心办展条件很好，有丰富经验的专业化会展公司运作。

王永章表示，固定主办城市，有利于提高文博会市场化运作水平，有利于培养增强实力和竞争力的会展企业，有利于提高招商招展质量，有利于把西部文博会办成闻名全国乃至世界的品牌展会。

（2008年10月11日接受《三秦都市报》记者专访谈话要点）

加强交流　密切合作　推动中国—东盟文化产业繁荣发展

——在中国—东盟文化产业论坛上的发言

女士们，先生们，朋友们：

今天，有机会在南宁与各位朋友见面，感到非常高兴。2006年9月，我曾在首届中国—东盟文化产业论坛上，简要介绍了我国前些年文化产业的发展情况。这里，我想着重介绍一下近两年来中国文化产业的总体情况和发展趋势。

近几年来，在国家政策的引导支持下，中国文化产业从探索、起步、培育的初级阶段，开始步入快速发展的新时期。据国家统计局公布，2005年，文化产业增加值比2004年增长了18.7%，2006年又比2005年增长了17.1%。文化产业实现增加值已达5123亿元，占GDP的比重提高到2.45%。文化产业不仅在繁荣社会文化、满足人民精神文化需求、促进人的全面发展方面发挥了重要作用，而且在优化产业结构、创造就业机会、带动现代服务业，拉动对外文化贸易、促进国民经济增长方面产生了深刻影响。

一、文化产业得到国家的高度重视，已被纳入全面建设小康社会的发展目标

2006年，中国国务院出台了《国家“十一五”时期文化发展规划纲要》，把影视制作业、出版业、发行业、印刷复制业、广告业、演艺业、娱乐业、文化会展业、数字内容和动漫产业作为文化产业发展的重点，明确要求抓好产业体系建设、重塑市场主体、优化产业结构，形成以公有制为主体、多种

所有制共同发展的文化产业格局。2007年，根据我国新时期新阶段科学发展、和谐发展、和平发展的根本要求，国家又把发展文化产业作为推动文化大发展大繁荣、兴起文化建设新高潮的重要途径，并将"文化产业占国民经济比重明显提高、国际竞争力显著增强，适应人民需要的文化产品更加丰富"列为全面建设小康社会的奋斗目标之一，提出"实施重大文化产业项目带动战略，加快文化产业基地和区域性特色文化产业群建设，培育文化产业骨干企业和战略投资者，繁荣文化市场，增强国际竞争力。运用高新技术创新文化生产方式，培育新的文化业态"等一系列新要求。正是由于国家的高度重视，我国文化产业才有今天蓬勃发展的新局面。

二、政府部门充分发挥职能作用，切实加强对文化产业的宏观管理

近年来，文化部与国家商务部、广电总局、新闻出版总署等相关部门，在指导协调文化产业发展方面做了大量工作，取得显著成效。我们先后制定出台了近20个鼓励支持文化产业发展的重要文件，为我国文化产业快速发展提供了强有力的政策支撑。我们共同创办的中国（深圳）国际文化产业博览交易会、中国西部文化产业博览交易会等文化展会，先后举办了11届，参展企业累计1万多家，现场交易42亿多人民币，合同金额达2580多亿人民币，已成为我国文化产业信息交流、产品交易和项目合作的重要平台。我们共同制定的《关于文化领域引进外资的若干意见》和公布的142个国家文化出口重点企业和118个重点项目，有力地推动了外资进入以及中国文化产品和服务出口。2006年，文化部启动了文化产业项目服务工程，整合全国的文化资源，在中国文化产业网站上设立了国家文化产品、服务项目和投融资项目资源库，为各类社会资本进入我国文化产业领域提供了便捷有效的服务。截至今年9月底，中国文化产业网累计访问量已达5900万人次，覆盖176个国家和地区。前不久，中国文化产业网又增加了英文版面。此外，我们还采取典型引路的方法，加强对文化产业的指导，先后编辑出版了两册《中国文化产

业典型案例选编》和一册《国际文化产业典型案例选编》。

三、大力培育骨干企业和战略投资者，加快文化产业示范基地和区域性特色文化产业群建设

为培育市场主体，增强微观活力，自2004年以来，文化部先后命名了三批137个国家文化产业示范基地，培育了一批有较强实力、竞争力、影响力和自主创新能力的文化企业和知名文化品牌。同时，各省、市、自治区也命名了429个省级文化产业示范基地。这些国家和省级示范基地为促进我国文化产业快速发展发挥了很好的示范、辐射和带头作用。为引导我国文化产业向集约化、规模化方向发展，形成文化产业的集聚效应，文化部命名西安曲江新区、华侨城集团公司、曲阜新区文化产业园和沈阳棋盘山开发区等四个单位为国家级文化产业示范园区。为扶持西部经济欠发达地区文化产业发展，调整农业结构，增加农民收入，文化部还命名了一些具有浓郁地方民族特色的农村文化产业群为国家文化产业示范基地。同时，我们经常组织国家文化产业示范基地的高层管理人员进行培训，带领他们到国外考察，宣传推广他们的先进经验，以支持国家文化产业示范基地健康发展。2007年，文化部编辑出版的《国家文化产业示范基地巡礼》大型画册，发行到海内外，有力地扩大国家文化产业示范基地的对外影响。

四、积极参与国际文化产业合作，推动中国文化产品和服务走出去

近年来，我们虚心学习借鉴其他国家发展文化产业的经验，不断拓展对外文化产业交流与合作，既开阔了我国文化企业的视野，又促成了一大批文化产业项目的合作。由中国文化部、韩国文化观光部和日本经济产业省联合举办的中日韩文化产业论坛，自2002年以来已经连续举办了7届。由中国文化部文化产业司和广西壮族自治区文化厅共同创办的中国—东盟文化产业论

坛，今年已是第三届。此外，近年来，我们还与澳大利亚演出协会合作举办了中澳表演艺术经纪研讨会，与英国合作举办了中英创意文化交流大会。明年，还将与澳大利亚博物馆协会、澳大利亚国家美术馆联合举办“中澳美术馆经营研讨会”，与欧盟合作举办“中欧文化产业论坛”等等。2007 年，文化部等部门联合出台了《文化产品和服务出口指导目录》，奖励了在国际文化市场上表现出色的 9 个优秀出口文化企业和 18 个优秀出口文化产品和服务项目。经过不断努力，我国文化产品和服务出口形势呈现出良好势头，培育出像杂技芭蕾《天鹅湖》、原生态歌舞《云南映象》、舞剧《杨贵妃》、功夫剧《功夫诗·九卷》等一批具有民族文化特色、自主原创性的知名文化品牌。据中国商务部统计，2007 年我国文化产品和服务进出口贸易总额为 166.4 亿美元，其中核心文化产品进出口贸易总额达到 129.2 亿美元，比 2006 年增长 26.6%，是 2001 年的 3.7 倍；文化服务进出口贸易总额为 37.2 亿美元，比 2006 年增长 39.9%，是 2001 年的 6.1 倍。

五、创新文化业态，加强文化产业理论研究

随着科学技术的迅猛发展，网络文化、动漫游戏、流媒体等新兴文化产业在我国蓬勃兴起。截至 2008 年 7 月，中国互联网网民已发展到 2.53 亿，成为世界第一大网络市场，其中网络游戏用户数达到 4000 多万。2007 年底，中国网络游戏市场规模达到 105 亿元人民币，比 2006 年增长 61.65%。同时，中国原创网络游戏已占 65.1% 的市场份额，原创网络游戏出口 28 款，累计创汇 5500 万美元，比 2006 年增长 175%。在政府政策的大力扶持下，动漫产业也发展迅速。2003 年，我国国产动画片总产量仅 1.2 万分钟，可 2007 年共完成动画电影和电视动画片 186 部，总产量达 10.16 万分钟。

为加强对文化产业的理论指导，文化部在与上海交通大学、北京大学共建国家文化产业创新与发展研究基地的基础上，2007 年又与清华大学等 6 所高等院校共同组建了国家文化产业研究中心。文化部每年给研究基地和研究

中心下达课题研究任务，给予必要的资金扶持。这些研究基地和研究中心活跃在文化产业理论研究的前沿，对涉及文化产业发展的一系列重大问题进行了广泛深入的前瞻性研究，为国家和地方政府决策提供了有效的智力支持。

朋友们!

中国与东盟文化相通，山水相连，是友好邻邦。多年来，双方在政治、经贸、科技、文化等领域的交流与合作发展迅速，已形成政治上相互尊重、经济上相互促进、安全上相互信任的良好关系。面对当前国际金融市场急剧动荡，世界经济增长明显减缓等前所未有的挑战，通过中国—东盟文化产业论坛这个平台，进一步推进中国与东盟各国在文化产业领域的交流与合作有着十分重要的意义。

为此，我提出以下建议：

（一）合作对话，达成共识

2006 年，参加中国—东盟文化产业论坛的代表一致通过《南宁宣言》，启动了中国—东盟文化产业领域的对话。2007 年 11 月，中国总理温家宝在新加坡召开的 10 +1 领导人峰会上，明确提出举办中国—东盟文化产业论坛和商签《中国—东盟文化产业互动计划》的建议，得到东盟各国的积极响应。今年 7 月，中国文化部代起草了《中国—东盟文化产业互动计划》草案，并通过东盟秘书处、中国 – 东盟事务协调国文莱和东盟各国驻华使馆转交给各国文化产业主管部门。目前，各国的意见已全部反馈回来。我们将根据各国的意见对互动计划作进一步修改，择机再进行签署。《中国—东盟文化产业互动计划》签署后，将是继 2005 年《中国—东盟文化合作谅解备忘录》、2006 年《南宁宣言》后第三个有关中国与东盟文化领域交流与合作的文件，对今后中国与东盟文化产业的繁荣发展将发挥积极的推动作用。

（二）完善机制，扩大影响

目前，中国—东盟文化产业论坛已举办了三届，在筹办过程中，作为举办方我们一直在不断地总结经验，创新思路，探讨论坛的可持续发展。2007年举办第二届论坛时，我们曾与中国文化部外联局组织的“10+3文化人力资源培训班”有机结合在一起，取得很好的效果。今年，我们除通过外交渠道邀请东盟十国政府代表外，还吸纳了我国与东盟各国接壤的云南、广东、海南等省份的代表参加。明天下午，我们还将分别听取东盟各国和中国相关省份代表的意见和建议，以进一步完善论坛的体制和机制，不断提高论坛的质量和效益，吸引东盟各国更加广泛的参与，努力扩大论坛的国际影响力。

（三）加强沟通，求真务实

在完善论坛体制机制的前提下，中国与东盟各国文化产业主管部门之间应加强沟通和联系，经常交换意见和建议。同时，采取措施积极吸引本国文化机构和文化企业踊跃参会，在各国文化机构和文化企业之间搭建一个信息交流、项目合作的平台。特别需要指出的是，本届论坛，我们得到东盟秘书处的大力支持，今后我们希望东盟秘书处能够一如既往地继续支持论坛的举办。我们决心与东盟各国一道，把中国—东盟文化产业论坛打造成为一个在国际文化产业界具有一定影响的知名品牌论坛，为培育中国与东盟各国的共同文化市场，为繁荣和发展中国与东盟各国的文化产业做出应有的贡献。

我们相信，只要遵循本届论坛所倡导的“相互借鉴，合作共赢”的原则，经过各方坚持不懈的努力，这个目标一定能够实现。中国与东盟各国之间文化产业领域的交流与合作一定会再上一个新台阶，迈入新的历史发展阶段！

（2008年10月28日于南宁）

金融危机对我国文化产业的影响

当前，由美国次贷危机引发的金融危机已经波及世界各个国家，对我国经济发展的影响正在显现。作为一个新的经济增长点，同时也是一个新兴产业，我国文化产业的发展将不可避免地受到影响。在此背景下，为了深入学习实践科学发展观，研究金融危机对我国文化产业的影响，厘清当前状况，采取恰当政策措施，协助企业准确应对危机带来的挑战和机遇，11 月25 日，文化部文化产业司在北京召开了“当前金融危机对我国文化产业影响座谈会”，来自社科院、清华大学、北京大学等多所科研机构和高校的文化产业专家学者参与了座谈会。

在听取各位专家学者发言之后，文化产业司司长王永章做了总结发言。他首先对当前的整体形势做了判断，认为当前金融危机对我国经济的影响还处在一个逐步显现的过程中，还有很多不确定性，但以下几点大的趋势已经可以基本确定：

一是文化产业将会受到此次金融危机的影响。这次金融危机来势凶猛，对实体经济必将产生一定的影响，而文化产业本身具有经济属性，在经济全球化的背景下不可能摆脱危机的影响。二是金融危机对文化产业的影响主要表现在文化消费、文化企业的投融资、文化产品的出口等方面，而且金融危机对文化产业不同门类的影响并不相同，需要区别对待。

金融危机将给我国文化产业的发展带来一定的影响，结合我国的具体国情以及文化产业发展的实际情况，特别是此次金融危机本身的特点，王永章表示，尽管金融危机将影响到我国文化产业的发展，但更重要的是给我们带来了发展的机遇，创造了有利的条件，在这方面我们理应具有坚定的信心。这是因为：

第一，经过近年来各级政府部门的大力推动，我国文化产业已经步入了发展的快车道，新兴的文化业态日益勃兴，各级文化产业企事业单位在市场竞争中不断壮大，区域文化产业发展亮点不断，文化产业的总体实力进一步增强。

第二，由于我国经济发展自身所具有的特点，客观上阻挡了金融危机对我国经济的直接冲击。更为重要的是，我国经济发展总体趋势良好，基本面并没有出现大的问题，这不仅为文化产业的发展繁荣创造了一个良好的大环境，而且也为我国文化产业从容应对金融危机提供了基本保证。

第三，文化产业具有科技含量高、环境污染小、发展潜力大、资源消耗少的特点，符合我国优化调整产业结构的要求，其未来的发展潜力巨大。

第四，在当前国家出台各项措施拉动内需、稳定经济发展的时机下，文化消费作为我国居民消费中极具增长潜力的一个部分，能够为扩大内需做出重大贡献。

第五，就文化产品“走出去”而言，金融危机虽然影响到我国传统的出口企业，但却给有实力的文化企业“走出去”创造了良好的机遇。

面对金融危机的冲击，我们既要增强信心，又要有忧患意识；既不能惊慌失措，也不能泰然处之；既要充分估计困难，采取积极的应对措施，把损失降到最低点，更要迎接挑战，抓住机遇，加快发展。用两句话来概括就是：面对挑战，冷静分析，沉着应对，“危”中求“机”；抓住机遇，以变应变，创新发展，化“危”为“机”。

（2008 年 11 月 26 日《中国文化报》发稿）

经济危机下的“口红效应”

1 月 12 日上午，在文化部全国文化厅局长会议期间，中国之声现场采访了文化部文化产业司司长王永章。

主持人：王司长，欢迎做客我们的节目。文化产业的内容很丰富，几乎可以说我们生活当中所有与享受玩乐有关的内容都可以划归在这里面。有的时候我们说只有工作没有生活，实际上是说我们没有时间享受文化领域的产品。请王司长给我们介绍一下，文化产业和老百姓的生活到底有多近，是不是无处不在。

王永章：文化产业应该说和老百姓的生活息息相关，而且渗透到老百姓生活的每时每刻。这些年文化产业作为文化建设中一道靓丽的风景引起社会各方面的关注。从文化部门管理的范围来讲，动漫、游戏、娱乐、演艺以及文化会展等都属于我们管理的范围。近年来这些行业发展非常快，而且和老百姓的生活贴得越来越近。

主持人：那您给我们介绍一下，我们国家目前文化产业发展如果用 GDP 衡量的话，每年给国家财税上面做的贡献有多大。

王永章：目前我们国家文化产业发展势头非常好。根据国家统计局公布的数据，从 2004 年以来文化产业实现的增加值基本上每年增长 1000 个亿，占 GDP 比重每年提高 0.15%，增长速度在两位数以上，高于同期经济的增长速度。具体数据，2004 年我国实现文化产业增加值 3440 亿，占 GDP 比例是 2.15%，到 2005 年发展到 4126 亿，占 GDP 比重提高到 2.31%，增长速度是 18.7%，这个速度非常快。到 2006 年增加值达到 5123 亿，占 GDP 比重到 2.45%，增长速度 17.1%，高于同期经济增长速度。国家统计局刚刚公布的最新统计数据，2007 年我国文化产业增加值占 GDP 的 2.6%，我们分析了一下，大约是6410多亿，增长速度到18%以上。这些数据非常可观。我们制订“十一五”文化产业发展规划的时候提出每年增长15%的目标已经实现，现在已达到18%了。

主持人：目前各类文化产品和老百姓期盼的高水平文化产品之间的差距还有多大?

王永章：这个问题比较难回答，因为落后的社会生产和日益增长的群众文化需求之间的矛盾，是我们社会主义初级阶段两大基本矛盾之一，这个矛盾将长期存在，而且不可能完全解决。这些年，随着改革开放不断深入和老百姓生活水平日益提高，我们国家一直处于文化消费快速增长期，老百姓文化需求更加旺盛，这对文化建设提出很高要求。不过要看到，这些年随着党和国家对文化工作的高度重视和全国文化系统文化工作者的共同努力，我们国家文化产品和服务的种类越来越多，内容越来越丰富，质量不断提高。应该说老百姓对这一点基本是满意的，当然我们工作上还有差距，差距还比较大，希望在今后工作中逐渐缩小这个差距。

主持人：刚才讲到文化产业，讲到为老百姓提供文化服务，我想到一件事情。20世纪30年代，美国经济大萧条期间，诸业凋敝，可好莱坞却一枝独秀。当时好多人失业了，饿着肚子，但即使这样很多人还是会排队去看秀兰·邓波儿。经济学家们把这种繁荣现象称之为“口红效应”。目前在我国，2009年文化产业是不是也会起到一支“口红”的效应呢。

王永章：这个问题提得非常好。去年开始的美国金融危机所引起的世界经济危机对我国方方面面都有影响，而且这种影响还在不断的显现，没有完全暴露出来。对文化也有消极的影响，但同时又给我们创造了很好的机遇，我们最近刚刚召开一个专家座谈会，研究如何应对金融危机下对文化产业影响的问题。“口红效应”反映了什么问题？文化产业在经济危机面前往往有反周期的规律。文化本身具有心灵抚慰的作用，老百姓经济受影响以后，可精神生活不能受影响，要找乐子。为什么20世纪30年代之后美国好莱坞电影发展起来，就是经济萧条后，老百姓到电影院去寻找安慰和快乐，所以那个时候好莱坞电影发展非常快。现在我们国家面临金融危机，我们正在寻找文化产业在促进产品结构调整、优化出口和满足人民精神需求方面，应该发挥的独特的作用，现在正在研究这个问题。

主持人：我国文化产业打算以每年15%的速度增长，看样子2009年增速要突破15%，说不定16%、19%都有可能。这里是中央广播电台中国之声年终特别关注节目。我是主持人冯雅。我们将全天关注文化厅局长会议进程，解读热点话题。

（2009年1月12日接受中广网采访谈话要点）

改革开放30年文化产业回顾及前景展望

改革开放30年来，伴随着思想解放和经济腾飞的滚滚历史车轮，我国文化建设取得举世瞩目的伟大成就，特别是文化产业异军突起、迅猛发展，成为文化建设中一道亮丽的风景。

一、30年文化产业发展的基本轨迹

回顾30年来文化产业的发展历程，大致可将其分为四个阶段：

第一阶段，1978—1992年。在改革开放春风的吹拂下，以1979年广州市东方宾馆第一家营业性音乐茶座的诞生为标志，歌舞娱乐业悄然兴起，文化市场呈现雏形，文化产业的萌芽在夹缝中艰难地生长。

第二阶段，1992—1998年。邓小平同志1992年发表南行讲话，极大地解放了中国人民的思想，党的十四大提出建立社会主义市场经济体制的伟大目标，人们的市场意识、竞争意识、商品意识不断增强。在改革开放的大潮中，1993年11月，文化部提出“发展文化产业”的命题，文化产业渐渐引起社会和理论界的关注，文化系统由“以文补文”“以文养文”逐步转入产业发展的轨道。

第三阶段，1998—2000年。根据文化建设的需要，1998年，文化部在国务院进行机构改革、机关编制和人员大幅缩减的情况下，新设立了文化产业司。这一重大举措，在社会上引起强烈反响，标志着中国文化产业已由民间自发发展阶段进入政府致力推动的新时期。

第四阶段，2000—2008年。随着文化建设战略地位的提高，文化产业得到党和政府的高度重视。2000年，《中共中央关于制定国民经济和社会发展第十个规划的建议》首次使用“文化产业”一词，表明文化产业已被列入国家发展战略。2002年，党的十六大指出，文化产业是市场经济条件下繁荣社会主义文化、满足人民群众精神文化需求的重要途径，并将文化分为公益性文化事业和经营性文化产业两部分，这是我党文化建设理论的一个重大突破。2007年，党的十七大从中国特色社会主义建设的总体布局出发，把大力发展文化产业作为推动文化大发展大繁荣、兴起社会主义文化建设新高潮的战略选择之一，并将“文化产业占国民经济比重明显提高、国际竞争力显著增强，适应人民需要的文化产品更加丰富”列入全面建设小康社会的奋斗目标，进一步提升了文化产业的战略地位。

改革开放30年来，全国文化系统解放思想，大胆实践，积极探索既遵循社会主义文化建设的内在规律，又适应社会主义市场经济体制客观要求的中国特色文化产业发展道路，逐步形成一套比较完善的工作机制。在文化系统及各方面的共同努力下，我国文化产业从探索、起步、培育的初级阶段，开始进入加速发展的新时期，文化生产力得到极大的解放和发展。

2005年以来，全国文化产业增加值的同比增长速度年都在两位数以上，远高于同期经济增长速度，文化产业对国民经济增长的贡献不断上升，部分省市文化产业增加值占GDP的比重已超过5%。文化产业不仅在繁荣社会主义文化、满足人民精神文化需求、促进人的全面发展方面发挥了重要作用，而且在优化产业结构、创造就业机会、带动现代服务业、拉动对外文化贸易、促进国民经济增长等方面的作用也日益凸显。

二、30年文化产业发展的主要成就

改革开放30年，尤其是近10年来，在国家文化产业政策的鼓励引导和文化体制改革的有力推动下，我国文化产业出现蓬勃发展的可喜局面，主要反映在以下几个方面：

（一）文化产业发展极大地丰富了人们的精神文化生活，促进了国民经济增长，并初步形成以公有制为主体、多种所有制共同发展的文化产业格局

改革开放以来，随着中国经济的持续增长，“我国进入了文化消费的快速增长期，人们的精神文化需要更加旺盛”。文化产业的快速发展，不仅较好地满足了人民群众日益增长的精神文化需求，而且有力地促进了国民经济的快速增长。据统计，2004 年，我国实现文化产业增加值 3340 亿元，占 GDP 的比例为 2.15%；2005 年实现文化产业增加值 4216 亿元，比 2004 年增长 18.7%，占 GDP 的比例为 2.30%；2006 年实现文化产业增加值 5123 亿元，比 2005 年增长 17.1%，占 GDP 的比例为 2.45%。根据国家统计局最新公布的资料推算，2007 年我国实现文化产业增加值大约是 6412 亿元，比 2006 年增长 18.4%，占 GDP 的比重为 2.6%。在许多地方，文化产业的增长速度大大高于经济增长速度，已成为当地扩大就业空间、促进经济增长的重要支柱产业。

目前，各类社会资本发展文化产业的热情空前高涨，初步形成以公有制为主体、多种所有制共同发展的文化产业格局和多门类、多层次、多样化的文化生产和服务体系。据统计，2007 年我国经营性文化产业机构已达 32 万家，形成由娱乐业、演出业、音像业、网络文化业、文化旅游业、文物和艺术品业等构成的文化产业体系。

（二）一批具有较强实力、竞争力、影响力和自主创新能力的文化产业骨干企业成长起来，文化产业规模化、集约化、专业化水平不断提高

为培育市场主体，增强微观活力，加快文化产业基地和区域性特色文化产业群建设，从 2004 年开始，文化部先后命名了三批 137 家国家文化产业示范基地。文化部文化产业司还与中国美术家协会共同命名了三批 10 家“文化（美术）产业示范基地”。为规范命名工作，文化部专门下发了《国家文化产业示范基地评选命名管理办法》，建立了巡检制度。全国有 28 个省、自治区、

直辖市评出468个省级文化产业示范基地。文化部和各地采取举办培训班、组织出国考察、参加国际论坛、召开座谈会听取意见、加大宣传力度等措施，积极引导扶持国家和省级文化产业示范基地健康发展。2003年以来，文化产业司先后编辑出版了两册《中国文化产业典型案例选编》、一册《国际文化产业典型案例选编》。为推广宣传国家文化产业示范基地的经验，扩大国家文化产业示范基地的对外影响，2007年还编辑出版了中英文版的《国家文化产业示范基地巡礼》大型画册。目前，各示范基地发展势头很好，多数成为当地文化产业的骨干企业，有效地发挥了示范、辐射和带动作用。2007年11月，由中宣部牵头，《光明日报》《经济日报》组织开展了“首届全国文化企业30强”评选活动，评选出的文化艺术类前10强企业，都是文化部命名的国家文化产业示范基地。

为引导我国文化产业向规模化、集约化、专业化方向发展，充分发挥集聚效应，2007年和2008年，文化部命名了两批4家国家级文化产业示范园区。西安曲江新区管委会挖掘历史文化资源，突出盛唐文化主题，打造了中国最大的唐文化展示区，已成为一个含娱乐、旅游、影视、动漫、出版、会展、广告等行业在内的国家级文化产业示范园区。深圳华侨城集团公司以锦绣中华微缩景区为开端，相继建成锦绣中华、中国民俗文化村、世界之窗、欢乐谷、东部华侨城等主题公园，形成了一个集文化、旅游、娱乐、休闲、体育、购物于一体的面积近15平方公里的国家级文化产业示范园区。曲阜新区文化产业园相继推出一系列以孔子文化为特色的文化产品和服务，建设了孔子六艺城、孔子研究院、论语碑苑、杏坛剧场、明故城墙等文化设施，扶持发展孔子文化旅游、孔子文化演艺、孔府餐饮文化、文化书画业、文物复制品、文化会展博览和旅游商品销售等文化产业门类。园区内已建成并开放40万平方米的孔子文化商品市场和9万平方米的孔子文化会展中心。2007年，接待中外游客600万人次，文化产业和文化旅游总收入30亿元。沈阳棋盘山开发区出资组建了文化产业发展公司，建设了沈阳世界园艺博览园、关东影视城等一系列文化设施和产业园区，举办了“2006中国沈阳世界园艺博览会”“2007 中国沈阳世界文化与自然遗产博览会”“沈阳国际冰雪节”“世界奥林匹克文化展示会”和“2008 中国沈阳世界摄影节”等大型文化旅游活动。2007 年该区实现生产总值 18 亿元，同比增长 25%，完成固定资产投资 60 亿元，同比增长 38%。

（三）文化产业政策体系逐步完善，为促进文化产业发展提供了强有力的政策支撑，营造了加快文化产业发展的良好环境

改革开放 30 年来，特别是党的十六大以来，国务院、文化部以及相关部门始终把完善文化产业政策作为重点工作来抓，先后制定出台了一系列促进文化产业发展的政策和文件。如《文化产业发展第十个五年计划纲要》《文化部关于支持和促进文化产业发展的若干意见》《文化部关于鼓励、支持和引导非公有制经济发展文化产业的意见》《关于文化体制改革试点中支持文化产业发展若干税收政策问题的通知》《关于非公有资本进入文化产业的若干决定》《关于文化领域引进外资的若干意见》《关于鼓励和支持文化产品和服务出口的若干政策》等。各地文化行政部门也把制定政策作为发展文化产业的重要任务来抓。31 个省、自治区、市和新疆建设兵团以及 5 个计划单列市中，有 33 个制定出台了扶持文化产业发展的政策措施，其中 28 个省市出台了 85 个文化产业政策文件，22 个省市制定下发了 26 个文化产业发展规划和纲要，23 个省市设立了扶持文化产业发展专项资金。

这些重要政策，为促进我国文化产业发展提供了强有力的政策支撑。如国务院《关于非公有资本进入文化产业的若干决定》和文化部《关于鼓励、支持和引导非公有经济发展文化产业的意见》下发后，非公有资本进入文化产业领域的步伐不断加快。据统计，文化部管理的文化企业，国有企业和民营企业的比例数已由 2004 年的 1:1 发展到 1:4。2007 全国共有国办艺术院团 2850 个，而民营文艺表演团体已超过 6800 家。民营文化企业已成为我国发展文化产业的一支不可缺少的重要力量。

（四）国际间文化产业领域的多边交流与合作得到加强，推出一批影响较大的出口文化品牌，中国文化产品和服务“走出去”初见成效

由文化部发起、中日韩三国政府文化部门共同创办的中日韩文化产业论坛已成功举办七届。在广西壮族自治区南宁市举办的中国—东盟文化产业论坛也已进行了三届。文化部还组织了一系列对外文化产业交流活动，如与澳大利亚演出协会合作举办了中澳表演艺术经纪人研讨会，与英国合作举办了中英创意文化交流大会，组团观摩考察了威尼斯双年展和德国卡塞尔文献展，协助深圳文博会公司进行了海外推广，等等。这些举措有力地促进了我国在国际文化产业领域的合作和发展。

2007 年，文化部与商务部等六部门出台了《文化产品和服务出口指导目录》，公布了《2007—2008 年度国家文化出口重点企业和文化出口重点项目》，并奖励了 2005 年以来在国际文化市场上表现出色的优秀出口文化企业和优秀出口文化产品和服务项目。目前，我国文化产品和服务出口形势越来越好，培育出像杂技芭蕾《天鹅湖》、原生态歌舞《云南映象》、舞蹈《杨贵妃》等一批具有民族文化特色、自主知识产权和原创性的知名文化品牌，中华文化国际影响力不断扩大。据商务部统计，2007 年我国文化产品和服务进出口贸易总额为 166. 4 亿美元，其中核心文化产品进出口贸易总额达到 129. 2 亿美元，比 2006 年增长 26. 6%，是 2001 年的 3. 7 倍；文化服务进出口贸易总额为 37. 2 亿美元，比 2006 年增长 39. 9%，是 2001 年的 6. 1 倍。我国文化产品进出口不平衡的局面有所改变。

（五）政府产业引导和公共服务职能得到进一步加强，初步建立了文化系统推动文化产业发展的工作机制

根据社会主义文化建设的内在规律和市场经济体制的客观要求，近年来，全国文化系统在实践中不断探索推动文化产业快速发展的有效机制和途径，着力在转变政府职能、强化服务功能和加强宏观指导上下功夫，逐步形成一套比较完善的产业运行机制和工作交流平台。如通过积极协调所构建的文化产业博览会格局，在推进文化产业快速发展方面发挥了重要的引擎作用。文化部与相关部门共同举办的中国（深圳）国际文化产业博览交易会、中国西部文化产业博览会等四个国家级文化展会，自2004年11月以来，累计举办了11届，11800多家企业参展，合同金额达2580亿元。再如2006年12月，文化部启动的文化产业项目服务工程，通过整合全国各地的文化资源，在中国文化产业网站上设立了国家文化产品、服务项目和投融资项目资源库，在生产者与消费者、投融资项目与投资者之间搭建了一个相互沟通的桥梁，为各类社会资本进入我国文化产业领域提供了全面、便捷和有效的服务。截至2008年年底，中国文化产业网累计访问量已达6100万次，覆盖181个国家和地区，日均访问量达5万次以上。第四届深圳文博会期间，网站日均访问量达123万次。2008年5月，该项目资源库在中宣部举办的文化发展战略论坛上，被文化部、商务部、广电总局和新闻出版总署等共同评为中国文化产业10大创新奖之一。

（六）建设了一批国家文化产业研究机构和文化产业人才培训基地，培养了一批具有较强战斗力的文化产业干部队伍和具有较高理论造诣的研究队伍

为培养一支有文化、懂经营、会管理的文化产业干部队伍，文化部采取多种措施，加大人才培养力度。2004年以来，连续五年在西部地区举办文化产业经营管理人才培训班。2005年与北京卓达经济研修学院合作设立了首家国家文化产业人才培训基地，并在培训基地举办了多期文化产业高层研修班。2005年和2006年，为培养国际化、专业化人才，连续两年组织中国演艺界高层管理人员到美国肯尼迪艺术中心进行专业培训。2007年，联合中国社会科学院研究生院开办了文化产业管理方向的MPA班。同时，各个国家文化产业创新与发展研究基地和国家文化产业研究中心也主动组织了文化产业人才培训工作。据不完全统计，已先后举办了131期文化产业培训班，累计培训学

员7634名，其中社会培训73个班次、6328名学员；学历教育58个班次、1306名学员。为调动广大文化产业干部的工作积极性，2008年10月，在第二次全国文化系统文化产业工作会议上，文化部还表彰了近10年来为发展文化产业做出突出贡献的60名先进集体和100名先进个人。

文化产业理论研究工作取得长足进步。1999年1月，在大连召开了全国文化产业发展研讨会。1999年和2002年分别与上海交通大学、北京大学合作设立了两个国家文化产业创新与发展研究基地之后，2005年与中国传媒大学、深圳市文化产业研究所合作设立了国家对外文化贸易理论研究基地。2007年又与清华大学、南京大学、南京航空航天大学、中国海洋大学、华中师范大学、云南大学等6所高校合作建设了国家文化产业研究中心，每年给研究基地和研究中心下达研究课题任务，并给予必要的资金扶持。这些研究基地和研究中心活跃在文化产业理论研究的前沿，对涉及文化产业发展的一系列重大问题进行了广泛深入的前瞻性研究，为中央和地方政府决策提供了有效的智力支持，为探索中国特色文化产业发展道路发挥了引领作用。

三、30年文化产业发展的重要经验

改革开放30年，特别是1998年文化部成立文化产业司以来的10年，是文化系统坚定不移贯彻落实党的十六大、十七大精神，主动学习实践科学发展观的10年；是文化系统坚持从实际出发，持之以恒地推动文化产业又好又快发展的10年。10年来的工作实践，使文化系统积累了大量宝贵的经验，概括起来，主要有以下六条：

（一）要促进文化产业又好又快发展，必须坚决贯彻落实科学发展观的要求，推动文化产业全面协调可持续发展

科学发展观高度概括和总结了国内外的发展经验，揭示了经济社会发展的客观规律，是发展中国特色社会主义必须坚持和贯彻的重大战略思想，同

样也是发展中国特色文化产业所必须把握的重要原则。近几年，在指导文化系统文化产业发展上，我们坚持按照科学发展观的要求，把发展的着力点放在满足人民群众精神文化需求和促进人的全面发展上，同时妥善处理社会效益与经济效益的关系。我们反复强调，发展文化产业要充分考虑不同区域之间的文化差异和经济不平衡性，坚持从中国的国情出发，统筹兼顾不同地区的文化产业发展，尤其是加大对西部地区文化产业的扶持力度。文化部积极支持农村发展文化产业，在文化部命名的第三批59个国家文化产业示范基地中，有10个是涉及农村的文化产业群和文化企业。我们时常提醒大家，发展文化产业必须按经济规律办事，决不能单凭热情、凭干劲、凭良好的主观愿望，更不能搞突击，搞“大跃进”，搞形式主义。要认真分析市场需求和人们的消费心理，深入研究投入与产出的关系，等等。由于始终保持了比较清醒的头脑，文化系统的文化产业工作从没有出现大起大落的现象。

（二）要促进文化产业又好又快发展，必须切实转变政府职能，不断提高政府部门的宏观管理水平

根据国家关于政府部门要认真履行政策调节、市场监管、社会管理和公共服务四项主要职能的要求，近年来，文化部狠抓了完善产业政策、培育市场主体、创新文化业态、搭建服务平台、引导产品出口、加强理论研究等关键环节，特别是对文化系统文化产业工作进行了有效的宏观调控和协调指导。如2004年首届深圳文博会的成功举办，激发了各地举办展会的热情，许多地方纷纷向文化部申请举办文化产业博览会。面对这种情况，我们及时进行了研究，认为在文化产业发展的初期，政府适当引导，打造几个交易平台是可以的，但是博览会最终是市场的产物，必须按市场经济规律办事。为此，文化部专门下发通知，提出今后重点扶持中国（深圳）国际文化产业博览交易会，同时，打造中国西部文化产业博览会等几个面向国内市场的博览会，并在时间与布局上错开，从而避免了由于博览会过多过滥、相互冲击而造成的资源浪费问题。再如，2006年12月，文化部文化产业司经过反复论证，决定

把自己主办的中国文化产业网站委托给深圳报业集团和深圳国际文化产业博览会公司管理运营，这既符合国家关于把不适合由政府部门办的事情交给企业和中介机构办的要求，实现了由办文化向管文化的转变，又使中国文化产业网站越办越好，质量越来越高，影响越来越大。

（三）要促进文化产业又好又快发展，必须坚持从各地实际出发，打造具有地方特色的文化产业重点项目

近年来，为避免同质化发展、恶性竞争，我们鼓励引导各地立足于本地实际，因地制宜地发展文化产业，培育出一大批独具特色的文化产业项目。如广西壮族自治区阳朔所精心创作的融真山真水和民族歌舞于一体的大型山水实景演出《印象·刘三姐》，不仅给观众带来美的享受，而且创造了很好的经济效益。该项目推出四年来，已演出1400多场，观众260万人次，票房收入超过了5亿元，年创利润3000多万元，年均上缴税金250多万元。演艺业与旅游业紧密结合，共同打造特色演艺项目，最终实现互利共赢，已成为一种成功的运行模式。如上海的《ERA——时空之旅》、北京《蝶》、西安的《长恨歌》、成都的《金沙》、云南的《丽水金沙》、杭州的《印象·西湖》、海口的《印象·海南岛》、河南的《禅宗少林》等，都属于这种类型。

（四）要促进文化产业又好又快发展，必须在政府积极引导的前提下，充分发挥市场配置资源的基础性作用

文化产业发展的实践，使文化系统初步形成“党委领导、政府管理、行业自律、文化企业依法运营”的管理体制，政府与市场的作用日益明晰。根据政企分开、政事分开、管办分离的原则，我们一方面按照社会管理的责任，积极抓好产业引导，一方面遵循市场经济的规律，注意发挥市场配置资源的基础性作用，运用市场机制调节文化产业结构升级调整，根据市场供求关系，指导文化产品和服务的生产、流通和消费。对命名为国家文化产业示范基地的文化企业，我们鼓励引导其按照市场经济的要求，自主经营，自我发展。

政府不给企业增加任何额外的负担，反而在人才培训、出国考察、参加论坛、推介产品、加大宣传等方面，提供有效的服务。

（五）要促进文化产业又好又快发展，必须树立世界眼光，积极参与国际文化产业合作与竞争

在世界经济全球化深入发展、文化多元化不可逆转的世界大趋势下，文化产业的发展离不开与世界各国的交流与合作。有没有世界眼光，在很大程度上影响和决定着我国文化产业的发展水平。近年来，我们站在时代的高起点上，以更加开放的胸襟和姿态，以更加有力的战略和举措，主动参与国际文化产业合作与竞争。不仅积极用好国内文化资源，而且主动用好国际文化资源；不仅积极开发国内文化市场，而且主动开辟国际文化市场；不仅“引进来”，学习借鉴国外先进的技术和管理经验，而且“走出去”，在参与激烈的国际文化竞争中，锻炼队伍，增长才干，抢占市场份额，提高我国文化产业整体实力和竞争力。

（六）要促进文化产业又好又快发展，必须增强创新意识，不断探索中国特色的文化产业发展道路

由于文化产业在我国是一个新兴产业，国际上没有现成的经验可以照抄照搬，国内又无成熟的做法可以借鉴。为促进我国文化产业快速发展，我们发扬改革创新精神，大胆探索，勇于实践，力求走出一条具有中国特色的文化产业道路，创造自己的发展模式。事实证明，根据我国经济、文化和社会发展现状，我国完全有可能集世界各国文化产业发展经验之大成，充分释放中国人民的智慧和创造性，发挥我国社会主义的制度优势，开创出一条有中国特色的文化产业发展之路，实现中国文化产业的跨越性发展。

四、我国文化产业发展前景展望

随着国民经济的持续增长、经济社会的加快转型以及改革开放的继续深

化，文化产业将成为拉动经济增长、提高人文素质、推动科学发展，促进社会和谐的新兴主导产业，发展前景十分广阔。

（一）随着我国人民生活水平的提高，文化消费将大幅度增加

近年来，我国国民经济持续快速发展，城乡居民的收入水平大幅上升。在基本物质生活进一步得到满足的同时，居民对精神生活有了更多更高的需求。2005 年国内城乡居民对文化消费的需求总量约为 5155 亿元，2006 年约为 5660 亿元，2007 年约为 6325 亿元。城乡居民文化消费稳步增长，新兴文化消费形式不断涌现，为推动文化产业快速发展提供了巨大的需求动力。

（二）科学发展观的提出，使文化产业在经济社会发展中的地位进一步提高

科学发展观提出后，经济指标不再是经济社会发展的唯一指挥棒，全面、协调、可持续发展的新思维已逐步深入人心。文化产业作为统筹经济社会发展的重要内容，作为资源节约型和环境友好型的朝阳产业，正好契合了科学发展观的内在要求。发展文化产业作为推动科学发展、促进社会和谐的重要举措，已经被许多地方纳入经济社会发展战略之中。特别是在文化消费水平较高、文化资源丰厚、文化特色突出的地区，文化产业完全可以成为国民经济的支柱产业，并带动区域文化的大发展大繁荣。

（三）文化体制改革全面推进，文化产业发展获得更加广阔的发展空间

深化文化体制改革是以胡锦涛同志为总书记的党中央作出的一项关系社会主义现代化建设全局的重大决策，是全面落实科学发展观，构建社会主义和谐社会，建立完善社会主义市场经济体制，满足人民群众日益增长的物质文化需求，推动中华文化走向世界的必然要求。随着文化体制改革的加快推进，国有经营性文化单位转企改制将加快步伐，文化市场主体将得以重塑，文化领域微观主体的活力将大大增强，一批国有或国有控股的大型文化企业和企业集团，将成为文化市场的主导力量和文化产业的战略投资者，带动文

化产业实现快速发展。同时，文化体制改革在加快转变政府职能，改善文化领域宏观调控，完善文化市场体系等关键环节也将实现新的突破，从而为文化产业发展创造更好的外部环境。

（四）后发的科学技术优势，促使我国文化产业高端起步

截至2008年年底，我国网民数达到2.98亿，居世界第一位，手机网民数达1.137亿。以信息产业为代表的高新技术迅猛发展，为文化产业发展提供了前所未有的有利条件。全球范围内蓬勃兴起的文化产业，正是文化和高新技术相结合的产物。文化产业与高新技术特别是信息产业相互交融、相互促进，已成为世界经济发展进程中一道令人瞩目的景观。信息技术使得文化产品的创造、传播和流通变得更加便利、更加快捷，文化内容更加丰富多彩、引人入胜。

（五）国际社会"中国热"的兴起，为中国文化产品提供了广阔的海外市场

中国改革开放以来日益强大的经济实力和不断扩大的国际影响力，以及在快速发展过程中所展现出的巨大文化魅力和独特发展模式，让越来越多的人把目光投向中国，全球范围内出现了方兴未艾的"中国热""汉语热"。随着全球"中国热""汉语热"的持续升温，国际社会对我国文化产品与服务的需求将大幅增长，从而为中华优秀文化更多地"走出去"提供广阔的国际市场。

（六）区域经济一体化趋势，为文化产业发展带来新的动力

随着我国进一步改革开放和亚太经济圈的崛起，我国和周边国家的经济联系和产业合作不断加强。已经连续举办五届的中日韩文化产业论坛已经成为三国寻求合作项目、共同开拓国际市场的一个平台，对东北亚三国加强文化产业领域的交流和合作产生了积极影响。中国—东盟文化产业论坛已经成为中国和东盟之间文化交流与合作的重要品牌，对加强中国与东盟各国之间

的文化贸易和产业合作起到了积极促进作用。从国内看，全方位多层次的区域合作正在进一步展开，长三角、珠三角、京津冀等地区经济一体化趋势明显，区域内产业结构优化、消费结构升级、文化市场统一开放、生产要素加快流动等利好因素，将为文化产业发展带来前所未有的历史机遇，一批跨地区、跨行业、跨所有制、跨媒体的文化产业集团，将率先在区域经济一体化的过程中出现，成为文化产业快速发展的新引擎。

30 年的改革开放，为我国文化产业发展奠定了坚实的物质基础，营造了良好的体制环境，提升了抵御风险的能力。今后一段时期，将是我国文化产业加速发展的重要战略机遇期。虽然当前国际金融危机持续蔓延，世界经济增长明显减速，我国文化产业不可避免受到冲击，但文化产业持续快速发展的基本态势并不会因此改变，只要我们增强信心，积极应对，文化产业必将度过寒风萧萧的严冬，迎来阳光明媚的春天。

（刊登于 2009 年《中国文化产业蓝皮书》）

解读文化部“十二五”时期文化产业倍增计划

——2012年9月11日在清华大学继续教育学院西安曲江干部进修班上的讲课提纲

今天，讲课前我先做个自我介绍：我是文化部文化产业司第一任司长，从2001年9月干到2009年初。2009年2月，司局级干部轮岗交流，我转到恭王府管理中心任党委书记，今年7月退休后，又被中华文化促进会聘任为副主席并兼任文化产业（中国）协作体执行主席，仍主管文化产业工作。

当司长期间，我曾被上海交通大学等四所大学聘为特聘研究员和兼职教授，在全国各地讲了100多节课。到恭王府管理中心工作后，有人还邀请我讲课，我说“共产党的干部是屁股指挥脑袋”，“封嘴”不讲了。今年上半年得知我要退休了，好多朋友找到我，鼓励我“重出江湖”，于是，在大家的鼓动下，我又重操旧业。

今年6月2日，在上海交通大学给贵州省文化产业高级研修班讲了一课：“怎样做一个优秀的宣传文化管理干部？”6月30日，给清华大学举办的浙江省文化产业跨越发展高级研修班讲了一课：“漫谈我国文化产业科学发展问题”。

这次，根据清华大学孙老师的要求，给你们解读一下有关文化产业政策。谈文化产业政策，我有自己的优势。因为在任文化产业司司长的8年里，不仅中国文化产业发展初期所有的重大决策和主要事件我都亲自参与了，而且文化部以及文化部与其他部门制定的所有政策我都参加了。

由于文化产业的政策体系非常庞大，这里我选一个点，就从《文化部“十二五”时期文化产业倍增计划》（以下简称《倍增计划》）开始谈起。关于《倍增计划》，今年2月28日，文化部专门召开过一个新闻发布会，励小捷副部长和刘玉珠司长在会上回答了媒体记者的一些提问。我只想根据他们的解读，结合自己的经验和体会再谈几点认识：

我认为，《倍增计划》有几个关键词必须掌握，这就是：目标、速度、比重、重点、任务、保障。

一、工作目标

《倍增计划》提出：文化产业是社会主义市场经济条件下满足人民多样化精神文化需求的重要途径，是促进社会主义文化大发展大繁荣的重要载体，是国民经济中具有先导性、战略性和支柱性的新兴朝阳产业，是推动中华文化走出去的主导力量，是推动经济结构战略性调整的重要支点和转变经济发展方式的重要着力点。

“十一五”期间，文化产业增加值年均增速远高于同期 GDP 增速，凸显出成长为国民经济支柱性产业的巨大潜力。

这句话可是来之不易。2002 年党的十六大之后，我曾依据自己判断，认为今后文化产业必将成为中国国民经济一个新的增长点，所以在各地讲课时，我不断宣传发展文化产业两个主要目标的观点。后来，有的部领导提醒我：“永章，党的十六大只说文化产业是在市场经济条件下繁荣社会主义文化、满足人民群众精神文化需求的重要途径，可从来没讲要成为新的经济增长点啊！”

2004 年 11 月 21 日，李长春同志在大芬油画村说：“我看现在有三个经济增长点，一个是高新产业，一个是现代物流业，还有一个就是文化产业。”听到这番话，我特兴奋。我以前所讲的发展文化产业的两个目标，总算找到了依据，今后可以理直气壮地宣讲这个观点了。

2007 年 10 月，党的十七大把“文化产业占国民经济比重明显提高、国际竞争力显著增强，适应人民需要的文化产品更加丰富”作为奋斗目标之一。2011 年 10 月，党的十七届六中全会又提出“加快发展文化产业，推动文化产业成为国民经济支柱性产业”“使之成为新的经济增长点、经济结构战略性调整的重要支点、转变经济发展方式的重要着力点，为推动科学发展提供重要支撑”。这个目标的增加，可以说具有战略性的意义。

二、发展速度

《倍增计划》提出，“十二五”期间，文化部门管理的文化产业增加值年平均现价增长速度高于20%，2015年比2010年至少翻一番，实现倍增。

我认为，这个目标比较切合实际。记得2001年10月，我刚到文化部文化产业司工作时，在研究起草文化产业“十五”发展规划时，有的专家就提出规划中应该有量化指标，但讨论来讨论去，最后不了了之。因为那时的条件不成熟，不仅全国文化产业的底数谁都搞不清楚，而且人们的思想观念也跟不上。2002年6月，我在文化部党组扩大会上发言说，“反映一个地方文化产业的状况，并不只是看演出了多少场节目、放了多少场电影，最重要的是要看有多少文化企业、多少就业人员、多少经济收入，创造了多少增加值、上交了多少税收，等等，通过一系列实实在在的数字来衡量工作的好坏。可惜，目前我国还缺少一套比较完整的统计指标体系。今后，要科学规划、管理、指导文化产业，全面把握文化产业的发展趋势和速度，必须要有权威部门提供的比较可靠准确的统计数据。”

2006年，在制定文化部“十一五”文化发展规划时，我们提出文化产业增加值年均增长15%的目标。当时，有人怀疑能否实现。现在看，这个目标已经超额完成了。据国家统计局公布的数据，2004年至2008年，文化产业的增加值年平均增长23.2%，2008年到2010年是24.2%。

我认为，提出一个工作目标，头脑一定不能发热，要冷静思考，实事求是。文化产业更重要的是一个经济运行的概念，必须按市场经济规律和文化规律办事，不能搞突击，不能搞“大跃进”，在条件不成熟的时候盲目发展是要摔跟头的。应该说，现在《倍增计划》提出20%的增长速度，实现还是很有把握的。

第一，这不是哪个人拍脑袋拍出来的，而是文化部组织国内比较知名的几十名专家学者历经两年多时间的调研提出来的。

第二，10多年来，我国文化产业快速发展的事实已经充分表明，只要不发生大的社会动荡和政策变动，文化产业保持现有的发展速度是完全可能的。2012年5月30日，刘玉珠曾重点介绍了文化产业五个方面的成就：一是各类规划和扶持政策陆续出台，产业环境得到进一步优化；二是文化产业骨干企业不断壮大，产业规模化、集聚化水平大大提高；三是文化产业投融资体系逐步建立，产业发展的资金短缺问题得到有效缓解；四是动漫等新兴产业迅速兴起，成为文化产业发展新亮点；五是服务平台建设扎实推进，产业发展的基础条件不断完善。这些都是实现增长指标的重要基础。

第三，人民群众对精神文化产品的需求越来越旺盛。改革开放30年来，我国经济持续增长。2003年居世界第六位，2004年超法，2006年超英，2009年超德，2011年超日。按目前速度，15年后可能超美。2012年2月22日，国家统计局初步核算，2011年全年国内生产总值471564亿元，比上年增长9.2%，约7.9万亿美元，人均5000多美元。老百姓的衣食住行问题基本得到解决后，就会有更多的资金用于文化消费。所以2008年胡锦涛总书记就说；“我国进入了文化消费的快速增长期”。

再以电影产业为例，10年间，银幕由1800块增加到9296块，2011年生产电影791多部，电影票房收入131.15亿元，比上年增长28.93%；其中国产影片票房占53.61%。现在全国有4500多家影视制作公司，电视剧生产了15000多集；2012年上半年，电影票房收入80.71亿元，同比增长41.7%。

第四，党的十七届六中全会以后，各级党委、政府对于文化产业重要性的认识上更加自觉，发展文化产业的外部环境越来越好。

第五，经过10多年的发展，我国文化产业骨干企业越来越强大，积累的经验越来越多。2012年第八届深圳文博会期间，光明日报和经济日日报联合发布第四届中国“文化企业30强”。虽然这次评选门槛提高了，增加了纳税总额、文化艺术类的税前利润项入围标准从过去的过百万元提高到过千万元，结果入围 67 家，比上年增加 14 家。30 强的总主营收入、税前利润和净资产分别为 1595 亿、225 亿和 1693 亿，与上年 30 强相比，分别增长 29.3%、64.2%和44.1%。所以，综合上述因素，对实现 20%的增长速度指标，我们应充满信心。

三、GDP 比重

这次《倍增计划》对五年后即 2015 年文化产业增加值所占 GDP 的比重没有涉及，但中央要求 2020 年以前，文化产业增加值占 GDP 的比重能够达到 5%。

据统计，在国家统计局统计标准出台前的 1998 年，全国文化产业增加值仅占国内生产总值的 0.75%。2004 年国家统计局的统计标准出台后，据国家统计局测算，2004 年，我国文化产业增加值 3440 亿元，占 GDP 的比重为 2.15%。可到了 2010 年，全国文化产业增加值就达到 11052 亿元，占 GDP 的比重上升到 2.75%。

《倍增计划》只涉及文化管理部门，中央所要求的文化产业增加值占 GDP 的 5%，还包含广电、新闻出版部门。那么，文化管理部门文化产业增加值占多大比重呢？据有关部门测算，三分之一强一些。如以 2010 年的 11052 亿为基数，全国文化系统文化产业增加值大概在 4000 亿到 4300 亿元之间。文化部《倍增计划》的倍增，是指以此为基数的倍增。即到 2015 年发展到 8000 亿至 8600 亿元。

从整个文化产业增加值的构成看，新闻出版占的比例要大一些。2012 年 1 月，第九届中国文化产业新年论坛宣布：2011 年，我国文化产业总产值预计超过 3.9 万亿元，占 GDP 比重将首次超过 3%。当然，到 2015 年，文化系统要实现倍增目标，任务还是很艰巨的，决不能掉以轻心。

四、重点行业

这次，《倍增计划》，提出“十二五”期间要重点发展 11 个行业，即演艺业、娱乐业、动漫业、游戏业、文化旅游业、艺术品业、工艺美术业、文化会展业、创意设计业、网络文化业、数字文化服务业。

2003 年 9 月 4 日，我在任时制定的《文化部关于支持和促进文化产业发展的若干意见》，将文化产业的范围界定为演出业、影视业、音像业、文化娱乐业、文化旅游业、网络文化业、图书报刊业、文物和艺术品业以及艺术培训业等九大行业门类。

这些年文化部管理的文化产业的外延一直在不断变化，有的是划出去了，如电影；有的是行业萎缩了，如音像；有的是新兴产业，如动漫、游戏、数字文化服务业。可这次《倍增计划》变化比较大的是，增加了创意设计业这样一个新行业门类。

我理解，文化部的愿望是，将文化创意纳入文化产业的管理范围，可从各地执行情况看，难度比较大。目前全国文化产业宣传口径不统一的局面已经很难扭转了。

文化产业的外延大小涉及文化产业的统计口径，而文化产业的统计口径又决定了其占 GDP 的比重，三者之间关系极大。如 2010 年按国家统计局统计口径，全国文化产业增加值占 GDP 的比重为 2. 75%，可北京文化创意产业增加值占 GDP 的比重已达到 12. 1% 了。这主要是统计口径不统一。

在我当司长那些年，耗气力最大的一件事，就是想努力厘清“文化产业”“创意产业”“文化创意产业”的关系。

本来党的十六大将文化产业写入政治报告后，这是我党文化建设理论的一个重大突破。可是个别学者又将英国“创意产业”的概念引入国内。“创意产业”的概念开始推销给了上海，结果在上海形成市委宣传部抓文化产业、经济委员会抓创意产业，而两个部门所抓的产业又相互交叉的局面。2006 年

10 月 17 日，我陪孙家正部长到上海参加第八届上海国际艺术节，孙部长说："现在概念太多、太混乱。"

2007 年以来，上海市决定将创意产业的范围扩大到五个方面：一是研发设计创意。二是建筑设计创意。三是文化传媒创意。四是咨询策划创意为企业或个人提供各类商业、投资、教育、生活消费及其他咨询、策划服务的创意活动，包括市场调查、证券咨询、保险咨询、会展策划等。五是时尚消费创意。包括旅游、休闲、时尚、美容、美食、婚庆、节庆、摄影等行业的设计策划。从中我们可以看出，上海的创意产业离文化越来越远，已成为服务业的概念。

北京市也不甘落后。本来北京市已经制订了《2004—2008 文化产业发展规划》。2006 年，又提出发展文化创意产业，并制定了产业分类标准，划为文化艺术、新闻出版、广播、电视、电影、软件、网络及计算机服务、设计服务、旅游、休闲娱乐等 9 个门类，将中关村软件园、清华科技园以及大红门服装批发市场等都纳入文化创意产业的管理范围。

按说，我们现在是创新的年代，应该允许各地大胆探索创新，不应该说三道四。问题是，这些城市的做法，已经在全国宣传文化界造成一定混乱，让人们感到无所适从，不知该按照国家倡导的文化产业的口径去抓、去宣传、去统计，还是按照这些地方的创意产业、文化创意产业的口径去抓、去宣传、去统计。江苏省和浙江省分别按照国家的统计标准，但其中苏州市和杭州市就按自己的统计标准。

作为政府职能部门的主要负责人，面对这种混乱状况，我不能听之任之。于是我通过各种渠道、在各种不同场合积极反映自己的意见。我在《中国文化报》上专门发表过对"文化产业"与"创意产业"探析的文章，通过《人民日报》内参给中央领导同志表述过看法，在各地讲课，包括给北京市的干部讲课，都明确阐述了自己的观点。

本来世界各国对文化产业没有统一的概念。美国一般说是文化娱乐业和信息服务业。日本凡是与文化相关联的产业都属于文化产业。韩国的文化产业，主要指与文化内容产品开发、制作、生产、交流、消费有关的服务业。

1997年，英国新工党上台后，起草了《创造性的未来》文件，1998年才提出“创意产业”的概念，他们是指“来自于个人的创造性、技能与智慧，通过对知识产权的开发生产可创造潜在的财富和就业机会的活动”。与我国的“文化产业”，虽然内涵上有所区别，但外延基本是相同的。

我在职期间，虽然未能彻底扭转局面，但对于及时澄清人们思想上、理论上的模糊认识，防止“创意产业”“文化创意产业”概念的过度泛滥和肆意传播，起到了一定的遏制作用。2008年11月，有一位领导给刘延东同志写信，要求成立中国文化创意产业协会。12月18日，文化产业司回复了六条办理意见，认为根据目前我国文化产业的发展状况，不宜成立中国创意产业协会，而应成立中国文化产业协会。大意是：

一、党的十六大、十七大以来，国家始终强调的是大力发展文化产业，而且目前社会主义文化建设既包括公益性文化事业，又包括经营性文化产业，坚持两手抓、两加强，在全国上下已达成共识，国家统计局又专门制定公布了文化及相关产业的统计指标体系。在这种情况下，再在全国推出创意产业的概念并成立行业协会，不合时宜。

二、据我们了解，全国已有13个省、市、自治区成立了文化产业协会或促进会，还有4个省、市、自治区正在筹备成立文化产业协会。创意产业并非同一属性的行业集合，不仅涉及的部门多、行业多，运作起来也十分困难。

三、创意产业是近年来我国部分学者照抄照搬英国的一个泛文化的概念，不宜在我国加以推广。既容易把领导和群众的思想搞乱，又不利于产业政策的制定和文化产业的发展。

四、文化产业本身就是内容产业，其核心和源头就是创造、创新、创意。文化产业与创意发展并不矛盾。如果讲创意，各行各业都有创意，创意不应该也不可能单独成为一个产业。

五、目前各种新概念的泛滥已对我国文化产业的健康发展造成一定的干扰。

六、我们认为，在一定时期内，保持国家重大决策的一贯性、连续性和稳定性十分重要，凡涉及国家大政方针和产业分类等重大政策的宣传更应格外慎重。

2008 年，国务院张鹤镛等 5 位参事经过近一年时间调研，向有关领导提出当前我国文化产业发展中概念混乱的问题。认为，一是造成全国范围内文化产业统计工作的混乱，既难以真实摸清文化产业的“家底”，亦使各地文化产业发展情况失去可比性；二是统计范围和数字的扩大无法准确显示以致削弱了发展文化产业的意义；三是不利于有关文化产业的政策与法律法规的制定，直接妨碍和影响文化产业的发展。

2009 年 7 月 22 日，国务院制定下发的《文化产业振兴规划》，将“文化创意”纳入文化产业的管理范围，列为八大重点文化产业之一。这是一大进步。

今年 7 月，上海交通大学发布 2013 中国文化产业发展指数报告，在分析问题时指出，我国一些省市在文化产业成果统计方面，存在口径偏宽的现象。地方政府将经济发展中的 GDP 倾向渗透到文化产业领域，为凸显成果而采用宽泛的“文化创意产业”统计概念。

有记者曾问国家统计局社科文司首席统计师关晓静：有些国家和地区使用“创意产业”或“文化创意产业”等名称，包括我国部分省市也在使用与国家统计局不一样的名称，你怎么看？

关晓静回答：文化产业总体上来说还是一个新生事物，各国都根据本国的实际情况使用不完全相同的概念和统计范围。我国《文化及相关产业分类（2012）》的修订参考借鉴了联合国教科文组织的《文化统计框架（2009）》。文化创意的确是文化产业的重要内容。我国《文化及相关产业分类（2012）》将“文化创意和设计服务”单独设为一个大类。国内很多地区希望根据地方特色，建立自己的统计范围和标准，为当地文化产业发展决策服务，但这些地方规定的标准和范围不同，相互之间不太具有可比性。我认为，首先要按照国家统一标准规定的范围进行统计，并由国家统计局进行审核认定，以保证数据的规范和质量，保证各地区数据的可比性。

国家权威部门的态度已很明确了。根据国家统计局的口径，今年9月7日，光明日报公布北京2012年文化产业增加值1474.9亿元，占GDP的比重为8.2%，一下子削掉1/3。上海由10.02%落到6.2%。

五、主要任务

文化部《倍增计划》提出十个方面的主要任务：一是培育壮大市场主体；二是转变文化产业发展方式；三是优化文化产业布局；四是加强文化产品创作生产的引导；五是扩大文化消费；六是推进文化科技创新；七是实施重大项目带动战略；八是健全投融资体系；九是强化人才支撑；十是推动文化产业“走出去”。因为这些任务都很具体，时间关系无法一一解读，结合我个人的体会和文化产业的实际，讲几个重点问题。

（一）关于培育市场主体

我任司长时经常说，发展文化产业靠什么，靠文化企业。促进文化产业发展，必须把功夫用在培育市场主体、增强微观活力上。为催生一批有较强实力、竞争力、影响力和自主创新能力的大型文化企业和企业集团，2004年文化部开始命名国家文化产业示范基地，两年一次。我在任期间命名了三批134家。当时制定的管理办法，对国家文化产业示范基地实行动态管理。2009年撤销了3家，2012年3月，又撤销了4家。

培育市场主体说起来容易，做起来其实很难，树立的哪一个典型都费了不少劲。如深圳大芬油画村，2004年6月22日，我到深圳了解首届中国（深圳）国际文化产业博览会筹备情况，第二天，到大芬油画村分会场进行调研。开始，我觉得村里的环境不是很好。陪同我的龙岗区布吉镇党委书记赵燕民表示：“王司长，请你放心，过几个月你再来看看，我们肯定会让你满意的！”2004年11月14日，在举办首届深圳文博会的前几天，我到大芬油画村又实地考察了一遍。这次让我大吃一惊。他们一下子拆了四座居民楼、搬迁了几百户村民，建设了一个分会场会址，整个村里的面貌焕然一新。

大芬油画村分会场的开幕主会场提前一天，定在2004年11月17日上午10点。当时，我想无论如何也要请一位部领导来参加大芬油画村分会场的开幕式活动。但是，向分管部领导汇报后，领导一听说是村里的活动，开始不同意参加。后来听了我的反复介绍后，分管副部长孟晓驷决定参加大芬油画村分会场的开幕式活动。那天上午活动一结束，孟部长就激动地对我说："永章，你快问问孙家正部长现在在哪里？"接到电话后，孙家正部长马上推掉中午深圳市领导的接待活动赶到了大芬村。

下午，孙家正部长看后也赞叹不已，说："明天深圳文博会开幕式结束后，我一定邀请刘云山同志到大芬油画村来看看。"就这样，11月18日上午，首届中国（深圳）国际文化产业博览会开幕式结束后，刘云山同志又直奔大芬油画村，考察半天后深有感触地说："堪称奇迹啊！"当即指示中央各大新闻媒体要加大宣传力度。要求中央电视台要到现场做专题节目。2004年11月21日下午，李长春同志视察完深圳文博会主场馆后，也立即赶往大芬油画村。

现在，大芬油画村在全国的知名度越来越高，逐渐成为深圳市文化产业的一张亮丽名片。只要有中央和世界各地的重要客人来深圳，必定安排到大芬油画村参观考察。2006年7月13日，时任龙岗区委书记李铭给我颁发了"大芬油画村荣誉村民"证书。现在每年都邀请我去参加活动。2011年实现35亿产值，原创画家已有300多人。2012年5月，还在澳大利亚墨尔本开设了大芬油画村展销中心。

2004年，在贯彻落实文化部《若干意见》的过程中，我意识到，要加快发展或快速发展，单纯依靠国有文化单位根本不可能。你说，文化系统真正能赚钱给国家上缴税收的单位有几个？开始，部领导对民营企业进入文化产业领域不放心，我就用电影界的情况来说服领导。2002年我国共生产了100部电影，其中70部是国有电影制片厂拍摄的、30部是民营电影制作机构拍摄的。可到了年底评选时，最差的10部全是国有电影制片厂拍摄的，最佳的10部全是民营电影制作机构拍摄的。

思想观念解决后，2004年10月18日，文化部下发《关于鼓励、支持和引导非公有制经济发展文化产业的意见》。第二天，中宣部副部长李从军就给部领导打来电话，说社会上对中宣部的《舆情反映》这份文件评价很高，认为文化部领导思想观念超前，有创新意识。由此，国务院2005年4月出台了《关于非公有资本进入文化产业的若干决定》。

可以说，当初如果没有思想观念和政策层面上的率先创新，没有非公经济的介入，中国文化产业不可能有今天这样一个蓬勃发展的大好局面。现在，非公有制文化企业已经成为我国文化产业一支不可缺少的力量。4500多家影视制作公司，70%是民营机构生产的，民营演出团体数量也已超过国有。时隔8年之后，2012年6月28日，文化部又下发了《关于鼓励和引导民间资本进入文化领域的若干意见》。

这次文化部《倍增计划》明确指出，非公有制文化企业在资金扶持、项目评审、投融资、税收优惠、人才引进、奖励表彰、土地使用等方面与国有文化企业一视同仁，营造公平参与市场竞争、同等受到法律保护的体制和法制环境。

对民营文化企业不仅要有正确的认识，还要满腔热情地关心、爱护他们。2009年我到恭王府管理中心工作后，前来看望我的人一直没间断，主要是在职时服务意识好，结交了许多朋友。如四川建川博物馆聚落现在全国名气已很大了，当年在关键时刻如果不是我的大力支持，也不可能发展到今天。

我是2002年5月25日在参观由四川省主办的中国西部文化产业博洽会期间认识樊建川的，他那时在博览会的一个角落里摆了一个不大的文物摊点。当时我就告诉文化厅产业处长彭健康，引导樊建川进入文化产业领域。开始，樊建川计划把博物馆聚落建在都江堰市，后来经过反复比较，最后决定建在成都市大邑县安仁镇。2008年“5·12”汶川大地震发生后，我的第一反应就是建川博物馆聚落幸亏没有建在都江堰市。汶川大地震的当天下午，我就让司里的同志迅速了解四川省各个国家文化产业示范基地的受损情况。

大邑县安仁镇是一个历史文化古镇，也是大地主刘文彩、四川大军阀刘文辉（解放战争期间起义，后任四川省政协副主席）、国民党高级将领刘湘的故乡。镇上遗存了20多个清末民初建设的老院落。樊建川决定在安仁镇“安营扎寨”后，一口气买下13个老院落和500亩地，把集团总部也搬到了安仁镇。

2004年6月10日，我第一次到安仁镇考察时，樊建川向我汇报了在安仁镇打造一个由25个单体博物馆组成的博物馆聚落的宏伟设想。25个单体博物馆的设计方案都是邀请国内外著名的建筑设计师设计的。他计划一期投资3个亿，先建与抗战有关的5个博物馆，包括共军馆、国军馆、美军馆、川军馆和战俘馆。

听完樊建川的汇报，我当即表示：“你的想法很好，但是有一点我必须提醒你：关于抗战的历史和‘文革’的历史，绝不是一个民营企业所能评价和定位的。今后博物馆展出的物件和内容，特别是你计划在广场上搞的抗日200壮士的雕像，一定要慎重，必须经上级有关部门审查通过。”

我还说：“既然你希望能够挂上国家文化产业示范基地的牌子，那就不能在政治上出现‘硬伤’，否则，即便是挂上了，今后如出现问题，还是要给你再摘掉。因此，我建议你在博物馆聚落建设的初期，能够请中宣部的有关领导和专家来把把关。需要的时候，我可以出面帮你们请。”

听了我这番话，樊建川说：“王司长，请你放心，我们所有的筹展工作都是在中国抗战学会指导下进行的。”我说：“中国抗战学会只是一个学术机构，不是个决策机构。如有可能的话，我还是希望你请更高层次的专家给把把关，这样会更稳妥一些。”对于我的建议樊建川表示接受。

2005年7月中旬，我到成都市筹备召开第四届中日韩文化产业论坛期间，陪同文化部部长助理丁伟又到安仁镇进行了考察。那时，樊建川正在加班加点、热火朝天地搞建设。我问樊建川：“博物馆的陈列内容请有关部门审查过了吗？”樊建川回答：“请司长放心，成都市委宣传部专门派了一个专家班子，已经在这里待了三个月了，所有展馆的陈列大纲和展出藏品都经由他们审查通过。”

一听说当地宣传部门介入了，我就没再说什么。四川省安仁镇大张旗鼓搞抗战博物馆建设的消息，在社会上传播开后，各种反映通过不同的渠道传递到中央政治局委员、中宣部部长刘云山同志的案头。在安仁镇这样一个地方大搞抗日战争纪念设施行吗？刘云山同志见到这些信息后，就批示中宣部宣教局牵头，到四川省实地调研一下，提出具体处理意见。中宣部宣教局一听说四川建川文化产业实业集团是一个民营文化企业，就将这件事批转给文化部来调研解决。

根据孙家正部长的指示，我当时安排在文化产业司一位副司长任调研组长，带领中央文献研究室、中央党史研究室、国家博物馆、国家文物局等部门有关领导和专家组成的调研组，于 2005 年 9 月 6 日至 9 日，到四川省大邑县安仁镇进行了实地调研。

临行前，我给这位副司长交代：“在国家大力鼓励支持非公经济进入文化产业领域的形势下，一个民营企业做了国家想做而做不了的事情，这本身就值得肯定。你们这次调研首先要从保护民营企业发展文化产业的积极性出发，不要轻易做否定的结论，有什么问题帮助它们解决。”

调研组抵达四川一周后就拿出调研报告，并提出六条建议。孙家正部长批示文化部办公厅迅速上报给中宣部，刘云山同志阅后批示四川省委宣传部按照调研组提出的六条建议，切实抓好落实。

至此，一场危机化解了。问题是，经过这番折腾，本来准备 2005 年 8 月 9 日纪念抗日战争胜利 60 周年时举行建川博物馆聚落开馆仪式，直到 12 月 23 日，建川博物馆聚落才正式对外开放，把一个绝好的时机给错过了。

2006 年 5 月 29 日，文化部召开第一次全国文化系统文化产业工作现场经验交流会。我们将国家文化产业示范基地的铜牌颁发给了建川文化产业实业集团。樊建川激动地表示：我已与妻子商量了，今后将把建川博物馆聚落的全部资产无偿地捐献给国家。

截至2011年年底，建川博物馆聚落已开放抗战、民俗、红色年代艺术品三大系列20多个馆。2008年下半年，他抓住时机创办了纪念汶川“5·12”大地震博物馆。馆中收集了中国人民抗震救灾过程中遗存的大量珍贵的实物和图片，包括温家宝总理站在废墟上讲话时所拿的话筒、解放军某作战部队进入灾区所乘坐的第一艘冲锋舟，还有在地震中顽强坚持39天的“猪坚强”等。

2010年4月9日上午，我和中央党校的同学到四川调研，顺便参观了建川博物馆聚落，樊建川专门从外地赶了回去，一见面就兴奋地对我们同学说：“王司长是我们的大恩人，没有王司长的鼎力相助，建川博物馆聚落不可能会有今天！”

（二）关于转变文化产业发展方式

《倍增计划》提出要鼓励集聚发展，建设10家左右高起点、规模化、代表国家水准和未来发展方向的国家级文化产业示范园区和一批集聚效应明显的文化产业示范基地。

为引导我国文化产业向规模化、规范化、集约化方向发展，2007年6月25日，文化部决定命名西安曲江新区和深圳华侨城集团公司为首批国家级文化产业示范园区。2008年5月13日，又命名曲阜新区文化产业园和沈阳棋盘山开发区为第二批国家级文化产业示范园区，在全国形成东西南北各一个的发展格局。

在我离开文化产业司后，园区命名工作也延续下来。2011年2月28日，文化部又命名河南开封宋都古城文化产业园区和上海张江文化产业园区为第三批国家级文化产业示范园区。同时，命名广州北岸文化码头、黑龙江（大庆）文化创意产业园、长沙天心文化产业园区、中国曲阳雕塑文化产业园等4家国家级文化产业试验园区。

2012年7月27日，公示了第四批69家基地、两个园区和四个试验园区。2012年5月，蔡武部长在答记者问时说：“国家文化产业示范基地和示范园区总收入规模达到2500亿元，总利润超过365亿元。”

现在，文化产业基地和园区也写进了中央、国务院文件。2009年7月，国务院《文化产业振兴规划》指出，“加快文化产业园区和基地建设。加强对文化产业园区和基地布局的统筹规划，坚持标准、突出特色、提高水平，促进各种资源合理配置和产业分工。对符合规划的产业园区和基地，在基础设施建设、土地使用、税收政策等方面给予支持。”

2011年10月，党的十七届六中全会强调：“优化文化产业布局，发挥东中西部地区各自优势，加强文化产业基地规划和建设，发展文化产业集群，提高文化产业规模化、集约化、专业化水平。”

《倍增计划》提出，要以国家文化产业示范基地为依托，培育300家左右品牌文化企业。强调加强对文化产业园区、基地布局的统筹规划，坚持命名和认定的标准，严格控制文化产业园区、基地数量，强调文化内容，突出各自特色，提高发展水平。

现在绝大多数国家文化产业示范基地发展很好，像上海《ERA——时空之旅》，2005年9月首演，2012年3月底，2577场、票房收入2.7亿，其中70%为外汇，观众259万，70%是外国观众。杭州宋城继《宋城千古情》之后，又推出《吴越千古情》，今年1至5月份实现营业收入19682.77万元，同比增长12.21%。杭州金海岸文化发展股份有限公司已在全国发展13家连锁演艺大舞台，全部实现盈利。

《倍增计划》在谈到文化会展业时，强调要“搭建展示中西部地区优秀文化资源、助推东中西部文化交流、推动西部文化产业走向国际的重要平台”。还提出，规范各类文化产业博览会的举办，防止盲目跟风、过多过滥，造成资源浪费。

大家知道深圳国际文化产业博览交易会，现在已成为我国文化产品走向世界的一个国家级、国际化、综合性的展示与交易平台。今年第八届深圳文博会，盛况空前，合同与意向合同成交额达1433亿元，9个国家与地区的1.6万采购商参展，超过广交会。八届文博会总成交额6400多亿。

2011 年 5 月 14 日，李长春同志感慨地说：“几年的实践充分证明：文博会设在深圳是完全正确的。”2012 年 5 月 19 日，李长春同志又说：“深圳文博会品牌影响力越来越广泛，国内外客商参展热情越来越高，展出精品越来越多，成交金额越来越大，推动文化大发展大繁荣的作用更加凸显，已经成为展示文化改革发展成果、促进中外文化交流合作的亮丽名片。”

其实，深圳文博会筹办初期也非常不容易，半年内主办单位连续三次升格。记得 2003 年 11 月，刘焯锉副局长找我，说深圳想筹办国际文化产业博览会。我一听，认为他们抓在点子上了。发展文化产业必须按经济规律办事，而经济规律的一个重要特点是，各个产业链条必须是完整的，上中下游必须是通畅的。可那时我国文化产业尚处于初级阶段，产业链条基本是断裂的、不完整的。有文化产品的不知道到哪儿卖、需要文化产品的不知到哪儿买，迫切需要一个交易平台。

但我提醒他们：最好整合资源，联合广电、出版等部门共同举办深圳国际文化产业博览会。后来，这件事没协调成。

2004 年 1 月，全国文化厅局长会议期间，深圳的同志找我。向部领导汇报后，分管部长表示：既然这样，首届深圳文化产业博览会就由文化产业司参与举办吧，创办成功以后，再考虑升格问题。于是，2004 年 4 月 10 日，文化部批复同意文化产业司作为主办单位之一，与广东省文化厅、广播电视厅、新闻出版局和深圳市政府共同举办首届中国（深圳）国际文化产业博览会。

2004 年 5 月 11 日，在北京召开首届中国（深圳）国际文化产业博览会新闻发布会。2004 年 5 月 21 日，中央政治局常委李长春在《文化信息》上批示“在广东搞国际文化产业博览会创意很好。望加强协调指导，办成产品是中国的、客户是国外的，类似广交会”。因此，2004 年 10 月 24 日，文化部批复同意文化部作为首届中国（深圳）国际文化产业博览会的主办单位，其他两个主办单位是广东省政府和深圳市政府。原先的四个主办单位改为承办单位。

2004 年 11 月 14 日，我在深圳大芬油画村检查完文博会分会场回市区的路上接到电话，说李长春同志要求主办单位加上国家广播电影电视总局、新闻出版总署。于是，首届中国（深圳）国际文化产业博览会还没举办，主办单位又变更为文化部、国家广播电影电视总局、新闻出版总署、广东省政府和深圳市政府五家共同举办。

这件事幸亏发生在深圳，深圳市一是“不差钱”，二是效率高。四天时间，就把120多项已经印刷好的有关文博会的文字资料，包括大会会标、领导请柬等，统统回炉返工。

2004年，首届中国（深圳）国际文化产业博览会的成功举办，激发了全国各地办文博会的热情，许多地方纷纷要求举办文化产业博览会。为防止博览会过多过滥，造成资源浪费，2005年3月29日，我向部党组提出加强宏观调控的建议。2006年1月16日，文化部办公厅专门下发《关于举办文化产业展会有关事项的通知》，提出规范文化产业博览会的举办。如果当时没有这个通知，全国肯定要乱套。

有人说，文博会搞形式主义，这个说法不对。2008年第四届深圳文博会期间，西安曲江管委会共签了20亿元的合同，其中与美国华平集团签了1亿美元的合同，打造了“大唐不夜城”10万平方米的“新乐汇”项目。第八届深圳文博会有的一个省组团1000多人，连贵州都到了600多人。

《倍增计划》还提出要统筹城乡文化产业发展。鼓励发展农村手工艺品、民间演出和乡村文化旅游，培育和打造一批特色文化产业乡镇和文化产业特色村，扩大农村就业，增加农民收入。以上都属于转变文化产业发展方式的内容。

（三）关于推进文化与科技的融合

《倍增计划》提出，“科技创新是文化发展的重要引擎。要发挥文化和科技相互促进的作用，深入实施科技带动战略，增强自主创新能力”“促进演艺、娱乐、艺术品、工艺美术、文化会展、创意设计等传统文化产业的科技含量的提高，提升文化产业各行业技术水平。”还提出“加快推进新兴文化产业发展，促进动漫、游戏、网络文化、数字文化服务等新兴文化业态加快发展”。

关于文化与科技的结合，我意识得比较早。2002 年，我就提出，发展文化产业必须注意促进高新技术与文化产业结合，促进动漫、网络游戏等新兴文化产业门类的发展。2011 年，全国六大文化市场总规模达到 4155 亿元，其中网络游戏市场规模就占 468. 5 亿元，同比增长 34. 4% 。互联网游戏用户总数突破 1. 6 亿人。自主研发的互联网游戏产品在国内市场运营收入达到 254. 2 亿元，同比增长 37. 3% 。

2012 年，深圳文博会期间，中宣部与科技部等命名 16 家文化与科技相融合示范基地。比较典型的，深圳腾讯 2011 年，全年总收入 285 亿元，其中互联网增值服务收入 230 亿元。还有深圳华强文化主题公园，在国内已发展了 9 家，在国外的伊朗已基本建成。今年往乌克兰、南非等国家出口原创动画产品累计 10 万分钟，覆盖 100 多个国家和地区；70 多套“环幕立体电影系统”出口到美国、加拿大、意大利等 40 多个国家和地区，相配套的 4D 影片每年出口 20 多部。今年前五个月，华强集团公司实现营业收入 585785. 5 万元，同比增长 35. 91% ，利润增长 11. 52% 。

现在，我国开始发展数字文化产业。主要指将图像、文字、影像、语音等内容，运用数字化高新技术手段和信息技术进行整合运用的产品或服务。彩信、微博、音乐下载、在线聊天应该都算。特别是微博，两年半前为零，现在用户是 3. 2 亿。有人说，“当你的粉丝超过 100 个，你就是一本内刊；当你的粉丝超过 1 万个，你就是一本杂志；当你的粉丝超过 100 万个，你就是本地电视台。”这句话非常经典。发展文化产业必须注意到这些新兴市场。

当然，这里涉及一个创新意识问题。目前，文化产业的内容、技术、业态等都需要创新。创新意识与能力的强弱，从大的方面，可以决定一个国家和民族发展的未来；从小的方面，可以决定一个部门和企业的生死存亡。文化产业尤其需要创新。因为文化产业本身就是一件新生事物，我们既没有前人的经验可以借鉴，又不能照抄照搬国外的现成做法，必须大胆创新。

2012 年 1 月 19 日，131 年的“老字号”美国伊士曼柯达公司申请破产就是一个典型案例。柯达公司是美国胶卷业巨头。1994 年刚进入中国市场时，在胶卷市场仅排在第四位。1998 年，他们耗资 10 亿美元接收了三家负债累累的国有企业，作为回报，我国政府在 4 年内禁止其他外国投资者在中国设立新的胶卷工厂，到 2007 年，柯达在中国市场占有率就达到 63%，而富士胶卷则缩水至 25%。那时人们谈论的是柯达成功所给予我们的启示。

可好日子刚刚过了 5 年，2012 年 1 月，柯达就申请破产，登记资产 51 亿美元，实际负债 68 亿美元。鼎盛期的 1997 年，市值 310 亿美元，2011 年落到 2.1 亿美元。造成柯达破产原因很多，最主要的是柯达管理层思想偏于保守，缺乏创新，对于数字技术对传统影像的冲击反应不敏感，没有及时调整公司发展战略。据说，1975 年第一台数字照相机还是柯达公司发明的，直到破产，公司手中还有 1100 多个数码专利没卖出去。

日本富士公司转型比较快，2004 年就开始“二次创业”，生产液晶电视用的保护膜，最近进入医疗领域，胶卷的业务收入从 20% 降到 2010 年的 1%，过去 10 年销售收入增长 50%。

所以，2003 年，飞利浦总裁柯慈雷在清华大学对 MBA 学生演讲时就说过：“要么创新，要么死亡！”2012 年 6 月，中宣部、科技部、文化部等六部门又制定下发了《国家文化科技创新工程纲要》，强调科技创新将成为文化发展的核心支撑和重要引擎。

（四）关于实施重大项目带动战略

《倍增计划》提出，实施一批带有全局性、引导性、公共性、基础性、示范性的重大工程，增强政府引导调控和公共服务能力。我认为，重大项目带动，关键在于选好项目。一个企业小的错误不可避免，但大的失误容不得出现，特别是一旦项目投资选错了，决策失误，往往可能导致企业的破产。

好的文化企业最终靠什么说话，就是靠项目、靠产品。在决策选择项目和文化产品上要多下一点功夫。我与中国美协的领导参与培育的深圳观澜国际版画原创生产基地，现在发展势头非常好，吸引50多个国家和地区、400多位画家，已生产版画31200多张，每年游客300多万。就是因为项目选得好。

“凡事预则立，不预则废。”在决策项目上，要提高预见性，决不能人云亦云。干什么事都要往前多看几步，干着今天想到明天。上海的浦东新区大东方现代艺术中心曾号称“亚洲最大艺术家集聚地”，建成三年，最盛时曾汇集了二三百名艺术家。可今年8月31日，曲终人散。人们说，带有公益性色彩的项目，政府应该多担当，一个民营企业根本顶不起来。2010年，山西娄烦县盲目提出打造“孙大圣故里”，结果投入6000多万，除了建设了一个四层的接待中心、绿化了5000亩荒山外，没有任何进展。

（五）关于健全投融资体系

《倍增计划》提出，深入贯彻落实《关于金融支持文化产业振兴和发展繁荣的指导意见》，建立健全多元化、多层次、多渠道的文化产业投融资体系。促进文化产业与金融业全面对接，鼓励各类金融机构创新金融产品，改善提升文化产业金融服务，引导和鼓励社会资本投入文化产业。

我也是推动文化与金融合作的试水者之一，而西安曲江则是我的第一块试验田。我认为，任何一个行业，如果不被资本市场看好，不可能健康发展。2008年下半年，为解决文化企业融资难的瓶颈问题，也为了“试水”资本市场，我协调国家开发银行给大明宫遗址公园项目一次性贷款64亿元。2009年初，文化产业司又先后与国家进出口银行、中国人民银行分别起草了扶持文化产业发展的合作协议。正在筹备举办双方签字仪式时，我的工作发生了变动。

我离开文化产业司后，文化产业的融资问题得到中央和国务院的高度重视，先后出台了一系列重要文件。文化产业司还专门成立了投融资处。不少银行都针对文化产业的特点开发了一系列金融产品，初步满足了部分文化企业的资金需求。据统计，目前全国共有文化产业投资基金111只，总规模超过1330亿元。到2011年底，68个项目获188.91亿元贷款支持。最近又开发出文化产业保险产品。

当然，融资问题也不能盲目。2008年，文化部在西安开了一个全国第二次文化产业工作会议。会后不久，陕西省文化厅余华青厅长来北京找我。有人建议他们在西安搞文化艺术品交易所。简单地说就是将一幅著名画家的画作拆分成若干股份，再以股票的形式在市场上出售。

我当时毫不客气地说："余厅长，不知你们是什么态度，如果征求我的意见，我觉得这件事不靠谱。发展文化产业的目的是为了丰富人们的精神文化生活。可采取这种形式，这幅画可能永远不可能清盘变现，谁也享受不到，失去了文化本来的意义；再是这种运作方式，实际上是创新了一个新的金融投资品种，与文化产业没有多大关系。"

2010年底，天津文化艺术品交易所开张了，其运作模式与余厅长给我汇报的一模一样。可不多久，我所预见的问题就发生了。天津文化艺术品交易所第一批推出的艺术作品，是当地一位画家白庚延的两幅作品《黄河咆哮》和《燕塞秋》。开盘的时候的确很热闹，每股1元钱，很快涨到16元钱。这种极不正常的现象，引起社会各方面的关注。2011年3月17日，天津文化艺术品交易所被天津市政府监管部门下发了停牌通知。

有一位财经评论家说："将艺术品估价后，以股票的形式拆细，然后放到交易平台上交易，让普通人也能一圆收藏梦，这一切都是不可能的。这个主意把中国人的小聪明体现得淋漓尽致。按照这个思路，我们也可以收藏故宫、收藏长城、收藏月亮。"还有的人直截了当地说："这是骗局。""实际上就是一场永远不可能获得实物的虚拟资金的击鼓传花游戏"

我们国家往往干什么都是"一窝蜂"。2011年8月19日，《人民日报》报道，仅半年时间，全国各地类似天津文化艺术品交易所这样的交易机构，开门的有22家，还有10多家正在筹备开门。没办法，2011年11月11日，国务院出台《关于清理整顿各类交易场所切实防范金融风险的决定》。2012年12月30日，中宣部、商务部、文化部等五部门又下发了关于落实国务院要求的意见，提出国家重点扶持上海与深圳。

最后，关于保障问题，我想着重强调一下文化产业科学发展问题。

当前，我国文化产业发展趋势很好，2 月 28 日，励小捷副部长在新闻发布会上谈了五个新趋势：一是文化科技融合创新的深度和广度不断拓展；二是文化产业向规模化、集约化、专业化提升的方向更加清晰；三是文化产业特色化、差异化发展态势日益明显；四是文化产业与旅游等相关产业结合更加广泛、更加紧密；五是金融资本投资文化产业的势头将持续升温。

我们必须清醒看到，各地在促进文化产业快速发展的过程中，也出现一些不符合科学发展要求的苗头和问题。这些苗头和问题如不加以注意，有可能干扰和影响我国文化产业的持久、健康、可持续发展。具体表现在：

（1）概念混乱，统计不一，搞乱了人们的思想，干扰了政策的制定，主要根源，只考虑本地情况，忽视全局利益，缺少统筹兼顾意识。

（2）追求政绩，一哄而上，致使文化产业泡沫过多。少数地方政府不顾文化产业发展规律和客观条件限制，乱上项目，出现虚假繁荣的现象。特别是这几年许多省市自治区一哄而上的文化产业园区，数量多、质量不高，投入大、赢利不多。文化部公布是 300 个，可有关专家分析，全国可能已过万家，甚至在区县、乡镇都会发现它的身影，真正做到文化产业集聚的还不到 5%，我估计共有几千家。

再是有的园区叫“文化产业园区”“文化艺术园区”“历史文化产业集聚区”，还有的叫“创意产业园区”“文化创意产业园区”“设计创意产业园区”“国际传媒集聚区”，名称五花八门。如再加上“动漫产业基地”“影视产业园区”“新闻出版产业园区”，那名堂就更多了。

还有动漫产业，总体发展势头很好，可问题在于不管有没有条件，全国各地纷纷发展动漫。1993 年至 2003 年全国动漫生产总量才 2400 分钟，2004 年政策出台后，一年上到 1400 分钟。前几年全世界才生产 19 万分钟。我国 2010 年突破 22 万分钟，据说 2011 年高达 26 万分钟。世界其他国家很少有这样全民动员搞动漫的。目前全国有 2400 学校搞动漫培训，动漫人才已经过剩，就业都比较困难。

创造的效益呢？买单方不是市场却是政府，2/3 的省市出台了播出补贴政策，每分钟 500 到 2000 元不等。据最新统计，我国 2010 年动漫出口总收入 5.1 亿人民币，国产游戏产品海外市场收入 2.3 亿人民币。可投进去的钱有多少，谁也说不清楚。有人说，10 家动漫公司 9 家不赢利，“量高质低”。美国梦工场皮克斯 18 个月打磨一部动漫电影的剧本，可我们 18 个月就制作出一部动漫电影。

（3）盲目跟风，重复建设，造成资源的严重浪费。现在，社会上游资、闲资很多，都觉得国家很重视文化产业，文化产业这个行当也很吸引人，都想方设法往里挤，可真正懂的人不多。平时找我的人也很多。6 月 15 日，还有一位从外国回来的朋友找我，说要搞影视公司，请我帮忙找个导演。

按说，各种资本流入文化产业领域，这是好事。资本流是一个产业发展的重要保证，哪里低洼、哪里有钱赚，资本就往哪里流，也是经济发展的一个基本规律。问题是，许多人把这个行业看得太简单了，盲目跟风，似乎投进钱去就可以大把大把赚钱。

2012 年 3 月 22 日，浙江一位 42 岁的陈姓影视业投资人，因与债权人协商未果开枪自杀。这位老板原先从事进出口贸易。拍第一部电视剧花重金请了黄圣依等著名演员，结果没有电视台购买，造成公司巨亏。影视制作需要相当的专业知识和丰富的工作经验，像陈某这样的“门外汉”，既缺乏雄厚的资金支持，又没有人际关系，发展起来非常困难。

据统计，全国生产的 700 多部电影，进院线只有 1/4，赢利的不过 20%。还有大型文化旅游实景演出。《印象·刘三姐》最早是我们扶持的，后来，到处搞印象系列。孙家正部长曾说：“印象多了就没有印象了。”

（4）假借名义，以园圈地，偏离文化产业发展方向。现在国家政策调控，房地产不好干了，一些房地产商利用各地政府发展文化产业的热情，蜂拥而上，大搞文化产业园区，其目的不是发展文化产业，而是做概念拿土地，文化产业成为“圈地的路径”。有的动辄几十亿、上百亿。

实际上，文化产业是一个很复杂的产业，不仅需要资本投入，更需要产品体系、专业技术和知识、服务、经验支撑，还需要生产周期。不是谁有钱就可以干的。如湖北武汉有个科技公司本来搞科技新产品开发赚了不少钱，可非赶时髦发展文化产业，劝都劝不住。2007 年 11 月 22 日“三峡”世界非物质文化遗产博览园奠基后，不久资金链断了，地方政府不支持了。2012 年 4 月，连国家文化产业示范基地的牌子也被文化部摘掉了。

以上种种不符合科学发展要求的问题，如不加以注意和解决，将成为制约和影响我国文化产业快速发展的障碍。

2012 年 9 月 7 日，我在主持西安曲江文化产业园区论坛时说，尽管各位看问题的角度有所不同，见解也不尽一致，但能否在以下几个方面达成共识：

（1）文化产业园区作为引领带动我国文化产业向规模化、集约化、专业化方向发展的重要载体和积聚平台，无疑为推动我国文化产业快速发展发挥了重要作用。这一点，应予以充分肯定。

（2）文化产业园区作为一个近几年刚刚出现的新生事物，在发展的过程中，确实存在这样那样的问题。但这些问题是前进中的问题，文化产业园区自身需要在发展中不断加以完善和提升，同时，也需要社会各界的精心呵护和帮助。

（3）个别地方在推进文化产业园区建设过程中，确实出现了一些违背文化产业发展规律、不讲条件、盲目发展的倾向。这些问题，应该引起各级党委政府部门的高度重视。要从本地的实际出发，切实加强对文化产业园区的统筹规划和科学指导，坚持标准、突出特色、提高水平，坚决防止以“大跃进”、搞突击的方式发展文化产业园区。

（4）文化产业的发展必然是多元化、多样化发展，不可能是一个统一的模式，可是今后凡是符合内容产业要求的不同行业的文化企业，在文化产业园区内相互融合是个大趋势。要打破区域、部门、行业的壁垒，鼓励文化、广电、出版、旅游、科技等各个不同门类的文化企业，形成合力，积聚在文化产业园区内共生共长，真正把文化产业园区做大做强，努力建设一批高起点、规模化、代表国家水准和未来发展方向的国家级文化产业示范园。

以上解读不知是否恰当，请各位指正。

（2012 年 12 月 7 日接受中国经济网《文化名人》栏目专访谈话要点）

党的十八大后我国文化产业应如何发展

开场白：党的十八大刚刚结束，文化产业的发展地位又一次得到了重视，文化产业到底应该怎么发展？当前的文化产业发展又有哪些特点？十八大以后文化产业的发展将有哪些变化？今天我们请到了中华文化促进会王永章副主席为我们一一解读。

主持人：中华文化促进会是20年前李瑞环主席建议成立的，到现在整整20年时间了，文促会的宗旨是弘扬中华民族文化，促进国际文化交流，很多人对于中华文化促进会还不是很了解，请您为我们简单介绍一下中华文化促进会。

王永章：好的。20年前，也就是1992年2月29日，根据时任中共中央政治局常委、全国政协主席李瑞环的倡导，由时任全国政协常务副主席的叶选平，时任四川省省长的肖秧，美籍华人、社会活动家陈香梅女士和泰国华人总商会陈世贤会长等在北京共同发起成立了中华文化促进会。叶选平担任首任主席，肖秧任副主席兼秘书长，时任文化部常务副部长高占祥担任副主席。现在文促会由高占祥任主席，王石任常务副主席。

作为文化部直管的全国性联合性社会组织，文促会成立20年来，努力践行办会宗旨，为弘扬中华民族文化、促进国际文化交流做了大量卓有成效的工作，组织开展各类文化活动近千项，如“二十世纪华人音乐经典”评选、年度“中华文化人物”评选、编纂《今注本二十四史》等活动都在海内外产生了很大影响。

现在文促会的个人会员已发展到近700余人，主席团单位、理事单位等团体会员70多个；还在地方建立了30个分会，在海外建立了4个分会。在文化部直属的110个民间组织中算是最有影响的社团组织之一。

今年9月1日，中华文化促进会在北京隆重举办了创立20周年纪念活动，发表了弘扬中华民族文化的“六项主张”。12月12日，中华文化促进会还要在河北廊坊举行“2012中华文化人物颁授典礼”。今后，随着形势的发展，文促会的工作会越来越活跃。

主持人：十八大刚刚结束不久，您曾经是文化部第一任文化产业司的司长，现在是中华文化促进会副主席，对于十八大您的感受是怎么样的呢？

王永章：我是2001年9月从地方直接提调到文化部文化产业司任职的。2009年2月文化部司局级干部轮岗交流，我又在恭王府管理中心任了3年多的党委书记。今年7月退休后，9月1日被中华文化促进会聘为副主席，主管文化产业。这也算是重新归队、重操旧业吧！

在任文化产业司司长期间，我有幸为中国文化产业发展初期的开拓探索尽了一份微薄的力量，同时对文化产业工作也产生了很深的感情。党的十八大召开后，通过认真学习党的工作报告，我感到很振奋，很受鼓舞。我认为，从党的十六大以来，党和国家对文化重要地位与作用的认识在不断深化，对文化产业工作越来越重视，已经将其摆到一个相当高的战略位置，特别是党的十八大把推动文化产业成为国民经济支柱性产业列为全面建成小康社会的重要奋斗目标之一，这是一件有深远意义的大事。

主持人：在刚刚结束的十八大报告中多次提到了文化产业的发展，足见党中央对于文化产业的重视，在十八大报告中提出“文化是民族的血脉，全面建成小康社会，实现中华民族伟大复兴，必须推动社会主义文化大发展大繁荣。”您对这段话怎么看？文化产业的地位是否进一步被提高了呢？

王永章：历史悠久的中华民族优秀传统文化是我们祖先创造精神的结晶，也是中华儿女共同的精神家园。今天，继承和弘扬中华民族优秀传统文化，推动社会主义文化大发展大繁荣，实现中华民族的伟大复兴，是全体中华儿女的共同目标，也是义不容辞的历史责任。

过去，在计划经济条件下，我们只是把文化作为单纯的公益性事业来看待，结果不但经济没搞上去，文化生活也很贫乏。改革开放以来，我们逐步认识到，文化不仅具有公益事业的属性，还具有服务业生产经营的特征，不仅属于意识形态，而且具有经济属性和商品属性，因此提出公益性文化事业和经营性文化产业“两手抓、两加强”“双轮驱动、两翼齐飞”。正是因为党在文化建设理论上的创新与突破，才使广大人民群众的精神文化生活不断丰富起来，文化产业对经济的拉动作用也日益凸显。

我认为，当前贯彻落实党的十八大精神、促进文化产业快速发展，关键是要以科学发展观为指导，在全面总结前10年基本经验的基础上，进一步深入探索文化产业的发展规律，不断创新文化产业的发展理念，敢于破解文化产业的发展难题，从而确保文化产业不仅快速发展，而且能够持久发展、健康发展。

主持人：十八大报告中提出，确保到2020年实现全面建成小康社会宏伟目标。其中，文化产业要成为国民经济的支柱性产业。要发展新型文化业态，提高文化产业规模化、集约化、专业化水平。为什么会提出规模化、集约化、专业化这三化呢？

王永章：这里，我先讲一组数据。据国家统计局测算，2004年我国文化产业增加值为3102亿元，占GDP的比重为1.94%。可到了2011年，全国文化产业增加值达到13479亿元，占GDP的比重上升到2.85%，每年平均增长为23.35%，明显高于经济增长速度。

按照国际惯例，一个行业的增加值占GDP的比重在5%～6%左右，就可以说是国民经济的支柱性产业。那从我国前10年文化产业的发展速度看，到2020年全面建成小康社会时，文化产业成为国民经济支柱性产业应该说是没有任何问题的。

当前，为什么要强调提高文化产业的规模化、集约化、专业化水平呢？主要因为，近10年来虽然我国文化产业有了长足的发展，但与发达国家相比，总体上规模不大、专业化水平过低、文化企业“弱、软、散”、缺乏集聚效应。前些年，文化部等政府职能部门一直在试图扭转这种落后局面，如采取了命名国家文化产业示范基地、国家级文化产业示范园区、试验园区等重要举措（已先后命名了269家示范基地、8家示范园区、7家试验园区）。经过努力，目前情况有了明显好转。据测算，国家文化产业示范基地和示范园区总收入规模从2008年的600亿元，增长到2011年的3000亿元，总利润近400亿元。

还有，今年第八届深圳文博会期间，《光明日报》和《经济日报》曾联合发布了第四届中国“文化企业30强”。这次评选，虽然门槛提高了，增加了产业规模、纳税总额、税前利润等评选标准，但今年入选的30强文化企业，总主营收入、税前利润和净资产与去年的30强相比，分别增长29.3%、64.2%和44.1%。

今后，要加快文化产业发展，使之成为国民经济支柱性产业，必须在推进“三化”上下功夫。着力扶持培养一批大型的骨干文化产业企业，包括非公性质的文化企业，帮助它们做大做强；支持一批成长性好、竞争力强的文化企业和企业集团，跨地区、跨行业联合或重组，不断提高集约化经营水平；加大对国家文化产业示范基地和示范园区的扶持力度，促使它们形成规模效益和集聚效应；支持和加快发展具有地域特色和民族特色的文化产业集群。今年11月28日，西安曲江新区又开工打造一个总投资360亿元、建设规模560万平方米的雁翔文化产业集聚区。这个区完工后，将吸引注册资本共200亿元的上千家文化企业入驻，每年文化产业增加值将突破50亿元，还将提供3万人的就业岗位。对这样的有着良好发展前景和巨大发展潜力的文化产业集聚区，国家、社会各个方面都应给予大力支持。总之，多方努力，多管齐下，逐步引导我国文化产业向规模化、集约化、专业化的方向发展，是今后我国文化产业发展的一个重中之重。

主持人：当前不少专家都提出文化产业的发展离不开科技的支持，但实际上这个提法并不是近年来才出现的，您认为文化与科技是怎么样的关系？为什么要提倡文化与科技的融合？

王永章：我任文化产业司长的时候就曾多次强调文化产业要与高新技术科技紧密结合，大力促进动漫、网络游戏等新兴产业门类的发展。不过说实话，那时凭的仅仅是一种直觉。

我经常讲一个故事。1984 年我随中国青年代表团到日本访问时，到农民家中住宿，才第一次知道了井上大佑发明的卡拉 OK。就这样一个小小的技术发明，不仅改变了人们的娱乐方式，带给我们无限的欢乐，而且拉动了若干相关产业的发展。歌厅、卡拉 OK 厅咱就不说了，就说音乐的载体，开始是磁带，接着是录像带、VCD、DVD，后来又发展到 EVD。现在这些又都落伍了，一个小小的 U 盘就可以装进上万首歌曲。还有深圳的腾讯，一个企业 2011 年全年总收入就达到 285 亿元，其中互联网增值服务收入 230 亿元。你看，这就是科技的魅力！所以，文化与科技必须紧密融合。

今年 6 月，中宣部、文化部、科技部等部门联合命名了 16 家首批国家级文化与科技相融合示范基地，8 月又联合下发了《国家文化科技创新工程纲要》，把科技创新提到文化发展的核心支撑和重要引擎的突出位置，列为国家文化发展的重大战略。这件事可以说，抓在了根本上，具有里程碑意义。

主持人：当前文化产业还面临一个问题，就是创新，科技的创新很好理解，文化是否也应该创新呢？我们手中握着上下五千年的文化遗产，这些文化是否也应该被创新呢？

王永章：创新是一个民族进步的灵魂，是文化发展的不竭动力和源泉。毫无疑义，文化必须创新。创新意识与能力的强弱，从大的方面，可以决定一个国家和民族未来的发展；从小的方面，可以决定一个部门和企业的生死存亡。文化产业尤其需要创新，因为它本身就是一个新生事物，在中国真正发展起来，才不过十几年的时间，既没有前人的经验可借鉴，又不能照抄照搬国外的现成做法。

我认为，文化产业创新，首先要通过创新内容，深入挖掘我国积淀深厚的历史文化资源，同时赋予文化产品和服务以鲜活的时代元素，增强其魅力四射的吸引力和感染力。其次要创新手段，善于运用数字、网络等高新技术手段，推动文化产业升级，搞好关键技术设备的更新改造，增加文化产品和服务的科技含量。

当然了，科技创新固然重要，思想观念创新不可或缺。今年9月22日，我在中国传媒大学举办的文化产业30人高端峰会上谈了一个观点：科技创新的前提是思想观念的创新，如果没有思想观念的创新，科技创新只能是一句空话。为什么这样讲？我举了一个例子：今年1月19日，具有131年历史的美国伊士曼柯达公司申请破产。柯达公司是美国胶卷业巨头。2007年，柯达在中国市场占有率曾一度达到63%，那时人们更多谈论的是柯达成功所带给我们的启示。

可刚刚过去5年，柯达就申请破产。实际上，柯达公司不乏科技创新，据说世界第一台数字照相机就是柯达公司1975年发明的，到破产时公司手中还有1100多个数码专利。事后分析，造成柯达破产原因很多，最主要的是管理层思想保守，缺乏创新，对数字技术给传统影像的冲击反应不敏感，没有及时调整公司发展战略。你说，如果思想观念不创新，技术创新再多又有啥用！所以，发展文化产业还必须不断增强创新意识，创新发展理念。

主持人：文化产业中还有一个老大难的问题，就是文化与金融的融合，当前还是没有找到一个文化与金融融合的点，很多人不知道应该怎么融合，您怎么看待这个问题？

王永章：以前说文化企业融资难是个老大难问题，现在应该说这种状况已经有所缓解。记得是2008年，我当司长的时候，随着文化产业的深入发展，发现许多文化企业由于规模小、没有资产做抵押，再加上公司治理结构不完善，遇到融资难的问题。为解决这个制约产业发展的瓶颈问题，也为了“试水”资本市场，当年下半年，我亲自协调国家开发银行给西安曲江大明宫遗址公园项目一次贷款64亿元，获得成功取得经验之后，2009年初，文化部先后与国家进出口银行、中国人民银行签订了扶持文化产业发展的金融合作协议。正在筹备签字仪式时，我的工作发生了变动。

我的后任把这项工作接着做了下去，而且做得比我好。现在，文化产业的融资问题得到中央和国务院的高度重视，先后出台了一系列重要文件。文化产业司还专门成立了投融资处。不少银行针对文化产业的特点开发了一系列金融产品。据统计，截至2011年底，全国共有文化产业投资基金120多家，总规模超过1400亿元。据说，仅国家开发银行对文化产业的贷款余额就达1053亿元。

任何一个行业，如果不被资本市场看好，就不可能得到持续发展。但是，文化与金融的合作确实还存在一些问题，不像想象的那么顺利，主要是各种投资风险和信息的不对称性影响到投资者对文化产业项目投资的决心。再是，相比较而言，现在大的文化企业融资难度小一些，而中小企业仍比较困难。这需要政府部门持续有力的推动和金融部门产品设计的不断创新，以及中介机构和评估组织的逐步培育完善。

这里我特别想提醒一句：现在，社会上游资、闲资很多，都觉得国家高度重视文化产业，文化产业很吸引人，都想方设法往里挤。但许多人把这个行业看得过于简单了，有点盲目跟风，往往失败在，事先对项目的论证、市场的研究、人们的消费需求的调研分析不足，决策过于草率。这方面已经有一些教训，应当引起注意。

主持人：中华文化促进会的宗旨是弘扬中华文化，促进国际交流。文化“走出去”是当前的一个热词。就您了解，这两年来中国文化与海外交流的情况如何？

王永章：因为我还是文促会的一个新兵，到职时间不长，整个情况还不是很熟悉。不过，据我初步了解，中华文化促进会自成立以来对外文化交流活动还是比较频繁的。像多年前举办的“二十世纪华人音乐经典”音乐会曾在海内外巡演了数十场，在世界上产生了很大影响。去年受文化部委托承办的第五届“尼泊尔中国文化节”活动，也获得圆满成功。2011年9月7日，由中华文化促进会名誉主席许嘉璐先生、台湾中华两岸文化创意产业发展协会名誉理事长刘兆玄先生共同发起、中华文化促进会与中华两岸文化创意产业发展协会在北京签订了《推动两岸文化产业发展备忘录》。今年一周年之际，在上海还共同举办了“2012两岸文化产业论坛”，两岸文化产业合作与交流也呈现出良好的发展态势。

还有在海外的四个分会（美国、俄罗斯、澳大利亚、澳门）工作开展得也很活跃，他们团结当地的华人华侨，为弘扬中华民族精神、扩大中国对外影响做了大量的卓有成效的工作。今后，积极推动中华文化走出去，应该是文促会的一项重要任务。

主持人：当文化产业成为国民经济支柱性产业的时候，中华文化是否已经成为世界主流文化之一了呢？二者是否存在一定的联系？

王永章：两者之间有联系，是毫无疑问的。中国文化产业的快速发展必定会对中华民族的伟大复兴做出直接的巨大的贡献。但我个人认为，即便有一天我国文化产业成为国民经济支柱性产业，中华民族实现了伟大复兴，中华文化也不能以世界主流文化自居。因为世界各国的文化都是本国人民在数千年的历史长河中所创造积淀的一种生活方式、生存方式和精神力量，每个国家的文化都有其独特的风格和魅力，都有其存在生长的理由。世界各国的文化应该是一种相互包容、相互比较、相互借鉴、相互促进的关系，而不存在谁是主流文化、谁是非主流文化的问题。任何一个国家，其民族的优秀传统文化在本土上就是一种主流文化的问题。因此，今后我国无论发展得多么强大，无论文化多么复兴，都要始终抱着虚怀若谷的态度，认真学习汲取其他国家文化中有益于历史、社会和人类进步的精髓，来丰富发展我们博大精深的中华民族文化。

新兴产业也要警惕产能过剩

——在中国冰雪动漫论坛上的演讲

各位代表，各位嘉宾：

自2010年中国冰雪动漫展创办以来，每年我都会收到主办方的邀请，但都因为有事未能成行。这次能够如愿参加第三届中国冰雪动漫展的活动，我感到非常高兴。在这里，我首先代表中华文化促进会对论坛的举办表示祝贺，同时预祝第三届中国冰雪动漫展取得圆满成功！

2001年到2009年，我曾是文化部文化产业司第一任司长，虽然动漫业属于文化产业的一个重要组成部分，但那时动漫处属于文化市场司管，我基本没有过问，所以在动漫产业方面我是外行。这次来哈尔滨参加活动，本来没准备发言，可是戴云峰非让我在这里讲几句，那我就作为“门外汉”简单地说几句，不对的地方请在座的各位批评指正。

众所周知，自2006年国务院建立扶持动漫产业发展部际联席会议制度以来，我国动漫业得到国家及政府有关部门，从政策到资金、从税收到播放渠道，以及人才培养等多层面的大力扶持，我国动漫产业驶入迅猛发展的快车道。据统计，2007年到2010年，我国动漫产业产值年均增速达到48.25%，是日本动漫产业的近10倍，美国动漫产业的8倍。2011年中国动漫产值621.72亿元，比2010年增长32.04%；出口7.14亿元，比上年增长40%。动漫业已成为我国文化产业发展的一大亮点。

大力发展动漫业不仅是国家产业发展的需要，更是青少年成长进步的必然要求。近年来，党中央、国务院从确保党和国家事业后继有人、兴旺发达的战略高度，把培养一大批德才兼备的优秀接班人当做大事来抓。动漫作为广大青少年喜闻乐见的表现形式，无论是对于激活和培育青少年的创新能力，还是促进青少年的健康成长，都有着十分重要的作用。特别是在前些年国外动漫产品源源不断涌入我国的形势下，如何振兴民族动漫产业，更好地弘扬中华民族的优秀文化，成为各级党委、政府、社会各界有识之士和有着强烈社会责任感的企业家们的一项重大历史使命。

在这样一个大的背景下，深圳文化产业（国际）会展有限公司与哈尔滨马迭尔集团跨地区、跨行业密切合作，突破动漫节展的单一模式，将冰雪与动漫相结合、冰雪与高科技相融合、冰雪与文化相结合，创办了独具特色的中国冰雪动漫展，走出一条全新的动漫产业发展道路，这是值得可喜可贺的一件事情。

近年来，我国动漫产业之所以形成当前迅猛发展的局面，既有文化消费需求和市场刺激的因素，更是国家政策大力扶持培育的结果。但在为我国动漫产业快速发展感到自豪的同时，我总有些隐隐的忧虑。我认为，在对我国动漫产业的骄人业绩给予充分肯定的同时，对其光鲜背面所隐藏的一些问题，决不能视而不见，越是行业发展顺利的时候，越应保持清醒的头脑。担心什么呢？主要是担心当前我国动漫产业发展过快、规模过大。一个行业发展过快过大的结果，容易造成投资过量、结构失衡和产能过剩。

我记得，1993 年至 2003 年全国动漫产量总共才 2400 分钟。2004 年扶持动漫政策出台后，一年上到 1400 分钟。前几年全世界动漫年产量 19 万分钟时，我国才生产 12000 分钟，可 2010 年一年我国就突破 22 万分钟，2011 年据说高达 26 万分钟。现在，全国形成一股动漫产业热。不论是经济发达的中东部地区，还是经济相对落后的西部地区，不管有没有发展的条件，都在争先恐后地发展动漫产业。世界其他国家很少有这样全民动员来发展一个行业的。现在，一些问题已经初现端倪：

一、2004 年以来，由国家文化部、国家广电总局及新闻出版总署等部门命名的国家级动漫产业基地就近 80 个，如再加上各省挂牌的那就更多了

个别地方千方百计争取挂牌，可挂上牌后就成了摆设，根本没有形成真

正的产业集聚，造成资源的极大浪费。

二、效益与规模不成正比

有人说，目前10家动漫公司9家不赢利，我没做过调研，不敢胡乱断言。据最新统计，我国2010年动漫出口总收入5.1亿人民币，国产游戏产品海外市场收入2.3亿人民币。可投进去多少资金，才换来这样一个成果谁也说不清楚。现在相当一部分动漫企业的买单方不是市场而是政府，因为全国三分之二的省市都出台了播出补贴政策（500到2000元不等）。

三、动漫展会过多过滥

像杭州的中国国际动漫节和深圳的动漫节还办得不错，其他多数不够景气。今年杭州第八届中国动漫节，6天时间61个国家和地区的参展商参展，208万人参观，签约金额104亿元，现场成交42亿元。某省举办的同是第八届中国国际动漫艺术博览会，七天时间参观人数66.2万人，销售额只有387.1万元，洽谈金额不过3.8亿，据说这还是历史上最好的一届。这就有点劳民伤财。我当司长时曾对文博会的举办进行过宏观调控，现在我认为动漫节的举办也应该进行必要的调控。

四、动漫教育与动漫产业实际需求严重脱节

目前全国有2400所学校搞动漫培训，但大多停留在以技术为主和培养低端人才的水平上，使得动漫人才市场出现“供过于求”的现象，许多动漫专业的大学生毕业后找不到工作。动漫是一门综合艺术，需要艺术、策划、创意、技术、经营管理、市场营销等多方面的专门人才。在动漫产业的市场运作中，动漫作品只是动漫产业链条中的源头，占很小的比例。动漫产业需要

更多的是动漫下游产品开发的配套性专业人才。连动漫强国日本，近几年真正从事动漫制作产业的人员也在逐渐缩减，而动漫周边产业的从业人员在逐步增加。

鉴于上述问题，我认为，当前我国动漫产业应认真总结冷静思考，特别要从光伏企业即“太阳能产业”的曲折过程中汲取一些经验和教训。光伏企业作为国家从环境保护和节约能源的角度重点扶持的新兴产业，这些年同样发展得非常迅速。中国太阳能电池组件的产量，2007 年还不到 500 万千瓦，2012 年底就发展到 5000 万千瓦，我们比世界其他地区的总产量还要高一倍以上，而全球的总需求量才 3000 万千瓦左右。由于供给大大超过需求，再加上美国的贸易保护打压，今年以来下半年，我国光伏企业陷入严重危机。一些企业因为供应过剩导致产品价格暴跌，无力还贷，处于破产或重组的境地。前段时间，不得已国务院出面来救市。

一个新兴产业为什么会出现严重的产能过剩，这里面有些什么规律性的东西，值得动漫产业借鉴呢？我就讲一点，政府补贴。政府补贴是好事也可能转化成坏事。在市场经济条件下，它既可以鼓励扶持一个行业生产能力的迅速增加，也可以强化一个行业的不稳定性，最终形成一个怪圈：地方政府推动的过度投资导致产能严重过剩；政府和国有银行因为怕社会影响和资金受损便进行人为维持，而人为维持的结果再造成虚假繁荣，致使行业生产仍在继续；最后出现产能过剩、供应过剩，不可避免地导致市场扭曲和企业破产。这时，危机就到来了。

因此，我们希望地方政府和动漫企业要深刻认识和把握新兴产业的规律性特征，审时度势，未雨绸缪，在保有激情的同时，更要多几分冷静。要采取更加科学有效的措施，切实解决目前动漫产业发展中所存在的问题，避开新兴产业的“怪圈”，确保动漫产业健康持久发展，努力使我国跻身于世界动漫强国之列。

这次，借第三届中国冰雪动漫展举办之际，来自五湖四海的动漫界的朋友聚集在哈尔滨，围绕“中国动漫产业如何健康成长”这样一个主题进行深入研讨，是一件很有意义的事情。我相信，通过第三届中国冰雪动漫节和本届论坛的顺利举办，将在冰城掀起新一轮的动漫热潮，同时也将对黑龙江乃至全国的动漫产业健康持久发展产生积极的推动作用。

谢谢大家！

（2013 年 1 月 8 日于哈尔滨）

中国旅游演艺联盟大有可为

——在 2013 中国旅游演艺发展论坛上的讲话

尊敬的各位嘉宾、各位朋友：

在中国旅游演艺联盟创立一周年之际，在第五届承德国际旅游文化节开幕的气氛中，今天，鼎盛文化产业投资公司又举办了 2013 中国旅游演艺发展论坛。在这里，我谨代表中华文化促进会和文化产业（中国）协作体对论坛的举办表示热烈祝贺！

说来，本人参加这个论坛既是一种缘分，也是一个机遇。说缘分，是因为在我担任文化部第一任文化产业司长期间，曾积极主张文化与旅游紧密结合，并自 2004 年起推动命名了《丽水金沙》《印象·刘三姐》等一批旅游演艺项目为国家文化产业示范基地，有力奠定了今天中国旅游演艺产业的基础；说机遇，是因为昨天中华文化促进会和台湾中华两岸文化创意产业发展协会在这里刚刚联合举办了第三届两岸文化产业论坛，来自海峡两岸的文化企业和专家学者以提高文化产业核心竞争力为主题，深入研讨了文化企业、文化项目和文化产品的创意性、创新性和创造力问题。如果不是两个论坛衔接得这么紧凑，我很可能失之交臂，无缘这次中国旅游演艺发展论坛，也就没有机会与在座的各位旅游演艺界大腕相遇相识相知。因此，有幸参加这次 2013 中国旅游演艺发展论坛我感到非常高兴，衷心感谢主办方的邀请。

刚才说到，我曾于 2001 年至 2009 年担任了 8 年的文化产业司长。2009 年文化部司局级干部转岗交流，我又到文化部恭王府管理中心担任了 3 年半的党委书记。去年七月退休后，被聘为中华文化促进会副主席并兼任文化产业（中国）协作体执行主席，也算是重新归队，重操旧业。这里，我想以一位文化产业战线老同志的身份谈三点看法：

第一点看法，改革开放以来，我国旅游业从小到大、从弱到强，实现历史性突破，在座的各位功不可没。据有关部门公布，截至2011年底，我国各类旅游景区景点已发展到两万多处，国内旅游人数超过26亿人次，公民出境旅游超过7000万人次，国内旅游市场规模居全球第一位，公民出境旅游消费居全球第三。这一方面是因为随着我国经济社会的持续发展和人民生活水平的不断提高，旅游已成为老百姓日常生活中一种不可缺少的休闲方式；另一方面与在座各位的积极努力是分不开的。正是由于我们精心创作的一系列多姿多彩的定点演艺项目，极大地丰富了旅游景点的文化内涵，扩大了旅游目的地的影响力，吸引了更多的中外游客。可以说，假若没有全国旅游业的迅猛发展，我们演艺市场不可能有今天这样一个蓬勃发展的大好局面，而演艺市场的繁荣发展又反过来拉动了全国旅游业的大繁荣大发展。为此，我要向你们表示深深的敬意！

第二点看法，目前中国旅游演艺业面临一个极好的历史发展机遇。首先，党的十八大提出，确保到2020年实现全面建成小康社会的奋斗目标。而小康社会建设，不仅要求完成人均国民生产总值、人均可支配收入等硬指标，更要求完成发展社会事业、提高居民幸福感等软指标。进行旅游休闲，提高生活质量，已成为公众的现实要求，这是中国旅游演艺业发展的刚性需求。其次，为保证中国旅游业的持续健康发展，2013年4月25日，第十二届全国人大常委会第二次会议表决通过了《中华人民共和国旅游法》，并将于2013年10月1日起正式实施。这既为中国旅游演艺业的繁荣发展提供了强有力的法制保障，同时，也对我们今后的规范发展提出更高的要求。要求我们必须在法律允许的范围内，积极有效地组织开展演艺活动。再是，经过多年的努力，我们已经积累了比较丰富的运作经验。对目前我国旅游演艺业的发展形势，各位同仁必须有一个全面的了解和清醒的认识。只有认清了大局，把握住方向，才会抓住历史发展机遇，使我们的演艺产业越做越大，越做越强，做出品牌，做出效益。

第三点看法，现在，国家大的气候和政策环境对中国旅游演艺业的发展非常有利，万事俱备，只欠东风，就看我们自身的努力了。中国旅游演艺联盟的诞生可以说是正逢其时，大有可为。通过中国旅游演艺联盟这样一个平台，大家既可以相互学习，相互借鉴，互相帮助，互利共赢，又可以加强信息交流，促进产业合作。本届论坛沿用“创新力·影响力·竞争力”这样一个主题，其目的就在于进一步引导旅游演艺行业向主题化、专业化、规模化、品牌化方向发展，实现旅游、文化、品牌、营销的多元合作，探索合作发展、互利共赢的更大空间。我们热切期待本届论坛能够取得丰硕的成果。

中华文化促进会、文化产业（中国）协作体致力于弘扬中华文化、提升国家文化产业的整体实力和水平。今后，我们愿意竭诚为中国旅游演艺产业的发展提供帮助和服务。

最后，祝中国旅游演艺联盟越做越强，祝本届论坛圆满成功！

谢谢大家！

（2013 年 5 月 27 日于承德）

协同创新：宏观研讨很重要　微观细研不可少

——在中国文化产业高端峰会上的发言

创新是一个老话题了，协同创新是一个新概念，这段时间出现的频率比较高，主要来源于教育部和财经部实施高校能力提升计划，利用高校的学科优势，加强与国内外行业企业，高校机构，以及国际与社会之间深度合作，形成协同创新中的剧变。这次论坛，确定文化产业协同创新为研讨命题非常有意义。一是协同创新是一个很好的机制，可以有效地整合、利用社会各方面的力量、智慧，去为一个共同的目标努力。二是现在我们国家在文化产业发展过程中面临着许多新的问题和困难，这些问题和困难也需要各个方面通过协同创新加以解决。所以从这两个角度来讲，这个命题非常有意义。

2012 年 9 月 22 号我也参与了这个论坛，那时我的身份是中华文化促进会副主席，今年参加这个论坛又增加了一个新的头衔——文化产业（中国）协作体执行主席。我们这个协作体是文促会下属的二级机构，通过一些成员单位和主管单位的资源共享、协同合作来促进文化产业发展。协作体是一种灵便的有效的交流与合作机制，是一种极具生命力的制度创新。它既不是协会，也不是政府部门，它是一个类似于企业联盟性质的合作组织，把文化产业领域的专家学者，产业示范园区，示范基地凝聚在一起做一件事情，率先发展和支持成员单位，方针是服务、协调、聚力、共赢。我到协作体不到一年的时间，举办了三次论坛，帮助地方制定规划，论证产业项目，帮助对接一些合作项目，忙得和当司长时差不多，但是不同的是自由度大了，节省了很多时间和精力。

借这个机会我要感谢在座的各位专家和学者，今年 1 月 24 号，在文化产业（中国）协作体 2013 年年会上，成立了两个委员会，一个是专家指导委员会18个人，一个青年创业指导委员会12个人，很多人在百忙之中到深圳参加了这个年会，我向大家表示诚挚的谢意！

实际上，文化产业（中国）协作体就是一种协同创新的组织，不仅内部形成了协同创新的运行机制，而且工作的触角正在逐渐地向社会方方面面延伸。我们前段时间和山东大学签立了关于合作共建区域文化资源与中国文化产业协同创新中心的协议，下一步其他大学有这方面的需求，中华文化促进会、文化产业（中国）协作体会愿意和大家一起做好这项工作。

这里，我想就文化产业协同创新问题谈两个观点：第一个观点，我国文化产业正处于亟待结构调整和政策完善的关键时期。上午有的专家谈到我们正处在一个"拐点"、一个"分水岭"。我觉得这两个字眼，似乎不太贴切，用"关键时期"表述要更贴切一些。这些年，我国文化产业发展所取得的巨大成绩有目共睹，不容置疑。现在2012年的统计数据已经出来了，文化产业增加值18071亿，占GDP的比重是3.48%。最早的数据是1998年文化产业司成立那一年，文化产业增加值占GDP的比重是0.75%。国家统计标准出台以后，最早公布的是2004年的数据，文化产业增加值3340亿，占GDP的比重2.15%。从2004年到2012年，八年时间文化产业增加值总量翻了两番半，这个成绩是非常了不起的。但是，随着文化产业的深入发展，一切深层次的矛盾和问题开始凸显。我认为，既不能因为这些矛盾与问题的存在而否定文化产业的发展成果，也不能沉浸在文化产业蓬勃发展的大好形势之中，对存在的问题视而不见。当前谈文化产业协同创新，首先要未雨绸缪，防患于未然，加强对文化产业所存问题和不良苗头的研究，以充分发挥理论工作者智力支撑作用和引领作用。文化产业是新兴产业、朝阳产业不假，但新兴产业、朝阳产业会不会产生危机？我认为会，如果把握不好，个别行业会出现危机。

现在动漫行业、影视行业，很多企业在赔钱赚吆喝，尽管还没发展到市场饱和、市场过剩的地步，但确实是优质产品太少，劣质产品太多，很多产品还没走向市场，甚至还没有出厂门就开始滞销。个别文化企业已经遇到这样那样的问题，有的陷入进退两难的境地。有人说，市场经济了，谁投资，谁决策，谁收益，谁承担风险，这个话有道理，但是政府部门说没有责任，也有失偏颇。作为政府部门，要加强宏观调控，对有风险的行业要及时给予行业预警，而不能一味地支持企业盲目发展。今天上午尹鸿老师发言，谈到电影电视的问题，也涉及这个问题。从政府管理的角度，现在需要对文化产业的政策环境和投资环境加以调整和完善，包括产业园区过多过大的问题、博览会过多过滥的问题，都应加以调整和完善。

我的观点，该调的调，该压的压，该控的控，对于行业内的骨干企业要给予支持，对于产品销售不好的企业要彻底淘汰，或鼓励优质企业予以兼并重组，来解决"小乱散"的现象，真正实现规模化、集聚化、专业化的发展要求。

理论界、企业界也应该反思，我国文化产业已经发展十多年了，应该从理论上很好地总结一下、反思一下，研究和把握文化产业的发展规律及其特征，从抓文化产业总量增长逐步转到抓质量、促提高、保效益上来。采取科学有效的措施，下大气力化解目前文化产业发展中所面临的诸多问题，切实避免出现危机。

第二个观点，当前文化产业协同创新的重要任务，就是集中力量加强对文化产业分门别类的研究。文化产业的门类很多，而且这些门类随着产业的不断发展和进步，处于动态变化之中。记得 2003 年，我们制定文化部第一个关于鼓励支持文化产业发展若干意见的时候，提出重点发展九大行业。2009 年国务院文化产业振兴规划提出重点发展八大行业。2012 年文化部文化产业倍增计划又强调本系统重点发展十一个行业。去年国家统计局对文化及相关产业统计分类修订完善后，概括出发展文化产业的四大门类，这四大门类制定的非常细。由于文化产业各个门类的基本特征和运行轨迹大不相同，各有各的发展规律与特点，其文化内涵、表现形式、营销模式和消费方式也完全不同。电影和网络不能相提并论，动漫与表演艺术不能相互对比。所以，谈文化产业协同创新，不能只停留在泛泛一般的理论研讨上，更不能大而化之、以一概全，必须严格区分各个不同产业门类的状况，分门别类地加以深入研究和分析，从中找出其固有的规律和特点，有针对性地解决各个产业门类存在的不同类型的问题，探讨科学的发展路径与方法。

最近我正准备在中国旅游业商业模式研讨会上的一个发言。你们讲协同创新，我也帮他们想了一个协同创新的主意。目前，从全国旅游演艺节目质量来讲，没有什么大的创新余地了；从表现形式、展示手段来看，剧目一开始上演起点就比较高，基本也没什么值得创新的地方。最重要还是在商业营销模式上的创新，要充分发挥中国旅游业联盟组织的作用，利用好现在的互联网、云计算、高新技术等手段，打造一个中国旅游业信息网络交易平台，让老百姓不管走到什么地方，都随时可以买到想看的演出剧目的票，一句话就是发展智慧旅游。总的意思是，宏观研讨很重要，微观细研不可少。

谢谢大家！

（2013 年 9 月 8 日于北京）

汽车文化是中华文化的重要组成部分

——在第三届中国汽车文化论坛上的致辞

各位嘉宾、各位朋友：

九月的江城，秋高气爽，气候怡人。在这美好的时节里，第三届中国汽车文化论坛在这里顺利举办。为此，我谨代表中华文化促进会和文化产业（中国）协作体对论坛的举办表示热烈的祝贺，向在座的各位朋友致以亲切的问候！

汽车文化是改革开放30多年来，伴随着我国经济社会文化的不断进步和人民生活水平的不断提高而发展起来的一种新型文化。汽车文化的产生有力地促进我国汽车工业的快速发展和人们消费观念的极大转变。众所周知，自2009年以来，在全球经济跌宕起伏的形势下，我国汽车产销量逆势上扬，连续四年蝉联世界第一。中国巨大的汽车市场空间得到国外著名汽车厂家的青睐，迅速崛起的中国汽车工业引起世界各国的密切关注。但是，我们必须清醒地看到，中国只是一个汽车消费大国，而不是一个汽车生产强国，与世界发达国家的汽车工业相比，我们不仅缺少核心技术和自己的品牌，更为缺乏的是与之相适应的汽车文化，还无法与世界汽车巨头在同一个级别上展开竞争。因此，我们必须认真学习借鉴先进国家的汽车文化，寻找差距，深入思考，制定措施，奋起直追。

从大的范畴来讲，汽车文化仍是中华文化的重要组成部分，可是汽车文化独特的文化特征，又决定了与其他文化门类的截然不同。随着我国汽车消费的持续增长和社会道德文明、人的素质的全面提高，今后汽车文化的内涵将会越来越丰富，对汽车制造、汽车消费和人们驾车行为、行车观念的影响将会越来越大。

中国汽车文化论坛创办于2007年，迄今已成功举办了两届。作为我国汽车行业的一个高端论坛，每届都吸引了众多专业人士参与，并达成许多建设性、创新性的共识，为推动我国汽车文化发展做出了积极贡献。本届论坛以“汽车文化的力量”为主题，着重围绕汽车设计制造文化、品牌文化、汽车文化教育、汽车文化产业园区建设、汽车社会问题与对策等话题展开深入广泛的研讨，是非常必要的。

以上话题涉及汽车文化的方方面面，我认为，中国汽车行业要尽快缩小与世界发达国家的差距，追赶上国外汽车巨头的发展步伐，必须依靠文化的原动力和创造力，使每一个问题都找到比较满意的答案，以此来吸引人才，凝聚人心，创造核心技术，打造民族品牌，大力提升我国汽车工业的水平，推动整个社会经济、文化、社会文明程度和人的素质的全面提高。

值此汽车工业发展60周年和首届中国汽车文化节举办之际，来自全国汽车工业和其他行业的专家学者相聚在武汉，为中国汽车工业的未来和汽车文化的繁荣，集思广益，出谋划策，这是一件很有意义的事情。我们期待着本届论坛在各位的共同努力下结出丰硕的研讨成果，从而为推动我国汽车工业和汽车文化的持续健康发展，为创造中国人民更加幸福美好的生活做出新的更大的贡献！

祝第三届中国汽车文化论坛圆满成功！

（2013年9月15日于武汉）

传承依赖创新　创新弘扬传承

——在“拾翠”文化传承与创新高峰对话会的发言

11 月下旬以来，这是我参加的第二个文化活动。上一个是 11 月 21 日在东北参加了一个温泉文化项目论证会。此项目在大连市瓦房店许屯镇。这个镇的温泉资源非常丰富，据说这里的温泉水是世界上两个能够直饮的温泉之一；再一个就是这次拾翠滇文化中心启幕仪式。这两个项目都与资源开发利用有关。所以我想借这个机会，就文化资源的传承与创新问题谈几点不成熟的看法，与在座的各位专家商榷。

一，文化工作的方方面面都需要传承与创新，而当前文化资源的传承与创新似乎显得更紧迫一些。为什么？因为文化资源既是人类长期积累的宝贵财富，也是人类继续创造财富的基本要素。发展文化产业离不开文化资源，对文化资源开发利用的过程实际上就是一个传承与创新的过程。传承依赖于创新，创新弘扬了传承。两者是你中有我、我中有你的辩证关系，无法截然分清。同时，文化资源传承创新的目标是为了推动文化产业成为国民经济支柱性产业，更好地满足人民群众日益增长的精神文化需求，促进人的全面发展。因此，文化资源传承创新的最终结果还要通过产业发展的成果和社会反应的效果来加以验证。所以，我觉得拾翠滇文化中心的开发公司召开这次高峰对话会很有必要，实际这也是对你们这个产业项目的一次评估会。

二，文化资源与矿产资源不同，矿产资源是有形的，而文化资源有有形的，有无形的。对两种不同性质的文化资源的传承创新手段应该有所区别的。对有形的文化资源必须坚持在认真保护的前提下传承创新，决不能给资源本身造成任何损伤与破坏。如拾翠滇文化中心开发建设所利用的莲华禅院就属于有形的文化资源，在传承创新过程中，必须将其损耗降到最低限，这样才能达到可持续发展的目的。这一点，我觉得拾翠项目的开发公司做得非常好，实际上对莲华禅院起到了很好的保护作用。而对无形文化资源的开发利用就不同了，无形文化资源具有再生性、无限性，可以连续开发、多元开发。当然必须是在保证其文化内涵基本不变的前提下，决不能脱离其文化的本质，任意开发。

三，云南省在文化资源的传承与创新方面做得很好，既有力推动了文化产业的快速发展，又有效保护了少数民族的文化生态。在全国，云南对文化产业认识早、起步快，我记得2003年云南就提出“要像抓烟草生产一样抓文化产业发展”。最近我看到一个数据：2012年云南实现文化产业增加值380.27亿元，同比增长21.64%，占全省GDP的3.7%，高于全国的平均水平，这很了不起。在座的尹欣部长等功不可没，但还有一个人不能忘记，就是丹增书记，他对云南文化产业发展的贡献非常大。我担任文化部文化产业司长时，2005年3月20日，丹增书记曾邀请我在丽江文化产业高级研修班上讲过一次课。那时我说：发展文化产业必须充分考虑地区之间的文化差异和经济不平衡性，充分利用当地文化资源，因地制宜发展优势文化产业和特色文化产业，做到人无我有、人有我优、人优我特。今天从这几个年轻人身上，我受到新的启发。光优光特还不够，民族文化产品同样可以走时尚化、精品化、品牌化的路子，以提升其高附加值。说实话，2013年4月初这几个年轻人请我来翠湖考察论证时，我对他们的运作能力还半信半疑，但时过半年他们真做成了。特别是他们把从民间收购的少数民族的各种刺绣品精心加工成女人的手包、钱包，虽然价格非常贵，但市场上供不应求，创出一个民族文化品牌。这个创意非常好。既用事实诠释了文化传承与创新的关系，又说明无形的文化资源不在于谁拥有它，而在于谁率先将它开发成产品，掌握它的主动权。要使无形文化资源真正转化为产业资源，关键在于提高“开采能力”和创新能力。在激烈的市场竞争中，品牌代表一种商品的品质、效用、文化内涵、市场定位和消费程度，希望你们再接再厉，做得更好。

（2013年11月30日于昆明）

中澳两国关系携手并进　平稳发展

——在中澳高层对话会上的致辞

尊敬的米拉贝拉女士、朱奕龙主席，尊敬的约翰·德华校长、于鸿君副书记，女士们、先生们：

很高兴能参加本次中澳高层对话。今年是中澳建交四十一周年。中国孔子有句名言：四十而不惑，是说人到四十岁以后则明事理，达世情，进入成年时期。中澳关系同样如此，经过四十一年的坎坎坷坷、风雨兼程，正步入沉稳睿智、友好相处的成熟阶段。在这样一个历史的节点上，中澳两国朋友齐聚北京大学，共议两国经济、文化、社会合作发展大计，是一件非常有意义的事情。

2006 年 7 月，我曾率团到澳大利亚参加中澳艺术经纪人研讨会。会议期间，听澳大利亚朋友讲过一个有趣的童话故事。说有一个澳大利亚的小男孩，在家中的花园里挖了一个洞，洞越挖越深，越挖越远，洞的那一头会是一个怎样的世界呢？好奇的小男孩一直坚持挖下去，终于挖到了出口。爬出洞口的小男孩又惊又喜，原来他来到神秘的国度——中国。当时这个富有寓意的童话故事给我留下深刻的记忆。我想，中澳两国建交以来，双方不就是在向同一个目标坚韧不拔的挖洞吗？如果说四十一年前，中国和澳大利亚距离还很遥远、显得很陌生，那么经过四十一年的共同努力，中澳关系已经发生了根本性的变化，步入了携手并进、平稳发展的历史时期。

首先在经贸领域，双方形成经济利益相互交融的依赖关系。据统计，2012 年中澳两国贸易额达到 1223 亿美元，比 1972 年增长了一千多倍。目前中国已成为澳大利亚的第一大贸易伙伴、第一大出口市场和进口来源地。澳大利亚每出口 4 块钱，就有 1 块钱来自于中国。另外，近年来中澳双向投资发展迅速。现在中国已成为澳大利亚第三大直接投资的国家。我国巨大的市场需求，为澳大利亚在全球金融危机中实现“矿业繁荣”发挥了重要作用。

其次教育、旅游等领域的合作交流也不断深化，有力促进了中澳两国人民的相互了解和加深感情。2012年中国在澳大利亚的留学生数量已近40万人，已成为澳大利亚最大的留学生来源国。此外，澳大利亚还是中国最重要的海外旅游市场，去年一年中国赴澳旅游人数已突破60万人。

再次是中澳两国文化交流合作呈扩大趋势，越来越多的中国人开始熟悉并喜爱澳大利亚文化，越来越多的澳大利亚人对中国文化产生了浓厚兴趣。作为中国文化部第一任文化产业司司长，我对此感同身受。文化是一个民族赖以生存的土壤。文化的力量熔铸在民族的生命力、创造力和凝聚力之中。文化的繁荣与进步是衡量一个国家综合国力的重要标志。近年来在中国政府的高度重视下，我国公共文化事业日益繁荣，文化产业发展迅速。文化产业增加值每年都以20%以上的速度增长，在国民经济中所占比重逐年提高。澳大利亚政府在促进文化创意产业发展方面也有许多值得我们学习借鉴的地方。这次对话的一个重要议题是深入探讨两国文化产业发展的经验和创新能力，我非常期待，通过两国学者、专家的演讲和交流，能够碰撞出智慧的火花，形成独到的见解，为双方政府建言献策，推动中澳两国文化的共同繁荣与发展。

我们中华文化促进会是以“弘扬中华文化，促进国际交流”为宗旨的民间社会团体，由海内外成就杰出的文艺家、学者、企业家和文化活动家组成。目前已创立国内外文促会组织35个，同时下设30多个专业机构，是中国规模最大的文化NGO。今后我们愿意借助“中澳高层对话”这个平台，为促进中澳文化合作与交流尽一份微薄的力量。

会当凌绝顶，一览众山小。尽管目前国际形势跌宕起伏，变幻莫测，尽管中澳两国在历史文化、社会制度和经济发展水平等方面还存在差异，但我们深信，有两国领导人的远见卓识和战略眼光，有中澳人民的深厚友谊和彼此了解，有在座各位朋友的鼎力推进和积极努力，中澳两国关系一定会进入一个更加友好、更加稳定、更加紧密的合作阶段。

最后，祝本次高层对话圆满成功！

（2013年12月7日于北京大学）

试论文化资源的“软”与“硬”

——在华中师范大学文化产业论坛上的讲话

今天，我是应黄永林副校长的邀请，以华中师大兼职教授的身份来参加这次论坛。到了华师有种“回家”的感觉，非常高兴，也非常亲切，特别是上午到我任文化产业司司长期间文化部命名的国家文化产业研究中心看了看，感到很欣慰。在短短七年的时间里，中心就发展成为一个颇具规模的专业研究机构，并且推出一系列的研究成果和文化产品，为推动我国中部地区文化产业快速发展发挥了重要的引领、辐射和带动作用，这是非常了不起的。

最近，我连续参加了两个文化产业项目论证会：一是 11 月 21 日在东北参加了一个温泉文化项目论证会。这个项目在大连市瓦房店许屯镇。这个温泉可不一般，早在清朝雍正年间就开发出来了，号称“龙门泉”；这里的温泉水还是世界上两个能够直饮的温泉之一，另一个是在欧洲比利时。再是 11 月 30 日在昆明参加了一个翠湖文化产业项目论证会。这个项目是由北京和昆明几个热情高涨的年轻人做起来的。今年 4 月初他们请我去考察时，我还对他们的运作能力将信将疑，但时过半年他们真做成了。其中给我印象最深的是，他们把从民间收购的云南少数民族的各种刺绣品加工成精致的女人的挎包、手包、钱包，虽然卖的价格很贵，但供不应求，创出一个民族文化产品品牌。

通过参加这两次活动，我想，任何一个产业的崛起与发展都离不开对资源的开发和利用，而文化产业与文化资源的相互依赖关系似乎更独特一些。所以，华中师大举办这次研讨会，深入探讨文化资源挖掘与产业化之间的关系很有必要。

文化是人类长期积累的宝贵财富，也是人类创造新的财富的重要源泉。

所谓文化资源，我理解就是说文化也可以像经济资源一样，通过物质生产或精神生产，制造出新的商品，赋予它经济属性，使之具有更新更高的附加值，以满足人民群众日益增长的精神文化需求，促进人的全面发展。因此，对文化资源的挖掘不是目的，目的是为了开发利用；而开发利用的过程实际上就是一个产业化运行的过程。由此可见，文化资源挖掘和产业化的最终结果都要通过产业发展的成果和社会反应的效果来加以验证。

过去，我们一般将文化资源划分为传统文化资源与当代文化资源，由于这次论坛的大主题是文化与科技创新，依据自己多年的工作实践与体会，我想大胆设想一下，是不是可以将文化资源再划分为硬资源与软资源呢?

我是这样考虑的：既然文化在概念上有有形文化与无形文化之分，文化遗产有物质文化遗产与非物质文化遗产之分，那么文化资源必然会有有形的和无形的、物质的和非物质之区别。有形的、物质的文化资源，如文物古迹、宗教寺庙、民居建筑、革命遗址、民间工艺品等具有历史、艺术和科学价值的历史文化遗存，可称之为硬文化资源；而无形的、非物质的文化资源，像历史人物、口头文学、市井故事、民间传说、民俗民风、节庆礼仪、宗教信仰、音乐舞蹈、语言文字、影视戏曲等精神文化表现形式，可称之为软文化资源。

假如这个立论成立，那么软、硬两种不同形态的文化资源的性质必然有所不同。硬文化资源具有不可再生性、有限性的特征，一旦消失不可逆转；而软文化资源具有可再生性、无限性的特征，可以反复利用、无限开发。这两个不同的特征，决定了对软、硬两种文化资源的挖掘手段、开发条件和利用途径会有所区别。对硬文化资源的挖掘开发必须坚持全面认真保护的原则，将其损耗降到最低限度，不能给文化资源本身造成任何损伤与破坏。尤其是作为硬文化资源重要组成部分的文物资源，对它的开发利用更加需要慎重。决不能为了单纯获取经济利益而对文物古迹造成破坏。这些年这方面的教训太多了。有的地方搞功利性、掠夺性的产业开发，一说开发历史遗迹就要重新恢复古建筑，一谈挖掘文化内涵就想建庙宇，一讲搞休闲旅游产业就建人造景观。毁旧城，建新区，大拆大建，人为造成了许多无法挽回的重大损失。

我认为，这方面做得好的还数首批国家级文化产业示范园区之一的西安曲江新区管委会。10 多年来，他们对大唐芙蓉园、曲江池遗址公园、大明宫遗址公园等产业项目的开发，始终坚持文物保护与开发利用相结合、传承与创新相结合。特别是大明宫遗址公园的开发利用被国家文物局誉为“走出一条中国大文化遗址保护的新路子”。我这次到昆明参加了滇文化中心开幕活动，这是利用翠湖中心岛上的一个莲华禅院发展的文化产业项目。他们既很好保护了文物建筑，又使云南的非物质文化遗产得到有效开发，得到与会专家的一致好评。

对软文化资源的开发利用就完全不同了。软文化资源作为一种无形资源，受到的制约和限制就比较少，可以连续开发、无限开发、多元开发。如电影《泰坦尼克号》就是将一部人们早已熟知的航海灾难多次开发、连续开发。1997 年推向市场时赚了 18 亿美元的票房收入。2012 年运用 3D 技术再加以提升，又在全球获得 3. 44 亿美元的票房收入。再如对中国传统文化中的儒家文化我们既可以作为政治资源、经济资源开发，又可以作为军事资源、管理资源开发。对软文化资源的开发过程，本质上是对文化的再认识、再理解、再阐释、再研究、再利用。但是，无论怎样开发，都必须严格遵循历史真实与艺术真实相结合的原则，在保证其传承性和文化内涵不变的前提下进行开发，决不能肆意发挥，瞎编胡造，甚至篡改历史，以讹传讹。

还有，对软文化资源的开发利用，不在于谁占有它，而在于谁率先将它开发成产品，掌握它的主动权。要使软文化资源真正转化为产业资源，关键在于提高“开采能力”和创新能力。这次与会的有加拿大的克里夫教授，动漫电影《小熊维尼》就是他所导演的。品牌价值被评估为 120 亿美元的小熊维尼是迪斯尼在全球最有价值的动漫形象之一，其创作者并不是美国人，而是英国著名作家艾伦·亚历山德拉·米尔恩。在软文化资源挖掘与产业化之间，有许多艰难的创新转化工作需要去做，关键看谁能准确把握它的文化特征，抓住其背后起重要作用的根本性元素。

当然了，硬文化资源也好，软文化资源也罢，都是文化产业发展的基础性元素。无数实践还证明，文化资源的“有无”不是产业化运作的决定性因素。文化资源不同于矿产、资金、人才等，具有独特的属性。其本身数量的多少、质量的高低并不决定产业开发的有效性。即使是没有软硬两种文化资源的地方，开发者有好的创意和才赋同样可以创造出前所未有的优质文化产品和服务。如浙江省东阳市的横店镇就是一个典型案例。横店既不是交通枢纽，也不是文化名城，更没有大学书院，可开发利用的文化资源寥寥无几。就这样一个名不见经传的江南小镇，却集聚了480多家影视文化企业，成为闻名全国的影视基地，可以同时有32个剧组在这里紧锣密鼓地拍摄影视剧。截至目前，横店已拍摄了1000多部影视剧，实景面积超过好莱坞。村中群众演员的收入，有的人一年就有40多万。今年前10个月，到横店旅游的人数就超过1000万人次，热度接近故宫和张家界。再如深圳市的“文化名片”大芬油画村也是如此。大芬油画村是1989年香港画商黄江到这里投资发展起来的。我是大芬油画村唯一的荣誉村民，11号还要去参加第二届深圳艺术博览会。所以，文化资源与产业化发展之间，有一定关系但不是必然关系。

记得2003年，我在担任文化部文化产业司长时就反复强调：发展文化产业必须充分考虑地区之间的文化差异和经济不平衡性，因地制宜发展。充分利用当地文化资源，发展优势文化产业和特色文化产业，做到人无我有、人有我优、人优我特。现在从昆明几个年轻人身上，我受到新的启发，民族文化产品光优光特还不够，要走时尚化、精品化的路子。多生产一些高品位、高档次、高文化含量的文化精品，少生产格调低下、质量低劣、价格低廉、粗制滥造的文化垃圾，以提升文化产品的高附加值，实现可持续发展。特别是要积极实施品牌化战略。在激烈的市场竞争中，品牌代表一种商品的品质、效用、文化内涵、市场定位和消费程度。目前，文化产业亟须培育一批有影响力的大品牌。这方面，法兰瓷做得很好。这也是我当司长时命名的130多个国家文化产业示范基地中唯一一个台湾投资企业。我亲自去考察过法兰瓷。他们2005年在景德镇投资2000美元建厂。现在已在世界56个国家和地区设了 6000 多个专卖点。2010 年一年销售额就达到 6 亿元，成为艺术陶瓷中知名品牌（西班牙雅致）。法兰瓷连续 7 年与中国艺术研究院联合组织产品设计大赛。

再往下说的话，在文化资源挖掘方面还有几点要加以注意：一是要善于利用高新技术，发展新型文化业态；二是要学会编故事、造声势、抓眼球：三是要妥善处理继承与创新的关系，在原生态与新形态之间找到最佳结合点，将文化资源的作用发挥到极致；四是要加强对软硬两种不同文化资源的调查、分析和评价，对其数量、质量、种类、范围、环境、开发价值、市场前景有一个比较全面科学的统计，从而为文化资源的挖掘和产业化发展提供准确可靠的数据。

（2003 年 12 月 9 日于武汉）

大芬油画村是中国文化产业发展的缩影

——在大芬文化产业发展战略研讨会上的讲话

各位专家，各位领导：

今天，有机会参加这个战略研讨会感到非常高兴，特别是刚才听了刘大为主席回顾性的讲话，当年亲自参与大芬油画村建设的过程又浮现在眼前。我作为大芬油画村唯一的“荣誉村民”，看到自己村年年都有新变化、新进步，倍感欣慰！

根据刘大为主席的命题，去年 12 月 28 日，我们文化产业（中国）协作体曾邀请全国 15 位文化产业专家，在大芬美术馆召开过一次“大芬十年”专家座谈会。当时，我在会上说，大芬不仅仅是龙岗的大芬、深圳的大芬，而且是全国的大芬；大芬油画村不仅仅是深圳一张亮丽的文化名片，更是中国文化产业发展的一个缩影。

事实的确如此。大家知道，从 20 世纪 90 年代开始，我国文化产业已经走过二十多年的发展历程。我个人认为，从 20 世纪 90 年代初把“文化产业”的概念引入中国，到党的十六大把文化产业纳入国家发展战略的十年，是中国文化产业“起步探索、政府介入”的十年；而从 2002 年到 2012 年这十年，则是中国文化产业“政策引导、创新布局”的关键十年。从 2013 年开始，我国文化产业进入“提质增效，转型升级”的新阶段。

可以说，从 1989 年黄江先生进驻大芬开始，大芬油画村的发展基本是与全国文化产业发展同步的，而且正是在我国文化产业探索布局的关键十年里，深圳大芬油画村脱颖而出，成为文化美术产业中一颗熠熠闪亮的明星，为引领和带动全国文化产业快速发展做出了突出贡献。目前，我们正处于一个新的历史节点上，面对国际市场低迷、国内市场竞争日益激烈等严峻挑战，大芬油画村如何在深入总结十年发展经验的基础上，加快“提质增效，转型升级”步伐，走出一条创新发展的新路子，是一件非常重要也十分迫切的事情。

大芬十年一步步走来实属不易。自 2004 年 11 月大芬油画村被文化部命名为首批国家文化产业示范基地、2006 年 2 月被文化产业司和中国美协命名为文化（美术）产业示范基地以来，不仅经受住了 2008 年金融危机的冲击，而且顶住了社会上和美术界少数人对大芬的种种质疑。当然，这些质疑是根本站不住脚的。按照联合国教科文组织早在 20 世纪 80 年代所确定的定义：文化产业就是按照“工业标准”，生产，再生产，储存以及分配文化产品和服务的一系列活动。所谓“工业标准”，就是说文化产业具有复制性、批量化、标准化的特征。而大芬油画村的生产经营模式恰恰完全符合这些基本特征。正由于此，在我担任文化部首任文化产业司司长的时候，决定授予大芬油画村应有的荣誉。记得 2004 年 11 月 17 日上午，首届深圳文博会大芬油画村分会场开幕式之后，中央电视台的一位记者曾经问我，对一些质疑意见怎么看？我明确地对他说：“广大群众的文化消费是多元化的、分层次的，不能要求老百姓家中户户都能挂上齐白石的国画或靳尚谊的油画，这既不现实也无可能。老百姓装修一个新家挂上几张大芬油画村生产的油画，总比挂一些乱七八糟没文化的东西要好得多。”当然，随着形势的不断发展，现在社会上对大芬油画村的质疑声越来越少，肯定的正面的评价越来越多。

其实，大芬油画村因行画而兴，更因行画生产而出名，画行画、卖行画并不是一件不光彩的事情。本来，我们走的就是与专业创作不一样的路子，所以，必须在行画生产上做出自己的特色，而不必盲目去迎合别人。

目前，国际市场不容乐观，而全国各地照抄照搬大芬模式的也很多，有的产业规模甚至与大芬油画村不相上下。在这种情势下，大芬怎样在加快发展的同时，继续保持自己的鲜明特色？怎样擦亮大芬油画的品牌，进一步奠定行业领先的地位？怎样在发展行画的同时，积极鼓励原创，使两者兼而有之、互相促进？怎样在坚持拓宽国外市场的同时，积极开辟国内市场？怎样利用互联网科技手段，创意文化产品，创新商业运营模式？怎样适应城镇化发展的需要，继续做好文化旅游这篇大文章？这些，都需要有一个比较清晰的发展思路和解决路径。因此，我们期待着，通过这次高峰论坛各位专家学者的建言献策，帮助大芬油画村找到一份满意的答案，进一步明确今后的发展重点和前进方向，继续为促进文化消费、美化社会生活、促进人的全面发展，推动文化产业尽快成为国民经济支柱性产业做出新的更大的贡献！

最后，我代表中华文化促进会和文化产业（中国）协作体祝愿本次研讨会取得圆满成功！

谢谢大家！

（2014 年 5 月 13 日于深圳）

十年来大陆文化产业政策的回顾与前瞻

——在两岸文化政策论坛上的发言

各位朋友，各位嘉宾：

今天有机会出席本次论坛并代表大陆方作主旨发言，我感到很高兴！在这里，我想简要给大家介绍一下大陆文化产业政策的有关情况。

大家知道，大陆文化产业已经走过了二十多年的发展历程。我个人认为，这二十年大致可分为两个阶段：一是从1992年国务院办公厅在《加快发展第三产业》一书中首次使用“文化产业”的概念，到2002年中共十六大把文化产业纳入国家发展战略，是大陆文化产业“起步探索、政府介入”的头一个十年；而从2003年到2013年这十年，则是大陆文化产业“政策引导、创新布局”的关键十年。

在关键的十年里，大陆文化产业发展很快。据国家统计局公布，2004年大陆文化产业增加值为3440亿元，占GDP的比重仅2.15%，而2012年文化产业增加值发展到18071亿元，占GDP的比重达到3.48%。八年间大陆文化产业增加值总量翻了两番半。这是一件非常了不起的事情。2013年，国家统计局的数据还没出来，但据北京大学文化产业研究院预测，文化产业增加值有可能达到2.1万亿元，占GDP的比重约为3.77%。

十年来，大陆文化产业之所以取得如此巨大的成果，分析起来原因很多，但最主要的原因是，各级政府不断完善文化产业政策体系，大力鼓励、支持和引导发展文化产业。

我是大陆文化部首任文化产业司司长，从2001年一直干到2009年。大陆文化产业发展初期，从界定概念到制定政策的全过程我都亲自参与了。记得2002年十六大提出大力发展文化产业的战略目标后，我们就在思考，发展文化产业靠什么？想来想去，还是得靠文化产业政策。没有政策的强力支撑，发展文化产业只能是一句空话。为此，2003 年 9 月，文化部就制定下发了《关于支持和促进文化产业发展的若干意见》，全面阐述了发展文化产业的战略意义，分析了大陆文化产业的发展现状及存在的问题，提出发展文化产业的指导思想、基本思路和主要措施。

经过十多年的发展，现在大陆基本形成一套比较完整的文化产业政策体系。据粗略统计，国务院下发的大约有 14 个文件，文化部以及以其他部门联合下发约 50 多个文件。这套体系对推动文化产业快速发展发挥了重要的指导作用。我简单梳理了一下，十年来大陆制定的文化产业政策大体可分为四类。

一、第一类是规范性政策

在文化产业发展初期，对什么是文化产业，文化产业包括哪些门类，大家都不清楚。怎么办？文化部在《关于支持和促进文化产业发展的若干意见》中做了回答："文化产业是社会生产力发展的必然产物，是随着我国社会主义市场经济的逐步完善和现代生产方式的不断进步而发展起来的新兴产业。"文化产业包括演出业、影视业、音像业、文化娱乐业、文化旅游业、网络文化业、图书报刊业、文物和艺术品业以及艺术培训业等九大门类。这是大陆第一个有关文化产业政策的文件，当时对统一人们的思想认识、明确文化产业的内涵与外延起到了重要作用。

还有，2002 年我调到文化部工作不久，在一次会上我说："反映一个地方文化产业的状况，并不是看演出了多少场节目、放了多少场电影，最重要的是要看有多少文化企业、多少就业人员、创造了多少增加值、上交了多少税收等等。要通过一系列实实在在的数字来衡量工作的好坏，可是目前我国还缺少一套比较完整的文化产业统计指标体系。"当时，有的领导还不赞成我的意见，可随着形势的发展，大家越来越意识到规范产业统计标准的重要性。后来，中央领导责成国家统计局牵头，组织相关部门的工作人员成立专门小组，对文化产业统计数据进行课题研究。由此，2004 年 3 月国家统计局下发了《文化及相关产业分类》和2005 年1 月下发了《文化及相关产业指标体系框架》两个政策性文件。

这两个规范性的政策文件为大陆文化产业科学管理提供了统一的范围与定义，有效地改进和完善了文化产业统计工作。经过近十年的实践，原有的文件已不能适应文化产业统计工作的需要，从2011 年开始，国家统计局又对《文化及相关产业分类》重新进行了修订，并于 2012 年 6 月推出新的统计标准，调整了类别结构，增加了与文化生产活动相关的创意、新业态、软件设计服务等内容，压缩了少量不符合文化及相关产业定义的活动类别，以与《2009 年联合国教科文组织文化统计框架》相衔接。

2004 年，中宣部、文化部、商务部、海关总署等六部门联合下发《关于加强文化产品进口管理的办法》和《关于文化领域引进外资的若干意见》，就进口国外文化产品和引进外资提出一些规范性的要求。

2009 年 9 月 10 日，针对大陆文化产业发展水平不高、活力不强、产业总量偏低等问题，文化部下发了《关于加快文化产业发展的指导意见》，强调重点发展演艺业、动漫业、文化娱乐业、游戏业、文化会展业、文化旅游业、艺术品和工艺美术、艺术创意和设计、网络文化、文化产品数字制作与相关服务等十大产业门类。

2009 年 9 月 26 日，为应对国际金融危机，适应文化领域改革发展的需要，国务院又发布《文化产业振兴规划》，提出着力抓好发展重点文化产业、实施重大项目带动战略、培育骨干文化企业、加快文化产业园区和基地建设、扩大文化消费、建设现代文化市场体系、发展新兴文化业态和扩大对外文化贸易等八个方面工作。作为一项产业，文化产业这是第一次被正式纳入国务院的产业规划体系。

以上这些政策文件，对于促进文化产业向专业化、规范化方向发展发挥了重要作用。

二、第二类是引导性政策

一是引导民营资本进入文化产业领域的政策。大陆最早对文化产业是作为意识形态领域管理的，不对民营资本开放。2004 年，我们开始意识到，要加快发展文化产业，应对国外激烈竞争，仅仅依靠国有资本根本不行，必须引导社会力量广泛参与文化产业。为此，2004 年 10 月，文化部制定下发了《关于鼓励、支持和引导非公有经济发展文化产业的意见》。这个文件是一份带有创新性、突破性的政策，当时在社会上引起很大反响。紧接着，2005 年 4 月，国务院下发了《关于非公有资本进入文化产业的若干决定》。这两个政策的先后出台，使大陆非公有资本进入文化产业领域步伐不断加快，投资主体发生了很大变化。以演艺业为例，大陆过去基本是国有院团当家，民营艺术团体很少。现在据中国演出行业协会统计，2012 年大陆国有院团压缩到 2700 多家，而民营艺术团体发展到 11000 多家；民营艺术团体所提供的演出场次是国有院团的两倍多。

再说说电影。20 世纪 90 年代中期，大陆票房收入的奋斗目标是突破 10 亿元，2003 年才好不容易搞到 13 亿元。可 2013 年达到 217. 69 亿。今年截至 5 月21 日，电影票房已达到 100. 24 亿元，按去年增速，年底有可能达到 280 亿元。大陆从 10 亿到 100 亿用了 8 年时间，而从 100 亿到 200 亿仅用了 3 年时间，而且国产影片收入比例不断提高。2013 年，国产影片票房收入 127. 67 亿元，占总票房的 59%，进口票房收入 90. 02 亿元，占总票房的 41%。关键是这些影片绝大多数是由民营影视机构投资生产的。

时隔 8 年，2012 年 6 月，文化部又下发《关于鼓励和引导民间资本进入文化领域的若干意见》。在演艺、娱乐、艺术品、网络文化、动漫游戏等领域，基本对非公资本全方位、全过程开放。“鼓励非公有制文化企业发展，降低社会资本进入门槛，允许参与对外出版、网络出版，允许以控股形式参与国有影视制作机构、文艺院团改制经营”。

现在，非公有制文化企业已经成为大陆文化产业一支不可缺少的力量，逐步形成以公有制为主体、多种所有制经济共同发展的文化产业格局。据统计，2012 年，大陆共有文化及相关产业法人单位 69. 8 万家，文化产业法人单位实现增加值同比增长 16. 5%，比同期 GDP 现价增速高 6. 8 个百分点，文化产业对当年经济总量增长的贡献率为 5. 5%。想想当初，如果没有思想观念和政策上的创新，没有非公经济的介入，大陆文化产业不可能有今天这样一个蓬勃发展的大好局面。

二是引导金融资本支持文化产业的政策。2007 年下半年，通过调研我们发现，文化企业普遍遇到融资难的问题。为解决这个影响产业发展的瓶颈问题，也为了“试水”资本市场，2008 年，我协调国家开发银行给西安曲江大明宫国家遗址公园项目一次性贷款 64 亿元（今年全国金融与文化融合会议表彰了 10 个典型案例，大明宫项目排在第一个）。2009 年 1 月，又与国家进出口银行共同起草了扶持文化产业发展的合作协议。2 月，与中国人民银行共同研究起草了合作协议。

现在文化产业的融资问题得到中央和国务院的高度重视，先后出台了一系列重要政策。2010 年 3 月，中央宣传部、文化部等九部门共同发布《关于金融支持文化产业振兴和发展繁荣的指导意见》，指出要“大力发展多层次资本市场，扩大文化企业的直接融资规模，建立健全有利于金融支持文化产业发展的配套机制”。之后，各大银行针对文化产业的特点先后开发了一系列金融产品。据中国人民银行统计，截至 2013 年 12 月，文化产业中长期本外币信贷余额已达 1574 亿元，较年初新增 419 亿元，同比增长 36. 28%；185 家文化企业注册发行的债券余额已达 2878. 5 亿元；77 家文化企业在沪深两地资本市场上市。

2010 年 12 月，文化部发布《关于保险业支持文化产业发展有关工作的通知》，鼓励保险公司积极开发适合文化企业特点和文化产业需要的保险产品，并与保监会公布了第一批 11 个文化产业保险试点险种和 3 家试点保险公司。据不完全统计，截至 2013 年底，服务文化企事业单位 1. 6 万家，承担风险保障 9516 亿元，实现文化产业保险保费收入 4.58 亿元，保费规模同比增长 11%。

2014 年 3 月，财政部下发文件，继续实施文化金融扶持计划，积极探索债券发行成本补贴、保费补贴等扶持模式，推动金融资本和文化资源的融合对接。3 月 17 日，文化部、中国人民银行、财政部联合印发了《关于深入推进文化金融合作的意见》，强调要更好发挥金融政策、财政政策与文化产业政策的协同作用，鼓励金融机构大力开拓文化金融市场，最大限度地发挥金融推动文化产业发展的作用。

任何一个产业，如果没有资本市场的介入，是不可能做大做强的。正是由于金融、财政的积极扶持，大陆文化产业才如虎添翼，大大加快了发展的步伐。

三是引导文化体制改革平稳推进的政策。过去在计划经济条件下，文化单位都是由财政包养，长期以来人们养成“多给多干，少给少干，不给不干”的思维习惯。进行文化体制改革后，为支持文化单位的干部职工转企改制后尽快适应市场经济的要求，国家推出了多项税收优惠扶持政策。

2005 年，财政部、海关总署、国家税务总局下发《关于文化体制改革中经营性文化事业单位转制后企业的若干税收政策问题的通知》和《关于文化体制改革试点中支持文化产业发展若干税收政策问题的通知》，政策惠及全国 2000 多家转制文化单位，减免税收达近百亿元。

2008 年 10 月，国务院办公厅发布《文化体制改革中经营性文化事业单位转制为企业的规定》和《文化体制改革中支持文化企业发展的规定》，内容涉及国有文化资产管理、土地处置、收入分配、社会保障、人员分流安置等多方面。2009 年 3 月，财政部、国家税务总局联合下发了《关于文化体制改革中经营性文化事业单位转制为企业的若干税收优惠政策的通知》指出，经营性文化事业单位转制为企业，自转制之日起免征企业所得税、财政拨款的文化单位转制为企业，自转制之日起自用房产免征房产税等。这些税收优惠政策对于推动文化体制改革，促进文化企业发展起到保障作用。

四是引导文化与相关产业融合发展的政策。随着形势的发展，文化与相关产业融合发展，成为一个大趋势。为此，2009 年，国务院出台《关于加快发展旅游业的意见》。接着，文化部和国家旅游局联合出台《关于促进文化与旅游结合发展的指导意见》。2011 年，十七届六中全会《决定》强调，“要推动文化产业与旅游、体育、信息、物流、建筑等产业融合发展”。2012 年 2 月国务院办公厅印发《国家“十二五”时期文化改革发展规划纲要》，指出要积极发展文化旅游，提升旅游的文化内涵，发挥旅游对文化消费的促进作用。

此外，科技和文化的融合也成为推动文化产业转型升级的重要途径。2011 年 7 月，科学技术部、文化部部际会商会议，提出了 11 项具体举措，包括联合制定发布《国家科技与文化融合联合行动计划》，优先启动《文化资源数字化关键技术及应用示范》《文艺演出网络化协同服务及应用示范》等。2012 年和 2013 年，科技部、中宣部、文化部等五部门联合认定了两批 34 家国家级文化和科技融合示范基地。

近年来，伴随着大陆新型工业化、信息化、城镇化和农业现代化建设进程，文化创意和设计服务呈现出多向交互融合态势。在这一背景下，2014 年 2 月，国务院发布《关于推进文化创意和设计服务与相关产业融合发展的若干意见》，提出塑造制造业新优势，加快数字内容产业发展，提升人居环境质量，提升旅游发展文化内涵，挖掘特色农业发展潜力，拓展体育产业发展空间，提升文化产业整体实力等任务。

根据《关于推进文化创意和设计服务与相关产业融合发展的若干意见》，2014 年 3 月，文化部印发了相关实施意见，进一步细化了文化创意和设计服务对制造业、建筑业、信息产业、旅游业、农业、体育产业等领域支持的具体措施，着重以文化提升相关产业产品和服务的附加值，以融合发展拓展文化产业发展空间。

以上这些引导性的政策文件，营造了发展文化产业的良好环境，为各类资本进入文化产业领域创造了很好的条件。

三、第三类培育性政策

为积极培育市场主体，增强微观活力，从2004年11月文化部发布《关于命名国家文化产业示范基地的决定》开始，文化部先后命名了五批268家（因为动态管理，中间撤销了8家不合格的）国家文化产业示范基地。在地域分布上涵盖大陆31个省、自治区和直辖市。

从2007年6月起，为引导文化产业向集聚化、规模化和专业化方向发展，文化部又先后命名了四批8家国家级文化产业示范园区和7家国家级文化产业试验园区（中间撤销1家）。

榜样的力量是无穷的。这些示范基地和园区，为推动全国文化产业快速发展充分发挥了窗口、示范和辐射作用。同时，这些基地和园区自身发展也越来越快。如今年5月15日揭晓的第六届中国“文化企业30强”，基本上都是文化部命名的国家文化产业示范基地。“30强”企业净资产达2076亿元，主营业收入2451亿元、净利润316亿元，均创历史新高，分别比第五届增长20%、16%和38%。

去年国外一家全球战略管理咨询公司公布世界文化产业50大企业评选结果，大陆的万达和腾讯入围。万达集团年营业收入30亿美元排名37，腾讯以游戏产业收入25亿美元排名46。2013年9月，万达集团投资300亿元建设的全球投资规模最大的青岛东方影都影视产业园已开工。业内人士认为，此次万达进军影视制造领域，打算冲入世界文化企业前10强。

再是国家级文化产业示范园区规模化、集聚化水平大幅提升，已成为大陆文化产业发展的重要载体。如西安曲江新区是文化部2007年命名的首批两个国家级文化产业示范园区之一。经过多年的发展，先后建成大唐芙蓉园、大明宫国家遗址公园、唐大慈恩寺遗址公园等六大遗址公园。2013年，全区旅游人数突破5000万人次，旅游综合收入达28.5亿元。2013年，全区实现大口径财政收入156亿元，实现地方财政一般预算收入28.6亿元，增长

35%；实现文化产业增加值49.2亿元，同比增长34.6%；实现地区生产总值76.6亿元，同比增长15.4%。截至2014年3月底，入区文化企业达2559家，总注册资本达到485亿元。

目前，西安曲江新区开发建设的区域正由曲江核心区逐渐辐射到周边地区。新建设的西安城墙景区、临潼国家旅游休闲度假区等项目，总面积达135平方公里。临潼国家旅游休闲度假区已建成大唐华清城、芷阳广场、鹦鹉寺公园、贾平凹文化艺术馆等文化旅游项目。西安城墙景区六大项目的提升改造工程，也正在紧锣密鼓地进行中。今年5月1日，南门文物保护展示工程、护城河景观改造工程以及水上游览线等工程全面完工。10月1日，南门新景区将对外全面开放。截至2013年年底，曲江文化产业集团总资产近500亿元，员工近万人，拥有全资及参控股公司近100家，集团连续三年蝉联中国文化企业30强。

这些年，关于培育文化产业骨干企业的政策，一直在不断修订完善中。如2006年2月文化部办公厅印发《国家文化产业示范基地评选命名管理办法》，强调严格按照标准评选。2010年6月，文化部下发《关于加强文化产业园区基地管理　促进文化产业健康发展的通知》，要求避免一哄而上、盲目发展。2014年4月，文化部重新修订《国家文化产业示范基地管理办法》，将评价标准由原来的定性描述转为量化评定，提出“在发展文化产业方面成效显著，社会效益和经济效益良好，最近2年连续盈利”等硬的条件，在一定程度上体现了文化部管理理念和管理方式的转变。

四、第四类激励性政策

为实施中华文化“走出去”战略，激励文化企业进入国际文化市场，2005年1月，文化部下发《关于开展国家文化产品出口示范基地认定工作的通知》，重点鼓励打造一批在国际文化市场有较强竞争力的文化企业。如中国对外文化集团公司、天创国际演艺制作交流有限公司等都是首批获得认定的文化企业。

2005 年 7 月，国务院下发《关于进一步加强和改进文化产品和服务出口工作的意见》提出积极培育出口品牌等十个方面的措施。2006 年 11 月，国务院《关于鼓励和支持文化产品和服务出口的若干政策》鼓励和支持文化企业参与国际竞争，推动我国文化产品和服务更多地进入国际市场。

2007 年 4 月，商务部、外交部、文化部、广电总局、新闻出版总署、国务院新闻办共同制定了《文化产品和服务出口指导目录》，认定了一批“国家文化出口重点项目”和一批“国家文化出口重点企业”。此后，年度认定政策一直在持续，为激励推动中国文化产品和服务走向世界发挥了重要作用。

2007 年 11 月，文化部下发《关于奖励优秀出口文化企业、优秀出口文化产品和服务项目的通知》，对 9 家文化企业和 18 个文化产品和服务项目颁发了奖金。2008 年 12 月，又奖励了 25 个文化产品和服务项目。这些激励性政策有力调动了文化企业发展文化产业的积极性。

据统计，2003 年至 2013 年，10 年时间，大陆文化产品进出口额从 60. 9 亿美元攀升至 274. 1 亿美元，年均增长 16. 2%；文化服务进出口从 10. 5 亿美元增长到 95. 6 亿美元，年均增长 24. 7%。2002 年，全国送广电总局审查的动画片只有两部。2013 年，全国上映了 33 部动画电影，其中 22 部是国产动画，还有 2 部中外合拍的动画电影。2013 年动画产业的市场总收入高达 832 亿，比上年增长 38%。

十年来，大陆除了不断完善文化产业政策体系外，还配套采取了一系列的实际举措。其中最为成功的是打造了深圳国际文化产业博览交易会。当初我们是从完善文化产业链、打造文化产品交易平台的目的出发的。经过十年的发展，深圳文博会已经成长为一个国家级、国际化、专业化、规模化的大型展会。参展商数量从 2004 年首届的 700 多家增加到 2014 年第 10 届的 2263 家；参观、参展、采购的国家和地区从首届的 10 多个增加到第 10 届的 95 个；分会场从首届的 1 个发展到第 10 届的 54 个。10 届深圳文博会累计成交额超过 1 万亿元，达到 10475 亿元。刚刚结束的第十届文博会成交额 2324. 99

亿元，比上届增长 39.64%，创历届新高。

其次，先后成立了上海文化产权交易所和深圳文化产权交易所等交易机构。上海文交所成立于 2009 年 6 月 15 日。2013 年已经在文化产权交易领域拓展出 15 个细分市场，全年交易各类文化产权项目 10314 宗，成交额达到 260 亿元，占全国文化产权交易量的 60% 以上。

深圳文交所成立至今，已征集入库及挂牌的文化产业投融资项目 15830 个，成交项目超过 300 个，交易总额 300 多亿元。场内项目获得中国工商银行等金融机构 800 亿元授信额度。2013 年 8 月，财政部下发通知，重申中央文化企业国有产权进场交易的，应当在上海和深圳两个文化产权交易所交易，并严格按照有关规定进行交易操作。

再是，财政部和各地方政府都设立了文化产业发展基金。2010 年 5 月，财政部、中银国际、中国电视总公司、深圳国际文化产业博览会公司四家还联合发起建立中国文化产业投资基金，总规模 200 亿元，首期募集 41 亿元。在第十届深圳文博会上，投资基金又与实力电传、大陆桥、金海岸、摩登天空、四月星空、玄机科技等 6 家文化企业签订投资协议，加上原先投资的新华网、中国出版集团、视讯中国、浙江华数、厦门游家、骏梦游戏、开心麻花等 14 家企业，累计投资 20 家文化企业，投资金额达 20 亿元。截至 2013 年，大陆各类文化产业股权投资基金发展到 57 只，募集规模超过 1350 亿元。目前，已逐步形成多层次、多渠道、多元化的文化产业投融资体系。

还有一项很重要的措施，就是文化部先后与上海交通大学和北京大学合作设立了国家文化产业创新与发展研究基地，与清华大学、南京大学、华中师范大学和云南大学合作建立了六所国家文化产业研究中心。这些研究基地和中心至今还在发挥着重要的理论引领和支撑作用。

以上是十年来大陆文化产业政策体系建立和完善的一些基本情况。应该说，这些政策对于促进大陆文化产业快速发展，逐步成为国民经济支柱性产业发挥了至关重要的作用。当然，什么政策都不是万能的，都有一定的局限性，因为时间关系，制定政策过程中和落实政策过程中所出现的一些问题，我就不再讲了。

从2014年起，大陆文化产业将进入“提质增效，转型升级”新的十年。我觉得，在今后的十年里，可能会发生很多变化，但有两点一定不会变：一是现有的文化产业政策在实践中还需要不断地加以调整和修正完善；二是根据文化产业的发展需要以及发展过程中所出现的新问题，政府仍会坚持不懈地制定出台一系列新的政策和措施，依靠政策来推动大陆文化产业快速健康持续发展。

我的发言就到这里。谢谢大家！

（2014年6月7日于上海交通大学）

编制中国文化发展指数是个系统工程

——在中国文化发展指数研究中心揭牌仪式上的讲话

各位领导、各位专家、各位朋友：

今天，有机会参加中国文化发展指数研究中心揭牌仪式，我感到很高兴。这里，我受中华文化促进会高占祥主席和王石常务副主席的委托简单讲几句话。

中华文化促进会决定与上海交通大学合作编制中国文化发展指数，主要是两个方面的原因：

第一个原因是，中华文化促进会与上海交通大学的关系源远流长。早在1994年我会高占祥主席在任文化部常务副部长时就被上海交通大学聘为兼职教授。多年来，高占祥主席和王石常务副主席对上海交通大学的发展非常关心，本来他们都想出席今天的揭牌仪式，但因为身体原因未能成行。王石常务副主席让我一定向上海交通大学的领导表示歉意。我本人也是上海交通大学的特聘研究员，同时还兼任上海交通大学国家文化产业创新与发展研究基地副主任。10多年来，无论工作怎么变动，我与上海交通大学的联系从来没有中断过。今年6月7日，还刚刚应邀在上海交通大学参加了海峡两岸文化政策论坛，并代表大陆方作了主旨演讲。

第二个原因是，上海交通大学国家文化产业创新与发展研究基地是文化部最早命名挂牌的国家级文化产业研究机构。该机构成立十五年来，先后推出一系列重大理论研究成果，主办、承办了一系列重要的理论研讨活动，如中日韩文化产业论坛、大陆港澳文化产业论坛、海峡两岸文化产业论坛等，为促进我国文化产业快速发展提供了强大的理论支撑，在业内有很大的影响力。特别是上海交通大学以胡惠林教授为首席专家的课题组，在中国文化产业发展指数研究方面取得重要突破，继前两年先后发布2012、2013中国文化产业发展指数研究报告后，今天还将发布《2014：中国文化产业发展指数研究报告》。去年9月，在《人民日报》上看到上海交通大学发布2013中国文化产业发展指数报告的消息后，我会认为该举措非常好，对于推动我国文化产业快速健康持续发展有着重要的指导意义。鉴于目前我国还没有中国文化发展指数报告，因此我会主动提出与上海交通大学合作编制中国文化发展指数报告。此事得到上海交通大学的积极响应，经过多次沟通和研究，今年3月双方签订了战略合作框架协议，并决定指数编制任务由上海交通大学国家文化产业创新与发展研究基地和文促会的文化产业（中国）协作体来共同承担。

通过编制发展指数推进相关领域的政府治理，是全球社会治理的重要发展趋势，而文化指数编制是个系统工程，需要多学科知识的应用和对全国文化发展趋势的把控。应该说，中华文化促进会和上海交通大学协同创新合作编制中国文化发展指数，是强强联合的最佳选择。上海交通大学具有一定的人才优势和经验优势，中华文化促进会作为全国最大的民间社团组织则具有把握大局和宏观调控的优势。两个单位优势互补，协同合作，有利于克服编制中国文化发展指数过程中采集数据难、建立指标难、分析评价难等问题，有利于构建中国文化发展指数的权威性和理论评价体系。

编制中国文化发展指数，不仅可以为中央和地方政府编制文化发展规划、制定文化发展战略提供决策依据，有效推进我国文化治理，提高文化发展规划水平，而且可以借助中国文化发展指数编制掌握全国及各地文化发展现状，探寻我国文化发展规律，全面了解我国文化发展存在的问题，促进执行、评估和调整文化发展政策。同时，还可以为我国进一步参与国际文化战略竞争、抢占文化战略制高点和建立话语权奠定有力基础。

我们希望中国文化发展指数研究中心成立之后，要抓紧工作，在充分准备的基础上，争取明年对外发布中国文化产业发展指数研究报告的姊妹篇——《2015：中国文化发展指数研究报告》，为推动建设社会主义文化强国和实现中华文化伟大复兴做出应有的贡献。

（2014年7月29日于上海交通大学）

全面认识我国文化产业现状　努力提高学习实践能力

——2013 年 12 月 17 日在深圳大学“深大讲坛”上的讲话提纲

今天，有机会与各位同学交流一下文化产业情况，我感到非常高兴。今天，我给大家讲的题目是：全面认识我国文化产业现状，努力提高学习实践能力。因为李凤亮院长希望我能结合自己的工作实践给同学们多介绍一些产业背景，所以我想讲两个问题：第一，讲讲党和国家重视文化产业的主要原因；第二，结合我个人的实践体会给同学们提点希望和建议。

一、党和国家高度重视文化产业的主要原因

现在，党和国家对文化产业越来越重视，原因很多，主要原因我认为有以下三方面：

一是经济社会发展的必然要求。改革开放 30 年来，我国经济持续增长。据国家统计局年初步核算，2012 我国国内生产总值达到 519322 亿元比上年增长 7.8%。人口 13.4 亿人，人均 GDP 6100 美元。按照国际经验，当一个国家人均 GDP 超过 1000 美元之后，整个社会的消费结构将会发生很大变化。5000 美元以后，人民一些非物质的幸福感，就会发生很大变化。这与恩格尔系数有关。恩格尔系数是 1857 年德国统计学家恩斯特·恩格尔发现的一个定律：随着家庭和个人收入的不断增加，收入中用于食品方面的支出比例将逐步减少。根据联合国粮农组织的标准，恩格尔系数在 59% 以上的为贫困，50% ~59% 为温饱，40% ~50% 为小康，30% ~40% 为富裕，低于 30% 为最

富裕。

改革开放以来，我国恩格尔系数逐年降低。1978 年城乡居民家庭恩格尔系数分别是 57.5% 和 67.7%，分别在贫困和贫困的边缘。2012 年，城镇居民家庭的恩格尔系数降到 36.2%，农村居民家庭的恩格尔系数降到 39.3%，已经达到富裕水平（美国 1980 年以来 16.45%，日本 1990 年以来 24.12%）。这说明，人们除了吃饭外，可以有更多的资金用于文化消费。

以电影消费为例，20 世纪 90 年代中期我当青岛市文化局长时，全国票房收入总的奋斗目标是突破 10 亿元，2003 年好不容易才搞到 13 亿元。可 2012 年达到 170 多亿。今年截至 12 月 8 日已经突破 200 亿，全年已达到 217.69 亿。从 10 亿到 100 亿用了整整 8 年时间，而从 100 亿到 200 亿仅用了 3 年时间。票房过亿的有 61 部。

万达集团就是瞄准了这种消费需求。2012 年，在文化界影响比较大的一件事是，5 月 21 日万达 26 亿美元收购美国 AMC 公司。AMC 公司是美国第二大影院连锁公司，仅次于帝王娱乐公司。旗下 346 家影院，5000 多块屏幕。我国截至 2013 年底，共 18195 块屏幕。原计划 2015 年计划达到 2 万块，2014 年就会完成。

11 月 13 日中国人民大学和文化部文化产业司联合发布“2013 中国文化消费指数”。据测算，我国文化消费潜在规模为 47026 亿元，占居民消费总支出 30%，而当前实际文化消费规模为 10388 亿元，仅占居民消费总支出 6.6%，存在 36638 亿元的文化消费缺口。以演出为例，2012 年全国（不包括港、澳、台）专业剧场演出总场次约为 35.1 万场。年度观众达到 4.4 亿人次。全国至少有 10 亿人全年没有观看过一场剧场演出。所以，大力发展文化产业首先是为了满足人民日益增长的精神文化需求。

二是经济转型和创新发展的迫切需要。改革开放以来，我国所取得的巨大经济成就举世瞩目，不容置疑。但是我们必须看到，我们的经济增长很大程度是依靠“高消耗、高排放、低效益”的粗放增长方式。据国际能源署统计，中国单位 GDP 能耗虽然近年来有所下降，但仍是世界平均值的两倍，是日本的7倍。

2011年，我国创造了全球10.48%的GDP，却消耗了世界60%的水泥、49%的钢铁和20.3%的能源。能源中煤炭消费了34.25亿吨，占七成。石油消费占世界消耗总量的21%（美国才占17%）。2012年每天消耗1070万桶，今年会突破1100万桶。与美国、日本、巴西成为消耗石油最多的四个国家之一，石油对外依存度达到57%。所以，最近中央下令削减水泥和钢铁等19个行业的产能，促产业升级。

经济发展越快的地方，往往也是环境污染最严重的地方。1990年以来，我国约有一半的河流干枯了，目前2/3的城市缺水。耕地逼近18亿亩红线。水土流失面积占国土面积37%，沙化土地占18%，90%的草原不同程度退化，1.9亿人的饮用水有害物质含量超标。今年1月北京雾霾天共计25天。经济增长的代价太大了！

20世纪的后40年，日本对外转移了60%以上的高污染产业，美国转移出去40%。可今天的中国，已不再有这种可能。所以，经济必须转型，必须寻找一种新的发展方式。这个时候，文化产业应运而生。文化产业在我国既有潜力很大的市场空间，又有众多的消费群体，恰恰是“资源消耗少，环境污染小，经济效益高”的朝阳产业、无烟产业、绿色产业。

美国著名经济管理学家彼得·德鲁克多次强调：“今天真正占主导地位的资源以及具有决定意义的生产要素，既不是资本，也不是土地和劳动，而是文化！”

三是提高国家软实力的重要举措。当中国GDP总量占据世界第二位，成为世界第二大经济实体的时候，我们势必要求作为“软实力”的文化，能与“硬实力”的经济基础相适应。也就是说在文化领域同样要取得大国身份，不能成为经济上的巨人、文化上的矮子。

中国是一个文明古国和文化资源大国，但与西方发达国家相比，我们不得不承认，在软实力方面特别是文化产业发展方面仍是一个弱国。在世界文化和舆论格局中西方文化占据着主导地位，如2011年世界文化市场份额，美国占 43%、欧盟占 34%、日本占 10%、韩国占 5%，我国仅占 4%，名列第五。同学们，惭愧啊！美国“好莱坞”影片占据了世界 2/3 的电影市场总票房，年对外发行的电视节目总量达 3 万小时。不仅成为美国经济的重要组成部分，而且向全世界输出了美国的价值观念和生活方式。有人说，美国人靠“一杯水（可口可乐）、一个面包（麦当劳）、一个小老鼠（米老鼠）”赚了全世界人的钱。今年 11 月 26 日，奥巴马访问好莱坞梦工厂电影公司，称“好莱坞不仅是关键的出口产业，而且也是重要的文化和外交工具。从某种程度上说，它让我们与众不同，让我们成为一个世界强国。全世界可能有数亿人都不曾来过美国，但多亏了你们的工作，他们能够体会到这个国家的一些特别之处。我们的价值观由此被传递了出去。”

美国《卡内基中国透视》曾采访了三位专家，其中一位叫洛伦佐的评论说，“中国的软实力中文化的吸引力还相对较弱。相比较于美国的电影、音乐和其他文化产品，中国似乎没有一个突出的享誉世界的文化品牌。世界许多国家对中国的印象还很模糊并充满错觉。在这个意义上说，中国的软实力还有待加强”。

二、给同学们的几点建议

党的十八大把发展文化产业列为全面建成小康社会的奋斗目标之一，而同学们在校或即将走上社会的时候，恰好面临我国文化产业蓬勃发展这样一个重要的历史时期。今后，中华民族伟大复兴的中国梦要靠你们来实现。结合我个人多年的实践与体会，我想给大家提几点希望和建议：

（一）培养全局意识，不做井底之蛙

古人说，“不谋全局，不足以谋一域”。孔子在《论语·为政》中指出：“君子不器”。君子在孔子心目中是最具有理想人格的人，是具有治国安邦能力的人。“君子不器”是说，君子应当博学多识，具有多方面才干，不应只

局限于某个方面，这样，才可以通观全局，领导全局，成为合格的领导者。

这些观点在今天仍有可取之处。大学生也一样，不应只盯着自己专业那点事，或者校园内那些事，视野要更开阔一些，知识面要更广一些，要密切关注社会。这一点，对一个人的全面发展非常有好处。我参加工作 40 多年，不论在哪个岗位上，都很关心全局。我经常对下属说，一个干部如果眼睛只盯着自己眼皮子底下那点事，永远没有出息。今天我所以确定这样一个题目，讲了全国的概况，其目的也是为了促使同学们牢固树立全局意识。如果你对国家大局没有一个比较全面的和清醒的认识，那你的学习就是盲目的，所掌握的知识有可能是片面的。

我记得，1995 年 10 月，我刚由青岛市委宣传部副部长兼任市文化局党委书记时，文化工作在社会上和领导的眼里并不被重视。我想，作为政府职能部门，不能孤立地就文化谈文化，更不能仅仅站在文化部门的角度去思考、谋划文化发展，必须增强大局意识，站在全市经济乃至社会发展的高度来认识文化工作、开辟文化工作的新局面。因此，我要求文化系统的同志解放思想，转变观念，不能只待在自己的小圈子里，要走出去，把触角伸向社会的方方面面，结果很快把工作局面打开了。

到文化部文化产业司工作后，我仍坚持以大局为重，不是孤立地就文化产业谈文化产业，而是站在整个文化建设乃至国民经济发展的全局来认识、思考文化产业发展。平时，我除全面掌握文化产业的发展状况外，还十分关注全国经济动态以及各项指标数字的发展变化，国家统计局每年公布的主要数据基本都装在我的脑子里。

（二）善于独立思考，不人云亦云

这一点，不仅对机关干部十分重要，对做学问的人同样重要。书本上的知识是死的，而社会生活瞬息万变。一个科学严谨的人，任何时候都要善于独立思考，不盲目跟风。我特别信奉陈云所讲的“不唯上，不唯书，只唯实”。当然，要做到这一点非常不容易，可再难也要坚持。我的脾气，一旦认准了事情一定坚持，而且千方百计去想办法做成。

早在2002年7月，我就提出“走中国特色文化产业发展道路”的观点，并分析了中国特色文化产业所应具备的五个基本特征：“中国特色文化产业应该既能充分反映中华民族五千年历史文化的深厚内涵，又具有鲜明的时代特色；既能适应我国文化体制改革的要求，又能适应社会主义市场经济体制改革的需要；既能全面汲取国外文化产业发展的先进经验，又能充分体现中国文化的创新精神；既是深受广大群众喜爱的一种通俗的大众文化，又是创造社会财富的源泉；既着眼于国内市场，又面向国外市场，特别在国际市场上能为中国文化产品和服务赢得一定的市场份额。”2003年5月6日，《人民日报》刊发了我《走中国特色文化产业发展之路》的文章，还被2003年第三期《新华文摘》采用了。

2003年党的十六届三中全会和全国宣传思想工作会议曾提出实现文化产业跨越式发展的要求。当时，我深入思考后认为，实现文化产业跨越式发展作为一个工作目标或者战略要求提出来无可厚非，但是在进行跨越式发展前，必须有一个过渡阶段或者说起步加速阶段。文化产业更重要的是一个经济运行的概念，必须按市场经济规律和文化规律办事，不能搞突击，不能搞“大跃进”，在条件不成熟的时候盲目发展是要摔跟头的。我说，根据我国文化产业目前的发展水平，文化产业起步加速起码需要三四年的时间，然后才能进入跨越式发展阶段。后来中央有关部门也觉得过早提跨越式发展不合适，改为“促进文化产业快速发展”和“加快文化产业发展”。这样的提法就比较切合中国文化产业发展的实际。

当然，独立思考，坚持真理，有时候要承担风险，付出代价，因为有的领导就听不进相反意见。

（三）坚持求真务实，跳出书斋做学问

同学们一定不能读死书，要多接触实际，多投身于社会实践。“下河方知水深浅，实践才能出真知”。文化产业是一门涉猎面广、综合性强、内涵丰

富，实际运作要求很高的大学问，单靠书本、课堂学的那点知识远远不够，必须亲自投身到火热的实践中去。把在学校里学的、老师教的、课堂听的、书本读的，经过自己的消化吸收，再与中国文化产业的发展实践有机结合起来，才能真正学出成效，拿出有价值的学术成果。

求真务实非常重要。我当司长时，每年都会在深入思考的基础上，都会提出一些不同的指导性意见。如2001年的坚持“三个结合”、强化“六个意识”。2004年的发展文化产业必须实现“六个转变”。2005年归纳我国发展文化产业的指导思想和基本思路分别归纳为五句话。发展文化产业的指导思想：“确立两个目标、遵循两个规律、坚持两个原则、树立两个意识、达到两个目的；”基本思路：“打好两个基础、完善两个体系、突出两个重点、打造两个平台、面向两个市场。”在全国各地讲课时，我反复宣传解读以上观点，得到大家的认可，而且，现在看这些思想观点也不落后。

在具体指导各地文化产业发展上，我也坚持求真务实。我要求我的下属必须增强服务意识，为领导服好务、为基层服好务、为自己的工作对象和管理对象服好务。凡是能办的事情抓紧办，决不允许利用手中的权力故意刁难设卡；不能办的事情要主动说明情况，取得对方理解。我到基层去，只要下面提出的困难，能办的我都尽力给予帮助解决，

（四）增强创新意识，不墨守成规

近年来，随着全球范围内科学技术的迅猛发展和国内日益艰巨复杂的改革攻坚任务，中央反复强调创新问题。创新是一个民族进步的灵魂，是文化发展的不竭动力和源泉。创新意识与能力的强弱，从大的方面，可以决定一个国家和民族未来的发展；从小的方面，可以决定一个地区和部门的生死存亡。正面案例是，英国一个17岁的少年尼克·达洛伊西奥开发了一款手机应用程序Summly，今年3月以3000万美元高价售与雅虎。该程序能归纳新闻的“中心思想”，利用自然语义方面的算法，将新闻内容提炼为不足400词的摘要文章，用户只需花不到一分钟时间就可以了解新闻中最关键的信息。如果

看到感兴趣的文章还可以进入原始链接阅读全文。这一应用软件彻底革新了人们的手机阅读体验，提高了人们的阅读效率。

其实两年前香港李嘉诚的投资集团就相中了，主动去函要求投资。那时他们还不知道，这家企业从上到下只有尼克一个人。尼克说，“挂出这款软件时，我只想每次挣个一二英镑，为自己买台新电脑。从来没有投资者找过我，却有个香港富豪给我写电子邮件，这实在可疑。所以我没有回复。”后来尼克得到30万美元的种子资金。最后，又筹集到100万美元创业资金。在向默多克推介产品时，他开场白说“时间是一种新货币”。一句话打动了默多克。Summly发布后，获得苹果公司的称赞，该应用软件跻身2012年最佳iPhone应用之列。可在尼克与雅虎公司的交易完成后，Summly已从苹果软件商店撤下，此时它的下载量已达100万次。

反面案例是诺基亚和黑莓公司。自1996年起，诺基亚连续14年占据手机市场份额第一，市值曾达到2000亿美元，现在旗下的手机业务被微软以72亿美元的价格收购。现在，又轮到加拿大黑莓公司。黑莓公司2003年就发明了智能手机，以其极高安全性的邮件服务著称。在北美市场，占有率一度超过50%，美国总统奥巴马曾是黑莓的用户。黑莓的市值在2008年6月达到了830亿美元，每股股价高达140美元。但是仅仅5年时间，股价就跌到1位数，只有9美元。什么原因？在苹果以创新性的工业设计及软硬件性能吸引越来越多用户的时候，黑莓依然固守着自己的全键盘输入，而诺基亚还在为自己产品抗摔得意。结果，在故步自封中痛失商机！

有一组数据，2011年我国文化产业从业人员人均创造增加值近10万元，而香港为35万元港币，德国为6万欧元。什么原因？创新不够。中国文化从业人员在人均申报专利、人均创造著作权、人均获得国内外重要奖项等方面明显低于发达国家。这成为建设社会主义文化强国的制约瓶颈之一。所以，你们年轻人思维应该活跃一些，在理论研究和工作实践中，要勇于创新，千万不要因循守旧，墨守成规。我的思维比较活跃，不论在哪个岗位上，都坚持大胆创新。1995年我刚到青岛文化局工作时，发现文化单位普遍都很困难，多数是差补单位，有的甚至连工资都发不出去。怎么办？那时还没有转企改制这一说。我想，当家长的首先要想法把自己的孩子养活，于是创造了“文企联姻”的做法，给全市10个文艺团体全都找到自己的“婆家”。在当时全国演出市场不景气的情况下，青岛的文艺院团每年演出1000多场。1996年正月初六晚上，中央电视台《新闻联播》播发了青岛文企联姻的消息，而且播了近3分钟。1998年9月4日，《人民日报》又以“为什么青岛的文艺团体渐露生机”为题报道了青岛文企联姻的经验。

2001年，到北京工作后，我意识到文化产业尤其需要创新。到了国家部委这一级，不能再像在基层一样，只要按照中央、省的文件精神认真贯彻落实就行了，必须有创新的思维和独特的见解。这样才能对全国的文化产业工作真正起到引领和指导作用。在当司长的近8年里，我办了许多新事。2002年创办中日韩文化产业论坛，后来又创办了中国东盟文化产业论坛。2003年“非典”期间创办中国文化产业网。2004年创办了深圳国际文化产业博览会。2006年10月，启动全国文化产业项目服务工程，借助中国文化产业网站，建立国家文化产业项目资源库。每年编辑出版一本投融资手册。2008年第四届中国（深圳）国际文化产业博览交易会期间，协调举行“中国文化产业创新奖”颁奖仪式，国家文化产业服务工程也获创新奖，还得了20万奖金。在任期间，还出版了两册文化产业政策汇编，编辑出版了两本国内典型案例和一本国际典型案例。国家文化产业示范基地巡礼大型画册，扬帆远航画册。去年到文促会工作后，又连续举办了两届两岸文化产业论坛。

在创新方面，至今引以为自豪，经常津津乐道的还有这样几件事。2002年11月，我在青岛一个论坛上发言指出，今后我国文化产业发展将出现两个不可改变的趋势，即文化产业的比重要大大超过文化事业的比重，社会资本特别是民营资本投入文化产业的比重要大大超过国家投入文化产业的比重。后来，2004年10月18日，文化部下发《关于鼓励、支持和引导非公有制经济发展文化产业的意见》，引起强烈社会反响。当初如果没有思想观念和政策层面上的率先创新，没有非公经济的介入，中国文化产业不可能有今天这样一个蓬勃发展的大好局面。现在，非公有制文化企业已经成为我国文化产业一支不可缺少的力量。电影就不说了，2013 年新增的 47 亿票房，国产电影贡献率高达 96%。我国国有院团 2700 多家，民营艺术院团前年 6800 多家，去年 8000 多家，今年已突破万家。这次十八届三中全会指出，“公有制经济和非公有制经济都是社会主义市场经济的重要组成部分，都是我国经济发展的重要基础”。这是一个新的信号，今后没有老大、老二之分了。还有命名国家文化产业示范基地、国家级文化产业示范园区、与金融机构合作等，都是由我开始的。爱因斯坦说过：“不做新鲜事的人是不会犯错误的。”其实不做新鲜事是最大的错误。

现在，我国的创新势头非常好。中国科技人力资源总量和研发人员数量分别在 2007 年和 2008 年已经超过美国成为世界第一。美国俄州巴特尔研究所预测：中国可能于 2023 年在研发支出上超越美国。他们认为，影响创新的因素还应是科技人员奋发向上的精神。看看周末和假期，科研实验室有多少中国人在勤奋工作，美欧国家科研实验室更多是中国学生在加班。

（五）增强市场意识，不盲目跟风

市场意识，是在市场经济条件下，按照市场的需求和变化，主动运用市场经济规律求生存、谋发展的意识。推动文化产业发展，尤其需要增强市场意识。党的十六大表述“文化产业是在市场经济条件下繁荣社会主义文化、满足人民群众精神文化需求的重要途径”。三中全会提出，“使市场在资源配置中起决定性作用”。这些都说明了市场的重要性。发展文化产业头脑不能发热，不能心血来潮，不能跟风，必须遵循市场经济规律，深入研究市场需求、文化消费、文化消费趋势以及人们的消费心理和消费方式。发展文化产业凭想当然办事。看着别人赚钱，你干不一定赚钱。有的人决策失误、盲目投资，往往就是对市场研究不够，投资冲动。

不少地方的党政领导，在促进文化产业发展的过程中，往往是政绩意识在作怪，缺乏市场意识，拍脑瓜决策，乱上项目，乱建园区，有的企业也是如此。我在任期间，命名的国家文化产业示范基地，目前绝大多数发展都很好。严格标准，动态管理。个别不好的，往往是不听劝的。近年来，我国动漫产业发展很快，我总有些忧虑。全国形成一股动漫产业热。不论是经济发达的中东部地区，还是经济相对落后的西部地区，不管有没有发展的条件，都在争先恐后地发展动漫产业。世界上没有任何国家全民动员发展一个产业。

过去，我们是在小说中、电影上看到破产自杀的，现在就发生我们身边。2013 年 10 月 4 日，常州渔夫动漫老总余洛屹欠债自杀了。常州动漫创意产业基地我去考察过。渔夫动漫公司拖欠员工工资 100 多万元，近 30 名员工已 18 个月无收入，家庭和生活出现危机。虽然工资没有拿到，但对老板的突然离去，员工们都很伤心，说："常总是一个好人。"

有人说，市场经济了，谁投资谁决策，谁收益谁承担风险。这个话有道理，但不是说政府没有责任。作为政府部门对于有风险的行业应及时给予行业预警，而不能一味地鼓动发展。我的意见是，对于行业内的骨干企业政府要给予支持，对于产品销售不好的企业要鼓励优质企业兼并或重组。从过去抓文化产业总量增长，逐步转到抓质量、促提高、保效益上来。

（六）提高学习能力，不做无用功

首先要坚持学习。这一点，对你们应该不是问题。几十年来我的学习从没间断。坚持数年必有好处。在地方和文化部工作期间，我的讲话稿和文章从来都是自己动手写。从 2002 年 12 月 14 日《中国文化报》发表我的文章开始，《人民日报》《光明日报》《新华文摘》《紫光阁》《前线》《政策》等报刊杂志，先后发表和刊登了我几十篇文章和专访。那段时间，几乎每年的岁末年首，在中央新闻媒体上都能读到我回顾过去一年文化产业发展、展望新的一年工作前景的文章。文化产业司所编辑出版的书籍都是我一字一句改出来的。

2009 年 3 月，到恭王府管理中心工作后，我为了写回忆录，把这些文章和专访进行了梳理，梳理后连我自己都感到惊讶：短短几年时间，竟然撰写发表了这么多文字，而且至今读来依然立论准确、观点鲜明、文字流畅、语言生动。

其次，要提高学习能力。学习能力是一个人整体素质的基础。一个人不仅要学而且要会学，而且对所学到的东西，要善于领会、消化、吸收，进而转化成自己的东西。刚才从我讲的，大家可以感觉到，在工作中我对一些大的问题的把握还是比较准确的，基本没有大的闪失，所做的事情至今仍经得住考验。这反映了一种认识问题、分析问题和解决问题的能力，而这种能力是通过长期的、刻苦的、灵活的学习获得的。如果不动脑筋读死书，表面上看掌握了一大堆知识，但到了社会上、实践中用不上，因为没转化成为能力。

再是，要学习接受新事物。现代社会，各种新技术、新事物层出不穷，如不学会接受，就要被社会淘汰。尽管我今年62岁，但心态仍很年轻，对新生事物仍比较敏感。如用电脑写文章，自己开汽车、用电脑修正照片等，还能编辑摄影故事。从推进文化产业发展的角度，特别需要接受新生事物。十八大要求"促进文化和科技融合，发展新型文化业态"究竟哪些属于新型业态，要搞清楚。新型文化业态是以科技为支撑，以资本为动力，以创意为灵魂的一种新型商业模式。像网络游戏、动漫、电脑特技、数字媒体、数字音乐、互联网经济、电子商务、网络电视台，以及移动新媒体、手机增值业务等，以数字化、高新科技为代表的产业都属于新型文化业态。现在最典型是深圳腾讯，2011年全年总收入285亿元，其中互联网增值服务收入230亿元。在香港股市每股400港元，10年长了107倍。11月22日，美国《财富》杂志发布2013年度商界五十杰榜，腾讯创始人兼CEO马化腾名列全球第三。今年1月以来，股价暴涨61%，市值超过950亿美元。

总之，希望同学们在校期间抓紧时间刻苦学习，努力掌握更多的知识和本领，毕业后当好国家的栋梁之才，为社会为人民贡献自己的聪明和才智。